근대 철학사

세창클래식 012

근대 철학사 —뮌헨 강의(1827)

초판 1쇄 인쇄 2021년 6월 23일
초판 1쇄 발행 2021년 6월 30일
–

지은이 프리드리히 W. J. 셸링
옮긴이 이경배
펴낸이 이방원
편 집 안효희 · 김명희 · 정조연 · 정우경 · 송원빈 · 최선희 · 조상희
디자인 손경화 · 박혜옥 · 양혜진   **영 업** 최성수
–

펴낸곳 세창출판사
신고번호 제1990–000013호 **주소** 03736 서울시 서대문구 경기대로 58 경기빌딩 602호
전화 02-723-8660 팩스 02-720-4579 **이메일** edit@sechangpub.co.kr **홈페이지** http://www.sechangpub.co.kr
블로그 blog.naver.com/scpc1992 **페이스북** fb.me/Sechangofficial **인스타그램** @sechang_official
–

ISBN 979-11-6684-031-9 93100

근대 철학사

– 뮌헨 강의(1827)

프리드리히 W. J. 셸링 지음

이경배 옮김

세창클래식 012

세창출판사

서문

　이 책 『근대 철학사』의 저자이자 강연자인 셸링Friedrich W. J. Schelling은 서양 철학사 전체의 지형학적 구조에서 차지하는 위치가 낮지 않음에도 불구하고, 우리의 연구 풍토에서는 칸트철학으로부터 헤겔철학으로의 사상사적 이행 기간에 존재한 짧은 에피소드 정도로 평가절하되거나, 헤겔철학 연구를 위한 예비학 정도로 간주되어 왔던 것이 사실이다. 오늘날 우리가 데카르트 이후 근대 철학을 주체철학 혹은 주체를 실체화한 형이상학이라고 일반적으로 정의하고 비판하는 이유를 칸트와 피히테의 주관적 관념론 그리고 셸링과 헤겔의 객관적 관념론이 제공하였다는 사실을 고려해 본다면, 우리는 형이상학적 주체에 대한 철학적 논쟁사에서 피히테철학과 셸링철학이 수행한 핵심 역할을 어렵지 않게 인지할 수 있다. 주체철학의 형성사로 근대 철학을 정의하자면, 데카르트로부터 칸트까지의 철학사는 근대적 주체의 역사적 선언으로서 1789년 프랑스혁명의 사상적 준비 기간이었다면, 피히테 '절대자아'의 철학은 역사적 사실로서 프랑스혁명 정신을 철학적으로 완성하였다고 할 수 있다. 즉, 프랑스혁명이 근대적 주체에 대한 역사적 선포였다면, 피히테의 1794년 예나 강의는 프랑스혁명의 근대적 주체에 대한 철학적 선언이었다. 그러나 피히테가 그의 『전체 지식학의 기초』에서 철학적으로 증명한 주체는 '절대적 무제약자로서 자아'였다. 말하자면 이 자아는 근대 이전 철학에서 진리와 선악의 판단자이며, 아름다움의 원인이었던 초월자의 역할을 대리하는 집행자일 뿐만 아니라, 초월자를 그가 머물던 최종 심급으로부터 추방하고 그 자리를 차지한 찬탈자이다.

기독교 정신이 유럽대륙을 점령하기 전 고대 그리스 정신에서 인간의 인간학적 '존재가Seinsvalenz'는 신과 동물 사이의 '사이존재'였으며, 이런 이유로 그리스인들에게 인간은 동물로의 존재가 추락의 공포인 동시에 신으로의 존재가 상승의 희망과 고대로 삶을 영위하는 존재라고 간주되었다. 또한 인간은 신을 향하여 정신을 고양하려는 부단한 노력을 통해 인간 사이에 놓인 존재 층위의 장막 너머에 있는 초월세계를 엿볼 수는 있지만, 스스로는 결코 신적 존재가 될 수 없는 존재자가 인간 존재의 존재론적 존재가였다. 그러나 기독교 정신이 유럽 전역을 뒤덮고 난 후 인간은 신의 단순한 피조물이자 신의 의지를 지상에 실현할 도구로만 여겨졌으며, 기독교 정신의 정치 체계화는 인간의 사회적 역할과 신분 구분을 역사적으로 정당화하는 수단이 되었다. 이런 인간의 종교적 예속화와 인간 정신의 노예화로부터의 정치·사회·문화적 탈피가 프랑스혁명이었다면, 정신사적 해방선언은 피히테의 『전체 지식학의 기초』에서의 '절대자아'라고 해야만 한다. 그렇지만 1794년 피히테의 인간 정신의 해방선언은 피히테의 의도와는 달리 당시 강의 참여자들에 의해 한편으로는 종교로부터 해방된 절대 자유의 주체이념과 더불어 '무신론 논쟁'으로 피히테를 끌어들였으며, 다른 한편으로 신을 잃어버린 주체의 세계인식과 존재론적 유한성을 근거로 한 '무제약자로서의 자아'에 대한 비판적 논쟁을 불러일으켰다. 전자의 '무신론 논쟁'이 피히테가 예나를 떠나게 되는 원인이 되었다면, 후자의 논쟁은 야코비 이후 셸링을 비롯한 휠덜린, 노발리스, 슐레겔 형제 등이 주도한 초기 낭만주의철학자들의 피히테 비판에 의한 것이었다.

스스로 절대적 자유인임을 선포한 근대적 주권자이면서, 동시에 초월자로부터 진리의 왕좌를 빼앗은 찬탈자라는 절대자아의 야누스적 극단은 예나 강의에 참여한 청강자들뿐만 아니라, 피히테 예나 강의를 전해들은 셸링 또한 충분히 인지하고 있었다. 피히테의 강의 직후 곧바로 피히테 자아개념의 철학적 의미를 이해한 셸링은 피히테철학과의 대화 시도로서 『철학의 원리로서 자아』를 1795년 부활절 무렵에 출판하였다. 셸링의 철학적 사유의 출발 지점에 칸트철학과 피히테철학이 놓여 있지만, 셸링의 이들 철학과의 사상적 대화는 단순한 수용이나 주석이 아닌 철학적 비판과 사상적 단절을 포함한 해석학적 탈맥락화하는 것이다. 즉, 셸링은 피히테의 자아철학이 자연을 지나치게 피동적 실체로서 대상화하고 있을 뿐만 아니라, 객체로서의 자연에 대한 주체의 폭력적 지배를 부추기는 사유체계라고 이해하였다. 이런 이해를 토대로 셸링은 이른 시기 피히테 절대자아를 주체와 객체의 상호성으로 전유하여 주체-객체의 동일성 체계로 재구축하려 했다. 셸링의 관점에서 피히테의 자아 개념에는 주체의 형이상학적 실체화와 실체화된 주체의 능동성만이 존재하기 때문에, 유한자로서 자아와 무한자로서의 초월자 사이에 극복될 수 없는 간극으로 존재하는 존재론적 차이 문제를 피히테는 간과하고 있을 뿐만 아니라, 이 존재론적 차이가 낳는 초월자 인식 문제를 해소하려는 시도조차 하지 않은 채 방치한 것으로 본다. 이제 피히테가 철학적으로 간과

하고 방치한 문제를 셸링은 주관적 주체-객체(정신)와 객관적 주체-객체(자연)의 상호 관계성으로 해소하고자 한다.

하룻밤 사이에 철학, 예술, 종교, 문화, 정치 전반을 비판의 시험대 위에 올려 철저하게 해체하고 다시 구축하기를 반복한 낭만주의철학자답게 셸링은 칸트철학과 피히테철학을 자신만의 사상체계로 재전유하여 사상사적으로 맥락화하려 시도했으며, 동시에 이로부터 제기될 수 있는 철학적 문제를 반복하여 제기한 사상가로 평가된다. 따라서 셸링의 철학적 사유 여정은 어둠을 이미 밝히고 있는 진리의 빛을 향한 맹목적 전진의 길이 아니라, 오히려 진리의 존재를 찾아 헤매는 항해의 여정으로 평가될 수 있다.

이런 셸링철학의 길은 크게 세 시기로 구분된다.

① 『철학의 원리로서 자아』를 출판한 이후 칸트철학과 피히테철학의 사상적 영향 시기 그리고 칸트철학과 피히테철학의 전유 시기, 이를 토대로 한 새로운 자아철학과 자연철학의 체계구축 시기이다. 이 시기 셸링의 철학적 관심은 자신만의 주체철학 구상이었으며, 동시에 주체로서 정신철학과 객체로서 자연철학의 상호성의 체계구축이었다.

② 정신과 자연은 본래 하나이거나 동일한 하나의 상이한 양 측면일 뿐이라는 철학적 확신 위에 자연철학과 초월철학의 동일성 체계를 구축한 동일철학 시기이다. 셸링의 관점에서 자연의 운동이 비유기적 자연으로부터 유기적 자연으로의 유기체의 자기조직화 과정이라면, 정신의 운동은 감각, 자존감, 자기의식으로의 자기인식의 과정이다. 자연의 유기체적 자기조직화 운동의 정점에 인간이 서 있듯이 정신의 자기인식의 종착역은 인간 스스로 자신이 무엇인가를 인지하는 것이다. 따라서 정신과

자연은 하나의 동일한 사태의 상이한 양면일 뿐이다. 이런 동일철학의 체계를 구체적으로 형상화하는 '철학의 참된 기관Organon'이 예술이다. 왜냐하면 예술에서야 비로소 감각지각의 구체적 표상이 초월적 실체의 형이상학적 정신영역으로 승화되며, 동시에 정신의 추상적 개념이 감각지각 가능한 구체적 형상으로 전이되기 때문이다.

③ 후기 신화철학과 계시철학의 시기이다. 이 시기 셸링은 자신의 철학을 긍정철학으로 규정하고, 헤겔철학을 부정철학으로 규정하며 비판하였다. 부정철학이 초월자조차도 이성의 논리구조로 포섭함으로써 존재의 존재 가능성을 박탈한 데 반해서, 역량론을 통해 세계 존재자들의 발생과 소멸을 해명하는 긍정철학은 존재의 선사유 불가능성을 인정함으로써 반성적 이성의 그물망을 언제나 그리고 이미 벗어나 있는 존재사실의 무한 가능성을 긍정한다. 예를 들어 빛이 완전히 사라진 어두운 밤 바닷가에 앉아 있는 나는 바다가 보이지 않는다고 하여 바다의 존재 사실 자체를 부인할 수는 없다. 지금 여기 바닷가에 앉아 있는 나에게 무엇보다 확실한 사실은 바다가 존재한다는 것이다.

셸링은 뷔르츠부르크Würzburg대학을 떠나 바이에른 왕립학술회원으로 자리를 옮긴 시기부터 헤겔 사후 베를린 강의 시기까지 여러 번에 걸쳐 '근대 철학사' 강의를 한 것으로 알려져 있다. 강의의 대표적 지역이 에를랑겐Erlangen, 뮌헨München 그리고 베를린Berlin이지만, 이 책의 번역 대본인 1827년 뮌헨 강의도 뮌헨 지역에서 여러 번 실행한 강의들의 모음집이라는 사실이 본문의 각주에 드러나 있다. 따라서 강의 내용의 미세한 변화들이 존재하겠지만 같은 내용의 근대 철학사를 반복하여 강의한 것으로 보인다. 셸링의 근대 철학사 강의가 지니고 있는 특징으로는 첫째,

근대 철학사에 등장하는 수많은 사상가의 위상학적 위치 전반을 고려했을 때 셸링이 근대 철학사상의 핵심 담론을 이끈 몇 안 되는 사상가 중한 사람이라는 것은 부인할 수 없는 사실이다. 그리고 이런 사상가가 자신의 철학적 관점에서 근대 철학사상 전반을 조망하고, 자신의 시점에서 맥락화하고 해석·비판하고 있다는 점이다. 둘째, 데카르트에 대한 상술이 끝난 후 베이컨에 대한 짤막한 서술과 다른 철학자의 사상을 서술하는 도중에 영국 철학자에 대한 언급이 등장하는 것을 제외하고 영국 경험주의 철학에 대한 상술이 존재하지 않는다는 아쉬움이 있지만, 데카르트 이후 헤겔까지의 철학사상 전반을 상술하고 있으며, 특히 헤겔철학에 대한 상술 이후 야코비철학을 다루고 있는 것이 이 책의 특징이다. 근대 철학사 강의에서 셸링은 데카르트, 스피노자, 라이프니츠 그리고 볼프의 철학을 주로 신 존재증명의 사상적 논리구조에 맞춰 기술하고 있으며, 우리가 칸트철학과 피히테철학을 주관적 관념론으로 부르는 것처럼 이들 철학을 초월적 관념론 체계로 파악한다는 점이다. 마지막으로 셸링은 자신의 철학을 근대 철학의 완성이나 혹은 독일 관념론 철학체계의 완성자로 간주하기보다 헤겔철학 서술 이전에 서술함으로써 자신의 철학이 완성된 체계라기보다는 여전히 체계로의 길을 걷고 있는 미완성 체계라는 사실을 스스로 인정하고 있으며, 이와 더불어 근대 철학만이 아니라, 독일 관념론의 사상사적 개방성을 제시하고 있다는 점이다. 따라서 근대 철학은 헤겔철학에서 완결되어 더 이상의 철학적 사유를 필요로 하지 않는 사상체계에 도달했다기보다는 셸링철학을 통해 다시 근대 이후 철학사상 형성에 재전유되고, 비판적으로 탈맥락화됨으로써 영향사적 전승관계를 형성한다고 보아야 한다.

셸링 사후에 편집 출판된 선집의 V권,『1813-1830년의 저술들Schriften von 1813-1830』에 수록되어 있는 셸링의 1827년 뮌헨 근대 철학사 강의에서 특히 주목할 만한 서술은 헤겔철학에 대한 셸링 자신의 서술이다. 1806년 헤겔이 자신의『정신현상학』에서 셸링의 동일철학을 비판한 이후 이 둘 사이의 사상적 동반관계는 깨어지고 서로의 철학체계에 대한 적대적 비판의 시각만이 남았다고 볼 수 있다. 1827년 뮌헨 강의에서의 헤겔철학 비판 그리고 헤겔 사후 베를린 강의에서의 헤겔철학 비판은 『계시철학Philsophie der Offenbarung』에 구체화되어 등장하는 긍정철학과 부정철학으로의 사상체계 구분을 위한 일종의 요약본이라고 할 수 있다. 이미 언급한 것처럼 긍정철학은 셸링 자신의 철학체계이며, 부정철학은 대표적으로 헤겔철학체계이다. 셸링이 헤겔철학을 부정철학이라 규정하는 이유는 한때 셸링과 헤겔 그리고 횔덜린이 낭만주의 정신의 공통 지반 위에서 피히테철학을 반성철학으로 규정하고, 존재사실의 사유로의 반성적 지양의 철학을 넘어 예술과 신화적 종교로 철학을 극복하려한 철학적 시도에서 이미 나타난다. 헤겔도 함께한 반성철학 비판의 핵심은 존재와 사유의 존재론적 차이에도 불구하고 존재의 사유로의 반성적 지양을 통한 사유의 진리 획득 과정에 존재하는 결함이다.

즉, 존재의 사유로의 추상화가 곧바로 존재와 사유의 일치를 보증하는 것은 아니라는 사실이다. 하물며 셸링의 시각에서 헤겔철학의 반성적 부정성은 하나의 존재를 사유의 논리적 구조물로 포섭하는 사유행위이다. 다시 말해서 신 존재증명의 논리적 사유에서 신의 존재사실은 오히려 의심의 대상이 되며, 부정되기까지 한다. 왜냐하면 존재증명을 통해서 자신의 존재를 획득하는 초월자는 논증의 반성활동 과정을 거쳐 존재를 속성으로 획득할 것이기 때문이다. 만약 신에게 존재가 논리적 증명을 통해서 획득될 속성이라면, 신 존재 자체는 증명시도로부터 이미 부정되고 있기 때문이다. 다시 말해서 절대적 무제약자로서 신이 자신의 존재를 논리적 증명을 통해서만 얻을 수 있다면, 그래서 본래 신은 자신의 존재를 결여하고 있었다면, 우리는 어떻게 이런 신을 참된 무제약자라고 부를 수 있겠는가? 이런 점에서 헤겔의 논리주의적 반성철학은 셸링에게 부정철학이다.

이처럼 셸링은 헤겔철학을 반성적 부정성의 체계로 파악하고, 헤겔철학체계가 품고 있는 내재적 모순을 비판한다. 셸링의 관점에서 철학체계의 완성은 정신의 자기인식이다. 따라서 헤겔이 '절대지'의 자기인식체계로서 주관정신, 객관정신 그리고 절대정신 구조를 언급했을 때, 헤겔에게 정신의 자기인식은 절대정신에서 획득되어야 한다. 그런데 셸링이 보기에 헤겔철학은 주관정신에 해당한 '논리학'에서 이미 정신의 자기인식이 완결되었으므로 이후 객관정신이나 절대정신으로 정신의 사유 운동은 불필요하거나 혹은 논리학 이후의 객관정신과 절대정신에 대한 헤겔의 서술은 사족으로 간주되어야만 한다. 왜냐하면 헤겔은 자신의 『개념 논리학』 마지막 부분에서 "인식과 행위가 동등하며 그리고 자기 자신에 대한 절대지인 무한 이념"으로 정신의 자기인식을 정의하고 있기 때문이다. 다시 말해서 정신의 자기인식인 무한 이념에서 이론과 실천, 진리와 역사의 해소되지 않은 채 남아 있던 대립은 이미 극복되었다. 따라서 셸링은 주관정신의 체계로서 논리학이 헤겔철학체계의 완성이어야만 했다고 주장하는 것이다. 이미 인식과 실천, 진리와 역사, 진리와 현실이 완전하게 통일된 정신의 체계가 지금 여기 이상의 전개되어야 할 영역을 필요로 하거나, 전개되어 완성되어야 할 권역이 남아 있다는 사실은 그 자체로 모순일 것이기 때문이다. 그럼에도 불구하고 헤겔 논리학 이후 정신이 자기인식을 향한 사유 운동을 개진해야 한다면, 논리학에서 도달한 정신의 자기인식이 지니고 있는 결함을 헤겔 스스로 인정해야만 할 것이다.

나에게도 역시 셸링철학과 낭만주의는 앞서 언급한 것처럼 헤겔철학을 위한 예비학이거나 철학적 관심 밖의 영역에 존재했었다. 이런 무지상태로부터 벗어나 낭만주의철학과 셸링철학으로 나의 사유영역을 확장할 수 있도록 자극한 사람은 독일유학 시절 만난 카셀대학의 코바르지크Wolfdietrich Schmied-Kowarzik 교수였다. 비판철학의 사유전통에 서 있었던 그는 매번 강의에서 당시 나에게는 낯선 셸링철학을 통한 헤겔철학 비판을 시도하여 나 자신을 당황하게 했으며, 셸링 자연철학적 사유방식을 매개로 마르크스 유물론을 새롭게 재해석하려 했다. 이런 코바르지크 교수의 헤겔철학 비판과 마르크스철학으로의 재전유가 나를 자연스럽게 셸링철학과 낭만주의적 사유방식으로 이끌었다고 할 수 있다. 셸링의 『근대 철학사』 강의를 번역함으로써 코바르지크 교수의 가르침에 작지만 학문적으로 대갚음할 수 있어 다행이라고 생각한다.

번역은 텍스트의 의미사태를 다른 언어의 의미영역으로 전이하는 행위다. 이런 점에서 번역의 사태는 텍스트 의미의 전유 과정이며, 전유와 재전유 과정에서 필연적으로 발생하는 의미의 탈맥락화이다. 텍스트 의미지층이 수학적으로 번역된 기호의 의미지평으로 수용될 수 있다면, 번역 행위의 반복과 재반복의 수고는 필요 없을 것이다. 셸링이 근대 철학사의 사유사태를 자신만의 사유 층위로 전유하여 탈맥락화한 것처럼, 번역 또한 의미의 전이를 통한 영향사적 불연속성의 연쇄 과정이다. 이 정도의 말로 번역자로서 자신의 번역에 대한 변명을 마무리할까 한다.

셸링철학과 낭만주의철학으로의 사유 여정을 추동한 코바르지크 교수에게 물론 감사의 말을 전해야 하지만, 무엇보다도 먼저 언젠가 나와 함께 삶을 영위했던 사람들, 특히 이제는 기억으로의 소환을 통해서만 나에게 존재하는 사람들에게 감사한다. 그들이 나의 삶의 한 시기를 함께한 사실에 감사하며, 나의 기억으로의 초대에 언제나 응답하여 주어 감사하다. 그리고 컴퓨터 한구석에 머물러 있던 번역 초고를 출판하기로 마음먹으면서 텍스트 전체를 다시 번역하고, 번역한 한글 텍스트를 교정하는 전체 과정을 함께한 세창출판사 식구들, 특히 안효희 과장님의 수고에 감사의 말을 전한다. 텍스트 형태에서 인쇄물로의 탈바꿈됨에 대해 무한 감사하며, 동시에 세상에 나올 또 다른 존재물을 가능하게 해 주어 감사한다.

2021. 6.
이경배

차례

대체로 우리가 철학 입문이라고 인정할 만한 그리고 앞선 체계에 대한 합당한 고찰이라고 볼 수 있는 것에는 여러 가지의 다양한 이유가 있다. 또한 학문die Wissenschaft은 시대의 산물이며, 지속적으로 발전해 왔음을 알 수 있다. 어느 정도 학문발전을 이끌었다고 우리가 인정하는 학자는 자발적으로 자신보다 앞선 학자들과 자신의 관계를 밝히려는 경향이 있다. 이런 방식으로 모든 학자들은 학문발전 과정의 어떤 지점에 자신의 학문이 서 있는지 혹은 학문발전이 정체되어 있던 어떤 지점에서 자신의 학문을 시작하였는지 밝히려고 하며 그리고 나서 그가 다음의 어떤 목적을 향하여 자신의 학문을 진행하려 생각하고 있는지를 제시하려 한다. 만약 그가 지금까지 단계적 과정을 거친 학문이 왜 최상의 목적을 달성하지 못하였는지를 제시한다면, 그는 자신의 연구에 보다 열성을 다해 참여할 것이다. 이런 방식으로 철학을 시작하는 초보자는 지난 세기 학자들이 중요하게 생각하고 자주 다룬 대상들이 비록 역사적일 뿐이며, 일시적이라고 하더라도 습득하여 배운다. 결국 진리를 평가하고 판단하는 것을 배우기 위해서는 또한 오류를 인지하는 것이 필연적이라고 한다면, 이런 서술방식은 철학을 시작하는 초보자가 극복해야만 하는 오류가 무엇인지를 분명하게 제시하는 최상의 방식이자 가장 자연스러운 방식일 수 있다. 또한 개별 분야에서의 새로운 방법 혹은 변화된 관점뿐만이 아니라, 철학 개념에서의 변화들 또한 타당한 것이라고 한다면,[1] 이 모든 이유의 중요성은 더욱 가중된다. 여기서 철학 개념이 그 자체로 혹은 근원적으로 품고 있는 진리와는 별개로 그리고 이 철학 개념이 선행 철학 개념의 단순한 보편성으로는 도달하지 못한 연구의 자연적이며 역사적인 결과물로서가 아니라, 바로 이 시대의 필연적 결과물로 등장할 때, 우리는 철학 개념 자체에서의 변화를 고대할 것이다.

---

[1] 역주: 철학은 전통적으로 '철학이란 무엇인가'란 자기 물음의 구조를 지닌 학문으로 간주되어 왔으며, 이 물음의 구조로 인해 근대 이후 특정 대상을 다루는 분과 학문들과는 근본적으로 다른 보편학의 지위를 차지하고 있었다. 즉, 철학만이 '철학이란 무엇인가'라는 질문을 다른 어떤 학문에게도 아닌 자기 스스로에게 제기하는 학문이며, 이런 자신을 향한 질문은 존재하는 모든 존재자의 근거를 묻는 전통 형이상학의 질문구조이기도 하였고, 또한 인간 스스로 자신은 무엇이며, 누구인가를 묻는 근대 주체 형이상학의 질문구조이기도 하였다. 따라서 인간이란 무엇인가를 물어야만 하는 철학의 근본과제는 언제나 철학 자신에게 철학이 질문을 던지고 대답을 기다리는 물음의 존재론적 우위성이 언제나 인정되는 대화의 순환구조였다. 이런 철학의 자기 물음 구조는 철학사적으로 철학이 시작하던 시기인 소크라테스의 철학 방법론으로부터 이미 철학의 운명으로 결정되어 있었는지 모른다. 이런 의미에서 철학하기의 올바른 과제는 최초의 실체, 최종 근거에 대한 명증적 규정과 증명이 아니라, 오히려 합당하고 적합한 질문 던지기였을 것이며, 제기된 물음에 대한 가장 적합한 대답 찾기였을 것이다. 따라서 철학의 역사 자체인 '철학이란 무엇인가'란 물음은 그것을 제기하는 시대적 요구를 반영하는 '시대의 산물'이기 때문에, 또한 그 자체로 역사적이다.
또한 철학을 개념사적 관점에서 되돌아보았을 때, 철학의 개념들은 초월적 보편성과 초역사적 보편타당성을 가지고 있는 것이 아니라, 오히려 시공간적 제약성 아래 자기 변화를 겪어왔다는 사실을 알 수 있다. 특히 이 개념의 역사적 변이는 시대적이며 지역적인 번역과 전이의 과정에서 뚜렷하게 나타난다. 예를 들어 '로고스(logos)'는 라틴어로는 'ratio', 독일어로는 'Vernunft'로 번역되어가면서, 단순히 언어적 변형만이 아니라, 의미지층의 변이를 경험한다. 그리고 '근거에 놓여 있음(hypokeimenon)'이란 말은 철학개념으로서 'substantia'로 그리고 근대에 들어서는 'subject'로 의미지층이 변형되어 우리에게 받아들여졌다. 전자의 '로고스'가 '말'의 의미를 품고 있는 그리스 말로부터 계산하다의 의미가 강한 오늘날 '합리성'의 의미층으로 그리고 '이성'의 의미층으로 번역되었으며, 후자의 '히포케이메논'은 근거에 놓여 있는 것이라는 의미지층으로부터 실체를 가리키는 철학개념으로 그리고 근대에는 주체로의 의미 변화를 경험했다. 이렇게 철학의 개념은 자신이 마주하고 있는 시대를 담는 말로 왜곡, 강조, 변이, 전이되어 이해되고 사용되어 왔으며, 이 과정에서 철학의 개념은 자기 시대의 언표이기를 희망했다.

데카르트Cartesius

유럽 근대 철학의 역사는 스콜라철학이 전복된 시기부터 현재까지이다. 1596년 출생한 근대 철학의 시조이자, 그의 민족 정신사에서 봤을 때 혁명적이었던 데카르트Renatus Cartesius, Réné Decartes[2]는 이전 철학과 맺고

2 역주: 데카르트는 1596년 프랑스 뚜렌느(Touraine) 지역의 소도시에서 태어나 1650년 2월 스웨덴 궁정에서 사망하였다. 그의 아버지는 브레타뉴의 시의원이었으며, 고등법관이었다. 1604년부터 그의 나이 18세가 되던 1612년까지 데카르트는 라 플레쉬의 예수회 학교에 다녔고, 여기서 그는 중세학문, 즉 논리학, 수사학, 문법, 수학, 기하학, 음악학, 천문학과 법학, 의학, 신학 등을 철저하게 교육받았다. 학교를 졸업한 직후 파리로 이주하여 그곳에 잠깐 머물렀으며, 신교와 구교 간의 30년 전쟁이 발발하기 직전 해인 1617년 네덜란드 군대에 입대하였다가 1618년 곧바로 바이에른 군대에 다시 입대했다. 바이에른 군대 입대 직후 1619년부터 1620년 겨울 동안 데카르트는 바이에른 남부 노이부르크(Neuburg an der Donau)의 병영에 머물렀으며, 이 기간에 『방법서설』에서 묘사하는 사유하는 자아의 명징성에 대한 철학적 확신에 이른다. 1621년 데카르트는 참전을 포기하고 이탈리아를 방문하였고, 1625년 다시 파리에 정착했다. 그리고 그는 1628년 다시 30년 전쟁에 참전했다. 1628년 이후 데카르트는 주로 네덜란드에 머물렀으며, 1649년 스웨덴의 크리스티나 여왕의 초청을 받아 스웨덴 궁정을 방문했다가 이듬해 2월 11일에 여기서 사망하였다. 잘 알려져 있듯이 데카르트는 근대 철학의 아버지이며, 자연학자이고, 수학자, 특히 해석기하학의 창시자였다. 해석기하학은 대수학과 기하학이라는 각기 별개의 학문영역을 하나의 학문으로 통합한 학문분과이다. 또한 데카르트가 철학을 수학적 확실성 및 엄밀성 위에 구축하려 한 합리론 철학자라는 사실을 고려하면, 그의 해석기하학은 인간이 머무르고 있는 이 공간, 우주(Kosmos)에는 더 이상 논리적, 수학적으로 명료하게 증명되지 않고, 설명되지 않는 신비한 미지의 공간, 마법의 성은 존재하지 않는다는 사실을 증명하려한 사상적 시도이다. 데카르트의 주요저서는 『방법서설(Discours de la méthode)』이 1637년, 『성찰(Meditationes de prima philosophia)』이 1641년, 『철학의 원리(Principiaphilosophiae)』가 1644년, 『정념론(Les passions de l'âme)』이 1649년에 출간되었으며, 『정신지도의 규칙(Regulae ad directionem ingenii)』은 1701년에야 간행되었다. 요한네스 휠쉬베르거, 『서양 철학사(하권)―근세와 현대』, 강성위 역(서울: 이문출판사, 1994), 155쪽 이하 참조; 버트런트 러셀, 『러셀 서양철학사』, 서상복 역(서울: 을유문화사, 2010), 719쪽 이하 참조. 러셀은 자신의 철학사에서 루소의 인격을 다소 감정적이라고 격렬하게 비난하고 있으며, 특히 두드러지는 사실은 피히테철학이나 셸링철학에 대해 전혀 언급하지 않는다는 사실이다. 영국 경험론 철학과 헤겔 사후 헤겔철학이 영국 경험론 철학에 미친 사상사적 영향에 대해 러셀이 상세히

있던 모든 관계와의 단절을 시작했다. 데카르트와 더불어 데카르트 이전에 이 학문 분야에서 수행되었던 모든 것이 마치 곰팡이를 제거하듯이 걷히기 시작하였고, 데카르트 이전에는 마치 철학하지 않았던 것처럼 이 학문이 재구축되기 시작했다. 물론 이런 완전한 단절은 결과적으로 철학이 마치 두 번째 유년기에 접어든 것과 같은데, 다시 말해서 그리스철학이 이미 단숨에 넘어선 일종의 미숙 상태Unmündigkeit에 다시 빠져든 것과 같다. 다른 한편으로 학문 자체에 대한 순진무구 상태Einfalt에 들어섰다는 사실은 장점일 수 있을 것이다. 이로 인해서 철학은 고대 그리스와 중세에 이미 유지하고 있던 사상의 폭과 넓이로부터 다시 자신만의 고유한 문제로 되돌아갔기 때문이다. 이제 이 문제는 연속적으로 외연을 확대하여, 결국 개별영역에서 모든 것을 준비한 후에 그것을 포괄하는 중대한 근대 철학의 과제로 확장된다. 만약 우리가 철학은 진정으로 새로운 시작의 학문이라고 확신에 차 말한다면, 이것은 철학에 대한 최초이자 명확하게 서술한 정의이다. 만약 우리가 앞선 철학으로부터 무엇도 전제하지 않고 그 철학에 의해 증명된 어떤 것도 전제하지 않는다는 의미에서 처음부터 다시 시작한다고 하더라도 여기에는 이미 많은 것이 작용하고 있다. 그리스 철학자인 탈레스Thales는 이렇게 물었다. 최초의 것das Erste 그리고 사물의 본성 전체에서 가장 오래된 것Älteste이 무엇인가? 이 물음에서 새로운 시작이 객관적으로 언급되었다.[3] 이에 데카르트는 단지 다

다루고 있는 것에 비해 독일철학은 칸트철학과 헤겔철학만을 다룬다. 그의 시각에서 독일철학은 아마도 칸트철학과 헤겔철학뿐이었던 모양이다.

3 역주: 일반적으로 서양 사상사는 밀레토스 출신의 탈레스로부터 시작하는 것으로 알려져 있다. 탈레스는 지금의 북아프리카 지역인 이집트로부터 수학과 기하학적 지식을 배워 이를 토대로 천문학을 탐구했던 것으로 알려져 있으며, 최초로 수학적 방법론을 토대로 일식을 예견하여 고대 그리스 사회

음과 같은 물음을 던졌을 뿐이다. 나에게 있어 최초의 것은 무엇인가? 그리고 그는 당연히 이 질문에 대해 바로 나 자신Ich selbst이라고, 즉 존재를 고려했을 때조차도 나 자신이라고 대답한다. 그러므로 그에 따르면 모든 다른 확신은 우선 이 최초의 직접적 확신과 결합하여야 하며, 그리고 이 다른 확신이 앞서 직접적 확신과 어느 정도 결합해 있는가의 정도에 따라 모든 참이 결정된다. 이제 분명한 것은 나는 존재한다는 명제는 기껏해야 나에 대한 출발점일 뿐이며, 그리고 단지 나에 대해서만 존재한다는 사실이다. 이 명제 혹은 자신의 존재에 대한 직접적 의식과 결합함으로써 발생하는 연관 관계는 항상 주관적이며 논리적인 관계일 뿐이다. 다시 말해서 나는 항상 이렇게 추론할 수 있다. 내가 존재한다는 사실이 확실한 만큼 나는 또한 A, B, C 등등이 존재한다는 사실을 확실한 것으로 받아들여야 한다. 그럼에도 불구하고 A, B 그리고 C가 그들 사이에서 각자 어떻게 관계 맺고 있는지 혹은 그것들의 참된 원리와 어떻게 관계 맺고 있는지 혹은 그것들이 나는 존재한다 자체와 어떻게 관계 맺는지의 문제는 전혀 언급되지 않은 채 남는다. 그러므로 여기서 철학은 단순한 주관적 확신 이상의 지점으로 나아가는 것도, 그리고 실존 방식을 (이것

에 만연한 자연현상에 대한 미신적이며, 신화적 확신을 제거하는 데 기여한 것으로 알려져 있다. 셸링이 여기서 "객관적으로"라고 말하는 이유는 아마도 세계의 근원요소를 '물'이라고 파악한 탈레스의 자연철학적 해명방식 때문이다. 아리스토텔레스의 전승에 의하면 세계 기원의 문제를 다룬 탈레스는 세계는 '물'로부터 발생하여, '물'로 이루어져 있다는 견해를 피력했다. 즉, 그의 관점에서 대지는 마치 물 위에 떠 있는 나무토막과 같이 물 위에 떠 있는 것으로 여겨졌다. 아리스토텔레스가 『형이상학』에서 서술하고 있는 내용에 따르면 탈레스가 '물'을 세계의 원리(arche)라고 생각한 이유는 아마도 습기가 '따뜻함'의 원인이며, 따라서 습기가 모든 생명의 탄생지라고 생각했기 때문이다. 탈레스 외, 『소크라테스 이전 철학자들의 단편 선집』, 김인곤 외 7인 역(서울: 아카넷, 2013), 126~127쪽 참조; *Vorsokratiker I*, übers. v. Jaap Mansfeld(Stuttgart, 1999), S. 39 이하, 특히 S. 49 Nr. 10 참조. DK 11, A 12.

은 본래 의심스럽다) 게시하는 것도 아니며, 오로지 주체 외부에 존재하는 그런 모든 것의 실존을 게시할 뿐이다. 일반적으로 이렇다.

이제 데카르트의 방식을 낱낱이 서술해 보자. 데카르트는 당연히 근원적 확증에 도달하기 위해 일시적으로 모든 것을 의심한다. 그리고 선입견에서 벗어났다는 완전한 확신에 차서 그가 지금까지 진리라고 간주한 모든 것을 임시로 오류라고 간주하기에 이른다. 이 원칙은 특히 신학자들의 강한 적대감을 불러일으켰다.[4] 그들에 따르면 데카르트는 이런 방식에서 일시적으로나마 무신론자다. 만약 누군가 신의 현존에 대해 바라던 증명을 기술하거나 혹은 발견하기 이전에 죽는다고 한다면, 그는

---

4 역주: 우리는 데카르트 『성찰』의 초판 제목이 『제일철학에 관한 성찰. 여기서 신의 현존 및 인간 영혼의 불멸성이 증명됨(Meditationes de prima philosophia, in qua Dei existentia et animae immortalitas demonstratur)』 그리고 재판의 제목은 『제일철학에 관한 성찰. 여기서 신의 현존 및 인간 영혼과 신체의 상이성이 증명됨(Meditationes de prima philosophia, in quibus Dei existentia, & animae humanae a corpore distintio, demonstrantur)』이라는 사실에 주목하여야 한다. 일단 초판과 재판에서 공통으로 사용되고 있는 제목, "제일철학에 관한 성찰"은 데카르트가 이 책을 '제일철학'으로 기획했다는 점을 분명하게 밝히고 있다. 스스로 자신의 철학을 "형이상학(meta-physica)"이라 명명한 적이 없었던 아리스토텔레스는 세계 존재자들의 존재 원인을 밝히는 원인의 원인으로서의 학문을 "제일철학"이라 불렀다. 따라서 데카르트가 『성찰』에서 구상한 철학적 기획은 존재자들의 근원적 존재 원인, 즉 형이상학적 실체를 밝히는 학문이다. 사실 데카르트는 『성찰』을 완성한 후에 파리의 신학 동료들에게 자신의 저작을 소개하였으며, 그들로부터 이 저작이 '제일철학', 즉 신 존재에 대한 존재론적 증명으로 인정받기를 기대했다. 그러나 데카르트 당대 파리의 신학자들은 이 저작을 신 존재를 증명하는 존재 원인의 학문으로 인정하지 않았다. 또한 『성찰』의 초판과 재판의 부제목을 보면 데카르트 당대 신학자들이 왜 이 저작을 신 존재증명의 형이상학으로 인정하지 않았는지의 이유를 알 수 있다. 데카르트가 초판에서 증명하고자 하는 실체는 '신'과 '영혼'이다. 그리고 그가 재판에서 증명하고자 하는 실체는 '신', '영혼' 그리고 '신체' 혹은 '물체'이다. 따라서 데카르트는 원하지 않았겠지만 결과적으로 '하나'의 근원 존재를 증명하는 존재론으로서 전통적인 일반 형이상학(metaphysica generalis)을 벗어나 세 가지의 상이한 실체들을 증명하는 특수 형이상학(metaphysica specialis)이 『성찰』의 근원적 기획이었다는 사실이 드러난다. 실제로 데카르트 이후 철학자 중 일부는 데카르트의 '특수 형이상학'을 따라 세 가지의 상이한 실체들, '신', '영혼' 그리고 '우주'를 합리적 신학(rationale Theologie), 합리적 영혼론(현대적인 의미에서는 심리학, rationale Psychologie) 그리고 합리적 우주론(rationale Kosmologie)으로 나누어 증명하려 시도했다.

무신론자로 죽는 것이다. 일시적이지만 이런 종류의 구제 불능의 이론이 설파될 수 있다. 즉, 결과적으로 선에 도달하기 위해 우리는 악을 행해서는 안 된다 등등. 그러나 본래 의미는 우리가 진리를 그것의 연관 관계에서 인식하기 이전에 우리는 철학에서 그 어떤 것도 진리로 간주해서는 안 된다는 것이다. 나는 철학을 이제 막 시작했으므로, 나는 철학적으로 아직 아무것도 모른다. 이것은 분명하다. 그에 반해 만약 앞서 원칙이 단지 나에게 있어서의 직접적 확신만을, 즉 나 자신만이 나에게 직접적으로 확실하기 때문에 나 자신만을 토대로 인식하고자 하는 그런 지점으로 이끌어 간다면, 앞서 원칙은 더 이상 타당하지 않을 것이다. 왜냐하면 소위 이런 직접적 확신, 나 자신의 존재는 사실 나에게 개념적으로 파악되는 것이 아니기 때문이다. ― 아마도 내가 일시적으로 오류라고 혹은 여전히 의심스럽다고 간주하는 그 모든 것보다도 훨씬 더 개념적이지 않기 때문이다. 내가 사물에 대한 의심을 정당하다고 생각한다면, 마찬가지로 나는 나 자신의 존재를 의심해야만 한다. 우선 감각적으로 인식된 사물을 향해 있는 데카르트의 의심은 사물의 실재성 일반과 관계하지 않으며 혹은 각 감각에서의 사물의 실재성과도 관계하지 않는다. ― 왜냐하면 나는 사물 중 어떤 하나의 사물에서만 사물의 실재성을 인정해야 하기 때문이다. 나의 의심의 참된 의미는 나는 이런 감각적으로 인식 가능한 사물을 원본 존재자, 즉 자기 자신으로부터의 존재자가 존재하고 있는 그런 의미에서 존재한다고는 생각하지는 않는다는 사실이다. 왜냐하면 사물의 존재는 어떤 원본 존재가 아니기 때문이다. 그리고 우리는 사물에서 생성된 것만을 인식하기 때문이다. 그런 한에서 모든 생성된 것은 단순히 의존적인, 그런 점에서 의심스러운 실재성이라고 하며, 이런 점에서 사람들은 사물은 그 자체로 의심스러운 현존이라고 말하고 또는 사물의 본성은 존재와 비존재 사이에서의 동요라고들 말한다. 따라서 나는 곧바로 내 안에서 이런 의심스러운 존재를 인정해야 한다. 내가 사물을 의심하는 것과 같은 동일한 이유로 나는 또한 나 자신을 의심해야 한다. 그 때문에 사물의 실재성에 대한 데카르트의 의심은 실제로 우리가 그에게 부여하고 있는 것과 같은 정도의 사변적 의미를 지니고 있는 것은 아니다. 그의 의심의 근거는 그 스스로 말하는 것처럼 단순히 경험적일 뿐이다. 다시 말해서 그는 감각이 그를 기만한다는 사실을 자주 경험했기 때문이다. 그리고 그는 꿈에서 여러 번 자신 외에 이것 혹은 저것이 존재하는 것으로 착각하였으며, 꿈에서 깨어나서는 그 반대라는 사실을 발견하기 때문이다. 물론 그는 오래전에 제거된 사지의 고통을 온몸으로 느끼는 사람들을 알고 있다는 점을 덧붙인다.[5] 이 논의에서 우리는 예전에 군인이었던 사람들을 생각할 수 있는 데, 좀 더 심오하게 말하자면, 이런 사람들은 그들이 예전에 가지고 있었던 사지의 고통만을 온몸으로 느낄 뿐, 그들이 한 번도 가져본 적이 없는 사지의 고통을 온몸으로 느끼는 사람들의 예는 없다는 것이다. 여하튼 이 마지막 경험을 토대로 데카르트는 또한 자신만의 고유한 신체의 실존에 대한 의심을 정당화할 수 있을 것으로 생각한다.

이로부터 데카르트는 감각으로부터는 밝혀지지 않는 인식, 다시 말해

---

5 역주: 신체 일부를 절단한 환자들이 수술 후에도 절단하여 없는 신체 부위가 마치 실재하는 것처럼 느끼는 고통인 헛통증(Phantom pain)을 말한다. 아마도 데카르트는 두 차례의 참전경험을 통해 이런 고통에 시달리는 군인들을 많이 목격하였을 것이며, 이 경험을 통해 환상통증을 이미 알고 있었을 것이라고 짐작할 수 있다.

서 필연성과 보편성의 특성이 함께 작동하는 인식인 수학적 진리로 나아간다. 더 나아가 데카르트는 수학적 진리에 대해 의심하기 위해 매우 독특한 근거를 드는데, 말하자면 고대 회의주의자들의 의심처럼 그 근거를 대상과 대상의 전제들 자체의 내면으로부터가 아니라, 어떤 외면적인 것으로부터 도출하고 있다는 사실이다. 데카르트는 다음과 같이 설명한다. 우선 나 자신의 삶에 대해 확신하는 만큼 나는 확실하게 존재하는 것처럼, 단 한 순간도 회피할 수 없는 인식, 즉 삼각형의 세 각의 합은 두 직각의 합과 같다는 사실을 인식하는 만큼 나의 영혼이 생각한다는 사실도 확실하다. 그렇지만 나는 내가 듣고 있는 신이 존재한다는 사실을, 신은 전능하다는 사실을 그리고 (의심하는 자인) 나는 내가 존재하며 그리고 알고 있는 모든 것을 통틀어서 신의 피조물이라는 사실을 합당하게 깨닫고, 또한 깨우치고 있는지를 나는 알지 못한다. 이에 덧붙여 데카르트는 신은 가장 명징적인 사물로 나에게 현상한 사물에 대해서도 내가 의심하도록 나를 기만할 수 있다고 한다. 그리고 나면 우리는 이런 의심을 의심할 만한 그 이상의 어떤 근거도 가지지 않을 것이다. 우리가 그런 의심을 제기하기 전에 또한 필연적 진리라고 나를 기만하는 창조자가 가질 수 있는 관심을 우리는 진술할 줄 알아야 한다. 철학이 그의 시작에서 모든 것에 대하여 그리고 더 나아가 수학적 진리에 대해서조차 비판적 태도를 취하는 참된 의미는 진리를 의심해서가 아니다. (도대체 철학은 어떻게 진리를 항상 자신의 사유 대상으로 삼는 데 이르게 되었는가?) 오히려 철학은 처음에 절대적으로 시작한 자신에 대한 탐구의 진행 과정에서 그의 진리가 의존하고 있는 전제에 도달하기까지 진리를 가만히 놓아둔다.[6]

데카르트는 그다지 심오하지도 않은 이런 방식으로 의식에 앞서 획득한 모든 것을 의심한 후에, 그는 앞서 다루었던 근거 혹은 다른 근거로부터 여전히 의심할 수 있는 어떤 것이 도대체 그에게 남아 있는지를 묻는다. 이제 데카르트가 모든 것을 의심한 것으로 보이지만, 그에게는 여전히 남아 있는 어떤 것이 있다. 즉, 그렇게 의심하는 그 자신이다. 그가 머리, 손, 발 그리고 다른 신체 부위로 이루어져 있는 한에서가 아니라 ─ 왜냐하면 그는 이미 이런 것들의 실재성에 대해 의심했기 때문이다 ─ 오히려 그가 의심하는 한에서만, 다시 말해서 그가 생각하는 한에서만 그 자신은 있다. 이렇게 그가 이것을 상세히 고찰했기 때문에, 그는 다른 사물들을 의심하도록 그를 부추긴 그 어떤 근거들로부터도 의심할 수 없는 자기 스스로를, 즉 그가 생각하는 한에서 자기 자신을 의심할 수 없다는 사실을 발견했다고 말한다. 말하자면 이제 나는 깨어 있거나 혹은 꿈을 꾸고 있을 수 있기 때문이다. 그리고 그렇게 나는 또한 생각하

---

6   *Einleitung in die Philosophie der Mythologie*, S. 270 참조.
    역주: 셸링의 『신화철학』은 첫 번째 묶음의 제목이 "신화철학입문(Einleitung in die Philosophie der Mythologie)"으로 제시되어 있으며, 그 아래 다시 1권의 제목은 "신화철학에 대한 역사적 비판적 입문(historisch-kritische Einleitung in die Philosophie der Mythologie)"이며, 2권의 제목은 "신화철학에 대한 철학적 입문 혹은 순수 합리적 철학에 대한 서술(Philosophische Einleitung in die Philosophie der Mythologie oder Darstellung der reinrationale Philosophie)"이다. 각주에 제시된 해당 쪽은 열한 번째 강의의 일부이며, 강의의 핵심주제는 "철학적 종교"에 대한 역사적 고찰이다. 여기서 셸링은 주로 데카르트의 '방법적 회의'에 대해 비판한다. 셸링에 따르면 데카르트의 '의심'은 곧 "원리로의 길"이다. "그러나 모든 의심은 어떤 것을 전제하기 때문에, 그리고 바로 의심하는 그 무엇을 전제하기 때문에, 이 수단은 결코 완전한 해방에 도달할 수 없는 것처럼 보인다."(S. 269) 여기서 "완전한 해방"은 추론의 결과로서 명제의 논리적 명증성이다. 다시 말해서 셸링은 우선 데카르트의 철학 원리를 다음의 복합 명제로 진술한다. '나는 의심하며, 나는 사유하고, 따라서 나는 존재한다.' 달리 말해 나는 의심하는 한, 사유하며, 사유하는 한 또한 나는 존재한다. 그러나 셸링은 데카르트의 논리적 확신이 도달한 이 원리가 결코 결론인 '나의 존재'를 증명하는 것은 아니라고 분석한다. 셸링의 관점에서 결론부의 '나의 존재'가 증명되지 않는 이유는 바로 "우리가 의심할 때마다 의심은 철학의 시작에서 너무 많이 혹은 너무 적게 말하기" 때문이다. 또한 이런 데카르트 철학 원리의 부적합성은 "자기에 대해 의심하는 존재"의 배제에 있다.(S. 270)

고, 그리고 나는 존재하기 때문이다. 그리고 나는 다른 모든 것을 고찰하는 과정에서 오류에 빠질 수 있으며, 그렇게 나는 또한 존재했었다. 왜냐하면 내가 오류를 범했기 때문이다. 오류에 빠졌기 때문에, 나는 존재했다eram quia errabam. 그래서 자연의 창조자는 지극히 기교적이라고 간주할 수 있을 텐데, 그럼에도 불구하고 이런 근거만으로 그는 나를 기만할 수 없다. 왜냐하면 기만당하기 위해서는 내가 존재해야 하기 때문이다. 물론 의심의 근거들이 제시되면 될수록, 나의 실존에 대해 확신할 만한 근거를 나는 획득하기 때문이다. 왜냐하면 내가 자주 의심하면 할수록, 그만큼 나는 나의 실존을 자주 증명하기 때문이다. 이제 관점을 바꾸어서 나는 다음의 말을 하기 위해 항상 존재할 필요가 있다. 나는 의심한다. 나는 생각한다. 따라서 나는 존재한다!

이것이 데카르트의 유명한 '나는 생각한다. 그러므로 나는 존재한다Cogito ergo sum'[7]이다. 물론 이 명제는 오랫동안 근대 철학의 기저음을 이

---

7   역주: 데카르트는 『방법서설』에서 도달한 사유하는 자아의 원리를 다시 『성찰』의 '제2성찰'에서 자아의 존재, 실존의 명증성으로 증명한다. 데카르트의 가장 유명한 이 명제가 데카르트 이후 철학의 중요 논쟁거리였던 주체에 대한 철학적으로 매우 복잡한 논의 층위를 이끈다. 우선 데카르트의 명제는 '나는 생각한다'와 '나는 존재한다'라는 다소 명료한 두 명제의 결합으로 이루어져 있다. 그런데 이 명제들의 논리적 결합구조를 분석해 보면, 우리는 쉽게 '나는 생각한다. 그러므로 나는 존재한다'라는 명제에서는 선행명제가 결론명제의 조건이 되는 명제라는 사실을 알 수 있다. 다시 말해서 '나는 생각한다. 그러므로 나는 존재한다'의 '나는 생각한다'는 명제와 '나는 존재한다'는 명제는 인과관계를 맺고 있다. 마치 '해가 떠서, 돌이 따뜻하다'는 관계명제와 같이 '나는 생각한다'는 명제가 원인 혹은 조건이며, '나는 존재한다'는 명제가 결과다. 이제 이렇게 두 명제 사이의 관계를 이해하면 앞서의 선행명제인 '나는 생각한다'가 이 선행명제의 결과명제인 '나는 존재한다'의 원인이 된다. 그러니까 '생각하는 나'는 '나의 존재'의 원인이며, 근거인 셈이다. 그런데 이제 문제는 '생각하는 나'가 '나의 존재'보다 존재론적으로 선행하는 원인이기 때문에, '나의 존재'가 없이도 '생각하는 나'는 가능해야 한다는 논리적 사실이다. 다시 말해서 내가 존재하지도 않는데 나는 생각한다는 것이 도대체 가능한가? 이것은 논리적으로도 사실적으로도 불가능하다. 예를 들어 길을 걸어가면서 시야를 스쳐 지나가는 수 많은 사람들을 나는 만난다. 그리고 나는 지금 이들을 지나 약 20미터에서 30미터를 더 걸어간 후에 불현듯 나를 스쳐 지나간 여러 사람 중에 나의 학창시절 친구였던 '민호'가 있었다는 사실을 뒤

루고 있었으며, 또한 주문처럼 되뇌어졌다. 이 명제로 인해 철학은 주체적인 것의 영역과 단순한 주체적인 의식 사실의 영역으로 나누어지게 되었다. 그러나 보다 심오한 관점에서 보았을 때 '나는 생각한다. 그러므로 나는 존재한다'는 명제에는 혹은 여하튼 앞서 직접적인 확신과 결합될 때까지 모든 것을 우선 의심하려는 결단에는 모든 권위로부터의 탈피가 놓여 있었다. 즉, 이 결단에는 모든 권위와의 결정적인 단절이 있었다. 그와 함께 철학의 자유가 성취되었으며, 철학은 이 순간 이후 다시는 자유를 상실하지 않았다.[8]

늦게 의식하여 그를 부르기 위해 뒤돌아서 '민호야'라고 부른다. 이런 경험은 우리에게 발생하는 흔한 경험이다. 이 경험으로부터 보면 의식이 존재에 대해 존재론적 우위를 지니는 것이 아니라, 존재가 의식에 대해 존재론적 우위를 지닌다는 사실이 증명된다. 때문에 데카르트는 '생각하는 나'와 '존재하는 나', 사유와 존재를 논리적 관계가 아니라, 직관으로 간주하기를 바란다. 그 어떤 논리적 증명의 매개가 없이 사유가 곧 존재를 직관하며, 존재가 곧바로 사유인 사유와 존재의 직접성을 데카르트는 주장하고자 한다. 그러나 데카르트의 존재와 사유의 일치로서 직관은 단순한 제안일 뿐이다. 데카르트에게 절대적 진리로서 존재와 사유의 완전한 일치를 보장하는 궁극 실체는 신뿐이기 때문이다. 데카르트의 사유와 존재의 무매개적 직접성에 대한 인식능력으로서 직관에 대한 철학적 주목은 데카르트 이후 '지적 직관(intellektuelle Anschauung)'이라는 개념으로 수용되어 사유와 직관의 통일, 진리와 역사의 통일을 인식할 수 있는 초월적 인식능력으로 칸트, 피히테, 횔덜린, 셸링, 헤겔 등에서 각기 상이한 철학적 관점들로 서술된다.

8 특히 우리의 주목을 끄는 것은 이 완전히 자유로운 철학의 시작이 여러 가지로 고려해 봤을 때 바이에른(Bayern)에서 이루어졌다는 사실이다. 따라서 여기 바이에른에 근대 철학의 토대가 놓여 있다. 데카르트가 스스로 그의 논문 「방법서설(de Methodo)」에서 말하는 것처럼 ―나는 이 논문을 이 자리를 빌려서 합당한 연습으로 각자에게 추천하고자 하며― 그는 30년 전쟁의 시작을 보기 위해 독일에 왔다. 그는 막시밀리안 1세(Maximilian I)의 휘하에서 '흰산(Weißer Berg)' 전투에 참전하였으며[체코 프라하 서쪽 지역에 있는 작은 산이며, 30년 전쟁 기간인 1620년 11월 8일 여기서 결정적인 전투가 벌어졌다.] 그리고 프라하 침공에 참가하였고, 여기서 그는 튀코 브라헤(Tycho de Brahe)와 그의 유작에 대해 조사하였다. 1619년 무렵 그는 페르디난드 2세(Ferdinand II) 대관식에 맞춰 프랑크푸르트 야영지로 돌아와 그 후 그는 바이에른 경계지역의 겨울 숙영지에서 보냈고, 거기에서 그는 스스로 말한 것처럼 그와 대화할 만한 사람을 발견하지 못했다. 그곳에서 (당시 23세) 그가 한참 지난 후에 발표하게 되는 그의 철학의 최초 기획들을 수립한다. 데카르트가 바이에른에서 철학하기 시작했던 것처럼, 그는 나중에 팔츠(Pfalz)의 불행한 영주, 소위 겨울 왕(Winterkönig)이라 불린 칼 프리드리히(Karl Friedrich)의 딸인 팔츠의 공주 엘리자베스(Elisabeth)는 데카르트의 신봉자가 되었다. 그녀는 나중에 팔츠 영지의 영주가 되었으며, 또한 스피노자의 후원자가 되었다.

데카르트가 '나는 생각한다. 그러므로 나는 존재한다'의 명제를 어떻게 도출하였는가는 분명하다. 그의 의심의 핵심은 우리는 어떻게 어떤 실존을 확신할 수 있는가였다. 그에게 있어 이 의심은 외적 사물을 고려하고 있을 때는 극복할 수 없는 것으로 보인다. 우리는 외적 사물을 표상한다. ― 이것은 부정할 수 없다. 게다가 사물을 표상할 필요가 우리에게 있다. ― 그러나 우리에게 표상되는 사물이 존재하는지 그리고 우리는 사물을 우리 스스로 어떻게 표상하는지, 다시 말해서 사물이 우리 외부에, 우리와는 독립적으로 존재하는지? 이것은 직접적으로 대답할 수 없는 질문이다. 따라서 데카르트는 사유 혹은 표상과 (왜냐하면 그는 양자를 구별하지 않기 때문이다) 존재를 직접적으로 하나로 결합할 기점을 발견하고자 한다. ― 그리고 그는 자신의 명제, '나는 생각한다. 그러므로 나는 존재한다'를 통해 이 기점을 발견했다고 생각한다. 그리고 그의 생각에 따르면 모든 의심은 실존과 관계하기 때문에, 그는 이 명제와 함께 모든 의심을 극복했다고 생각한다. '나는 생각한다. 그러므로 나는 존재한다'는 명제에서 사유와 존재는 직접적으로unmittelbar 동일하다는 사실을 데카르트는 인식했다고 생각한다. 왜냐하면 이후의 설명에서 '나는 생각한다. 그러므로 나는 존재한다'는 명제를 추론(삼단논법)이라고 했다는 사실을 데카르트는 강하게 부인하기 때문이다. 물론 완벽한 추론에는 대전제가 존재할 것이다. 이때 대전제는 생각하는 모든 것은 존재한다Omne, quod cogitat, est이다. 그리고 소전제는 바로 나는 생각한다Atqui cogito이다. 그리고 결론은 나는 존재한다Ergo sum이다. 물론 데카르트는 이렇게 말할 수는 없었다. 왜냐하면 이 경우 명제, 나는 존재한다가 보편 명제에 의해 매개된 명제가 될 것이기 때문이다. 이런 삼단논법 형식에서는 직접적 확실성이 상실될 것이다. 따라서 데카르트의 생각은 존재Sum가 사유Cogito에 포함되어 있으며, 이미 사유에서 함께 파악되고 있고 그 이상의 매개가 없이 주어져 있다는 것이다. 결과적으로 사유cogito는 본래 사유하는 것이 있다cogitans sum 정도를 말한다. (일반적으로 동사가 다른 의미를 가지지 않은 채로 술어와 계사를 결합하는 것과 마찬가지다. 예를 들어 읽다, 말하다lego는 바로 읽고 있다, 말하고 있다는 것sum legens을 의미한다. 나는 읽고 있으며 혹은 독자이다.) 그 밖에 이 사유하는 것이 있다Sum cogitans는 이제 나는 사유하고 있을 뿐이다, 나는 단지 사유하는 중에만 여기 있다, 혹은 사유가 내 존재의 실체라는 것을 의미하지는 않는다. 왜냐하면 데카르트는 앞서 나는 생각한다를 분명하게 진술하고 있기 때문이다. 즉, 그가 생각하고 혹은 의심하기 때문에, 그의 의심 행위에서 나는 생각한다를 말하기 때문이다. 따라서 사유는 규정일 뿐이며 혹은 일종의 존재 방식일 뿐이다. 그래서 사유된 것은 단지 나는 사유 상태Zustand에 있다는 것을 의미한다. 잘 알려져 있듯이 본래 사유 상태는 대부분 인간에게는 그들이 습관적으로 가능한 한 빨리 벗어나려고 시도하는 매우 드물고, 일시적인, 그래서 본성적이지 않은 상태이다. 실러[9]의 이 말이 잘 알려져 있다. 나

---

9   역주: 실러(Johann Christoph Friedrich von Schiller)는 1759년 11월 10일 슈투트가르트 인근 마르바흐 (Marbach)에서 장교이자 의무관인 아버지 요한 카스파 실러(Jahann Caspar Schiller)의 외아들로 태어났다. 1766년 루드비히스부르크(Ludwigsburg)의 라틴어 학교를 다녔고, 열세 살의 나이에 「압살론」과 「기독교인들」이란 희곡을 썼다. 1773년 뷔템베르크 영주인 오이겐(Karl Eugen)의 칙령에 따라 군사학교인 칼스슐레(Karlsschule)를 입학하여 법학을 공부했다. 군사학교가 슈투트가르트 시내로 이주하자 실러는 의학을 공부했다. 이 무렵 실러를 사로잡은 시인은 클로프슈톡(Klopstock)이었으며, 이 시기 실러는 희곡 「나사우의 대학생」을 쓴다. 1779년 실러는 의학시험을 통과한 후 군의관이 되기 위해 군 사학교 졸업을 청원한다. 실러는 뷔르템베르크 영주군의 연대 의무관으로 일했으며, 1781년 익명으로 『도적떼』를 출간한다. 『도적떼』가 달베르크(Wolfgang H. von Dalberg)의 연출로 1782년 1월 13일 만하임 극장에서 초연된다. 이 작품은 당시 청년들에게 큰 영향을 미쳐 남부 독일에 수많은 '도적떼'들

는 자주 그러했는데 나는 진정 아무것도 사유하지 않았다. 그러나 이미 언급했듯이 데카르트는 예를 들어 감각적 인식 혹은 지각을 의미하는 매우 일반적 의미에서조차 사유하다라는 말을 사용한다. 그러나 나는 항상 감각적 지각 상태에만 존재하는 것은 아니다. 적어도 내가 꿈을 꾸고 있기 때문에, 잠을 자는 동안에도 나의 존재는 중단되지 않는다고 우리가 말하고자 한다면, 나는 또한 나는 존재한다를 진술하지 못하는 무기력한 상태에 있을 수 있다. 즉, 내가 잠을 자는 동안과 마찬가지로 일상적으로 깨어 있는 삶의 과정에서도 나는 존재한다를 진술하지 못하는 상태가 있다. 그럼에도 불구하는 나는 논쟁의 여지없이 존재한다. 따라서 사유에서 파악된 존재는 바로 사유하는 것이 존재한다sum qua cogitans, 나는 사유하는 가운데 존재한다이다. 다시 말해서 사유라고 불리는 존재에 대한 이런 규정 방식에서 나는 존재한다이다. 그리고 존재의 다른 방식이, 예를 들어 물체의 존재 방식이 있으며, 물체의 이 방식은 물체가 공간을

이 결성되었다. 1782년 무렵 실러의 『도적떼』가 스위스의 명예를 훼손시켰다는 항의를 받은 오이겐 영주는 실러를 구금하려 하면서 의학 관련 글만 쓰도록 명령한다. 1782년 9월 22일 친구 슈트라이허와 함께 실러는 슈투트가르트를 탈출하였다. 1785년 9월 라이프치히의 쾨르너(Christian G. Körner)의 요청으로 「환희의 송가(An die Freude)」를 완성하였으며, 이보다 앞서 1784년 잡지 『탈리아(Thalia)』를 창간하였다. — 훗날 횔덜린은 자신의 "휘페리온 초고"를 이 잡지에서 출판하였다. 1789년 5월 드레스덴 인근에서 『돈 카를로스』를 탈고한다. 같은 해 실러는 예나 대학의 철학과 교수직을 받아들였으며, 여기서 철학이 아닌 역사학을 강의하였다. 1789년 12월에 샤를로테의 어머니에게 결혼 승낙을 청원하는 편지를 보내 12월 22일 결혼 승낙을 받았다. 1790년 2월 22일 실러는 샤를로테 폰 렝에펠트와 결혼식을 올렸다. 1791년 1월 3일 실러는 에어푸르트에서 졸도하고, 기침을 심하게 하면서 때로 정신을 잃기도 했다. 1793년 『우아함과 기품에 대하여(Über die Anmut und Würde)』를 쓰고, 같은 해 8월 아들 카를이 태어났다. 1788년 실러는 샤를로테의 집에서 괴테를 만나 이때부터 10년 이상의 우정 관계를 쌓는다. 1791년 실러 작품에는 칸트 『판단력 비판』의 영향이 뚜렷하게 나타난다. 1799년 10월 11일 딸 카롤리네가 태어나고 12월 3일 바이마르로 이사했다. 이 시기에 『발렌슈타인』을 완성한다. 1802년 11월 16일 실러에게 귀족 인정서가 부여된다. 1804년 2월 18일 『빌헬름 텔』을 완성하였다. 1805년 5월 1일 괴테와 국립극장에 함께 가고 며칠 후 5월 9일 사망하였다. 프리드리히 실러, 『프리드리히 실러의 미적 교육론』, 윤선구·이경희 외 역(서울: 대화, 2015), 14–26쪽.

채우는 방식이다. 다시 말해서 물체가 취한 이 공간으로부터 각자 다른 물체를 배제하는 방식이다. 따라서 사유에 포함된 존재는 무제약적 나는 존재한다를 의미하는 것이 아니라, "나는 일정한 방식으로 존재한다"를 의미할 뿐이다. 즉, 나는 우리가 사유라고 부르는 이런 방식으로 존재하며, 사유하기로 존재한다. 따라서 나는 존재한다Ergo sum에는 나는 무제약적 방식으로 존재한다가 포함되어 있지 않으며, 오히려 나는 일정한 방식으로 존재한다가 포함되어 있을 뿐이다. 그러나 이미 말했듯이 우리는 사물들은 무제약적으로 존재하는지를 의심할 수 있다. 그러나 사물들이 일정한 방식으로 존재한다는 이 사실을 데카르트는 그의 존재를 도출하는 것과 동일한 방식으로 증명하고 있다. 이것을 올바르게 추론하여 보자. 나는 사물의 실재성을 의심한다. 따라서 사물은 존재한다. 혹은 적어도 사물은 존재하지 않는 것이 아니다. 왜냐하면 전혀 존재하지 않는 것 그리고 그 어떤 방식으로도 존재하지 않는 것을 나는 당연히 의심할 수 없기 때문이다. 사물의 실재성에 대한 나의 의심으로부터 결과적으로 사물들이 의심의 여지없이 혹은 무제약적으로 존재한다는 것이 도출되지는 않는다고 하더라도 여전히 사물들이 일정한 방식으로 존재한다는 사실은 도출된다. 그러나 이미 언급했듯이 '나는 생각한다'는 사실로부터 결과적으로 '나는 일정한 방식으로 존재한다'가 도출되지는 않는다. 게다가 일정한 방식으로만 존재하는 모든 것은 마찬가지로 이미 의심스러운 존재자이다. 단순히 경험적인 그리고 주관적인 의심이 아니라, 객관적인 그리고 철학적인 의심이라는 진정한 의미에서 내가 나 자신에게 부여하는 존재는 내가 사물들에 부여하는 존재만큼이나 의심스럽다.

그러나 우리는 여기서 보다 더 이면으로 들어설 수 있을 것이며, 적어도 데카르트에게는 논쟁의 여지가 없이 분명한 의미이기는 하지만 나는 사유한다 자체를 의심할 수 있을 것이다. 다시 말해서 나는 사유한다는 이런 진술에는 두 가지 근거가 있다. ① 내 안에서 사유하는 그것, 예를 들어 지금 바로 의심하는 그것이다. ② 이런 사유 혹은 의심을 반성하는 자. 이 후자가 전자의 최초의 것을 자기와 동일한 것으로 인식함으로써만 나는 사유한다고 나는 말할 수 있다. 따라서 나는 사유한다는 그의 진리에 비춰보면 결코 직접적인 어떤 것이 아니다. 그것은 단지 내 안에서 사유를 향하는 반성을 통해서만 발생하며, 그 밖에 나는 사유한다는 앞서 나는 사유한다에 대해 반성하는 자와는 독립적으로 이 지점에서 어떤 사유가 작동하는지, 도대체 나는 사유한다는 사실을 나에게 말하지 않고, 이런 사유 자체를 다시 사유하지 않은 채로 어떻게 나는 규칙적으로 사유하는지에 대한 반성을 통해 발생한다. 물론 참된 사유는 앞서 나는 사유한다를 반성하는 주체와는 독립적이고 객관적인 사유여야 한다. 혹은 나는 사유한다를 향한 주체로부터의 관여가 적으면 적을수록 보다 더 참되게 사유될 것이다. 따라서 나는 사유한다는 두 가지, 즉 사유하는 자와 이런 사유하는 자에 대해 반성하는 자이며 그리고 이것을 자기와 하나로 정립하는 자이기 때문에, 혹은 객관적 사유, 나와 독립적인 사유가 있기 때문에, 이 후자는 전자의 잘못 생각된 통일일 수 있을 것이다. 혹은 나는 사유한다는 근원적 사유를 자신에게 부여하기 때문에, 바로 여기에서 나는 사유한다는 기만당할 수 있다. 그리고 내가 마음대로 나는 사유한다는 이 표현을 사용하고 있다는 것 이상의 의미를 지니지 않는다. 나는 소화한다. 나는 손님을 맞이한다. 나는 간다. 혹은 나는 말을 탄다. 왜냐하면 이것은 분명 사유 존재, 걸어가고 혹은 말을 타는 사유 존재가 아니기 때문이다. 나에게 어떤 생각이 든다, 나에게 어떤 생각이 들었다는 순수 사실이다. 이와 동일한 의미에서 나는 꿈을 꾸었다와 나는 어떤 꿈을 꾸었다고 말한다. 따라서 '나는 생각한다. 그러므로 나는 존재한다'는 데카르트의 명제가 지니고 있는 것으로 믿는 확신은 그 자체로 사유를 지속하고 있는 것은 아니다. 만약 이런 확신이 존재한다면, 이것은 맹목적 확신 그리고 사유가 결여된 확신이다. 이 때문에 데카르트는 이 확신에 다른 모든 것을 결합한다. 바로 나는 존재한다와 같이 명료하고 분명하게 통찰된 모든 것은 또한 참이어야 한다는 데카르트의 원리이다. 그러나 보다 상세히 표현하자면 이것은 많은 의미를 지니고 있다. 내가 나 자신의 존재로부터 지니는 앞서 맹목적, 경험적 확신과 결합되어 있는 모든 것을 혹은 암묵적으로 나는 존재한다와 함께 정립되어 있는 혹은 이런 입장의 완성에 속하는 것으로 증명하는 모든 것을 나는 바로 이 '나는 존재한다'와 같이 진리로 받아들여야 한다(그 이상은 아니다). 즉, 나는 존재한다가 객관적이며 나와 독립적이라는 결론이 도출되지는 않는다. 바로 내가 앞서 다른 모든 것을, 예를 들어 나의 신체를 그리고 이 신체와 결합하는 것으로 보이는 다른 사물들을 표상할 필요가 있을 때만 나는 존재한다의 진리는 잘 유지된다. 내가 단 한번이라도 모든 것을 나는 존재한다와 결합하려 한다면, 나는 일찍이 다른 모든 것에 대한 표상의 이런 필연성보다 더 나아가는 것을 포기해야만 한다. 또한 모든 앎의 중심이 나 자신에게 존재한다고 한다면, 나에게 표상될 필요가 있는 그것이 이런 표상과는 독립적으로 여기 존재하는지 혹은 그렇지 않은지는 나와는 완전히 무관gleichgültig할 것이다. 이것은 마치 데카르트가 예로 들고 있는 그가 꿈을 꾸는 동안에 꿈을 꾸는 자에게는 사물의 존재와 비존재가 무관한 것과 같다.

그러므로 사물을 파악하는 것이 중요한 것이 아니라, 오직 사물이 존재한다는 사실(우리가 사물에 대해 알 수 있는 가장 최소한의 것)을 아는 것만이 중요한 데카르트는 스스로 다음과 같은 질문을 제기할 원인을 제공한다. 사실 외적 사물에 대한 우리의 표상에 어떤 것이 일치하는가? 한동안 이 질문이 철학의 핵심문제로 다루어졌다. 데카르트는 이미 관념론으로의 충분한 진일보를 이루었다. 다시 말해서 데카르트는 사물들이 우리 밖에 객관적으로 실존하는 것이 아니라, 오히려 필연적이라고들 말하는 표상들, 즉 우리 안에만 사물이 실존한다고 주장하는 체계로의 진일보를 이루었다. 그러나 그는 이것을 원하지는 않았다. 따라서 앞서 필연적 결과로부터 벗어나기 위해 그는 다른 개념으로의 도피를 감행한다. 표상Vorstellung은 그 자체에서는 어떤 보증도 제공하지 못하기 때문에, 데카르트는 외적 사물에 대한 그의 표상의 진리를 위한 보증자를 필요로 한다. — 여기서 그는 주관적인 것으로부터 객관적인 것을 향하려 시도한다(이행, μεταβασις) — 데카르트는 이런 보증자를 신에게서 발견하지만, 이 신의 현존을 그 전에 증명해야만 한다. 데카르트는 이것을 간단히 다음 방식으로 실행한다. 내 안에는 가장 완벽한 존재Wesen에 대한 개념이 있다. (이것은 마치 나는 생각한다가 바로 경험적 사실Faktum인 것처럼, 경험적 사실로 전제된다) 그러나 나중에 언급할 것이지만 가장 완벽한 존재 개념에는 이제 실존 일반 개념은 해당하지 않는다. 칸트가 이 증명을 구상한 것보다 능숙하지는 못하지만 데카르트는 충분히 실존 일반은 완전성과 불완전성과는 무관한 어떤 것이라는 사실을 알고는 있었다. 그러나 데카르트는 추론의 결론을 맺을 수는 없었다. 데카르트의 이런 한계에도 불

구하고 우리는 그의 포괄적인 통찰력과 뛰어난 정신적 능력 그리고 그의

민족의 활기를 인정해야만 한다. 가장 완벽한 존재의 개념에는 또한 필

연적 실존 개념이 해당한다. 따라서 내가 신을 사유하는 것처럼 나는 또

한 신이 실존한다는 사실을 통찰해야 한다. 즉, 이것이 존재론적 증명이

라는 이름으로 잘 알려진 신의 현존에 대한 증명이다.[10] 가장 완벽한 존

재라는 단순한 개념으로부터 다시 다음이 추론된다. 가장 완벽한 존재가

---

10 역주: 유럽 사회에 기독교가 전파된 이후 사상사에서 신의 실존에 대한 존재론적 증명 가능성을 묻
는 철학자와 신학자의 태도는 크게 두 가지로 구분된다. 우선 신 존재에 대한 존재론적 증명이 불필
요하며, 불가능하다고 보는 존재론적 신 존재증명에 대한 비판적이며 부정적인 태도이다. 특히 칸트
는 비존재론적(deontologisch) 관점을 토대로 신 존재는 순수 사유 외부에 존재하는 초월적 존재라고
파악한다. 따라서 칸트에 의하면 초월적 존재로서 신 존재를 이론이며 범주적인 사유 활동 내부로
끌어들여 논리적으로 증명하려는 신 존재에 대한 존재론적 증명의 철학적 시도는 불가능하다. 왜냐
하면 신은 존재하는가의 질문은 언제나 인간의 논리적 사유범위를 넘어 서 있기 때문이다. 그러나 다
른 한편으로 안셀무스(Anselm von Canterbury, 1033-1109) 이후 신의 실존에 대한 존재론적 증명은 철
학과 신학 영역에서 끊임없이 시도되어 왔다. 이런 신 존재에 대한 존재론적 증명의 철학사적 시도의
한 단계에 데카르트가 서 있다. 안셀무스 이후 신의 현존에 대한 존재론적 증명은 다시 두 가지의 관
점으로 구분된다. 첫째, 신을 완전한 존재(ens perfectissimum)라고 보는 존재론적 증명방식이다. 이에
따르면 세계 내에 존재하는 모든 존재자의 완전성은 참으로 완전한 존재인 신 존재의 하위에 해당한
다. 왜냐하면 신 존재만이 참으로 그 어떤 제약도 없는 존재이며, 세계 내에 존재하는 존재자는 그 자
체로 제약되어 있는 존재이기 때문이다. 둘째, 신을 필연적 존재(ens necessarium)라고 보는 존재론
적 증명방식이다. 신의 현존에 대한 이런 존재론적 증명 시도는 세계 내에 존재하는 유한 사물에 대
한 탐구에 토대를 두고 있다. 세계 내에 존재하는 모든 존재자는 제약된 존재자다. 따라서 자신의 존
재근거를 언제나 자기 외부에서 마련하는, 자기 밖에 두는 존재자이다. 이런 이유로 제약된 존재자
는 자기와 동일한 제약된 존재자로부터의 인과적 존재 산출이 아닌 모든 제약을 넘어서 존재하는 무
제약적 존재, 자신의 궁극적 존재근거로서 최초의 원인을 필요로 한다. 다시 말해서 제약된 우연적
존재자는 다른 제약된 우연적 존재자에 의존하지 않는 자기 존재의 근거를 자기로부터 마련하는, 자
기 내부에 두는 자기원인의 존재자를 필요로 한다. 이런 두 가지의 신 존재증명방식 중에 데카르트
는 후자의 입장에 서 있으며, 후자의 입장에서 안셀무스와는 다른 신 존재증명의 철학적 기획을 구체
화했다. 그러므로 신의 실존에 대한 존재론적 증명의 사상사에서 데카르트의 기여는 토마스 아퀴나
스(Thomas Aquinas, 1225 혹은 1226-1274)에 의해 근본적으로 비판되고 부정된 신 존재증명을 다시 철
학적 논의의 지평에 세운 것이라고 할 수 있으며, 또한 안셀무스와는 다른 신 존재증명의 이론적 방
식을 제시하려 시도한 것이라 할 수 있다. Dieter Henrich, *Der ontologische Gottesbeweis. Sein
Problem und seine Geschichte in der Neuzeit*(Tübingen, 1960), S. 3-10 참조.

가장 참다운 존재가 아니라고 한다면, 가장 완벽한 존재는 가장 완벽한 존재이지 않을 것이다. (여기에서 지금까지는 형이상학적 개념이라 여긴 개념으로부터 도덕적 속성들로의 이행), 따라서 그러한 존재에서는 ① 수학적 진리와 관련하여 우리를 기만한다는 것은 불가능해야 하며 — (특히 데카르트는 항상 이 수학적 진리만이 아니라, 그리고 일반 개념들 및 사유 법칙, 판단과 추리 법칙을 의심한다), ② 마찬가지로 감각적 사물과 관련하여 우리를 기만하는 것도 불가능해야 한다. (왜냐하면 신만이 이런 기만 작용을 할 수 있기 때문이다) 전적으로 다른 인식 원리principium cognoscendi가 전제된 후 비로소 여기에서 신은 또한 참된 인식원리로, 다시 말해서 모든 인식에 진리를 분유하는 어떤 것으로 인정된다. 신의 진리성에 대한 앞서 소환은 데카르트의 계승자, 프랑스 철학자 말브랑슈Malebranche에게 영향을 미쳤으며,[11] 말브랑슈가 이 논의가 지니는 진리 가능성을 인정하도록 만들었다. 그래서 말브랑슈는 이렇게 말한다. 특히 그가 필요로 하며 좋다고 생각할 경우에, 설령 그 어떤 것도 존재하지 않는 경우라 하더라도 신은 우리에게

---

[11] 역주: 말브랑슈(Nicolas Malebranche, 1638–1715)는 데카르트의 신 존재증명방식을 충실히 계승한 사람이다. 그는 대체로 데카르트의 신 존재증명을 철학적 논의의 장에서 확장한 사람이라 평가할 수는 있지만, 신의 현존에 대한 존재론적 증명에 있어 자신만의 철학적 구상과 기획을 제시한 사람은 아니라고 간주된다. 이런 이유로 영국의 신플라톤주의에 의한 신 존재증명방식이 철학사에 등장하기 이전까지의 시기에 말브랑슈는 신의 존재론적 실존의 확실성을 신 존재의 필연성에서 발견하고, 마련하려 한 사상사의 한 시기를 차지한 것으로 평가된다. 말브랑슈는 스콜라철학자와 신학자에 의해 행해진 데카르트의 신 존재증명 비판을 반박하기 위하여 데카르트의 철학적 구상과 기획을 체계화하고, 구체화를 시도하였다. 말브랑슈에 의하면 유한한 인간 이성이 무한 존재인 신을 직접적으로 인식할 수는 없다. 그렇기 때문에 인간은 신과 분유하고 있는 내재적 이념을 통해서만 신을 직관할 수 있다. 그러나 이런 사실이 인간은 신에 대한 개념을 전혀 가질 수 없다는 것을 증명하는 것은 아니다. 왜냐하면 인간 이성에 의한 신의 직접적 인식이 불가능하다고 하여, 이것이 곧바로 본질적 개념에 따른 신의 인식 가능성조차도 부정하는 것은 아니기 때문이다. 이 점에서 말브랑슈에게 신은 순수 현존이다. 앞의 책, S. 22–28 참조.

충분히 물체를 표상하게 할 수 있을 것이다.

　그 때문에 우리에게 가장 중요한 것은 그리고 이런 이유로 내가 데카르트 철학으로부터 자주 개념화하려 시도한 것은 바로 그에 의해 시작한 앞서 존재론적 논의이다. 특히 데카르트가 철학의 시작Anfange에 대해 주장했기 때문이 아니라, 존재론적 증명을 제기함으로써 근대 철학의 결과 전체를 규정하였기 때문이다. 말하자면 철학은 여전히 이 논의가 추동하는 오해를 풀고 논쟁하는 일을 수행하고 있다고 할 수 있다. 이 논의는 여전히 우리의 눈길을 끈다. 왜냐하면 이 논의가 신의 실존을 전통 형이상학으로 증명할 수 있을 것이라 여기는 학교의 증명방식으로부터 칸트에 이르기까지 항상 상층부에 위치했기 때문이다. 우리가 충분히 인지하고 있어야 하는 사실은 스콜라철학자들은 이 논의를 전혀 인정하지 않았다는 것이다. 왜냐하면 안셀무스Anselm von Canterbury[12]가 이미 이와 유사한 논

12　역주: 안셀무스(Anselm von Canterbury)는 1033년 말에서 1034년 초 이탈리아 북서부 피에몬테(Piemonte) 지방의 도시 아오스타(Aosta)에서 태어났다. 고위층 귀족 가문 출신으로 베네딕도 수도원에서 엄격한 종교적 훈련을 받았으며, 중세 정규교육 과목인 자유칠과를 배웠다. 어머니 사망 후 클뤼니(Cluny)수도원 등에서 수양했으며, 여기서 그의 인생의 스승인 란프랑쿠스(Lanfrancus. ?-108)에 대해 전해 들었다. 안셀무스가 여러 학교에서 학문을 배우던 1050년대는 서유럽 사회의 정치·사회적 안정기였으며, 이에 따라 도시가 생겨난 경제·문화적 부흥기였다. 1060년 그의 나이 27세에 안셀무스는 베크의 베네딕도수도원에 입회했으며, 이어서 1063년에 란프랑쿠스를 대신해 베크수도원의 부원장 자격으로 학교를 이끌었다. 이 수도원 시절에 안셀무스는 제자들의 요구에 따라 기도와 묵상 그리고 독서의 결과로 『모놀로기온(Momologion, 獨語錄)』, 『프로슬로기온(Proslogion, 對語錄)』, 『진리론』, 『자유론』을 썼다. 그리고 수도원장이 사망하고 나서 안셀무스는 수도원장이 되었으며, 1079년 2월 22일 수도원장 서품을 받았다. 1070년에 그의 스승인 란프랑쿠스는 캔터베리 대주교가 되어 교회개혁을 시도했고, 1089년 란프랑쿠스가 사망한 후 1093년 3월 공석이었던 캔터베리 대주교좌를 안셀무스가 계승했다. 캔터베리 대주교는 사실상 독립적 영국교회의 수장이었는데 로마교황청의 지배권역에서 완전히 벗어나 있었다. 이런 영국교회의 전통은 노르망디 공국 출신으로 영국을 정복한 윌리엄 1세가 노르만의 관습에 따라 영국교회 체제를 변형시킴으로써 생겨났다. 이런 역사적 이유로 15개 교구를 관장하는 수장으로서 캔터베리 대주교의 주요 임무는 영국 성직서임권을 세속권력인 왕권으로부터 그리고 교회 권력인 로마교황청으로부터 독립적으로 수호하는 일이었다. 성직서임권 투

쟁의 선봉에 서 있던 안셀무스는 영국 왕 윌리엄 2세와 적대적 대립 관계를 형성하였으며, 이 때문에 첫 번째 망명길(1097-1100)에 오른다. 1100년 윌리엄 2세가 사망하고 새로운 국왕 헨리가 등극하자 안셀무스는 다시 캔터베리 대주교로 돌아왔으나, 1103년 다시 두 번째 망명길(1103-1106)에 오른다. 1106년 베크에서 대주교와 영국 왕 사이에 타협점을 찾아서 1107년 웨스트민스터 궁정회의에서 '런던조약'이 체결됨으로써 영국 성직서임권 투쟁은 막을 내렸다. 1109년 4월 21일 성주간 수요일에 안셀무스는 사망했다. 안셀무스는 아리스토텔레스 논리학에 많은 관심을 가지고 있었으며, 논리학을 토대로 신앙을 이해하려 노력했다. 따라서 그에게 이성은 신앙에 대립하는 것이 아니라, 신앙과의 조화를 모색하는 것으로 이해되었다.

『모놀로기온』은 안셀무스가 1076년 마흔을 갓 넘어서 베크수도원 부원장으로 있으면서 저술한 그의 첫 작품이다. 이 작품은 처음에는 특별한 제목 없이 란프랑쿠스에게 보내졌으나 이후 리옹의 후고 대주교가 안셀무스의 작품에 제목을 붙이도록 명령했다. 이 명령에 따라 안셀무스는 "신앙의 근거에 대한 독어록(Monoloquim de ratione fidei)"과 "신앙의 근거에 대한 대어록(Alloquim de ratione fidei)"이란 제목을 붙였는데, 전자가 『모놀로기온』, 후자가 『프로슬로기온』이다. '모놀로기온'이나 '프로슬로기온'은 작품의 목적이나 특정한 내용을 지칭하는 개념이 아니라, 단지 작품서술의 문학적 형태만을 가리킨다. 안셀무스는 『모놀로기온』 중 특히 1장부터 4장까지에서 신 존재증명을 수행한다. 이런 신 존재증명의 근원적 원천을 안셀무스는 ―여기서 우리는 안셀무스 사유에 미친 아리스토텔레스 철학의 영향을 볼 수 있다― "오직 이성만으로도(sola ratione)", 순수 이성으로 파악한다. 우선 『모놀로기온』의 1장부터 4장까지 각 장의 제목을 보면, 1장은 "존재하는 것들 중의 가장 좋은 것, 가장 큰 것, 가장 높은 것이 존재한다"이며, 2장은 "존재하는 것들 중의 가장 좋은 것, 가장 큰 것, 가장 높은 것에 대하여"이고, 3장은 "그것을 통해 모든 존재하는 것이 존재하며, 자신은 스스로 존재하고, 모든 있는 것들 중에 가장 높은 것인 어떤 본성이 존재한다", 그리고 마지막으로 4장은 "그것을 통해 존재하는 모든 것이 존재하며, 자신은 스스로 존재하고, 있는 모든 것 중에 가장 높은 것인 어떤 본성에 대하여"이다. 1장에서 안셀무스는 순수 이성의 원리에 따라 모든 좋은 것들 중에 가장 좋은 것은 "그 자체로 선한 것"이며, 이것이 "최고선"이라는 사실을 증명한다. 그리고 그 자체로 선한 것인 최고선은 다른 좋은 것에 의존하여 선한 것보다 크고, 높은 것이기 때문에, "최고선은 가장 큰 것이기도 하며, 존재하는 모든 것들의 최고이기도 하다." 3장에서 안셀무스는 그 자체로 존재하는 오직 하나의 근원 존재의 존재를 증명한다. 일단 안셀무스는 모든 존재자는 존재를 통해 존재하거나 무를 통해 존재한다고 하지만, "그러나 무를 통해 존재하는 것은 아무것도 없다"고 주장한다. 그러니까 존재자의 존재근거는 무가 아니라 오직 존재일 뿐이다. 이제 살펴보아야 할 문제는 존재자들의 존재근거가 오직 하나일 뿐인지 혹은 여럿인지가 증명되어야 한다. 이 문제는 고대 그리스 자연철학자들로부터 아리스토텔레스와 아리스토텔레스 이후 형이상학적 존재 기원에 대한 철학적 논쟁의 관건이었다. 세계(kosmos)의 존재 기원을 묻는다면, 세계의 존재 시작은 필연적으로 '하나'이어야만 한다. 왜냐하면 만약 세계가 둘 혹은 여럿의 존재자들로부터 시작하였다고 한다면, 기원으로서 둘 혹은 여럿의 존재자들은 그것들의 존재원천을 필요로 할 것이기 때문이다. 이 점에서 우리는 세계의 시작은 '하나' 존재라는 사실에는 동의할 수 있을 것이다. 그러나 세계의 시작이 '하나'라고 한다면, 이제 문제는 '하나' 존재로부터 세계의 상이한 여러 존재자들이 어떻게 발생할 수 있었는가의 물음과 철학이 시작하던 무렵 이미 철학자들이 '하나'의 존재를 규정하였음에도 불구하고 각 철학자들마다 역사적으로 이 '하나'의 존재를 달리 정의 내리는 이유는 무엇인가의 물음이 남는다. 남겨져 있는 이런 문제에도 불구하고 안셀무스는 분명하게 "그러므로 진리는 전적으로 모든 것의 근원이 되는 것이 다수라는 것을 배제하기 때문에, 존재하고 있는 모든 것의 근거가 되는 것은 반드시 하나"라고 주장한다. 이렇게 안

의를 개진했음에도 불구하고, 곧바로 토마스 아퀴나스Thomas von Aquin[13]가

셀무스는 존재하는 모든 존재자들의 하나의 유일한 원인을 밝힌다. 4장에서 안셀무스는 하나의 유일한 원인으로부터 세계의 다양한 존재자들의 존재론적 발생사를 기술한다. 플라톤의 이데아론에 기대어 안셀무스는 이렇게 말한다. "즉 말(馬)이 본성적으로 나무보다 우월하고, 사람이 말보다 우월하다는 것에 대해서 의심을 품는 사람은 정말로 사람이라고 불릴 수 없다. 그래서 본성들 중에 하나가 다른 것들보다 더 낫다는 것을 부정할 수 없다." 이렇게 안셀무스는 하나의 유일한 존재와 여럿의 상이한 존재자들 사이의 존재론적 관계를 증명한다. 이런 안셀무스의 신 존재증명은 초월철학적 보편성을 가진다. 즉, 기독교 신앙에 대해 어떤 경험도 없는 사람에게도 이 증명은 자명해야 한다. 왜냐하면 순수 이성의 원천을 지닌 모든 인간들은 언제나 좋음을 생각하고 추구하며, 여기에서 출발하는 인간들은 또한 다른 좋은 어떤 것들은 그것들을 좋음이게 하는 하나의 좋음을 통해 존재한다는 사실을 인식하기 때문이다. 캔터베리의 안셀무스, 『모놀로기온, 프로슬로기온』, 박승찬 역(서울: 아카넷, 2014), 31~44쪽, 224~233쪽 그리고 327~455쪽 참조; 요한네스 힐쉬베르거, 『서양 철학사(상권)—고대와 중세』, 강성위 역(대구: 이문출판사, 1992), 475쪽 이하 참조.

13 역주: 토마스 아퀴나스(Thomas Aquinas)는 대략 200여년 앞서 태어난 안셀무스가 '스콜라철학의 아버지'라 불린 데 반해 '스콜라철학의 왕자'라고 불린다. 아퀴나스는 1224년 나폴리왕국의 귀족가문에서 태어났다. 아퀴나스의 탄생일은 불명확한 듯한데, 힐쉬베르거는 1224년으로, 러셀은 1225년 또는 1226년이라고 말한다. 아퀴나스가 삶을 영위한 시기는 이미 11세기에 처음 시작한 십자군 원정이 5차, 6차 원정에 이른 시점이었다. 476년 서로마의 시대가 마감된 후 피핀에 의해 메로빙거 집안의 힐데리히 3세가 즉위하면서 서로마제국의 독일황제 시대가 열렸으며, 800년 12월 25일 황제 대관식을 치른 칼 대제를 지나, 902년 2월 21일 오토 대제가 신생 제국의 황제가 되어 서로마제국의 부흥기를 열었다. 정치·경제·군사적 부흥기를 이룬 서로마제국은 마침내 1095년 1차 십자군 원정을 감행하는데, 1054년 이미 교회는 동방교회와 서방교회로 분리되어 있는 상태였다. 1204년 4월에는 4차 원정을 떠난 서로마제국의 군대가 콘스탄티노플을 약탈하는 사건이 발생하였다. 이 사건으로 인구 50만의 도시였던 콘스탄티노플은 다시는 번영기를 맞이하지 못한 채 몰락의 길을 갔다. 이런 역사적 정황으로 볼 때 아퀴나스는 강성한 서로마제국의 교회세력이 동방교회 세력을 누르고 이슬람세력과 대결하던 시대를 살았다. 아퀴나스는 1239년부터 1243년까지 나폴리대학에서 수학했으며, 20세 나이에 도미니크수도회에 입회하였고, 1248년부터 1252년까지 쾰른에서 그의 스승인 알베르투스 마그누스에게서 배웠다. 1252년부터 1255년까지는 파리 대학의 성서학과 강사를 지냈으며, 1256년 보나벤투라와 함께 파리대학의 교수가 되었다. 그 후 1274년 3월 7일 포사누오바의 수도회에서 사망하였다. 아퀴나스는 『신학대전』, 『이교도 반박대전』, 『철학대전』 등 여러 권의 주요 저서를 남겼다.
토마스 아퀴나스는 신 존재에 대한 존재론적 증명의 불필요성을 두 가지로 서술한다. ① 신에 대한 기독교 신앙을 가진 사람들에게 신 존재는 자명하기 때문에 신 존재에 대한 존재론적 증명시도는 불필요하다. ② 나중에 칸트가 신 존재에 대한 존재론적 증명의 불가능성을 주장하는 것처럼, 아퀴나스는 신 존재를 증명하기 위해, 지성은 신의 본질을 충분히 알고 있어야 한다고 본다. 그러나 아무리 뛰어난 지성이라고 하더라도, 신의 본질과 신의 존재가 완벽히 일치될 정도로 신의 본질을 제약적인 이성 존재는 알 수 없다. 따라서 신의 본질로부터 신의 존재를 연역할 수 있는 지성은 없다. 이렇게 아퀴나스에게 신 존재에 대한 존재론적 증명은 원칙적으로 거부된다.
그러나 아퀴나스는 아리스토텔레스의 '제일철학'에서의 논증에 따라 다섯 가지 방식의 신 존재 증명

명백하게 그에게 반론을 제기했기 때문이다. 소위 존재론적 증명은 또한 칸트 비판 철학의 주요 대상이었다. 그러나 칸트와 그의 계승자도 이에 대한 합당한 핵심을 다루지 못했다. 특히 칸트에 의해 타당하게 여겨진 데카르트의 증명에 대한 주요 반론은 이미 언급했듯이 합당하지 않은 견해를 포함하고 있다. 즉, 그 논의는 다음과 같다. 나는 내 안에서 완

을 시도한다. 신 존재에 대한 존재론적 증명의 원칙적 불필요성과 부당성을 주장한 아퀴나스가 이런 신 존재증명을 시도하는 이유는 아퀴나스가 처해 있던 역사적 상황 때문이다. 이슬람 세력과의 종교적 대립은 아퀴나스에게 기독교 신의 보편성, 탁월성, 본질성을 증명해야 할 필요가 있다는 사실을 일깨웠다. 이런 증명의 불가피성에 대한 인식에 따라 아퀴나스는 신 존재증명을 시도한다. 첫째, 아리스토텔레스의 '부동의 원동자' 증명에 따른 부동의 원동자 논증이다. 아리스토텔레스에게서 모든 감각적 경험이 가능한 운동의 존재가 실재한다면, 인과 원인론의 원리에 따라 이 운동하는 실재를 운동하게 하는 운동의 궁극원인은 필연적으로 존재해야만 한다. 그리고 이런 인과관계의 시간적 연쇄에 내재하는 무한소급을 피하기 위해 우리는 필연적으로 최초의 운동자를 전제해야 한다. 이 최초의 운동자는 다른 존재자들을 운동하게 하면서도 자신은 운동하지 않는 실재이다. 둘째, 이런 부동의 원동자에 대한 논증을 토대로 우리는 제일의 원인에 대하여 논증할 수 있다. 즉, 모든 존재자들을 운동하게 하면서 자신은 운동하지 않는 스스로 존재하는 존재자는 모든 것의 궁극원인이다. 셋째, 운동하는 모든 실재가 필연적으로 존재한다면, 즉 원인과 결과의 필연적이며 역사적인 관계로 존재한다면, 이 필연성의 궁극기원 또한 필연적으로 존재해야만 한다. 넷째, 우리가 세계에서 무언가 완전한 존재를 발견한다면, 우리는 이 완전한 존재를 존재하게 한 근거로서 존재를 존재론적으로 전제할 수밖에 없다. 즉, 완전한 존재는 존재를 결여할 수 없다. 존재를 결여한 존재가 완전할 수는 없기 때문이다. 따라서 완전한 존재를 존재 가능하게 하는 존재는 필연적으로 존재할 수밖에 없다. 다섯째, 목적론적 논증에 따른 증명이다. 모든 존재하는 생물은 자기 내적인 목적이 있으며, 목적 외부에 존재하는 것으로 보이는 무생물조차 어떤 목적에 따라 존재한다. 그리고 신은 결코 질료이거나 물체일 수 없다. 왜냐하면 질료나 물체는 순수 수동태이며, 결합물이지만, 신은 순수 능동태이며, 합성된 결합물일 수 없기 때문이다. 신의 질서에 따라 존재자 전체를 목적론적으로 배열하였을 때, 모든 존재하는 존재자는 신 존재와 유사하기 때문에, 존재하며, 또한 신 존재는 모든 존재자의 원인이자 포괄자이다. 식물은 지각은 아니지만 생명이며, 동물은 지성은 아니지만 지각이다. 따라서 식물은 삶을 영위하는 생명이라는 점에서 신을 닮았지만, 지각하지 못한다는 점에서 신에게서 멀리 떨어져 있다. 동물은 지각하는 점에서 신을 닮았지만, 지성을 갖추고 있지 못하다는 점에서 신에게서 떨어져 있다. 이렇게 볼 때 지성인 인간만이 다른 어떤 존재자보다도 신을 많이 닮았다. 이렇게 신과 피조물 사이의 존재론적 차이는 부정의 방식으로만 드러날 뿐이다. 기쿠치 요시오, 『결코 사라지지 않는 로마, 신성로마제국』, 이경덕 역(서울: 다른세상, 2016), 31~64쪽 참조; 주디스 헤린, 『비잔티움』, 이순호 역(경기도: 글항아리, 2014), 11~94쪽 참조; 『서양 철학사(상권)―고대와 중세』, 540쪽 이하 참조; 『러셀 서양 철학사』, 591쪽 이하 참조.

전한 존재에 대한 관념을 발견한다. 이제 실존 자체가 완전성이다. 따라서 가장 완전한 존재에 대한 관념에는 분명 실존이 들어있다. 그 후 여기서 추론의 소전제가 부정된다. 우리는 실존은 결코 완전성이 아니라고 말한다. 예를 들어 삼각형은 실존하기 때문에 완전해지는 것은 아니다. 혹은 이것이 가능하다면, 바로 나에게 완전한 삼각형이 실존해야 한다는 추론이 용인되어야 하기 때문이다. 우리는 실존하지 않는 것은 완전하지도 불완전하지도 않다고 말한다. 실존은 바로 사물이, 다시 말해 사물의 완전성이 존재한다는 것을 표현한다. 따라서 실존은 이 완전성 중 하나가 아니라, 오히려 실존은 그것이 없이는 사물도 그의 완전성도 존재하지 않는 그러한 것이다. 그러나 나는 이미 데카르트는 이런 방식으로 추론하지 않았다고 말했다. 오히려 그의 논의는 다음과 같다. 가장 완전한 존재의 본성에는 단지 우연히 실존하는 것이 대립하여 있을 것이다. (예를 들어 나 자신의 실존이 단순히 우연한 부차적인 그리고 바로 그 때문에 그 자체로 의심스러운 실존인 것처럼 말이다) 따라서 가장 완전한 존재는 필연적으로 실존할 뿐이다. 이 논의에 대한 반론으로 다음이 가능할 것이다. 특히 우리가 이제 필연적으로 실존함이라는 개념을 파악하고 있고, 그리고 이에 대해서 단지 우연적으로 실존함에 대한 대립만을 이해한다면, 이 논의에 대한 그 어떤 반론도 불가능하다고 나는 말할 수 있다. 그러나 데카르트의 결론은 다르다. 다시 한번 삼단논법 전체를 반복해 보자. 가장 완전한 존재는 우연적이 아니라, 단지 필연적으로만 실존할 수 있다(대전제). 신은 가장 완전한 존재이다(소전제). 따라서 (데카르트는 이렇게 추론해야 한다) 신은 필연적으로만 실존할 수 있다. 왜냐하면 이것만이 전제에 있기 때문이다. 그러나 이와 달리 데카르트는 다음과 같이 추론한다. 그러니까 신은 필연적으로 실존한다. 그리고 그 후 물론 이런 방식으로 다음이 도출될 수 있을 것이다. 신은 실존한다. 그리고 신의 실존이 증명된 것처럼 보인다. 그러나 내가 신은 단지 필연적으로만 실존할 수 있다고 말하는 것이나 혹은 신은 필연적으로 실존한다고 말하는 것, 이것은 전적으로 다른 어떤 것이다. 첫 번째 명제(신은 단지 필연적으로만 실존할 수 있다)로부터 다음의 결론이 도출된다. 주의! 신이 실존한다면, 신은 필연적으로 실존한다. 그러나 결코 신이 실존한다가 도출되지는 않는다. 따라서 데카르트 추론의 오류가 여기에 있다. 우리는 이 오류를 이렇게 표현할 수 있다. 대전제(가장 완전한 존재는 단지 필연적으로만 실존할 수 있다)에서 단지 실존 방식만이 말해지고 있다(가장 완전한 존재는 우연적 방식으로 실존할 수 없다는 것만을 언급하고 있다). 그러나 결론부conclusio에서는 더는 실존 방식이 언급되지 않으며 (이 경우 결론은 참이다), 오히려 실존 일반에 대해서 말하고 있다. 즉, 대전제에서 행한 것 이상의 것이 결론에plus in conclusione quam fuerat in praemissis 들어 있다. 다시 말해서 이것은 논리 법칙에 반하는 오류이며 혹은 추론이 형식적으로 부당하다는 것을 의미한다. 이것이 근본적 오류라는 사실을 나는 또한 다음과 같이 증명할 수 있다. 말하자면 데카르트는 여러 곳에서 직접적으로 추론하며 혹은 적어도 나에 의해 제시된 방식에 따라 추론한다. 다음의 제목을 지닌 그의 논문, 「신의 실존 근거 및 기하학적 질서에 따른 증명방식Rationes Dei existentiam etc. probantes ordine geometrico dispositae」에서 결론은 다음과 같다. 따라서 신에 대해 이렇게 말하는 것은 참이다. 신에게서 실존은 필연적 실존이다. 혹은oder (그가 덧붙이기를) 신은 실존한다. 그러나 후자의 것은 첫 번째의 것과는 다른 어떤 것이며 그리고 혹은das Oder을 통해 암시하고 있는 것처럼 이 첫 번째의 것과 동일하게 타당하다고 볼 수 없다. (데카르트 자신은 가장 완전한 존재의 개념에는 본래 실존 방식만이 규정되고 있었다는 것을 충분히 의식하고 있었다. 그래서 그는 다음과 같이 서술한다. 제한된 그리고 유한한 사물 개념에는 단순히 가능한 혹은 우연적 실존만이 들어있으며, 가장 완전한 사물의 개념에는 필연적 실존 그리고 가장 완전한 실존 개념이 들어있다) 또한 데카르트는 그의 제5성찰[14]에서 이렇게 추론한다. 나는 나에게 있는 신의 관념을 마치 기하학적 도형 혹은 수의 관념과 다르지 않게 본다. 그리고 그 후 그는 다음을 도출하지는 않는다. 나는 적지 않게 명료하고 그리고 분명하게 본성에 해당하는 것으로 신이 항상 실존한다는 사실을 지각한다nec minus clare et distincte intelligo, ad ejus naturam pertinere, ut semper existat. (여러분은 이 항상semper에 주목해야 한다. 데카르트는 여기서 본성에 해당하는 것으로 신이 실존한다는 사실이ad ejus naturam pertinere, ut existat 아니라, 단지 신이 항상 실존한다는 사실만을ut semper existat 말하고 있다) 이제 이로부터 신이 실존한다면 신은 항상 실존한다는 결론이 도

---

14 역주: 데카르트가 『성찰』에서 자신의 철학적 방법론으로 사용하고 있는 방법이 방법론적 회의이듯이, 그의 신 존재증명의 방식은 '방법적 회의'이다. 즉, 데카르트는 의심할 수 있는 모든 것을 의심하는 극단적 의심의 과정 이후에도 남는 것은 무엇보다도 분명하고 명료한 관념일 것이라고 생각한다. 그리고 그는 이렇게 도달한 최종 관념, 이 명석 판명한 관념은 더 이상 의심할 수 없는 진리일 수밖에 없다고 확신한다. 이런 확신의 토대 위에 구축된 증명의 방식이 데카르트의 신의 현존에 대한 존재론적 증명이다. 이 때문에 『성찰』의 방법론적 회의는 진리를 이미 전제하고 있다고 말해야 한다. 그리고 이 절대적 전제는 신이 존재하며, 나를 오류에 빠뜨리지 않는 신이 존재한다는 확신이다. 특히 데카르트는 카테루스(Caterus)의 반론을 염두에 두고 쓴 『성찰』의 제5성찰, "물질적 사물의 본성에 관하여: 그리고 다시 신이 현존한다는 것에 관하여"라는 제목 아래 기하학적 증명의 확실성이 신의 실존에 대한 존재론적 증명 그리고 인식과 어떻게 관계하는지를 묻는다. 그에 따르면 삼각형이라는 관념은 이미 그것의 내각의 합이 180도이며, 직각에 마주한 선의 길이의 제곱이 나머지 두 변의 길이의 제곱의 합과 같다 등의 명석 판명한 증명을 이미 포함하고 있는 것처럼, 신에 대한 관념이 있는 한, 신의 실존도 더없이 분명하다. 르네 데카르트, 『성찰 ― 자연의 빛에 의한 진리탐구』, 이현복 역 (서울: 문예출판사, 2006), 91–101쪽 참조; René Descartes, *Meditationen über die Grundlagen der Philosophie mit den sämtlichen Einwänden und Erwiderungen*, übers. u. hers. v. Artur Buchenau(Hamburg, 1994), S. 3–10 참조; D. Henrich, 앞의 책, S. 10–22 참조.

출되지만, 그러나 이것이 신이 실존한다는 사실daß을 도출하지는 않는다. 추론의 참된 의미는 항상 이렇다. 신은 전혀 실존하지 않거나 혹은 신이 실존한다면, 신은 항상 실존한다. 혹은 신은 필연적으로 실존한다. 다시 말해서 신은 우연적으로 실존하지 않는다. 그러나 여기서 신의 실존이 증명되지 않았다는 것은 분명하다.

그러나 데카르트 논의에 대한 이런 비판과 더불어 우리는 이제 다음을 인정한다. 실존이 증명되지 않는다면, 신의 필연적 실존 또한 증명되지 않는다는 사실이다. ─ 그리고 이 개념은 다음 세대의 철학 전체에 가장 분명한 영향을 미친 그러한 개념이다.

도대체 이런 신의 필연적 실존이 무슨 의미가 있는가?

이미 우리는 합당한 결론으로 다음의 명제인 신이 실존한다면, 따라서 신은 필연적으로 실존한다를 인정하기 때문에, 이런 이유로 우리는 신의 개념과 필연적으로 실존하는 존재 개념은 절대로 동일한 개념이 아니라고 진술한다. 다시 말해서 하나의 개념이 다른 개념으로 개념화하였다고 말하며, 또한 신은 더 이상 단순히 필연적으로만 실존하는 존재가 아니라고 진술한다. 만약 신이 단지 이런 존재라고 한다면, 물론 신은 실존한다는 명제는 그 자체로 분명하게 이해된다. 특히 다음을 물어야 한다.

① 무엇이 필연적으로 실존하는 존재로 이해되어야 하는가?
② 어느 정도 신은 필연적으로 실존하는 존재인가?
③ 신과 필연적으로 실존하는 존재는 동일한 개념인가? 어느 정도 신은 이 존재 이상인가?

지금 우리가 여기 관여하고 있는 지점에서 가능한 첫 번째 물음에 대답하기 위해서 (왜냐하면 우리는 이후 한 번 이상 이 개념으로 되돌아올 것이기 때문이다) 우리는 존재 전반에 걸쳐 다음과 같이 구별한다.

a) 무엇임 그것das was Ist, 존재의 주어 혹은 우리가 특히 본질이라고 말하는 것.

b) 무엇임과 술어로서 관계하는, 물론 일반적으로 말한다면 각 술어에서 본래적으로 술어가 되고 있는 무엇, 그리고 그것이 절대적으로 술어인 존재 자체. 그 어디에서도 그리고 그 어떤 가능한 명제에서도 존재와 다른 어떤 것이 진술되지 않는다. 예를 들어 내가 페돈Phädon은 건강하다고 말한다면, 일종의 유기체적인, 더 나아가 신체적인, 마지막으로 일반적인 존재가 진술되고 있다. 혹은 페돈은 연인이라고 한다면, 여기서는 일종의 심정적 존재가 진술된다. 그러나 항상 진술되고 있는 것은 존재이다. 그러나 이제 내가 진술해야만 하는 존재 없이 무엇임 그것만을 사유하는 것은 혹은 순수하게 사유하는 것은 나와는 관계없다. ― 내가 이렇게 생각한다면, 나는 순수 개념을 생각하는 것이며, 즉, 명제 혹은 판단에 대해서가 아니라, 바로 단순한 개념만을 생각하는 것이다. (순수 개념을 존재로 모호하게 규정할 수 있으며, 즉 개념을 넘어서는 것이 술어라고 하는 그런 존재로 불분명하게 정립할 수 있다. 그러나 마치 고대 일반 논리학에서 이미 주어는 앞선 것das Antecendens, 술어는 결과라 부른 것처럼 주어는 술어보다 필연적으로 앞서 있다) 무엇임 그것은 가장 중대한, 불변의κατ εξοχήν 개념이다. 이것은 모든 개념 중의 개념이다.[15] 왜냐하면 각 개념에서 나는 존재가 아

---

15 역주: 서양 형이상학적 사유는 존재사실(Daß-sein)과 존재본질(Was-sein), 있음과 무엇임 사이의 근

니라, 바로 무엇임 그것만을 생각하기 때문이다. 내가 이제 순수하게 무엇임 그것을 사유하는 한에서, 단순한 개념을 넘어서는 것은 아무것도 없다. 나의 사유는 여전히 순수 개념에 포함되어 있고, 나는 무엇임 그것에 결코 존재를 덧붙일 수 없으며, 나는 무엇임 그것이 존재를 지닌다고 말할 수 없다. 그리고 또한 무엇임 그것은 무가 아니며, 오히려 어떤 것이며, 무엇임 그것은 바로 존재 자체αὐτό τό ΟΝ, ipsum Ens이다. ― 존재는 무엇임 그것에게서는 또한 단순한 본질로 혹은 단순한 개념으로 있다. 무엇임 그것은 개념 자체의 존재이며 혹은 무엇임 그것은 존재와 사유가 하나인 그 지점이다. 이 단순성Bloßheit에서 나는 무엇임 그것을 적어도 한순간이라도 사유해야 한다. 그러나 나는 무엇임 그것을 이런 추상에서 유지할 수 없다. 다시 말해서 내가 이제 그 어떤 것도 알지 못하는 무엇

원적 차이를 제거하려는 시도로부터 출발하였으나, 결국 존재사실을 사유과정에서 망각하고 존재본질만을 자신의 대상으로 지니게 되었다. 존재하는 모든 존재자의 근본원인인 존재는 양의 범주에 해당하는 '하나'여야만 한다. 존재자들의 세계의 최초 시작이 둘이거나 여럿일 수는 없을 것이기 때문이다. 따라서 세계의 최초 시작에는 '하나' 존재가 존재했다고 말해야 한다. 존재를 밝히는 근원언어인 범주의 관점에서 보자면 세계의 시작이 '하나'라고 하자마자, '하나'의 범주는 곧바로 '여럿'을 동반한다는 사실이 증명된다. 그리고 '하나'의 존재는 또한 '하나'의 존재가 존재한다 혹은 '하나'의 존재가 존재하지 않는다는 있음과 없음의 질의 범주를 이끈다. 이렇게 보면 세계의 근원인 존재를 밝히는 근본언어인 범주는 하나와 같은 양, 있음과 없음의 질, 이들 범주의 관계로부터 시작하였다. 이렇게 근원존재는 '양', '질', '관계' 등의 범주로 개념화되어 드러난다. 아리스토텔레스는 그리스 자연철학자로부터 시작하는 이런 세계의 기원문제에 대한 범주적 서술을 발전시켜 존재를 열 개의 범주들로 해명한다. 이 중 실체는 '제일 앞선 것', '최상의 것', '포괄자', '이끄는 것', '근거에 놓여 있는 것(hypokeimenon)', '영원불변하는 것'이라고 이해되었으며, 언제나 술어를 이끌고 포괄하는 주어로 여겨졌으며, 실체에 뒤따르는 술어는 우연적인 것이라 불렸다. 실체가 문장의 주어 자리를 차지하고 난 후에 문장의 술어에는 다른 범주들, 양, 질, 관계, 공간, 시간, 운동, 정지, 능동, 수동이 따라온다. 그러나 실체를 포함한 열 개의 범주들은 존재사실을 향한 존재본질, 무엇임일 뿐이며, 이 무엇임이 어떤 방식으로 규정된다고 하더라도 존재사실 자체를 논리적, 언어적으로 완벽하게 해명할 수는 없다. 여기에 존재자와 존재 사이의 '존재론적 차이'가 있다. 아리스토텔레스, 『형이상학』, 김진성 역주(서울: 이제이북스, 2007), 1028a 10 이하 참조.

임 그것이 있다는 것은 불가능하며, 마찬가지로 도출될 수 있는 모든 것의 제목인 시작이 또한 무 자체라고 하는 것도 불가능하다. ― 모든 존재에 관한 제목, 전제, 시작인 그것이 있다는 것은 불가능하며, 또한 이것이 있지 않다고 하는 것도 불가능하다. 이 '계사 이다sei'는 실존의 의미이며, 다시 말해서 개념 밖의 존재이다. 이렇게 우리에게 개념은 직접적으로 그리고 또한 그의 대립으로 변형된다. ― 우리는 우리가 존재자 자체로 규정했던 그것을 발견하며, 이제 또한 존재자로서 다시, 그러나 전적으로 다른 의미에서 존재자로서, ― 다시 말해서 술어적 의미에서, 혹은 말하자면 대상적 의미에서 존재자로서 발견한다. 그 때문에 앞에서처럼 우리는 그것을 근원 상태urständlichen의 의미에서 존재자로 생각하지는 않는다. 여기서 주체의 객체로의 가장 완전한 전도가 일어나며, ― 순수 개념에서 이것은 단순한, 순수 주체(근거에 놓여 있는 것suppositum, 왜냐하면 이 양자의 표현은 동일한 의미이기 때문이다) 혹은 존재의 순수 근원 상태Urstand였던 것처럼 ― 그래서 그것은 그 개념의 직접적 결과이다. 마찬가지로 존재자 자체인 그의 개념으로 인해 존재한다. ― 우리가 그것을 객관적이라고 착각하기 이전까지 그것은 직접적으로 대상적인 존재자다.

우리가 무엇임 그것을 이제 이런 대상적 존재자보다 더 상세히 고찰한다면, 이것은 우리에게 어떻게 서술되는가? 존재할 수 없음은 아니라는 것은 분명하며 그래서 필연적이며, 맹목적 존재자라는 것도 분명하다. 특히 맹목적 존재자는 그 자신 이전에 그 어떤 가능성도 일어나지 않는 존재자이다. 예를 들어 내가 나 이전에 어떤 것의 가능성을 생각해 보지 않은 채 어떤 것을 행위 한다면, 나는 맹목적으로 행위 하는 것이다. 행위가 행위 개념에 앞선다고 한다면, 이것은 맹목적 행위이며, 바로 그 어떤 가능성도 앞서 일어나지 않는 존재이며, 결단코 존재하지 않을 수 없는, 그래서 그 때문에 결코 본래적으로 존재할 수 없는 존재이며, 오히려 그의 가능성 자체에 선행하는 존재이다. 그런 존재는 맹목적 존재이다. 우리는 우리 스스로 우선 무엇임 그것에 대해 언급했었으며, 그것을 앞섬Prius으로, 근원상태로, 다시 말해서 존재의 가능성으로 규정하고 있다고 반박할 수 있다. 이것은 옳은 말이다. 그러나 우리는 또한 마찬가지로 다음을 추가한다. 무엇임 그것은 이런 앞서 있음에 보존되어 있지 않으며, 또한 앞섬임에도 불구하고, 결코 앞섬이 아니고, 이행은 멈추지 않는 이행일 뿐으로 무엇임 그것은 그 자체로 존재한다. 따라서 무엇임 그것은 그 어떤 순간에도 무엇임 그것이 아닐 수 없다. 따라서 무엇임 그것은 존재하지 않는 것으로 여겨질 수 있다. 그러나 이제 존재하지 않는 것이 불가능한 그러한 것quod non potest non-existere, 이것에서 무엇임 그것은 또한 존재할 가능성이 없다. 왜냐하면 각자의 존재 가능성은 또한 존재하지 않을 가능성을 자기 안에 포함하고 있기 때문이다. 따라서 존재하지 않을 가능성이 없는 그러한 것은 존재할 가능성에 있지 않으며, 그래서 존재, 현실성은 가능성에 앞선다. 여기서 여러분들은 이제 필연적으로 존재하는 존재, 필연적으로 실존하는 존재 개념을 지닌다. 그리고 여러분은 동시에 그와 같은 존재의 발생사로부터 어떤 힘과 더불어서 개념이 의식으로 들어서는지 그리고 개념에서 각 자유가 탈취되는지를 파악한다. 이것은 사유가 자신의 모든 자유를 상실하는 그런 개념이다.

그러나 이제 신은 어떻게 필연적으로 존재하는 혹은 실존하는 존재라 불릴 수 있는가 하는 질문이 제기된다. 데카르트는 대중적 논의로 만족한다. 왜냐하면 필연적이지 않은, 다시 말해서 우연적 실존은 (그가 개념 규정하는 것처럼) 불완전성이기 때문이다. 그러나 신은 가장 완전한 존재라고들 말한다. 데카르트는 무엇을 가장 완전한 존재로 생각하는지를 말하지 않는다. 그러나 우리는 충분히 데카르트가 그에 대해 모든 존재의 본질인 그러한 것을, 자기 외부에는 존재를 지니지 않는 그러한 것을, 그 자신의 존재가 또한 존재로서 그에 대립하여 있는 그러한 것을 생각하고 있다는 것을 안다. 간단히 말해서 존재자가 아닌 그런 것이 아니라, 자기 외부에 다른 존재자 혹은 다른 존재자들을 지니는 그런 것이 아니라, 절대적인 존재자, 즉 그의 최상의 개념에서 바로 우리가 존재자 자체ipsum Ens라 부르는 그러한 것을 생각하고 있다는 것을 안다. 이제 신은 단지 존재자 자체로만 존재한다고 할 때, 그리고 존재자 자체인 그것이 단지 존재하지 않을 수 없는 것이라 규정되고, 존재하지 않는 것이 불가능한 그런 것으로 규정될 뿐이라고 한다면, 신은 결정적으로 그리고 의심의 여지없이 필연적 실존이다. 이제 이것은 본래의 존재론적 논의가 받아들여질 수 있는 가장 최상의 의미이다. 앞서 소위 안셀무스의 증명이 이 논의에 해당한다. 그러나 이제 이런 증명에 대한 불신이 어디서 기인하는지가 밝혀지고 왜 스콜라주의가 그를 찬성하여 받아들이기보다 오히려 반박하고 거부하였는지가 밝혀진다.

여기서 우리는 필연적으로 실존하는 존재 개념은 신 개념과 동일한가라는 질문에 이른다.

우리는 바로 필연적 실존을 동시에 맹목적 실존이라 증명했다. 그러나 이제 일반적 믿음에서 생각하는 것과 같이 신의 본성에는 그 어떤 것도 존재하지 않는다. ― 그리고 단지 이런 일반적 믿음으로부터 데카르트는 이 개념을 수용하고 있으며, 또한 우리도 지금까지 이 개념을 받아들이고 있다. ― 맹목적 존재보다 신의 본성에 더 어울리는 것은 없다. 왜냐하면 최초의 것은 맹목적 존재자의 개념으로 존재하기 때문에, 또한 최초의 것은 어떤 자유도 없이 그의 존재에 대립하여 존재하기 때문에, 존재를 지양할 수도, 변화할 수도 혹은 변형할 수도 없기 때문이다. 그러나 그 자신의 존재에 대립하여 그 어떤 자유도 지니지 않는 것은 어떤 자유도 지니지 않으며, ― 절대적으로 부자유이다. 따라서 신이 필연적으로 실존하는 존재라고 한다면, 신은 동시에 고착된, 운동하지 않는, 절대적으로 부자유인 존재로 규정되며, 그 어떤 자유로운 행위의 존재, 진보의 존재 혹은 자기 자신으로부터 출발할 수 있는 능력의 존재로 규정될 수 없다. 우리는 이런 맹목적 존재자와 같이 머물러야 하거나 ― 우리는 단 한 걸음도 맹목적 존재자 일반을 넘어서지 못한다. ― 혹은 우리가 맹목적 존재자로부터 진일보하여 나아간다면, 우리가 맹목적 존재자로부터 대략 세계에 도달하고자 원한다면, 이것은 단지 우리가 그의 맹목적 존재에서 생성력emanative Kraft과 같은 것을 증명하는 한에서만 일어날 수 있을 것이다. 즉, 그런 생성력으로 인해 이 맹목적 존재로부터 다른 존재, 예를 들어 사물들의 존재가 쏟아져 나온다. ― 내가 여기서 쏟아져 나온다ausströmte라고 말하는 것은 ― 무엇으로부터 시작했다가 아니다. 왜냐하면 여기에는 여전히 산출이란 사상이 결부될 수 있기 때문이다. ― 그러나 산출은 맹목적 존재와는 결코 합치될 수 없다. 그러한 맹목적 존재는 적어도 생성의 원인으로 생각될 수는 있을 것이다. 그리고 이것은 또한 상당한 난점으로 남아 있을 것이다. 따라서 이제 칸트적 표현을 사용하여 말한다면 우리는 이성으로부터 필연적으로 기인하는 것과 우리가 신을 원할 때 우리가 본래적으로 원하는 것 사이의 이율배반에 부딪힌다.[16] 왜냐하면 지금까지 신은 분명 우리 의지Wollen의 단순한 대상이기 때문이다. ― 우리는 전혀 신이라는 표현을 사용할 필요가 없었다. 즉, 절대적 이성개념, 무엇임 그것의 개념으로부터 출발하여 우리는 단지 필연적으로 실존하는 존재라는 개념으로 나아갔을 뿐, 신 개념으로 나아간 것은 아니다. 게다가 우리가 신 개념으로부터 출발한다면, 우리는 다음과 같은 말을 피할 수 없다. 신은 모든 존재의 본질이다. 신은 항상 규정되어 온 것처럼 절대적 의미에서 무엇임 그것τό ON이다. 그

16 역주: 칸트의 세 번째 이율배반이 자유와 필연성 사이의 모순이다. 칸트는 필연성에 대한 테제를 제시하고, 필연성에 대립하는 자유에 대한 테제를 제시한다. "테제: 자연의 법칙들에 따른 인과성은 세계의 현상들 전체가 도출될 수 있는 유일한 법칙이 아니다. 그런 자연의 법칙들에 대한 설명을 위해 자유를 통한 인과성을 전제해야 할 필요가 있다." 증명: 자연의 존재발생이 오직 자연필연성, 다시 말해서 인과필연성의 법칙만을 따른다면, 자연은 원인과 결과의 끝없는 소급과정일 뿐일 것이다. 자연의 궁극적 존재원인은 여기서 밝혀질 수 없다. 따라서 자연법칙에 따른 사건발생이라 할지라도 이 사건발생의 원인을 오직 자기 자신 안에 지니는 "원인의 절대적 자발성", 다시 말해서 "초월적 자유"가 필요하다. 왜냐하면 이 자유가 일련의 자연현상들의 인과발생이 원인으로부터 해명될 수 있도록 할 것이기 때문이다. "반테제: 자유는 없으며, 세계 안에 모든 것은 바로 자연의 법칙들에 따라 발생한다." 증명: 인과적 연쇄 고리의 지속적 결합상태로 존재하는 자연에 작용하는 궁극원인은 결국 경험대상이 아니므로 단지 "공허한 사유물(ein leeres Gedankending)"일 뿐이다. 자연은 인과법칙의 법칙적 엄밀성 아래 존재하며, 자유는 법칙으로부터, 법칙적 강제로부터의 탈피상태라 이해할 수 있다. "따라서 자연과 초월적 자유는 합법칙성과 몰법칙성으로 구분된다." 이율배반을 놓고 보면 칸트가 자유를 오성법칙들 아래서 이해하려 한다는 사실을 알 수 있다. 때문에 칸트에게 자유는 법적 강제로부터 해방일 뿐이다. 이렇게 칸트처럼 이해한 자유를 우리는 자유의 부정 혹은 소극적 자유라고 해야 할 것이다. 그러나 자유가 언제나 무엇으로부터, 즉 억압으로부터 자유로만 이해된다고 할 때, 이 자유의 전제조건은 자유가 아니라, 오히려 억압, 자유의 제한이라는 사실을 알 수 있다. 왜냐하면 자유의 현상적 발현이 억압적 요소, 제한이 없이는 존재하지 않기 때문이다. 제한이 없으면, 자유도 없다. 그러나 자유가 없는 해방은 왜 억압이나 제한으로부터 해방되지 않으면 안 되는가에 대한 철학적 해명일 수 없다. 억압되고 제약된 우리가 해방되어야 하는 이유는 바로 우리 인간이 절대적으로 자유이기 때문이다. 그러므로 해방의 절대적 전제조건은 자유이다. 이제 나는 자유이다의 의미는 "나는 무엇이든 할 수 있다"는 사실을 의미한다. 자유는 다름 아닌 할 수 있음의 무한 가능성, 할 수 있음의 무제약성이다. 이 때문에 억압은 이 가능성의 제약, 이 가능성의 제한이다. 그러므로 억압은 인간의 근원적 무제약성에 대립되기 때문에 제거되어야 하며, 해소되어야 한다. Immanuel Kant, *Kritik der reinen Vernunft*, in: *Kant Werke in sechs Bänden*, Bd. II, hrsg. v. Wihelm Weischedel(Darmstadt: Wissenschaftliche Buchgesellschaft, 1983), B, 472 ff.

리고 또한 신이 이것이라면, 신은 필연적인 그리고 맹목적인 실존이다. 그러나 신이 맹목적 실존이라고 한다면, 신은 바로 그 때문에 신이 아니다. ─ 보편 의식이 단어 그리고 개념과 결합하는 그런 의미에서 신이 아니다. 이제 여기서 어떤 것이 도움이 될 수 있는가? 혹은 우리가 빠져 있는 이 궁지 혹은 딜레마에서 어떻게 벗어날 수 있는가? 만약 우리가 단순히 신은 필연적으로 실존하는 존재라는 것을 거부하고자 한다면, 이것은 도움이 되지 않을 것이다. 왜냐하면 우리가 폐기하지 않으려 한 본래적인 근원개념이 여기서 폐기되기 때문이다. 그 어떤 경우에도 확고한 출발점이 우리의 사유에서 사라져서는 안 되기 때문이다.

물론 신 자체는 필연적으로 혹은 맹목적으로 실존하는 존재만은 아니며, 신이 이런 존재라고 하더라도, 신은 신으로서 동시에 이런 자신의 존재를, 그 자신과 독립적인 존재를 지양하는 그런 존재이며, 그의 필연적 존재 자체를 우연적인, 다시 말해서 스스로를 정립하는 존재로 변형할 수 있는 그런 존재이다. 그래서 존재는 근거에 (근본토대에 따라서) 항상 머무르며, 그렇지만 작용effektiv을 하고 혹은 사실상 다른 존재로 변형된다. 아무튼 앞서 스스로를 정립하는 존재에는 또한 항상 필연적인 존재가 근거로 놓여 있다. 그 때문에 신의 작용적 존재, 신의 현실적 존재는 단순히 이런 필연적 존재는 아닐 것이다.

생명력은 그 자신의 존재를 직접적으로, 그 자신으로부터 독립적으로 정립된 존재로 지양할 수 있는 그리고 이 존재를 스스로 정립하는 존재로 변형할 수 있는 자유에 있다. 예를 들어 자연에서 죽음은 그의 존재를 변형할 그 어떤 자유도 지니지 않으며, 그가 있는 것처럼 그렇게 그는 존재한다. ─ 그의 실존의 어떤 계기에서도 그의 존재는 스스로를 규정하는 존재가 아니다. 따라서 필연적인 존재자란 단순한 개념은 살아 있는 신이 아니라, 죽은 신에나 어울리는 것이다. 그러나 일반적인 신 개념에서 신은 그가 원하는 것을 행할 수 있는 것으로 여겨졌다. 그리고 신은 그 행위의 어떤 대상도 그의 실존으로 지니지 않기 때문에, ― 실존과 결합되어 있지는 않지만, 신의 개념에서 신은 그의 실존에 대립하여 자유라고 생각해야만 한다고 나는 말할 수 없다. 또한 신은 실존 자체를 다시 수단으로 삼으며, 그의 절대성에서 지양할 수 있다고도 나는 말할 수는 없다. 물론 신의 자유를 진술하고 주장하는 사람들에게 이런 방식으로 실존을 진술하는 것은 익숙하지 않을 것이다. ― 실존 자체를 그의 실존에 대립하는 신의 자유로 간주하고, 이런 실존을 절대적으로 정립된 실존으로 지양하는 그런 자유로 생각하는 것도 익숙하지 않을 것이다. 그래서 일반적으로 신의 개념에서는 행위의 절대적 자유가 생각된다. 나는 일반적으로 말하고 있다. 왜냐하면 신의 개념은 특별히 철학에만 해당하는 것이 아니기 때문이다. 신의 개념은 철학과는 별개로 일반적인 믿음에 현재한다. 물론 여기에서 철학자가 이 개념에 대해 그 어떤 기록을 하거나 이 개념에 관여해야 할 의무는 없다. 그러나 우리가 다루고 있는 데카르트는 이 개념을 오히려 철학으로 끌어들이고 있으며 그리고 거기에서 이율배반이 등장한다.

신은 단지 필연적으로 실존하는 존재로만 생각될 수 있다. 그리고 또한 이런 필연적 실존이 모든 자유로운 행위를 지양한다는 의미에서 신은 필연적으로 실존하는 존재이다. 그러나 철학과는 별개로 신이라 불리는 것 그리고 모든 철학 이전에 논쟁의 여지 없이 신이라 불리는 그것은 이런 의미에서 필연적인 실존자일 수는 없다. ― 신은 ― 그 자신의 존재에 대립하여 ― 자유로 여겨져야 한다. 특히 신은 스스로 운동할 수는 없을 것이기 때문이다. 다시 말해서 다른 존재를 정립하기 위해 자기로부터, 그의 존재로부터 출발할 수는 없기 때문이다. 문제는 이 이율배반을 어떻게 극복할 것인가이며, 이것을 드러내는 것이 철학 자체의 일이다.

다른 측면에서 데카르트의 체계는 인간 정신의 광범위한 진행단계를 효과적으로 기술한다. 즉, 데카르트가 철학에서 다루기 시작한 정신과 물체의 절대적 대립으로 데카르트의 체계는 규정된다. 우리는 이것을 일반적으로 데카르트의 이원론이라 부른다. 그 외에 우리는 근원적으로 선한 원리와 나란히 근원적으로 악한 원리를 주장하는 체계를 이원론으로 이해한다. 데카르트에게 악한 원리는 선한 원리와 동일한 위력을 가진 원리이며, 동시에 최소한 근원적으로는 앞서 현존하는 원리와 같은 원리로 고찰된다. 데카르트는 선행 이원론자와 그노시스주의자Gnostiker[17]

---

17 역주: 그노시스(Gnosis, 그리스어: γνωσις)는 인식을 의미하며, 최초 플라톤의 인식론에서 철학 개념으로 자리 잡았다. 플라톤에게 그노시스는 진리(aletheia)와 나란히 존재하며, 양자는 좋음의 이데아에 의해 규정된다. 이런 의미 외에도 그노시스는 플라톤에게서 학문(episteme)의 의미를 가지고 있으며, 모든 정당한 행위의 전제이다. 플라톤의 이런 생각은 지중해 연안에 광범위하게 영향을 미쳤으며, 이런 플라톤의 영향은 소아시아의 사유, 즉 이집트의 사유에서 증명된다. 이곳의 구약성서에 대한 그리스어 번역에서 그노시스는 특히 지혜의 문학으로 등장한다. 그노시스는 한편으로 삶의 지식과 일상 업무의 의미를 지니며, 다른 한편으로 영원한 지혜를 통해 인간에게 분유되는 신의 인식의 의미를 지닌다. 필론(Philon)에게 그노시스는 인간 삶의 길의 목적인 신의 인식을 의미한다. 헬레니즘 시대에 그노시스는 종교적 개념이었고, 신약성서에서는 주로 인식, 이해, 통찰을 의미했다. 이런 인식은 구원의 진리와 관계한다. 사도 바울은 신법과 관계하여 진리를 언급하면서, 그노시스를 신과 결합시킨다. 신의 인식은 특별한 능력이다. 그노시스주의자 시몬(Simon)은 그노시스를 지적 인식이 아니라, 찰나적 지각이라 간주하였으며, 신비주의적 통시를 중요하게 생각했다. 그리고 그는 인간은 어떻게 그노시스에 이르는가라는 물음에 대해 다양하게 답하였다. 그노시스주의자에게 그노시스는 순간, 새로운 인식의 개시이며, 세계의 구속으로부터의 구원, 해방을 의미한다. 또한 그노시스는 종교적 진리의 직관적 파악이다. 이외에 그노시스주의자의 동아리 중 몇몇은 고유한 문화적 의례방식을 가지고 있었으며, 이런 은밀한 전통을 통해 그리스도와 사제들이 지녔던 기독교의 근원 관습들과의 유사성을 획득하는 것이 매우 중요한 일이었다. 2세기 교부 신학자들은 기만적 그노시스와 진정한 그노

와 같이 물질을 모든 악의 원천으로, 모든 선의 대립물로 정립하는 정도까지 나아가지는 않았다. 이 경우 데카르트에게 물질은 적어도 참된 원리였다. 그러나 물질은 그에게 있어 연장의 원리가 아니라, 단순히 연장성을 지닌 것이다. 이미 언급했듯이 데카르트는 처음에 물체의 실존을 의심했다. 그에 반해 그가 의심할 수 없다고 여긴 것은 사유하는 존재로서 그의 실존이었으며, 바로 그가 직접적으로 확신할 수 있는 사유행위 actus cogitandi로부터의 추론이었다. 왜냐하면 이 사유행위만이 그의 근거에서 사유하는 실체로서의 직접적 경험으로 등장하기 때문이다. 이 실체를 데카르트는 영혼이라 생각했으며, 결코 의심하지 않았다. 데카르트는 그의 고찰을 진행하는 과정에서 이제 내가 제시한 것과 같은 방식에 선다. 왜냐하면 데카르트는 신을 기계로 이루어진 참다운 신Deus ex machina으로 부르기 때문이다.[18] 그리고 그는 참된 존재로서 신은 단순한 환각이 아니라 물체 세계를 수단으로 하여 우리를 기만할 수 있다고 믿는다. ─ 그래서 데카르트는 전력을 다해 물체 세계를 복원하려 한다. 그에게 물체는 이제 어떤 현실적인 것이다. 그럼에도 불구하고 정신과 물체는 예전에 언젠가 분리되었으며, 데카르트는 이 양자를 더는 종합할 수

시스를 구분했다. 이들 중 클레멘스(Clemens Alexandrinus)는 그노시스에 철학적 전통과 신화적 전통을 섞는다. 따라서 클레멘스는 신앙과 인식을 구분하지 않으며, 그는 또한 그노시스는 모든 것을 신의 인식으로 이끌기 때문에, 보편적 근본 토대라고 주장한다. 신앙과 그노시스가 상호 결합하여 있으므로 그노시스는 참된 철학적 전승이다. 오리게네스(Origenes)는 구약성서의 비유적 의미변형과 더불어 철학적 근본 요소를 사유한다. 이때 신앙은 인식을 통해 완성된다. 그노시스는 모든 것을 허가한다. 그노시스는 여기서 개시철학이다. R. Stupperich, artl. Gnosis, in: *Historisches Wörterbuch der Philosophie*, Bd. 3, hrsg. v. Joachim Ritter(Basel/Stuttgart: Schwabe, 1974), S. 715 ff. 참조.

18　역주: 각주 21 참조. 데카르트는 신 존재의 존재론적 증명을 실행하면서, 실제로 '완전한 시계'의 예를 든다.

없다. 데카르트는 물체에서 단지 정신적인 것과 사유자의 대립만을 발견했다. 양자가 그들의 기능에서 그토록 서로 상이하게 현상하면서도, 하나의 동일한 원리일 수 있을 가능성은 전혀 없다고 말한다. 원리는 거기 물질에서는 낮은 단계의 상태로 있으며, 여기 정신으로서는 단지 높은 단계의 상태로 존재하고, 전자에서는 전적으로 자기상실의 상태로, 완전히 자기 외부에 있음의 상태로 있고, 후자에서는 자기소유의 상태로, 자기 안에 있음의 상태로 존재한다. 데카르트에게는 절대적 죽음, 다시 말해서 그 어떤 생명도 존재하지 않았던 그런 죽음, 따라서 근원적 죽음이, 그 어떤 내면도 없는 외면, 즉 자기 안에 산출 원리를 전혀 지니고 있지 않으면서도 산출된 생산물처럼 보인다. 그러나 그런 절대적인 혹은 근원적인 죽음은 모든 학문 개념에 대립할 뿐만 아니라, 그 자체 경험에도 반한다. 왜냐하면 ① 살아 있는 자연이 있기 때문이다 (동물; 이것을 설명하기는 어렵다). ② 소위 죽은 자연은 바로 죽음으로 파악될 수 없기 때문이다. 다시 말해서 죽은 자연은 삶의 절대적 결여로 파악되지 않으며, 오히려 단지 소실된 삶으로, 선행한 과정, 선행한 삶의 나머지Residuum 혹은 죽음 caput mortuum으로 파악될 수 있기 때문이다. 이런 죽음, 물질 덩어리는 살아 있는 사람들lebendigen Geistern에게는 적어도 근원적인 어떤 것일 수는 없었다. 그래서 많은 사람들은 죽음을 단지 선행 파국을 통해서만 해명할 수 있을 것이라 믿었다. 따라서 인도 사람들은 죽음을 단지 어떤 연쇄적인 것, 죄에 대한 처벌, 정신세계에서 오래전에 추락한 결과로 간주하였으며, 가장 오래된 그리스신화에서는 물체의 물질에서 단지 원시시대에 감염된 거인족의 정신만을 발견했다. ― 물론 데카르트는 이런 죽은, 정신적이지 않은 물질을 생성된 것으로 간주하며 앞서 상태로부터 생성된 것이 아니라, 직접적으로 생성된 어떤 것으로 간주한다. 데카르트는 물질을 신에 의해 대충 조합된 밀가루 경단 형태로 창조된 것이며, 여기서 둘로 쪼개진 것으로 간주했다. 물질은 무한히 많은 부분들로 나누어지며, 그 후 이 부분들이 부분들의 순환을 통해서, 소용돌이 등등을 통해서 세계체계를 그리고 그의 운동을 산출한다. 우리와 매우 가까이 있고 우리와 200년 이상의 간극을 가지 않은 학문 개념의 이런 원시성이 오늘날에는 거의 신뢰를 상실한 것으로 보인다. 우리는 인간 정신이 그 이후 어떤 길을 걸어왔는지를 가늠할 수 있다. 그리고 철학에서의 진보를 잘 이끈 사람들 혹은 철학에서 명성을 얻은 사람들을 쉽게 떠올릴 수 있으며, 그들로부터 우리는 또한 철학의 진보가 얼마나 어렵고 더딘지를 알 수 있다. ― 데카르트와 같은 지성이 여기에 해당할 것이다. 그러므로 이들에 대해 편협하게 생각하는 것은 부당하다.

나는 이미 데카르트에게 대립은 대체로 데카르트가 사유의 원리와 연장의 원리로 가정하고 있는 두 원리의 대립은 아니라는 사실을 지적하였다. 그의 방식에서 연장의 원리는 항상 정신적 원리일 뿐이며, 그 원리는 필연적으로 연장된 원리로만 사용되지 않는다. 예를 들어 열의 원리가 원리이기 때문에 물체를 따뜻하게 하고, 물체에 열을 전달함에도 불구하고 그 자체로 따뜻하지는 않은 것과 같다. 데카르트는 연장의 원리에 대해 전혀 알지 못하며, 오히려 연장성의 사태만을, 따라서 절대적으로 비정신적인 것인 이 사태만을 알고 있다. 다른 한편으로 데카르트는 자기 자신에 대해서 사유하는 사태라고 말한다. 나는 사유하는 사물이다je suis une chose, qui pense.[19] 사유하는 사물 그리고 연장성의 사물은 데카르트에게는 또한 상호 대립적으로 배제하는 그리고 전혀 공통성이 없는 두 개의 사물이다. 연장된 사물은 완전히 탈정신적, 정신적이지 않은 사물이다. 다시 정신적인 것은 바로 비물질적인 사물이다. 연장된 것은 단순히 상호 나란히 있음 그리고 상호 외적으로 있음이며, 순수 파괴이다. 그럼에도 불구하고 물체인 사물에서처럼 연장된 것이 복합물로 현상하는 한에서, 그것은 내적인 그래서 정신적인 원리에 의해서가 아니라, 오히려 외적 압력 그리고 자극을 통해서만 결합된다. 연장된 사물은 바로 외적으로 존재하는 부분들로 이루어지며, 이런 부분들에는 내적으로 운동하는 원리가, 또한 각자 내적인 운동 원천이 결여되어 있다. 모든 운동은 자극과 관계한다. 다시 말해서 운동은 순수 기계적이다. 데카르트에 따르면 물질에는 정신의 그 어떤 것도 존재하지 않는 것처럼, 마찬가지로 정신에는 물질과 친족적인 그 어떤 것도 존재하지 않는다. 물질에서의 존재자는 다른 방식에서의 존재자가 아니라, 오히려 전적으로 상이한 생성물이다. 양자는 그 어떤 접촉도 하지 않으며, 두 개의 전적으로 분리된 실체이며, 양자 사이에는 바로 그 때문에 그 어떤 공통성도 있을 수 없다.

절대적으로 상호 공통적이지 않은 두 개의 사물은 또한 상호 작용할

---

19 『성찰(Med.)』, III. 263.
역주: 데카르트는 제3성찰, "신에 관하여: 그가 현존한다는 것"이라는 제목 아래 『성찰』의 본래 목적인 신의 실존에 대한 존재론적 증명을 시도한다. 여기서 데카르트는 일단 자연 전체를 철저히 인과법칙의 필연성을 따르는 일종의 기계로 설명한다. 데카르트의 관점에 따르면 자연의 질서는 매우 정교하게 설계된 기계와 같기 때문에, 이 자연의 질서를 해명하기 위해서는 그 질서를 질서 지은 최초의 근원을 밝혀야 한다. 그리고 이것은 마치 완벽한 기계의 작동과 같이 인과관계의 필연적 연쇄 고리의 최초 원인에서만 해명될 수 있다. 셸링이 인용한 데카르트 제3성찰의 문장은 이현복의 데카르트 『성찰』 한국어 번역본으로는 56쪽에 나온다. 이현복은 이 문장을 "나는 사유하는 것이다"로 옮기고 있으며, 주 49를 통해 이것의 원어가 "Ego sum res cogitans"라는 것을 밝히고 있다. 데카르트, 『성찰』, 이현복 역, 56쪽.

수 없다. 따라서 데카르트 철학에서 앞서 거부할 수 없는 상호 작용, 즉 사유존재와 연장존재 사이에 분명히 실행되고 있는 상호 작용을 설명하는 일은 매우 어려운 과제이다. 만약 양자가 철저하게 상호 공통적이지 않다고 한다면, 그럼에도 불구하고 어떻게 신체(물체)와 정신은 그토록 많은 것을 공통으로 행하고 겪어 내겠는가? 마치 신체(물체)의 고통이 정신에 의해 받아들여질 때 혹은 단지 신체(물체)에 가해진 인상이 정신으로 확장되어 이전할 때 그리고 우리가 영혼이라 부르는 사유물에서 하나의 표상을 산출할 때 혹은 그와 반대로 정신의 긴장상태로서 우리 영혼의 고통이 신체(물체)를 피곤하게 하고 혹은 병들게 할 때 혹은 예를 들어 말하기와 같이 우리 정신의 사상이 신체(물체의) 기관을 단순히 이에 기여하도록 강요할 때 혹은 우리가 신체(물체)라고 부르는 연장사물에서 의지, 우리 정신의 결단이 결정적 운동을 산출할 때와 같다. 이에 대해 ― 데카르트 시대에 이르기까지 ― 학교에서 받아들인 오랜 체계는 소위 자연적인 혹은 직접적인 영향 체계Systema influxus physici이다. 이 체계는 분명히 인식하지는 못하고 있으나 여전히 무의식적으로나마 최종 실체의 동종성Homogenität 전제, 즉 물질과 정신, 이 양자의 근거에 놓여 있는 실체 그리고 공통적인 실체라는 전제와 관계 맺고 있다. 물론 생리학자들이 확신하는 대전제와 같이 우리가 만약 이것을 물질의 점차적인 세밀화를 통해서만 해명하고자 한다면, 이것은 조잡한 입장이다. 즉, 생리학자들은 우리가 조야한 신체라 부르는 것에 대한 정신의 직접적 영향을 불가능하다 여겼으나, 그럼에도 불구하고 그들은 다음과 같이 생각한다. 만약 우리가 정신과 조야한 신체 사이에 어떤 세밀한 물질을 끼워 넣는다면 (우리는 예전에 신경계에 대해, 혹은 우리가 오늘날 자주 표현하는 것처럼, 신경 에테르Nervenäther[20]에 대해 말했던 적이 있다), 언젠가는 그런 직접적인 이행이 가능할 것이다.

데카르트는 사유물과 연장사물 사이의 분명한 상호 작용을 통해 그의 이원론에 내재한 난점을 제거했다. 간단히 말해서 데카르트는 ① 동물에게서 모든 영혼을 박탈하고, 영혼을 단지 최상의 인공적 기계로 설명하였다. 그리고 마치 좋은 시계[21]가 시간을 표시하듯이 영혼은 — 바로 그의 이성과 유사한 모든 행위를 그렇게 수행한다고 말한다. 동물에게서 영혼을 박탈해야 할 필연성은 다음의 사실에 근거한다. 사상이 있는 곳, 그곳에 물질과는 매우 상이한, 따라서 파괴되지 않는, 불멸의 실체가 있다 등등.[22] ② 인간과 관계해서 데카르트는 인간을 또한 신체의 측면에서

---

20 역주: 생리학과 해부학에서 말하는 송과선 혹은 솔방울샘(glandula pinealis)은 시상상부에 위치하는 수면조절기능을 담당하는 뇌의 기관이다. 데카르트는 당시 생리학에 대한 지대한 관심을 지니고 있었던 것으로 알려져 있으며, 자신의 철학 입장인 '이원론'의 비판에 대한 답변으로 육체와 정신을 연결하는 독특한 기관으로 '송과선'을 주장한다. 데카르트는 '송과선'을 우리의 영혼이 머무르는 부위라고 생각했다.

21 역주: 데카르트는 존재론적 신 존재증명에서 신 존재를 필연적 존재라고 부른다. 그런데 여기 '필연적', '필연성(necessitas, Not-wendigkeit)'의 그리스어 어원이 '아난케(ananke)'인데, 아난케는 필연이면서 또한 결핍을 의미한다. 우선 필연이란 말 자체가 원인과 결과의 필연적 관계를 의미하며, 원인은 결과를, 결과는 원인을 결여하고 있는 두 개의 측면들 중 한 측면이라고 이해된다. 그런데 신은 근본적으로 아난케일 수 없다. 고대 그리스로부터 신은 그 자체로 '자족(autarkie)'이다. 신은 모든 것을 만족하고 있는 충만한 존재이며, 모든 것을 만족한 존재는 또한 완전한 존재이다. 때문에 신은 결코 '아난케'일 수 없는 존재다. 그럼에도 불구하고 데카르트가 신 존재를 증명하면서 신을 필연적 존재라고 부르는 이유는 당시 자연과학적 성과에 대한 철학적 대답이며, 동시에 자신에게 가해진 '기계주의'라는 비판에 대한 변론이다. 신 존재증명을 위한 데카르트의 유명한 예 중 하나인 '완전한 시계'에 대한 논증을 상기할 필요가 있다. 데카르트는 기계적으로 완전하게 인과 운동하는 시계가 존재한다면, 이 시계를 창조한 장인 또한 필연적으로 존재해야 하며, 장인은 그가 만든 피조물인 시계보다는 더 완전해야 한다고 주장한다. 완전한 장인과 완전한 시계 사이의 존재론적 관계를 데카르트는 세계(kosmos)와 신의 존재론적 관계로 치환하여 증명한다. 장인과 시계의 관계와 마찬가지로 끝없이 변화하는 순환운동 가운데 이토록 완전하게 존재하는 세계를 창조한 신은 이 세계보다 더 완전한 존재이다.

22 데카르트가 동물에게서 영혼을 박탈해야 했던 원인(불멸성)에 대하여 모뤼(Morus)는 데카르트에게 보

바로 최상의 인공적으로 설비된 기계로, 태엽이 감긴 시계처럼 영혼과는 완전히 독립적으로 그 자신의 기계장치에 맞춰 모든 자연적 행위를 수행하는 기계로 간주한다. 그러나 확실히 정신의 운동 혹은 의지 행위에 상응하는 운동, 다시 말해서 자동운동으로 설명되지 않는 운동과 관계해서 데카르트는 바로 다음과 같은 것에 기댄다. 예를 들어 데카르트는 신체가 수행해야 하는 열망 혹은 의지가 정신에서 발생하는 경우에 신은 스스로 수단이 되며 그리고 신체에 상응하는 운동이 일어나게 한다고 생각한다. ― 이것은 마치 최상의 정신과 마찬가지일 것이며 [왜냐하면 신은 대개 정신과 동일(하지는) 않기 때문이다], 이 점에서 인간 정신은 순수 신체에 작용하는 것보다는 더 개념적이어야 한다. 따라서 바로 물질적 사물이 우리 신체에 가하는 각 인상의 경우에 창조자 스스로가 수단이 되며 그리고 영혼에 상응하는 표상을 표출한다. 영혼은 독자적으로 모든 외적인 혹은 물질적인 인상에 접근할 수 없을 것이다. 그러나 신을 매개로 해서만 나의 영혼은 물체인 사물에 대한 표상을 갖는다. 따라서 이것은 본질적 통일이 아니라, 오히려 물질과 정신 사이의 우연적인accidentelle 혹은 임시적인occasionelle 통일일 뿐이다. 양자는 그 자체로 구별되어 있다. 통일은 자연이 아니라 오히려 종합이다unitas non naturae sed compositionis. 이제 정신은 항상 벌어지는 일에 따라서만 행위하기 때문에, 이런 체계는 결과적으로 기회원인론Occasionalismus[23]이란 이름으로 불린다. 그러므로 철

내는 그의 편지에서 다음과 같이 말한다(작품, Tom. X, 190). "사유할 능력이 없는 신체를 전제한다고 할 때, 결과적으로 사유가 실행되는 곳에서 신체의 한 부분이 실제적 실체가 되며 그리고 지속하는 불사적인 것이 된다고 결론지을 수 있다. 이에 따르면 동물이 사유하는 것이라고 한다면, 동물도 영혼을 가진다고 해야 할 것이고, 불사의 실체가 될 것이다."

23 역주: 기회원인론(Occasionalismus)은 1781년 그리고 1790년 칸트가 사용한 철학개념이며, 헤겔은 자

학에서 데카르트는 대체로 다른 학자에게 전적으로 다른 체계를 마련할 근본 토대를 제공하고 있는 것처럼 보이는데, 이런 이유로 영혼과 육체, 정신과 물체 사이의 연관관계를 설명하여야 하는 대전제는 학문 역사에서만 의미있으며, 물질과 정신, 연장사물과 사유물 사이에 있는 앞서 순간적이고 항상 스쳐 지나가는 동일성은 영속적인 그리고 실체적인 동일성을 위한 동기로 자리 잡음으로써만 의미가 있다. 이후 곧바로 스피노자가 사유물과 연장사물 사이에서만이 아니라, 오히려 사유와 연장 사이에서의 이런 동일성을 주장했다. ─ 이런 관계에서 데카르트 체계의 다른 결과는 소위 영혼과 육체의 소통commercio animi et corporis에 대한 물음인데 ─ 원리의 측면에서 보았을 때 상위의 철학에서는 단지 하위의 위치를 차지했을 물음 ─ 이 물음이 오랫동안 철학에서 핵심 물음이 되었다는 사실이다. 우리는 이 물음을 배제하기보다, 오히려 자주 이 물음을 다루었으며, 오랫동안 어떤 한 체계가 이 물음에 대해 어떻게 대답하는가의 방식에 따라 다른 체계와 구별되었다.

데카르트의 철학은 가장 일반적인 영향을 미친 동시에 가장 좋지 않은

신의 철학사 강의에서 사용하지 않는 개념이지만, 셸링과 크루그(W. T. Krug)는 상대적으로 이른 시기에 이 개념을 사용한다. 기회원인론은 후기 데카르트주의를 특징짓는 개념으로, 피조물의 수동성을 주장한다. 이들의 주장은 자연의 원인을 부정하고, 신만이 오로지 능동적 작용자일 뿐이라고 한다. 종교적 전승의 측면에서 기회원인론은 신만이 유일한 능동적 작용자일 뿐이라고 주장한다. 자연철학적 전승의 측면에서 기회원인론은 데카르트주의자들을 가리키는 개념이며, 데카르트주의자들이 사용한 철학적 개념이다. 기회원인론은 데카르트 자연학의 근본테제인데 그에 따르면 연장은 운동이 아니라, 운동되어질 뿐이며, 결국 신에 의해서만 운동되어질 뿐이다. 기회원인론자인 클라우베르크(Clauberg)는 인과연쇄의 선천적 인식가능성에 대해 논의하였으며, 신적 의지의 행위에서 특정 결과에 대한 특정 원인의 배열을 말한다. 이에 따라서 원인인 창조자에 대한 물음이 개시된다. 20세기에는 슈미트(C. Schmitt)가 기회원인론이란 개념을 철학적 의미에서 사용한다. R. Specht, artl, Occasionalismus, in: *Historisches Wörterbuch der Philosophie*, Bd. 6, hrsg. v. Joacnim Ritter(Basel/Stuttgart: Schwabe, 1984), S. 1090-1091 참조.

영향을 미쳤다. 왜냐하면 그의 철학은 단지 공속적인 것을, 상호 대립적으로 자신을 설명하는 것 그리고 전제하는 것을 물질과 정신으로 절대적으로 따로 떼어 놓았기 때문이며, 그리고 그렇게 생명의 위대한 보편적 유기체를 파괴했기 때문이다. 그리고 데카르트의 철학은 죽어버린 단순한 기계적 관점 아래서 상위의 유기체를 하위의 유기체와 함께 희생시키기 때문이다. 그리고 이 관점이 거의 마지막 순간에 이르기까지 인간 지식의 모든 부분에서 그리고 종교에서조차도 지배적인 관점이었기 때문이다.

우리가 이원론이라 부를 수 있는 데카르트 철학의 이런 측면에 대해서는 충분히 언급했다. 이제 우리는 일반적 관점에서 그의 철학을 살피고자 한다.

데카르트는 철학은 매우 분명하고 명료하게 인식하는 것을 바로 진리로 간주한다는 보편적 사상에 도달하게 한 위대한 철학자이다. 그러나 이제 이것은 적어도 직접적으로 모든 곳에서는 불가능할 것이기 때문에, 모든 것이 내가 직접적으로 그리고 의심의 여지없이 의식하는 그런 것과의 필연적 연관관계에서 인식되어야 한다. 우선 이런 방식으로 데카르트는 매우 의식적으로 원리 개념을 철학에 끌어들였으며, 원리로부터 기술되고, 도출되는 한에서는 확실한 진리라는 확증과 우리 개념의 확실한 발생학을 철학에 도입하였다. 그러나 그의 한계는 데카르트 스스로 최초의 것 자체를 찾는 것이 아니라, 각각의 최초의 것, 또한 나에게 있어서 최초의 것에 만족한다는 데 있다. (사태 자체에서 보편성이 아니라, 주관적 보편성이다) 그렇게 데카르트는 근본적으로 사태에서, 즉 원리와 사물 자체 사이에서 실행되고 있는 연관관계인 객관적 연관관계를 포기했으며, 단순히 주관적 연관관계에만 만족한다. 그러나 결과적으로 데카르트는 최초의 것 자체의 개념, 신 개념으로 나아간다. 그럼에도 불구하고 그는 이 개념을 원리로 삼을 수는 없었다. 왜냐하면 그는 그와 같은 원리에서 필연적 실존만을 파악했기 때문이다. 그렇게 이런 필연적 실존에 첨가되는 무엇 그리고 신이 비로소 본래적으로 신이 되는 무엇을 파악하지 못했기 때문이다. 데카르트는 신 개념에서 항상 이런 이점Plus만을 생각한다. 그러나 이런 이점이 인식에 이르기까지 나아가지는 않으며, 이것은 그 외부에 개념적으로 파악된 것이 아니라, 단순히 전제로만 남아 있다.

베이컨과 데카르트 비교

우리가 근대 철학 체계의 역사적 발전을 연대기적 배열에 따라 고찰한다면, 우리는 베이컨Francis Bacon[24]을 제일 먼저, 즉 데카르트 전에 거론

---

[24] 역주: 프랜시스 베이컨은 —셸링은 베이컨의 출생년을 1560년이라고 하지만— 엘리자베스 시대 국새상서였던 니콜라스 베이컨의 아들로 1561년 태어나 1626년 사망했다. 그는 제임스 1세가 즉위한 후 법무차관, 법무장관, 국새상서, 대법관을 역임했다. 베이컨은 정치적으로 보수적 성향을 가지고 있었으며, 왕권을 옹호하였다. 당시 왕권신수설을 주장하며 왕권을 옹호하던 정치세력에 반하여 의회권력 중심의 계약론 주의와 —여기에 홉스(Th. Hobbes)와 로크(John Locke)가 해당한다— 대립하던 시대라는 점을 고려하면, 베이컨은 당연히 정치적으로 의회세력의 공격목표였으며, 결국 뇌물수수 혐의로 기소되어, 유죄판결을 받고 구금되었다. 베이컨의 주저는 『신기관(Novum Organum)』 (1622), 『신 아틀란티스』가 있다. 먼저 『신 아틀란티스』에 대해 말하면, 아틀란티스는 플라톤의 『노모이(Nomoi)』에도 등장하는 고대 그리스인들의 이상향이다. 베이컨이 특별히 '아틀란티스'란 이름의 고대 그리스의 유토피아를 선택하고, 여기에 다시 '신'을 앞에 붙인 이유는 한편으로는 단순히 시대적 역사적 의미에서 고대적 이상이 아니라 근대적 특성의 이상이라는 점을 들 수 있다. 다른 한편으로는 고대의 이상향이 도덕 윤리적·종교적 유토피아를 말했다면, 자신의 유토피아는 '과학자와 기술자

들의 유토피아'라는 사실이다. 마찬가지로 먼저 아리스토텔레스가 자신의 분석론 전서와 후서, 변증론 등을 한데 묶어 '논리학(Organon)'이라 명명하였다는 사실을 고려했을 때, 베이컨은 『신기관』에서 아리스토텔레스의 연역논증에 대한 비판적 반박을 목적으로 했다는 사실을 알 수 있다. 즉, 베이컨의 『신기관』은 아리스토텔레스 『논리학』에 대한 근대적 개조이다. 베이컨에 따르면 아리스토텔레스와 스콜라철학의 학문방법은 실용성이 없는, 즉 실생활에 도움이 되지 않는 방법론이다. 베이컨에게 학문은 무엇보다도 인간 실생활에 유용해야 한다. 이를 위해 자연에 대한 새롭게 해석할 새로운 논리학이 필요하다. 왜냐하면 논리학은 지식의 생산기관이기 때문이다. 베이컨의 근대 학문방법의 원칙은 '탐구와 실험 그리고 유용성'이다. 그러므로 세계의 대전제로서 언제나 참이어야만 하는 신을 연역하는 순수 추상적 논리에 비해 베이컨이 생각하는 근대학문은 오히려 내일 비가 내릴 것인지와 같이 기상을 예측하고 시민들에게 우산을 준비할 수 있도록 해야 한다. 아리스토텔레스의 연역논증 그리고 중세 학문방법론과의 결별을 선언한 베이컨은 '참된 귀납법'으로서 실험, 탐구, 경험, 증명의 학문 방법론을 중시하며, 특히 그는 이 '참된 귀납법'은 모든 존재하는 사실들을 철저히 탐구, 증명하는 과정을 거쳐 최종 목적인 '신'으로 우리를 이끌어가 '신'의 존재를 확실하게 증명할 것이라고 주장한다. 대략 『신기관』의 내용은 특히 1부에서 연역논리가 인간 정신에 끼친 잘못된 가상으로서 우상을 해체하고자 하며, 2부에서 우상의 족쇄에서 해방된 인간정신이 과학적 발견을 위하여 가야 할 길로서 귀납법을 제시하고, 이에 대한 구체적 사용을 설명한다. 베이컨은 참된 귀납의 학문방법을 위해 우선 네 가지의 우상에 대한 비판을 수행한다. 우상비판은 근대 계몽주의자들에게 일반적으로 나타나는 학문적 확실성을 위한 편견이나 선입견의 제거이다. 첫 번째 우상은 '종족의 우상(Idola Tribus)'이다. 인간 종이 지니는 우상이며, 인간 종이 지니는 편견이다. 인간은 곧잘 인간 스스로를 자연의 준거로, 즉 주관적으로 자연을 파악하며, 이것을 자연의 해석으로 생각한다. 즉, 인간이 흔히 빠지기 쉬운 객관주의의 망상이다. 베이컨은 인간 종이 지니는 주관성은 자연에 대한 근본적인 왜곡과 굴절이므로, 자연에 대한 객관적 인식을 위해서는 이러한 주관성을 철저히 배제해야 한다고 말한다. 두 번째 우상은 '동굴의 우상(Idola Specus)'이다. 각 개인이 지니고 있는 우상이며, 편견이다. 이것은 그 사람의 자연적 기질에서 비롯되기도 하며, 그가 받은 교육이나, 다른 사람으로부터의 영향, 혹은 개인적 경험에서 비롯하기도 한다. 이 때문에 자연이 스스로 부여하는 진리의 빛을 차단하며, 약화시키고, 혹은 왜곡하게 되고, 우연에 좌우되어 필연적 진리를 변질시킨다. 세 번째 우상은 '시장의 우상(Idola Fori)'이다. 공동체를 살아야 하는 운명을 지닌 인간이 상호 교류하고, 접촉하면서 발생하는 우상과 편견이다. 인간은 언어를 매개로 소통하며, 언어가 소통으로부터 발생하는 이해의 전제이다. 이렇게 볼 때, 언어는 항상 전달 가능한 것이어야 하며, 이 때문에 학적 엄밀성보다는 일반적 이해에서의 언어현상으로 나타난다. 여기서 생기는 우상이며 편견이다. 이러한 언어 사용의 오류는 학적 발전에 저해되며, 공허한 논쟁을 불러일으키는 원인이 된다. 오늘날 언어에 대한 철학적 관심에서 보자면 사유와 사물에 대한 우리의 이해는 언어의 매개를 근본 토대로 지닌다. 언어가 사유와 사물을 전체적이며 객관적으로 설명하지는 못한다 하더라도, 언어를 매개로만 사유와 사물에 대한 이해가 발생한다는 사실을 부정할 수는 없다. 시장의 우상은 서양 철학이 얼마나 오랫동안 진리로부터 언어의 근본 역할과 기능을 배제하여 왔는가를 알 수 있는 한 예다. 네 번째 우상은 '극장의 우상(Idola Theatri)'이다. 전통 학문들이 이뤄 온 학설들의 권위에 대한 신뢰에서 발생하는 우상이며, 편견이다. 베이컨은 기존의 철학 체계는 사실들에 근거하지 않음에도 불구하고, 마치 극장에서 극이 각본에 따라, 혹은 극에서 벌어지는 사건들, 등장인물들이 현실보다 우아하게, 혹은 더욱 비극적으로 혹은 더욱 유쾌하게 그려지듯이, 기존의 학문들은 현실을 덧칠한 가상적인 것이며, 미신적인 것이며, 궤변적인 것이라고 간주한다. 여기서 직접적으로 제기되는 질문은 다음과 같다. 인간 지성은 역사로부터 얼마

해야 한다. 왜냐하면 베이컨은 1560년에, 데카르트는 1596년에 태어났기 때문이다. 합리주의의 사상전개가 데카르트와 더불어 시작하는 것처럼, 근대 경험주의의 사상전개는 베이컨과 함께 시작한다. 그 밖에 베이컨의 주저는 (근본적으로는 이것이 중요하다) 데카르트의 첫 저작과 거의 동시에 출판되었다. (왜냐하면 데카르트는 이른 시기에 자신의 새로운 근본명제로 유명해졌기 때문이다) 우리는 이 두 사람의 저자 중 한 사람이 다른 한 사람에게 영향을 미쳤는지 혹은 그렇지 않은지의 사실을 알지 못한다. 따라서 사태 자체를 보면 그들은 나란히 서 있다. — 베이컨을 통해 일어난 경험주의의 사상적 개조는 데카르트에 의해 발생한 합리주의의 사상적 개조와 동시적이다. 따라서 근대 철학의 출발점에서 합리주의와 경험주의는 병렬적으로 나란히 진행하였으며 그리고 이들은 지금까지 평행하게 존재하고 있다. 인간 지성사에서는 상이한 측면에서 시작하여 결국 동일한 목적을 위해 노력한 위대한 지성들 사이의 동시성을 발견하기란 쉽다. 이것은 베이컨과 데카르트에게서도 마찬가지다. 이 두 철학자의 공통점은 스콜라철학과의 결별이다. 베이컨은 후기 합리주의가 아니라, 스콜라 합리주의에 대립했다. 베이컨과 마찬가지로 데카르트는 스콜라철학에 대립하여 실재철학Realphilosophie이라 불리기를 원한다. — (A. 스콜라철학 B. 실재철학: ⓐ 합리주의 ⓑ 경험주의) 데카르트의 제일원칙은 스콜라철학에서처럼 단순히 개념의 주관적 운동이 아니라, 사태의 전개에 있

나 벗어나 있을 수 있는가? 인간의 진리는 몰역사적 무맥락적 초월자인가? 러셀, 『러셀 서양철학사』, 699쪽 이하 참조; 김국태·김성환·정병훈, 『서양근대철학』, 서양근대철학회 엮음(경기도: 창비, 2007), 32쪽 이하 참조; 프란시스 베이컨, 『신기관—자연의 해석과 자연 지배에 관한 잠언』, 진석용 역(경기도: 한길사, 2005), 13-30쪽 참조.

어 필연적 운동을 통해 학문을 산출하는 사태, 대상 자체가 존재한다는 사실을 향해 있다. 마찬가지로 베이컨 또한 이것을 원한다. 실재철학인 한에서 데카르트의 철학은 개념으로부터가 아니라, 사실Tatsachen로부터, 다시 말해서 이것이 경험에 주어지는 한에서 사태 자체로부터 출발하고자 한다. 그러나 우리가 이것을 좀 더 상세히 고찰해 보면, 이 두 철학자는 보다 더 밀접하게 근접하여 있다. 왜냐하면 베이컨의 귀납법은 우리가 그의 설명으로부터 분명히 알 수 있는 것처럼 그에게는 본래 학문 자체가 아니라, 오히려 학문으로의 길이다. 베이컨은 이에 대해 다음과 같이 언급한다. "나는 삼단논법을 스콜라철학자들에게 양도한다. 이 삼단논법은 이미 잘 알려져 있는 그리고 증명된 (진리로 인식된) 원리들을 전제한다. (이것은 전적으로 옳다. 삼단논법의 사용은 본래 우리가 이미 보편적이고 그리고 합리적인 원리를 가진 후에야 비로소 시작한다. 그리고 이것의 사용은 본래 철학보다는 하위의 학문에서 더 중요했다. 왜냐하면 철학은 이 보편적 원리를 찾는 학문이기 때문이다) ― 또한 베이컨에 따르면 나는 나에게 무용한 삼단논법을 스콜라철학에 양도한다. 왜냐하면 삼단논법은 이미 원리들을 전제하기 때문이다. 그런데 이 원리들은 내가 찾는 것이기 때문이다. 따라서 나는 귀납법을 고수한다. ― 단순한 열거방식으로 진행하는 그러한 귀납의 가장 낮은 차원의 방식을 고수하는 것이 아니다. (예를 들어 우리가 12사제들을 열거하는 앞서 논의에서와 마찬가지로) 귀납법의 이런 방식은 아주 미미한 반론 사실이 결과를 파괴한다는 단점을 가진다. 그럼에도 불구하고 나는 귀납법의 앞서 방식을 고수한다. 왜냐하면 귀납법은 합당한 그리고 적확한 배제와 부정의 도움을 받아 필연적 사실을 유용하지 않은 사실과 구별하기 때문이며, 최초의 수량을 매우 작은 수량으로 환원하여, 이렇게 가능한 한 가장 작은 공간에 참된 원인을 포함시킴으로써 이 원인의 발견을 좀 더 쉽게 하기 때문이다. 이렇게 환원된 (작은 것에 귀속된) 사실들로부터 언제나 귀납법의 방식으로 나는 한 걸음 한 걸음씩 나아가 마침내 천천히 개별 명제들에 도달할 것이며, 이 명제들을 수단으로 가장 보편적인 그리고 명증적인 원리principiis generalissimis et evidentissimis에 도달할 것이다." — 그러나 이제 베이컨은 여기에 머물지 않으며, 오히려 이 원리를 발견한 후에 베이컨은 다음과 같이 말한다. "흔들리지 않는 토대와 같은 이런 원리 위에서 나는 나의 사상을 대담하게 앞으로 개진하여 나아갈 것이다. 말하자면 새로운 관찰을 개진하기 위해 나아갈 것이며 혹은 그 어떤 하나의 관찰이 가능하지 않은 곳에서는 관찰을 완전히 대체할 것이다. (다시 말해서 그 어떤 관찰을 통해서도 도달할 수 없는 그러한 문제 혹은 대상에 대해서는 이미 발견한 가장 보편적 원리에 따라 대체할 것이다) 그리고 나는 의심하기 (즉 데카르트처럼) 시작한 후에, 나는 확신에서 멈출 것이다. 그리고 나는 멈추어야 하는 곳에서 (보편적 원리에서) 시작하는 소요학파 (다시 말해서 스콜라철학)의 독단주의 철학과 우리가 시작할 수 있는 곳에서 그만두는(의심하는) 회의주의의 동요하는 철학 사이의 합당한 중심을 유지할 것이다." 따라서 베이컨은 데카르트와 마찬가지로 근본적으로는 결국 개진하여 나아가는 철학을 원한다. 단지 이것이 귀납법을 통해서 소급적 방식으로 토대지어지고 있을 뿐이다. (베이컨은 결코 그의 계승자들, 즉 로크John Locke[25], 흄David Hume[26] 그리고 더 나아가 감각주의자

---

25 역주: 로크(John Locke, 1632-1704)는 정치적으로 베이컨이 왕당파였다면, 의회파에 속해 있었으며, 특히 의회파를 이끈 섀이프츠베리(Shaftesbury, 초기 계몽주의자)의 주치의였다. 1675년부터 1679년까지 파리에 머물며 가상디(Pierre Gassendi)와 그 제자들과 교류하였으며, 이때 데카르트철학과 이 철

학의 한계를 명료하게 배웠고, 1683년부터 1689년까지는 정치적 박해를 피해 네덜란드로 망명하였다. 그 후 로크는 1689년 오라네의 윌리엄공이 영국 왕으로 등극하자 영국으로 돌아왔다. 로크의 주저는 『인간 오성론』(1690), 『시민정부론』(1690), 『관용에 관한 편지』(1689) 등이 있다. 로크는 데카르트의 '본유관념' 개념을 부정하고 '백지상태(tabula rasa)'를 주장한다. 즉, 우리 정신의 타고난 원칙은 없다. 단지 외적 감각경험은 우리의 감각기관을 통한 지각이며, 내적 감각경험은 주관적인 지각이다. 이런 감각경험을 통한 정신활동은 제일성질과 제이성질의 결합작용으로 이루어진다. 제일성질은 물체에서 분리되지 않는 성질인 견고성, 연장, 모양, 운동, 정지와 수량 등이며, 제이성질은 나머지 전부, 즉 색, 소리, 냄새 등이다. 제일성질은 실제로 존재하지만, 제이성질은 지각하는 자에게만 존재한다. 홉스(Thomas Hobbes), 루소(Jean Jacques Rousseau)와 더불어 계약론자로 불리는 로크는 국가 공동체의 구성원리를 자유로운 시민 주권자들 사이의 계약적 협의로 이해한다. 『시민정부론』에서 로크는 먼저 신으로부터 부여받은 왕의 신성한 세속권리를 주장하는 '왕권신수설'을 논리적으로 비판한다. 첫째, 로크는 왕권신수설의 주장근거를 성경의 '창세기'에서 찾는다. 창세기에 따르면 신은 세계의 모든 존재들을 창조하고 나서 마지막 날에 인간을 창조하면서 "우리와 비슷하게 우리 모습으로 사람을 만들자"고 말하고, 인간을 창조했다. 이렇게 창조된 최초 인간이 아담이다. 따라서 아담은 지상에 존재하는 모든 존재자들 중 가장 신의 형상에 가까운 존엄한 존재이다. 그리고 신은 인간에게 "자식을 많이 낳고 번성하여 땅을 가득 채우고 지배하여라. 그리고 바다의 물고기와 하늘의 새와 땅에 기어 다니는 온갖 생물을 다스려라"고 말했다.(창세기 1, 26-28) 이렇게 보면 최초 인간인 아담은 가장 존엄한 자로서 신이 창조한 대지의 영토권을 가지며, 또한 대지 위의 모든 존재자들의 통치자로서 신에 의해 주권을 위임받은 지상의 왕이라고 할 수 있다. 둘째, 로크는 만약 최초 인간인 아담이 신으로부터 통치권을 부여받은 유일한 존재라고 '왕권신수설'이 주장한다면, 왕권신수설을 주장하는 자들은 현재 인간들은 아담의 자식들이 아닌지 그리고 아담의 자식들이 아니라고 한다면, 이 인간 중 누가 아담의 자식들인지를 증명해야 할 의무가 있다고 말한다. 이 경우 역사적으로 존재했던 인간, 현재하는 인간, 존재할 인간 중 누가 아담의 자식인지를 증명하기 위해서는 생물학적 근거가 필요한데, 로크의 시각에서는 이를 밝힐 수는 없다. 로크의 관점에서 아담 이후 모든 인간은 아담의 자식들이라고 해야 하며, 이 경우 모든 인간은 아담이 지닌 통치권을 계승한 주권자들이다. 모든 인간은 주권자로서 절대적 보편인권을 갖는다고 말해야 한다. 왕권신수설에 대한 비판이 지난 후 로크는 『시민정부론』에서 '계약'에 따른 공동체 구성원리를 말한다. 로크는 홉스처럼 모든 평등한 주권자들의 최초 상태인 '자연상태(Naturzustand)'를 가정한다. 홉스가 자연상태의 인간을 이기적 욕망의 자아로 이해했던데 반해 로크는 자연상태를 마치 '에덴동산'과 같은 이상적 상태로 이해한다. 로크에 따르면 자연상태에 인간들은 단지 썩지 않을 만큼의 자연산물을 점유하고 향유할 수 있는 존재이며, 이 점유와 향유를 위해 최소한의 노동을 해야 하는 존재이다. 이런 점유와 향유의 자연상태의 인간은 역사적 과정이 진행하면서 점유와 소유의 욕구가 다양하게 증대하며 자신의 소유물과 다른 사람의 소유물 사이 교환의 필요를 느낀다. 이런 교환의 필요가 인간을 최초의 계약관계로 이끄는데, 이 최초 계약을 통해 탄생한 결과물이 화폐다. 화폐가 인간 역사에 등장한 후 인간은 무한한 재산축적이 가능해졌으며, 재산을 소유한 소유권자들은 다시 자신의 재산과 생명을 안전하게 보존, 보호할 수 있는 폭력기관을 요구한다. 이런 요구가 재산 소유권자들을 두 번째 계약관계로 이끄는데, 이 계약의 결과가 계약자들의 생명과 재산을 보호, 보존하는 체제인 국가 공동체의 출현이다. 계약론자들 중 로크는 근대 민주주의 정치체제를 철학적으로 정초한 사람으로 인정받는다. 로크는 계약관계에서 탄생한 공동체 운용의 근본원리는 당연히 다수결의 원칙에 따른다고 주장하며, 행정권으로서 왕권과 입법권으로

의회권력의 분리를 주장한다. 그런데 로크에 따르면 왕권보다 의회권력이 상위의 국가권력이기 때문에, 이 입법 권력이 부패했을 때, 이를 해체할 정당한 주권권력이 필요하다. 홉스에게 자연상태를 탈피하여 탄생한 '리바이어던'의 권력은 최종 권력으로 해체될 수 없는 권력이지만, 로크는 주권자들의 '저항권'을 인정함으로써 상위 권력의 해제 가능성을 인정한다. 『시민정부론』에 앞서 네덜란드 망명기간 동안의 경험을 토대로 저술한 『관용에 관한 편지』가 로크의 철학사상 중 현대적 논의에 가장 활발한 영향을 미친 저작이다. 주로 로크가 『관용에 관한 편지』에서 주목한 사실은 망명 당시 네덜란드에서의 종교사상의 자유였다. 만약 하나의 종교가 정당한 폭력기구를 사용할 수 있는 국가권력을 지배하게 된다면, 이미 역사적으로 경험했던 참혹한 종교전쟁이 발발할 것이다. 하나의 영토주권을 가진 국가 공동체의 공간에는 상이한 종교체제들이 함께 공존할 수 있으며, 오히려 이런 공존은 국가권력에 의해 보호되어야 한다.

26 역주: 흄(David Hume, 1711~1776)은 스코틀랜드 사람으로 외무부 차관을 지냈으며, 말년에는 공직에서 물러나 개인 생활에만 머물렀다. 그의 주저는 그가 23세에 쓴 『인간 본성론』이다. 흄은 '인상'과 '관념'을 구분한다. '인상'과 '관념'은 두 가지 지각의 종류이며, 인상은 강한 지각이고, 관념은 약한 지각이다. 관념은 사고와 추론 활동 속에 나타나는 인상의 희미한 심상이다. '단순관념'은 직접적으로 인상과 닮은 관념이며, '복합관념'은 인상과 닮을 필요가 없다. 단순인상, 붉음의 지각으로부터 오는 단순관념인 '붉음'이 있다. 그러나 '복합관념'은 상상이나 기억처럼 여러 인상의 조합이다. '복합관념'만이 유니콘을 상상한다. 상상과 기억 중 보다 생생한 관념이 기억이며, 이외 다른 관념은 상상의 산물이다. 자아에 대한 어떠한 인상도 존재하지 않으므로, 자아에 대한 관념도 존재하지 않는다. 자아 혹은 자기의식은 단순한 연상(Assoziation)일 뿐이다. 즉, 자아는 '관념의 다발'이다. 흄은 관계를 일곱 가지로 구분한다. 첫째는 유사성, 질의 정도(동일성), 양의 비율, 수이며, 둘째는 시공관계와 인과관계다. 첫째는 우리에게 확실한 지식을 제공하지만, 둘째는 단지 개연적 사실일 뿐이다. 인과관계에 대한 인상 같은 것은 없다. '해가 떴다', '돌이 따뜻하다'는 각자의 표상, 즉 각각의 인상일 뿐이다. '해가 떠서, 돌이 따뜻하다'는 인과관계의 인상은 존재하지 않는다. 따라서 양항의 관계는 인과관계가 아니다. 우리에게 인과적 지식, 인과적인 감각경험을 제공하는 것은 경험, 지각일 뿐이다. 인과관계는 논리적 추론관계가 아니며, 논리적 추론의 산물로 여기는 것은 오류이다. 앞의 문장이 뒤의 문장의 원인이며, 원인으로부터 결과가 필연적으로 도출된다는 사실을 우리는 발견할 수 없다. 이 때문에 '그제 태양이 떴다', '어제 태양이 떴다', '오늘 태양이 떴다'고 해서 '내일 태양이 뜰 것이다'는 사실이 필연적 관계가 되지는 않는다. '내일 태양이 뜰 것이다'는 단지 우리의 습관에서 비롯된 '기대'일 뿐이다. 우리가 인과적 지식을 가지는 이유는 반복적 사건에 대한 일정한 경험으로부터 발생하는 습관의 결과이다. 따라서 우리의 인과관계는 인과관계가 아니라 연접성, 즉 연상작용이다. 즉, 우리가 A가 B의 원인이라고 판단할 때, A와 B에서 사실상 일어난 일은 A와 B가 빈번하게 연합된 것으로 관찰되었다는 사실뿐이다. 따라서 우리는 A와 B의 관계를 필연적 관계라 주장할 만한 어떤 근거도 가지지 않는다. 단지 우리는 A와 B가 빈번하게 연속하여 A 다음에 B가 일어난다고 말할 수 있을 뿐이다. 심리학의 원인개념을 가지고 흄의 이론을 반박할 수 있을 것이다. 우리는 욕구와 충동, 의지로부터 여러 복잡한 신경계의 전달과정과 근육의 운동을 통해 손을 뻗고, 이 손을 뻗는 행위를 통해 사과를 채취하는 활동을 한다. 그리고 이 욕구와 충동을 불러일으킨 원인을 또한 그 언젠가 내가 맛본 사과의 맛에 대한 기대 혹은 기억에서 찾을 수 있다. 이렇게 우리의 심리적 활동에는 오랜 기간 동안의 인과 연쇄가 숨어 있다. 러셀, 『러셀 서양철학사』, 838쪽 이하 참조; 『서양철학사(하권)』, 338쪽 이하 참조; 이태하·최희봉, 『서양근대철학』, 서양근대철학회편(경기: 창비, 2003), 257쪽 이하 참조.

들Sensualisten[27]이 이해한 것처럼 보편 원리를 거부하지 않았다. 오히려 그는 귀납법을 통해 이 원리에 도달하려 했으며, 그가 말하는 것처럼 이 원리로부터 비로소 확신에 이르려 했다) 물론 베이컨은 토대지음을 넘어서지 못했으며, ― 또한 학문 자체에 들어서지도 못했다. 그러나 이것은 데카르트의 경우도 마찬가지다. 왜냐하면 데카르트는 본래 점진적으로 개진되는 학문이 시작하는 바로 그곳, 즉 최상의 것, 신에게서 멈추기 때문이다. 그들 양자는 스콜라철학에 대립한다는 점에서 하나이며, 실재철학에 대한 공동의 열정에서 하나이다. 그들은 결정적으로 최상의 개념과 관계해서 비로소 나뉜

27 역주: 감각주의(Sensualismus)는 19세기 초반 프랑스에서 등장한 철학 경향으로 인식과 행위가 감각지각에 의해 규정된다고 보는 관점이다. 물론 감각주의는 이미 고대철학과 중세철학에도 자리하고 있으며, 특히 아리스토텔레스에 기댄 아퀴나스(Thomas v. Aquinas)는 "우리 정신에 존재하는 무엇은 전에 감각에 존재했었다"고 말한다. 이를 따라 근대의 감각주의 원칙은 "정신에 존재하지 않은 것은 이전에 감각에도 존재하지 않았다"고 한다. 로크는 모든 인식 가능성의 원천을 외적 감각의 지각에서 그리고 정신의 내적인 자기지각인 반성에서 찾는다. 이 점에서 로크는 정당하게 감각철학의 시조라고 불릴 만 하다. 로크의 인식론은 이후 프랑스의 가상디(Pierre Gassendi), 몽테뉴(Michel de Montaignes)와 디드로(Denis Diderot) 그리고 콩디약(Etienne Bonnot de Condillacs)에까지 영향을 미쳤다. 감각주의는 감각경험에 토대를 둔 새로운 철학체계로 이해되었으며, 특히 쿠쟁(Victor Cousin)이 1892년 "감각주의의 원칙"을 상술했다. 쿠쟁의 저작이 영국에 번역되어 소개되면서 프랑스 감각주의는 영국전통에 다시 흡수되었다. 19세기 후반 영국철학은 감각주의라는 개념과 더불어 논의를 전개하였으며, 로크의 감각주의와의 끊임없는 관계 속에 있었다. 그런데 퍼스(Charles Sanders Peirce)는 당대의 실재론-유명론 논쟁에서 19세기 학문이론 전반의 유명론적 특성을 강조하면서 감각주의를 유명론의 딸로 간주한다. 독일에서 감각주의는 철학의 학문개념이 되었으며, 특히 칸트가 '감각철학'과 '지성철학'을 구분하여 순수 사변철학과 대립개념으로 사용한다. 슐레겔(Friedrich Schlegel)은 "지성주의의 대립이 유물론이 아니라, 오히려 감각주의"라고 말한다. 괴테(Johann Wolfgang Goethe)는 실재와 이념, 감각주의와 사변론의 조화로운 통일을 꾀한다. 하이네(Heinrich Heine)는 감각주의와 정신주의를 대립개념으로 간주하여, 정신이 지배하는 곳에서는 물질이 파괴되고, 물질의 정당한 권리가 강조되는 곳에서는 정신이 강탈당한다고 본다. 그래서 하이네는 관념론, 정신주의 그리고 합리주의를 한 동아리로 이에 대립하는 유물론, 감각주의, 경험론을 다른 동아리로 간주한다. 또한 하이네는 감각주의에서 프랑스 혁명의 참다운 지도자를 발견한다. 포이어바흐(Ludwig Feuerbach)는 감각주의를 유물론과 동일하게 생각하며, 정신주의에 본래적으로 대립된 것으로 이해한다. 새로운 감각철학은 우리 안에 본래 내재하는 사유로부터 구별된 비철학적이며 절대적으로 반스콜라적인 존재의 철학이라고 포이어바흐는 주장한다. M. Vollmer. artl. Sensualismus, in: *Historisches Wörterbuch der Philsophie*, hrsg. v. Joachim Ritter(Basel/Stuttgart: Schwabe, 1995), S. 614-618 참조.

다. 즉, 데카르트는 모든 경험과는 별개로, 또한 자신의 논의 출발점(직접적 사실인 나는 생각한다)과도 떨어져 오직 선천적a priori 논의를 통해 최상의 개념을 도출하길 원한다. 그러므로 베이컨은 논쟁의 여지없이 최상의 개념이 경험적인 것이기를 원한 데 반해, 데카르트는 합리적이며 선천적인 철학의 창시자다.

스피노자Spinoza ·

라이프니츠Leibniz · 볼프Wolff

만약 우리가 데카르트 철학 체계를 그의 진의에 따라 현대화한다고 할

때, 우리는 스피노자주의에서 발견할 수 있는 보다 개선된, 보다 훌륭한,

그리고 보다 안정적인 형태를 고대한다.

데카르트의 제자이며, 그의 직접적 계승자라 여겨지는 스피노자Baruch

de Spinoza[28]는 1632년 암스테르담에서 태어났다. 스피노자는 자신만의 철

---

28 역주: 스피노자는 자신의 히브리어 이름인 Baruch를 1656년 7월 27일 유대인 공동체로부터 파문당
한 후 스스로 라틴어 이름인 Benedictus로 바꾼다. 그러니까 스피노자가 유년기를 벗어나 자신만의
학문적·종교적 활동을 한 이후 스피노자의 정체성은 Baruch보다는 Benedictus라는 이름에 있다고
봐야한다. 스피노자는 ―힐쉬베르거는 포르투갈이라고 확신하지만, 스피노자 전문가인 들뢰즈(Gilles
Deleuze)는 스페인인지 포르투갈인지 불분명한― 유대인 망명 상인의 손자로 네덜란드 암스테르담에
서 1632년에 태어났다. 아마도 스피노자의 할아버지는 스페인 혹은 포르투갈에서의 종교문제로 인
해서 혹은 유럽의 경제활동 중심지가 당시 네덜란드로 옮겨감으로 인해, 다시 말해서 종교 이데올로
기 문제나 경제적 문제로 네덜란드로 이주했을 것으로 생각할 수 있다. 왜냐하면 스피노자 당시 네
덜란드 거주 유대인들은 종교적으로 복잡한 층위를 구성하고 있었는데, 한마디로 네덜란드 유대인이
곧 유대교인은 아니었기 때문이다. 이미 망명 이전에 유대인 중 가톨릭으로 개종한 사람도 있었는데,
당시 유럽사회의 변화가 전통적인 유대교회의 의례사상을 변형 없이 유지하기 어렵게 만들었기 때
문이다. 스피노자의 삶에서 1656년은 매우 중요한 변화의 시기이다. 1656년 스피노자는 자신의 아버
지를 여의고, 아버지가 운영하던 상점을 물려받아 운영해야 했다. 그리고 스피노자가 개인적으로 친
밀한 관계를 맺고 있던 후안 데 프라도(Juan de Prado)가 인간 영혼이 신체와 함께 소멸하며, 신은 종
교적 신앙이 아니라, 단지 철학적으로만 말할 수 있기 때문에 신앙은 무익하다고 주장하여 1656년에
파문당했으며, 스피노자도 같은 이유로 1656년 파문되었다. 국가권력을 가지고 있지 않은 유대인 공
동체가 자신의 구성원을 파문한다는 것은 다른 형벌수단을 지니지 않은 종교 공동체의 공통적인 처
벌수단이다. 그러나 파문이 그 어떤 영향력도 행사하지 않는 무기력한 처벌행위인 것만이 아니며, 정
치·경제적 의미를 갖는다. 바로 스피노자에게서 이 영향력을 찾을 수 있다. 물론 스피노자 스스로의
결정이지만, 파문과 함께 자신의 아버지가 남긴 유산을 상속받을 수 없었다. 이렇게 스피노자는 종교
적, 경제적 환경으로부터 해방되어 경제적으로는 안경렌즈 세공기술을 배워 안경 장인으로 자신의

삶을 영위했으며, 종교적으로는 모든 이데올로기적 강압으로부터 벗어난 참된 자유인이며, 여행자로 살았다. 스피노자는 파문과 함께 이에 대한 변명을 표했는데, 이 글이 이후에 『신학정치론』의 초안이 된다. 한 광신자의 살해 위협을 피해 스피노자는 암스테르담에서 레이든(Leyden)으로 이주하고, 다시 레인스뷔르흐(Rijnsburg)에 정착했다. 1661년 스피노자는 『지성개선론』을 저술했지만, 여전히 미완성으로 남았다. 1663년에는 『데카르트의 철학의 원리들』을 저술하여 출판했다. 1663년 스피노자는 헤이그 교외의 보르뷔르흐(Voorsburg)로 이주하였는데, 보다 자유로운 활동을 보장받기 위해 이사한 것으로 보인다. 1661년부터 기획하기 시작한 『윤리학』은 마침내 1677년에 출판하였으며, 이 기간 동안 『윤리학』을 떠나 잠시 1670년 익명으로 『신학 정치론』을 출판하기도 했다. 『신학 정치론』은 출판과 동시에 많은 반박과 비난, 경멸과 저주를 불러일으켰다. 1677년 스피노자는 폐병으로 사망했다. 스피노자는 암스테르담의 유년기에 학교에서 이미 데카르트 철학과 과학 원리들을 배웠으며, 또한 라틴어, 수학, 물리학을 배웠다. 따라서 스피노자는 일찍이 데카르트 철학의 특성을 잘 알고 있었지만, 한 번도 데카르트 철학에 기대거나, 스스로 데카르트주의자가 된 적은 없다. 오히려 스피노자는 형이상학적으로 데카르트를 비판한다. 다시 말해서 '특수 형이상학'의 데카르트 철학을 스피노자는 다시 '일반 형이상학', '하나'의 존재에 대한 존재론으로 되돌려 놓으려 했다. 따라서 데카르트가 연장성, 영혼, 신성이란 세 가지 실체들을 증명하는 데 반해 스피노자는 '유일실체'를 형이상학적 근원존재로 규정한다.

스피노자 이후 피히테(Johann Gottlieb Fichte)는 가능한 철학 형태를 관념론과 독단론으로 구별하며, 관념론에는 칸트의 비판철학이, 독단론에는 스피노자의 실체철학이 해당한다고 주장한다. "그러나 철학자는 추상할 수 있다. 다시 말해서 경험에 결합된 이성 존재를 사유의 자유를 통해 구분할 수 있다. 경험에는 **사물**(das Ding)이, 우리의 자유와 독립하여 규정된 그러한 것, 즉 우리의 인식이 향해야 하는 그러한 것 그리고 인식해야만 하는 지성이 구별 없이 결합되어 있다. 철학자는 사물과 지성 중 하나를 추상할 수 있다. 그리고 철학자는 경험을 추상했으며 그리고 이런 경험을 넘어 자신을 고양했다. 철학자가 전자, 즉 사물을 추상한다면, 철학자는 지성 자체를 보유하며, 다시 말해서 지성의 경험과의 관계를 추상한다. 철학자가 후자, 즉 지성을 추상한다면, 철학자는 사물 자체를 보유하며, 다시 말해서 경험에서 출현하는 것을 추상한다. 그밖에 경험의 설명근거로서 추상한다. 전자의 처리방식은 **관념론**(Idealismus)이라 부르고, 후자의 처리방식은 **독단론**(Dogamstismus)이라 부른다." 피히테가 독단론이라고 부르는 철학은 진리의 규준을 이성 외부에 두는 철학적 태도를 가리킨다. 다시 말해서 피히테의 관점에서 진리의 판단기준이 신이나 혹은 다른 객관적 존재에 의존한다면, 이런 철학적 태도는 독단론이다. 이 점에서 피히테는 칸트 인식론 또한 독단론적 입장을 내재하고 있다고 비판한다. 왜냐하면 칸트가 '물자체'를 인식을 촉발하는 원천이면서 동시에 인식대상이 될 수는 없는 불가지적 실체로 간주하기 때문이다. 이렇게 볼 때 피히테가 말하는 관념론은 당연히 진리의 기준을 이성에 두는 철학적 태도다. 때문에 피히테는 관념론도 독단론도 하나의 절대적 철학 체계일 수는 없다고 본다. 어떤 철학자가 독단론 체계를 선택하거나 혹은 관념론 체계를 선택하는 것은 "**경향**(Neigung)과 **관심**(Interesse)"에 따라서 이루어지는 의지의 행위다. "따라서 관념론자와 독단론자의 상이성의 마지막 근거는 그들 관심의 상이성이다." 단순히 철학자가 '경향'과 '관심'에 따라 어떤 하나의 철학 체계를 자신의 철학으로 선택한다고는 하더라도, 철학 체계는 필요할 때 우리가 가져다 쓰고 필요하지 않을 때 다시 가져다 놓는 "죽은 가재도구"는 아니다. 『서양 철학사(하권)』, 213-216쪽 참조; 질 들뢰즈, 『스피노자의 철학』, 박기순 역(서울: 민음사, 2017), 9-30쪽 참조; Johann Gottlieb Fichte, "Erste Einleitung in die Wissenschaftslehre(1797)", in: *Fichtes Werke*, Bd. I, hrsg. v. Immanuel Hermann Fichte(Berlin: Walter de Gruyter, 1971), S. 425-426, 432-434.

학 체계를 구축하기 이전에, 이미 데카르트 체계에 실제적이며 객관적인 연관관계를 부여하려는 의도와 열정을 가지고 데카르트 철학을 개작하였다. 자신의 체계로의 결정적 발걸음은 자기만의 출발점을 향한 직접적인 첫걸음을 내디디면서 일어났다. 그러나 이 첫걸음에는 필연적이라 인식되어 온 무엇이, 다시 말해서 필연적 실존과 같은 것은 더 이상 고찰되지 않는다. 스피노자는 신은 항상 필연적으로 실존하는 존재 이상이라는 데카르트의 개념으로부터 바로 이런 규정을 고수한다. 즉, 스피노자에게 신은 단지 필연적으로 실존하는 존재일 뿐이다. 그는 데카르트의 개념 이전에 행해진 모든 숙고들을 제거했다. 그리고 동시에 실체에 대한 정의로부터 시작하는데, 그는 이 실체를 바로 자연에 속하는 것까지 확장된 실존하는 그것id, ad cujus naturam pertinet existere 혹은 힘도 실존도 아닌 사유하는 무엇인 그것id, quod cogitari non potest nisi existens으로, 어떤 경우에도 존재하지 않는 것은 생각할 수 없는 것이라고 이해한다. 스피노자가 필연적으로 실존하는 것을 실체로 규정하고 또한 절대적, 보편적 실체로 규정하는 한에서 우리는 그가 필연적으로 실존하는 것을 우선 존재의 보편적 주어(체)로 생각했다는 사실을 충분히 알 수 있다. 그러나 그러한 주어(체)로 간주된 것은 여전히 존재자는 아니며, 오히려 전제, 존재의 가능성이다. 예를 들어 인간은 병Krankheit의 주체라고 생각할 수 있는데, 그렇다고 실제로 병들었다는 것이 아니라, 오히려 병들 수 있는 자일 뿐이라고 하는 것과 같다. 개별적으로 실재하는 사물들은 그것이 존재함에도 불구하고 결코 존재 자체의 주어(체)는 아니다. 사물들은 존재에 관여하여서만 존재하며, 따라서 사물은 결코 존재하지 않을 수 없는 것이 아니다. 오히려 사물들은 바로 존재하지 않을 수 있기 때문에, 사물의 존재는 그러한 존재와 결합되어 있다. 당연히 존재는 단순히 그러한 존재가 아니라, 존재 일반이 그에 대해 술어가 될 수 있는 그와 같은 것으로 상승할 수 있으며, 즉 현재에 해당하는 것은 실존이다cujus actus est Existere. 그리고 이런 존재는 우리가 존재자 자체라 부르는 존재의 일반적 혹은 절대적 주어(체)이다. 우리는 존재를 순수하게 그리고 추상적으로, 즉 존재가 여전히 존재의 제일의 우위인 곳에서 유지하려 시도할 수 있다. 여기서 존재는 단순히 사상에만 있는 존재자, 사유에서만 존재를 지니는 존재자일 것이다. (이런 의미에서 사유와 존재의 통일 — 다시 말해서 부정적으로 말하자면, 존재는 사유 외부에 존재하지 않으며, 즉 타동사적transitives[29] 존재가 아

---

29 역주: 하이데거(Martin Heidegger)는 '존재'를 "타동사적"이라고 말한다. 왜냐하면 하이데거에게 '존재'는 일상적 생활세계에서의 삶의 전체 관계인 현사실성(Faktizität)이기 때문이다. "현사실성은 »우리« »자신의« 현존재의 존재특성을 위한 표현이다. 보다 상세하게 표현하면, 현존재가 존재에 어울리게 그의 존재특성에서 »여기« 있는 한에서, 그때그때 이런 현존재이다(»매순간성«의 현상, 참조, 머무름, 벗어나지 않음, 같이 여기 ~, 여기 ~ 있음). 존재에 어울리게 현존재한다는 것의 의미는, […], 오히려 현존재가 그 스스로에게 가장 본래적인 존재의 어떻게에서 여기 있다이다. 존재의 어떻게가 그때그때 가능한 »여기«를 열고 그리고 한정한다. 존재—타동사적(transitiv). 현사실적임." 하이데거에게 존재는 분명 '타동사적'이다. 이 때문에 존재는 자동사적 직접성일 뿐만 아니라, 구체적으로 수행해야 하는 객체를 지닌 목적이 된다. 여기서 존재의 '목적 지향성'이 중요하다. 존재는 항상 그리고 이미 어딘가를 향해 있음이며, 존재는 지금 여기의 구체적 상황에서 자신을 분명하게 펼치고, 또한 이런 매순간의 수행적 자기 완수로 구성된다. 이런 의미에서 존재는 일상적 생활세계에서 펼쳐지는 '현사실적 삶'이다. 여기에 현존재의 존재이해 가능성이 있다. 현존재의 존재는 존재의 가장 구체적인 지금과 여기로서의 현사실성이다. 그러므로 현존재는 존재의 분절운동과 의미지평 구성을 '지향성'으로부터 이해한다. 왜냐하면 현사실적 삶의 운동이라고 할 현존재의 존재이해는 지향적 의미연관 전체에서 이루어지기 때문이다. 즉, 현존재가 이해하는 존재는 무언가에 의해 이미 추동된 경향성을 바탕으로 무언가를 향하는 부단한 운동이다. 이런 존재의 자기 관계적 운동과정에서 현존재가 하는 존재경험은 언제나 현존재가 처해 있는 상태에서 존재이해이며, 이 때문에 존재이해는 무당파적 보편성이 아니라, 오히려 시의적 적절성과 상황적 적합성에 따르는 수행적 의미를 갖는다. 그리고 현존재에 벌어지는 존재경험은 지향적 목적에 따라 구성되는 세계이다. 말하자면 현존재는 존재이해와 함께 자기만의 본래적 의미체계로서 대상적 세계를 형성한다. 그렇다면 현존재에게 존재는 왜 이미 목적 지향적으로 방향 지어져 있는가? 왜냐하면 존재를 경험하는 현존재가 자신에게 언제나 중요한 존재에 대한 물음을 던지기 때문이다. 다시 말해서 존재는 현존재의 존재물음을 자신의 존재방식으로 지니기 때문이다. 그런데 질문의 특성은 또한 '제기'되는 것으로, 이미 정해진 방향으로 세워져 있음(Gestellt)이다.

니라, 내재적immanentes 존재이다) 그러나 이미 언급했듯이[30] 존재는 이렇게 협소하게 확정될 수 없으며, 존재는 단순히 논리적 의미에서만 존재하지 않으며, 존재는 타동사적 의미에서 존재하지 않을 수 없는 것das nicht nicht sein Könnende이다. 그리고 내가 사유할 시간을 가지기 훨씬 이전에 나는 다음에 도달할 수 있다. ― 모든 사유 이전에 존재는 나에게 존재하며 혹은 나는 존재를 이미 존재자로 발견한다. 왜냐하면 존재는 모든 존재의 주어(체)로서 바로 그의 본성에 따라 존재자이기 때문이며 (말하자면 계사 ist), 존재하지 않는다고 생각할 수 없는 것이기 때문이다.

따라서 이것이 스피노자의 개념의 기원이며, 철학사에 드러나 있는 것처럼 현재까지 모든 것이 움직이고 있는 지점이다. 혹은 오히려 이것은 사유가 지금까지는 도달할 수 없었음에도 불구하고 상이하게 출현하는 체계들을 통해 해방하려 시도한 사유의 족쇄Gefangenschaft이다. 이것은 개념 덕분에 신에게서 분명히 드러난 것이지만 ― 말하자면 ― 의지도 오성도 아닌 그런 개념이며, 오히려 개념의 측면에서 보았을 때 신은 사실 단지 맹목적 실존자일 뿐이다. ― 말하자면 주체 없는 실존자이

마치 기차역에 들어서는 기차의 방향이 정해진 선로에 따라 이미 규정되어 있듯이, 질문을 제기한다는 것은 이미 정해진 방향을 가지고 있다는 의미다. 질문의 구조는 이미 물어져야 하는 질문의 대상과 물음이 향하는 존재가 그리고 마지막으로 질문의 의도로 이루어진다. 이 때문에 현존재가 제기하는 존재에 대한 질문은 현존재의 질문이 제기되고 있는 시점에 따라 이미 방향 잡혀 있다고 해야 하며, 존재는 현존재의 질문이 열고 있는 의미지평에서 자기 자신을 표출한다. 따라서 존재의 자기해명 장소는 현존재의 존재에 대한 질문이다. 존재의 의미지평이 현존재의 질문제기에 의해 결정되어 있기 때문에, 존재는 목적 지향성이다. M. Heidegger, *Ontologie. Hermeneutik der Faktizität*, 2. Aufl.(Frankfurt a. M.: Vittorio Klostermann, 1995), S. 7; 하이데거, 『존재론. 현사실성의 해석학』, 이기상·김재철 역(서울: 서광사, 2002), 25쪽; 이경배, "철학적 해석학의 영향사적 기원", 『범한철학』, 제69집(범한철학회, 2013), 154쪽 이하 참조.

30 앞의 책, 18쪽.

다. 왜냐하면 신은 전적으로 그리고 완전한 존재로 이행해 있기 때문이다. 여전히 존재로부터 자유, 즉 존재에 대립하는 자유가 가능하다. 그러나 여기서 존재가 가능성을 집어 삼켜버렸다. 왜냐하면 앞서 최초의 것Erste은 단지 존재할 수 있는 것일 뿐이기 때문에 (또한 존재하지 않을 수 없는 것이기 때문에), 바로 이 최초의 것은 그 때문에 단지 존재자일 뿐이며, 다시 말해서 모든 비존재의 배제와 함께하는 ― 모든 역량Potenz의 배제와 함께하는 ― 모든 자유의 배제와 함께하는 존재자이다. (왜냐하면 자유는 비존재이기 때문이다) 따라서 최초의 것은 역량이 없는 존재자이며, 전적으로 어떤 다른 존재의 위력Macht을 자신 안에 지니지 않는다는 의미에서 무기력한 존재자이다. 스피노자는 신을 자기원인Causa sui[31]이라 부

31 역주: 자기원인(causa sui)은 일반적으로 자기규정을 의미하는 표현이다. 개념 '자기규정'은 한편으로는 지성적 필연성을 의미하며, 다른 한편으로는 근본적인 자유를 의미한다. 즉, 자기규정은 절대적 자유이면서 동시에 절대적 필연성이다. 플로티누스(Plotinus)는 하나는 우연적이 아니라, 자기 외부의 원인으로부터의 결과가 아니라, 제일의 것, 단순자라고 한다. 따라서 하나는 자기원인이며, 자유인데, 하나가 자기를 원하기 때문에, 자유이다. 360년 무렵 아우구스티누스(Augustinus) 시절에 최초 원인은 자기원인이라 생각했으며, 이 생각은 19세기까지 유지된다. 최초원인으로서 자기원인은 신만이 아니라, 정신의 운동을 가리키는 데도 사용되었다. 아퀴나스는 자기원인인 자는 자유라고 하며, 실천적 판단에 있어서 자유는 자기원인성이라는 사실을 밝혔다. 데카르트 이래로 자기원인은 존재론적 논의, 즉 완전한 본질성에서 실존의 필연적 함의를 표현해야 하는 관념론의 핵심주제였다. 물론 데카르트는 이 개념을 엄밀한 의미에서가 아니라 단지 대응개념으로만 사용했다. 그러나 스피노자는 자기원인, 필연적 존재와 자기 자신만을 통해서 이해될 수 있는 본질을 동일하게 간주한다. 스피노자 『윤리학』의 정의의 1명제는 다음과 같다. "나는 자기원인이란 그것의 본질이 존재를 포함하는 것, 또는 그것의 본성이 존재한다고 생각할 수밖에 없는 것이라고 이해한다." 그러니까 스피노자는 자신의 주저 첫 명제를 '자기원인'이라는 개념으로부터 시작하고 있는 셈이다. 이때 자기원인은 원인과 결과의 무한연쇄에 놓여 있는 작용하는 원인이 아니라, 원인의 원인이라는 의미에서 인과성의 원형이자 총괄개념이다. 존재의 변양인 양태들을 능동적으로 산출하는 능산적 자연(natura naturans)은 자기원인이며, 이 산출하는 자기원인의 변양이 산출된 소산적 자연(natura naturata)이다. 이 때문에 이 양항의 관계에서는 여전히 작용적 인과성은 존재한다. 산출된 모든 유한 사물들은 자신을 산출하여 존재하게 한 원인으로서 사물들과 관계 맺고 있으며, 이들 사이에는 공통성이 존재한다. 예를 들어 어머니와 아이는 공통성을 갖는다. 이제 이 공통성이 인과관계의 무한진행을 넘어 근원원인으로서 신으로 되돌아가게 한다. 이렇게 스피노자에게는 신이 자기원인이다. 이 때문에 스피노자는 앞서

른다. 그러나 보다 엄밀하게 말하면 신은 그의 존재Wesen의 단순한 필연성에 따라 계사 Ist, 존재할 수 있음으로 (원인으로) 확정될 수 없는 계사 Ist일 뿐이다. 원인은 전체적으로 작용에서 출현하며 그리고 사유가 그에 대립하여 어떤 것도 할 수 없는 실체로서만 관계한다. 따라서 맹목적 존재에 의해 놀라고, 그 어떤 사유도 미리 예견할 수 없는 예측불가능을 조우하여 당혹해 한다. (따라서 이런 존재는 바로 숙명적 실존Existentia fatalis이며, 체계 자체는 숙명론이다) 말하자면 맹목적으로 신에게로 붕괴하여 가는 존재, 신 자신의 출발점을 집어삼키는 존재에 의해서 지나치게 조급해짐으로써, 신은 이런 존재 자체에 대립하는 자각을 상실하며, 모든 힘, 운동의 모든 자유를 상실한다.[32] 물론 우리는 괴테가 칭송하는 앞서 고요

인용문에서 말하듯이 본질과 존재, 무엇임과 존재사실의 근원적 일치를 말할 수 있다. 칸트는 자기원인이란 개념을 단지 존재론적 논의를 논박하기 위해서만 사용한다. 셸링이 비로소 자기원인을 자기규정으로 이해함으로써 절대자를 객관화했다. 즉, 셸링이 이 개념을 존재의 순수성을 표현하는 개념으로 자리 잡게 하였다. 하이데거는 자기원인이라는 표현을 존재신학(Ontotheologie)의 총괄개념, 즉 자기원인이 최상의 존재자와 지성적 필연성을 동일화하는 한에서 철학 전통의 총괄개념이라고 말한다. P. Hadot, artl. causa sui, in: *Historisches Wörterbuch der Philosophie*, hrsg. v. Joachim Ritter(Basel/Stuttgart: Schwabe, 1971), S. 976–977 참조; 질 들뢰즈, 앞의 책, 86–88쪽 참조; B. 스피노자, 『에티카』, 강영계 역(서울: 서광사, 1990), 13쪽.

32 『신화철학』, S. 90 참조.
역주: 여기서 셸링은 역량론(Potenzlehre)에 따른 정신과 신의 존재에 대해 논한다. 신은 모든 역량들의 포괄자이며, 역량들은 신의 단계적 얼굴이다. 자연 세계에서 역량의 단계적 운동을 보면, 첫 번째 역량은 물질이고, 두 번째 역량은 빛이며, 세 번째 역량은 유기체이다. 이념 세계에서 역량의 단계적 운동은 다시 첫째 감각, 둘째 의식, 셋째 정신이다. 이때 세 번째 역량을 셸링은 "필연적 정신"이라 부르며, 필연적 정신이기는 하지만 결코 신이지는 않은 역량이라고 말한다. "왜냐하면 신은 단지 세 개의 역량들 안에 존재하기 때문에, 즉 모든 것에 모든 것이 작용하지만 바로 이런 이유로 역량들을 넘어서고, 그 역량들에 작용함에도 불구하고 여전히 그의 통일 혹은 전일성(All-Einheit)의 해소불가(Unauflösliche)를 통해 역량들과는 구분되는 역량들이라는 이런 세 개의 역량들 안에 존재하기 때문이다." 이런 논의를 이어서 셸링은 전일자의 필연성을 논구한다. "이런 의미에서 혹은 이런 관점에서 우리는 필연성과 자유가 신 안에서 하나인 한 신의 필연성은 신의 자유라고 말할 수 있다." 그러면서 셸링은 신의 전도에 대해 말한다. "상호 배제하는 그리고 상호 전도된(verkehrte) 입장에서 역량들은 단지 신적 아이러니를 통해서 외면적으로 왜곡된(verstellte) 신일 뿐이다." 이 역량들의 전도와 작

한 작용을 스피노자주의에 덧붙일 수 있다. 스피노자주의는 실제로 사유를 중지상태, 완전한 휴지상태로 규정하는 이론이며, 그것의 최종 결과에서는 결코 중지하지 않는, 항상 운동하는 사유의 폭풍 아래 행복해하는 것처럼 보이는 완전히 이론적이며 그리고 실천적인 신비주의적 명상이론Quietismus[33]의 체계이다. 마치 루크레티우스Lucretius[34]가 그러한 중지

용이 세계(Universum)이다. "이 세계는 여전히 순수 역량들의 세계이며, 그리고 그런 한에서 여전히 순수 정신세계다." 그런데 셸링은 이 문장 바로 앞에서 단어 세계, Universum을 시인 루크레티우스(Lucretius)를 따라 이렇게 분석한다. 단어 Universum은 universus로, uni-versus, 즉 unus-versus로 이루어진 말로, 한마디로 unum versum, 하나의 말을 의미한다. 그러므로 세계(Universum)는 '하나'의 말로 이루어진 세계라고 할 수 있다. Fr. W. J. Schelling, *Philosophie der Mythologie*, 2. Bd, in: *Schelling Ausgewälte Werke*, 5(Darmstadt: Wissenschaftliche Buchgesellschaft, 1986), S, 89-91.

33 역주: 신비주의적 명상이론(Quietismus)은 동방정교회 수도사의 영적 활동을 의미하는 Hesychasmus와 동일한 의미다. Hesychasmus란 말은 그리스어 hesychia라는 말에서 유래하는 말인데, hesychia의 의미는 정지, 고요, 정적이다. 마찬가지로 Quietismus는 라틴어 quies에서 유래한 말로 quies 또한 정지, 고요, 정적의 의미다. 이 개념이 정확하게 어디에서 유래한 개념인지는 명료하게 설명할 수 없다. 대략 프랑스에서 1671년 혹은 1675년에 사용하였다거나, 혹은 1687년에 개념으로 사용되었다고 주장하기도 한다. 대략 이 개념은 이탈리아에서 기원한 것으로 보이며, 선동적인 예배 혹은 기도와 관련하여 이 말이 등장한다. 1687년에 'quietisti'란 말이 개념적 대구로 사용되었다. 이 개념은 예배활동과 명상을 통한 신에 대한 체험을 의미하였으며, 17세기 후반에는 한편으로는 신비주의 명상의 최상 단계로, 다른 한편으로는 자신의 긴장상태를 벗어나 신에 가까이 머무를 수 있는 특정 형식으로 이해되었다. 신의 작용의 힘에 기대어 자신의 의지가 수행해야 할 과제는 정신적 시도나 감각적 시도와는 무관한 상태를 요구하며, 이 상태에서 고요한(quietistische) 영혼수행의 실천 행위가 가능해진다. 라이프니츠와 말브랑슈 등이 이 개념에 대해 논쟁을 시작하면서 이 개념은 철학적 논의범위로 들어섰다. 핵심논쟁점은 각자의 이해로부터 자유로운 순수 신적 사랑은 가능한가 이다. 이 물음에 대해 한편은 신을 향한 사랑은 영원한 은총에 대한 희망과 불가분으로 결합되어 있다고 답하며, 다른 한편은 신적 사랑은 불충분한데, 왜냐하면 신적 사랑은 그 사랑을 통해 도달해야 하는 구원에 대한 반성에서 벗어나 있지 않기 때문이다. 18세기 독일의 엄숙주의자들의 종교적, 정신적 삶을 매개로 이 개념은 계몽주의 사상 극복에 매우 중요한 역할을 담당한다. 노발리스와 청년기 헤겔이 이 개념을 자주 사용하였으며, 덕분에 이 개념은 복권되었다. 특히 쇼펜하우어는 자신의 철학을 "신비주의적 명상이론"과 "금욕주의"라고 불렀다. P. Nickl, artl. Quietismus, Hesychasmus, in: *Historisches Wörterbuch der Philosophie*, hrsg. v. Joachim Ritter(Basel/Stuttgart: Schwabe, 1989), S, 1834-1837 참조.

34 역주: 루크레티우스(Titus Lucretius Carus, 기원적 99 혹은 94-기원전 55 혹은 53)는 에피쿠로스주의 전통에 서 있는 로마의 시인이자 철학자다. 그의 주저 『사물의 본성에 대하여(De rerum natura)』는 에

상태를 다음과 같이 묘사하는 것과 같다. 입 맞추라, 큰 바다에Suave, mari magno, 폭풍우 치는 바다에서는 다른 궁핍의 먼 해안을 볼 수 있어 좋다. 위대한 자는 침몰을 바라본다magnum alterius spectare laborem. 우리는 낯선 재난을 즐기지 않는다. 왜냐하면 우리는 스스로 이 위협으로부터 자유롭다 느끼기 때문이다. 스피노자 체계의 이런 휴지와 중지가 특히 심층부의 입장을 이루고 있으며 그리고 은폐된, 그러나 거부할 수 없는 자극으로 수없이 많은 사람의 마음을 매혹시키고 있다는 사실은 논쟁의 여지가 없다. 또한 스피노자 체계는 확실히 표본으로 존재할 것이다. 자유의 체계 ― 그러나 스피노자적인 것과의 완전한 모사 정도의 단순성에서, 그런 정도로 위대한 특성에서 ― 이것이 본래 최상의 것일 것이다. 그렇기 때문에 스피노자주의는 그토록 많은 공격과 여러 번 거쳐 분명하게 표현한 거부 의사에도 불구하고 결코 과거가 된 적도, 지금까지 실제로 극복된 적도 없다. 그리고 자신의 생애에 한 번이라도 스피노자주의의 탈근거 Abgrund로 침몰해 본 경험이 없는 사람은 철학이란 영역에서 진리에 그리고 완전자에 도달하기를 희망할 수 없다. 자기 스스로 이유를 댈 수 있는 확신을 갖고자 하는 사람은 스피노자의 주저, 『윤리학』[35]을 (왜냐하면 스피

피쿠로스 철학의 핵심을 다루고 있으나, 안타깝게도 단편으로만 전승되었다. 그는 철학적으로 원자론자였으며, 에피쿠로스 철학자였다. 인간 영혼은 당연히 소멸한다고 주장하였는데, 그 이유는 신이 자기 자신을 인간의 삶에 뒤죽박죽 뒤섞고 싶어 하지 않을 것이기 때문이다. 또한 루크레티우스는 인간에게 마음의 평안과 여가를 가질 것을 주문하였고, 또한 그들에게서 죽음에 대한 공포와 신 앞에서의 경외를 제거하였다. Klaus-Dieter Zacher, artl. Lukrez, in: Metzler Philosophie Lexikon(Stuttgart/Weimar: J. B. Metzler, 1999), S. 439-440 참조.

35 역주: 스피노자의 『윤리학』은 전통적 의미에서 '윤리학'이 아니다. 윤리학의 역사는 아리스토텔레스로부터 시작한다. 아리스토텔레스는 자신의 『니코마코스 윤리학』에서 윤리학이라는 이름이 관습이나 습속을 가리키는 말이면서, 개인의 성격을 가리키는 말인 그리스어 'ethos'로부터 기인한다고 말한다. 또한 아리스토텔레스는 자신의 스승이었던 플라톤과 달리 학문영역을 구분하여 서술했다. 예

를 들어 논리학, 형이상학, 제일철학, 자연학, 윤리학, 시학, 수사학 등으로 학문분과를 구분하였다. 이렇게 학문분과를 구분하는 근거를 아리스토텔레스는 '지성적 존재'로서 인간의 상이한 지적 능력에서 찾는다. 아리스토텔레스에 따르면 인간은 '기술지(techne)', '실천지(phronesis)', '학문적 인식 (episteme)', '지적 직관(nous)', '철학적 지혜(sophia)로 각기 다른 지적능력을 지닌 존재자이다. 이 다섯 가지 지적 능력 중에 앞서 '기술지'와 '실천지'가 실천철학의 영역에 해당하고, '학문적 인식'과 '지적 직관'은 이론철학의 영역에 해당하며, '철학적 지혜'는 이론과 실천의 영역을 전체의 하나로 통찰하는 지적 능력이다. 실천영역의 지적 능력인 '기술지'와 '실천지'의 공통분모는 오늘날 시학의 어원인 poiesis인데, poiesis는 만들다, 제작하다의 의미이다. 그러니까 '기술지'와 '실천지'는 공통적으로 '만들다', '산출하다'를 지니고 있으며, 예술은 예술작품을 산출하며, 기술지는 도구와 제품들을 생산하고, 실천지는 행위를 만든다. 그러나 기술지의 생산특성은 생산의 결과물이 생산자와 별개의 사물이 될 뿐만 아니라, 생산과정에서 생산자가 체득한 기술을 가르칠 수도 있고 배울 수 있는 데 반해, 실천지의 행위결과는 직접적으로 행위자와 관계된다는 점이다. 행위결과에 대한 판단은 행위자에 대한 칭찬, 비난, 처벌, 포상 등으로 나타날 뿐만 아니라, 때로는 행위자의 인격을 가리키기도 하기 때문이다. 그리고 예술과 실천적 행위는 기술에 반해 가르칠 수도 배울 수도 없다. 그리고 이론철학에 해당하는 '학문적 인식'은 논리적으로 증명 가능한 지적 능력이며, '지적 직관'은 사태에 대한 직접적 앎을 의미한다. '철학적 지혜'는 이론적 앎과 실천적 앎을 포괄하는 하나의 통찰이다. 이렇게 인간의 지적 능력을 구분하여 해명한 아리스토텔레스는 이론적 앎이 '엄밀성'과 '확실성'의 특징을 가지고 있는 데 반해 실천적 앎은 '대개'와 '대부분'이라는 개요적 앎의 특성을 가진다고 본다. 즉, 실천적 앎은 한 공동체가 문화·역사적 경험을 통해 형성한 건강한 상식에 맞게 실천적 행위상황을 적합하게 헤아리는 지적 능력이다. 아리스토텔레스의 윤리학에 대한 이런 규정은 실천적 판단근거가 행위자가 처해 있는 특수한 행위상황이나 문화·역사·정치적 특수성에 토대를 두고 있다고 간주할 수 있다. 이 때문에 실천적 판단근거는 또한 문화·역사 맥락적인 상대적 '좋음'이 아니라, 모두의 '좋음', 하나의 '좋음'이라야 한다는 보편성을 요구한다. 이점에서 스피노자는 칸트의 개념사용을 빌려 말하자면 아리스토텔레스 전통의 가언판단의 윤리학이 아니라, '엄밀하고', '확실한' 윤리학의 필요성을 의식했다. 스피노자가 자신의 윤리학에 붙인 제목만 보더라도 스피노자의 의도가 분명하게 드러난다. 즉, "윤리학, 기하학적 질서에서 서술되고 그리고 다섯 부분으로 구분되며, 다음 것을 다룬다"가 윤리학에 스피노자가 붙인 제목이다. 말한 것처럼 스피노자는 먼저 윤리학을 '기하학적 질서'에 따라서 증명하고자 한다. 마치 유클리드(Euclid)가 자신의 『기하학 원론』에서 "뜻매김", "공리", "상식" 그리고 "법칙"과 "증명"으로 기하학 체계를 구축한 것처럼, 스피노자도 자신의 『윤리학』에서 "정의", "공리", "정리", "증명"의 방식으로 윤리학 체계를 구성한다. 이외에 스피노자 『윤리학』의 특성은 윤리학이 자신의 내용으로 다루고 있는 다섯 부분이다. 윤리학의 다섯 대상은 첫째, "신에 대하여", 둘째, "정신의 본성과 기원에 대하여", 셋째, "감정의 본성과 기원에 대하여", 넷째, "인간의 예속 혹은 감정의 위력에 대하여", 다섯째, "오성의 권능 혹은 인간 자유에 대하여"이다. 이를 통해서 보면 스피노자는 형이상학으로서 존재론, 인식론, 감정론과 윤리학의 직접적 내용으로서 인간의 노예상태와 자유를 『윤리학』이라는 하나의 저작에서 다루고 있다는 사실을 알 수 있다. 이 때문에 스피노자의 『윤리학』은 윤리학이면서, 또한 형이상학이고, 인식이론이며, 감정이론이라고 해야 한다. 예를 들어 스피노자는 인간의 감정상태를 기쁨과 슬픔, 사랑과 증오 등으로 구분하는데, 슬픔이나 증오를 수동적 감정으로 인간을 노예상태인 부자유에 빠뜨리는 원천이라고 보고, 기쁨이나 사랑을 능동적 감정으로 인간을 최고 행복으로 이끄는 자유로 이해한다. Baruch de Spinoza, *Ethik in geometrischer Ordnung dargestellt*, hrsg. v. Wolfgang Bartuschat(Hamburg: Felix Meiner, 1999), S. 3; 스피노자, 앞의 책, 강영계 역, 9쪽.

노자는 이 제목 아래 그의 체계를 내놓았기 때문이다) 읽지 않은 채로 버려두어서는 안 된다. 나는 항상 자신의 교양을 진중하게 생각하는 모든 사람에게 그 어떤 선생도 대체할 수 없는 지나친 열성을 다하는 진지한 자기 학습에 대해 경고하고자 할 뿐만 아니라, 동시에 그가 무엇을 읽을 것인가를 선택함에 있어 쏟아붓는 지나친 양심과 주의에 대해서도 경고하고자 한다. 특히 스피노자 또한 불멸의 저술가들 중 한 사람이다. 스피노자는 그의 사상과 그의 서술방식의 숭고한 단순성으로 인하여 위대하며, 모든 스콜라주의와 결별함으로써 위대하고, 또한 다른 한편으로는 말하기의 장식 혹은 강조와 결별함으로써 위대하다. —— 그러나 이제 우리가 스피노자 체계의 앞서 심층의 중지상태는 어떤 대가를 치르고 있는지를 묻는다고 한다면, 우리는 이렇게 대답해야 한다. 그 대가는 신은 자유로운 원인이 아니라, 단순한 실체라는 것이며, 따라서 사물들은 신과 단순히 원인으로서가 아니라 실체로서만 관계 맺을 수 있다는 사실이다. 신은 자기 외부에서, 그의 직접적 존재 외부에서 작용할 수 있는 자유로이 창조하는 혹은 산출하는 정신이 아니다. 신은 전적으로 그의 선사유불가능한 존재unvordenkliches Sein에 포함되어 있다. 따라서 사물들은 이 존재에서만 존재할 수 있으며, 신적 존재가 자신을 서술하는 특수한 형식 혹은 방식이다. 그 때문에 신 자신은 제한되지 않을 것이며, 오히려 각 사물은 자기 안에 있는 직접적인 신적 본질을 확실한 그리고 규정적인 방식에서만 표현한다. 이제 신 자신이 각 형식을 넘어서는 그런 정도에서 신은 이런 형식들에 의해 제한되지 않는다고 하더라도, 우리는 당연히 존재에 대한 이런 제한이 어떻게 신 안으로 들어서게 되는지에 대해 알고 싶어 한다. 이에 대해 스피노자가 대답하는 모든 사실은 바로 삼각형의 변용이 삼각형의 본성의 결과이며 그리고 그의 본성에 해당하는 것처럼, 앞서 변용Affektionen과 사물들은 신적 본성에 해당하며 그리고 신적 본성의 결과라는 것이다. 다시 말해서 신과 사물 사이에는 자유로운 연관관계가 아니라, 필연적 연관관계가 있다. 그러나 스피노자는 이런 필연적 연관관계의 방식을 말하지 않는다. 그럼에도 그는 구체적 사물들 사이에 그리고 신 사이에 있는 중심부분을 가정한다. 다시 말해서 그는 사물들을 직접적으로 신으로부터 발생하도록 두지 않는다. 그런 한에서 우리는 스피노자가 계기들 혹은 관통지점Durchgangspunkte의 지속적 과정을 진술할 수 있을 것이라 간주한다. 그 과정으로 인해 최상위 이념으로부터 사물로의 명료한 이행이, 즉 단순히 사물 일반으로가 아니라, 그런 상태로 존재하는 그리고 그렇게 상호 대립적으로 구별된 사물들로의 이행이 증명되게 되었다. 그러나 앞서 중심부분과의 상황은 다음과 같다. 스피노자는 신과 사물 사이의 최초 매개로서 무한 연장과 무한 사유를 정립한다. 그리고 스피노자가 말하듯이 이 무한 연장과 무한 사유는 신 혹은 무한 실체의 직접적 속성Attribute이며, 다시 말해서 이 실체가 직접적으로 현존하는 형식들이다. (왜냐하면 우리는 속성 개념을 달리 설명할 수 없기 때문이다) 따라서 사유와 연장은 스피노자에게 두 개의 직접적인 그리고 ─ 그 방식에서 각자 ─ 동시에 무한한 형식들이며, 이런 형식들로 절대적이며 schlechthin 무한한 실체가 실존한다. 이것이 그 존재의 두 개의 직접적 형식들인 한에서, 스스로 사유하지도 연장하지도 않는 한에서의 그런 실체이다. 여기서 말하자면 스피노자는 이제 실체 자체의 개념으로 되돌아가야하는 것처럼 보이며 그리고 속성에 대해 해명해야 하는 것처럼 보인다. 스피노자에게 실체는 자기원인causa sui, 실체 자신의 원인이다. 우리는 이런 자기원인을 자기 정립자das sich selbst Setzende라고 설명할 수 있다. 더 나아가 이런 자기 정립자는 두 개의 형식들, 사유와 연장으로만 실존하는 것으로 규정할 수 있으며, 나중에 대략 언급할 것이지만 자기 정립자는 필연적으로 자신을 ⓐ 객체로 (이것이 스피노자에게서 무한 연장일 것이다), ⓑ 주체로 (이것이 스피노자에게서 무한 사유일 것이다) 정립한다. 그러나 우리는 여기서 이후 전개에서야 비로소 뚜렷해질 규정들로 스피노자를 규정할 수 있을 것이다. 그리고 이와 더불어 학문사에서 그의 고유성과 개인적 위치가 드러나게 될 것이다. 스피노자의 실체는 주체-객체다. 그러나 여기에는 주체가 완벽하게 상실되어 있다.

그러나 우리는 다음과 같이 묻는다. 도대체 스피노자는 어떻게 앞서 말한 속성에 이르게 되었는가? 대답: 먼저 데카르트가 물질과 정신의 대립을 연장된 것과 사유하는 것의 대립으로 규정하고 그리고 우주는 그렇게 두 개의 세계로, 즉 사유의 세계와 연장의 세계로 나누어져 있다고 했기 때문이다. 스피노자의 데카르트로부터의 기원이 여기서 분명해진다. 이제 신은 그에게(스피노자에게) 더 이상 단순한 일시적 매개자, 양자의 외부에 머무는 하나와 다른 하나 사이의 매개자가 아니며, 오히려 불변의 그리고 지속적인 통일이다. 데카르트에게 사유는 신의 외부에 존재한다. 스피노자에게서는 신 자신이 무한 사유이며 그리고 무한 연장이다. 그러나 스피노자에게서의 통일은 마치 오늘날 우리가 이 통일을 생각하고 있는 경향과 같이 이해되어서는 안 된다. 다시 말해서 사유가 연장에 작용하며 그리고 각각의 상이한 연장적 사물들은 바로 어떤 하나에서는 보다 더 많이, 다른 하나에서는 보다 더 적게 사유가 드러나기 때문에 서로 다르게 구별된다고 간주되어서는 안 된다. 그렇지 않다. 왜냐하면 양자는 동일한 실체로부터의 공통결과라는 사실 이외에 그 어떤 공통점도 가지고 있지 않기 때문이며, 양자는 그만큼 스피노자의 선행자에게는 낯설기 때문이다. 이 선행자에게서 양자의 일치는 특별한 행위사실에 의해 각각의 개별 경우에만 매개되었으며 혹은 매개되는 데 반하여, 스피노자에게 있어 이 일치는 실체의 동일성에 의해 모든 경우에 현존한다. 따라서 스피노자의 참된 이념은 속성들의 절대적 대립과 같이 있는 (대립적 배제와 같이 있는) 실체의 절대적 통일이다. 연장된 것은 스피노자에게서는 데카르트에게서와 같이 완전히 비정신적이다. 그리고 자연에 대한 스피노자의 관점, 그의 자연학은 이런 이유로 해서 그의 선행자만큼 기계주의적이며 비생명적이다. 따라서 양자의 속성들 사이의 통일은 단순히 형식적인 그리고 외적인 통일일 뿐, 그 속성들 자체에서 정립된 그리고 이런 의미에서 내재적인 그리고 실체적인 통일은 아니다. 스피노자가 통일하고 있는 이원성Zweiheit은 현실적으로 생동하는 삶을, 참된 생명을 규정하지 못한다. 왜냐하면 대립된 것들은 죽어있으며 그리고 동등하게 상호 대립적이기 때문이다. 이것은 스피노자가 실체로부터는 속성의 이원성에 선천적으로 도달하지 못한다고 앞서 이미 언급한 해명의 필연적 결과일 뿐이다. 물론 스피노자에게 속성들은 결과이다. 그렇지만 절대적 실체의 실존의 필연적 결과일 뿐이기 때문에 스피노자는 속성들을 필연적 결과로 파악하지 않는다. 스피노자에 따르면 속성들은 이렇게 존재한다. 그러나 이것이 속성들을 설명하는 것은 아니다. 스피노자는 앞서의 필연성을 증명하지 않는다. 따라서 스피노자는 이 필연성을 후천적으로, 경험적으로만 수용할 뿐이다. 왜냐하면 그는 세계가 단순히 정신 혹은 사유로부터가 아니라, 부분적으로는 물질 혹은 연장 존재로 이루어져 있으며, 그리고 단순히 물질로부터가 아니라, 부분적으로 정신 혹은 사유로 이루어져 있다는 사실을 확실히 인정할 필요가 있었기 때문이다. 물론 스피노자가 그 자신을 그의 체계로 추동하여 가는 필연성을 스스로 의식하였다고 한다면, 이 필연성이 스피노자를 당연히 이원성으로 이끌어 가지는 않았을 것이다. 그리고 또한 스피노자가 연장된 것 외부에 사유자를 정립한다는 사실은 본래 경험에 따른 자신의 체계에 대한 단순한 개선일 뿐이다. 왜냐하면 연장된 것이 분명 양자 중 제일의 것, 참으로 근원적인 것이기 때문이다. 사유는 단지 연장된 것과만 관계하며, 이 연장된 것이 없이는 결코 존재할 수 없을 것이다. 예를 들어 인간 정신은 스피노자가 개념이라 부르는 무한 사유의 변양Modifikation이다. 그러나 이 활동적인 혹은 생동하는 개념은 단지 인간 신체의 직접적 개념일 뿐이다. 다시 말해서 신체 개념에 상응하는 개념이라고 할지라도, 신체 개념과는 완전히 독립적으로 현재하는 개념, 무한 연장의 변양일 뿐이다. 그러나 이제 무한 실체는 어떻게 연장된 것 외부에 또한 그와 같은 연장된 것의 개념을 정립하는 데까지 이르게 되는가? 왜 무한 실체는 본성에 따라서는 아니라고 하더라도 여전히 시간 속에 연장된 것의 개념에 선행하는 연장된 것과 동등하게 존립하지 않는가? 이 질문에 대해서는 오직 하나의 대답이 있을 뿐이다. 혹은 한 방식으로만 설명된다. 다시 말해서 우리는 무한 실체가 연장된 것을 정립하고 혹은 자신을 연장된 것으로 정립하기 때문에, 무한 실체는 자신을 완전히 그리고 세세하게 밝히지 못한다고 생각한다. 이 경우에 한해서만 무한 실체는 자신을 보다 상위의 단계에 ― 우리가 나중에 표현할 보다 상위의 역량에 ― 다시 한번 정립할 필요가 있다. 이 상위의 것은 이제 연장된 것일 수는 없다. 그러나 이것은 다분히 연장된 것의 개념이어야 하며 혹은 연장된 것과 개념으로 관계하고 있어야 한다. 왜냐하면 상위의 것이 항상 그의 전제된 것 혹은 하위의 것에 대한 개념적 파악자이기 때문이다. 예를 들어 정신은 그의 전제, 신체를 파악한다. 그러나 그 역일 수는 없다. 혹은 나중의 시간이 항상 자신을 파악하지 못한 앞선 시간을 파악한다. 그러나 이런 관점은 스피노자에게 완전히 낯선 것이다. 그리고 스피노자가 영혼을 신체의 개념이라 부를 때조차 스피노자는 여전히 영혼의 실존을 위한, 마찬가지로 연장된 것 외부에 무한 사유를 정립하기 위해 필요한 근거를 경험이라 말한다. 스피노자가 연장된 것에 사유를 대립시키고 있다는 사실은 단지 현실의 거부할 수 없는 영향으로 인해서 일뿐이며, 그 자신 스스로 파악하지는 못했다고 하더라도 이미 그 자신의 체계 도처에 보다 상위 체계로의 싹이 흩어져 있기 때문이다. 이 때문에 스피노자는 특히 연구를 자극하며 스피노자를 연구하라고 추천할 만한 가치가 있다. 그 밖에 스피노자의 체계는 제한적이기는 하지만 (신은 사물을 ① 결코 정립하지 않으며 그리고 ② 그 때문에 이미 자신 외부에도 정립하고 있지 않다), 또한 단순한 필연성의 체계 이상의 보다 높은 상위의 체계로 전개할 수 있는 체계임에도 불구하고, 철학사에서 스피노자는 구약성서A. T.의 폐쇄적 완결성을 명시적으로 그린다. (그 자신이 유대 태생이었다) 후대의 보다 상위 체계로의 전개와 그들 사이의 보다 탁월한 관계는 여전히 그에게 낯선 것이지만, 이것들이 또한 준비되고 있으며 그리고 부분적으로 암시되고 있다. 움츠러든 꽃봉오리가 또한 꽃으로 피어날 수 있다. 우리는 스피노자의 철학은 (그의 한계 내에서 고찰했을 때조차) 마치 히브리어처럼 모음들이 빠진 문자[36]라고 말할 수 있으며, 후대에 비로소 모음들이 더 채워지고 그리고 모음들이 진술되었다고 말할 수 있다.

스피노자의 신은 여전히 실체성에 매몰되어 있으며, 그 때문에 부동성에 빠져 있다. 왜냐하면 운동성은(=가능성) 주체에만 존재하기 때문이다. 스피노자의 실체는 단순한 객체이다. 사물들은 운동을 통한, 신 자신에게서의 의지를 통한 신으로부터의 결과가 아니라, 그의 비유에 따르면 직각삼각형의 빗변과 나머지 두 변의 관계는 직각삼각형의 본성의 결과인 것과 같이 앞서 중지의 방식에서 신으로부터의 결과이다. 따라서 그의 의도에 따르면 연관관계는 단순한 논리적 연관관계이다. 그러나 스피노자는 이 연관관계를 설명하지 않으며, 단지 그는 그러한 연관관계가 작동하고 있다는 사실만을 확증한다. 스피노자는 신과 개별적 유한 사물 사이의 첫 번째 매개항으로 존재의 두 종류를, 무한 연장과 그의 방식에서 동일한 무한 사유를 정립한다. 그러나 실체 자체가 이 양자의 존재에서 해명되는 것이 아니라, 오히려 실체는 그 실존의 단순한 근거로서 폐쇄성에 고착되어 있어서 공통 존재의 생동적 연결자로 등장하지 않는다. 왜 그가 신성에 이 속성만을 부여하고, 다른 어떤 속성도 부여하지 않는 가라는 질문에 대해 스피노자는 그의 편지에서 다음과 같이 대답한다. 이것은 바로 인간에게 혹은 인간 본성에서 이 양자와는 다른 어떤 속성도 인식되지 않기 때문에 그렇다고 말한다. (따라서 실체 자체 때문이 아니라, 오히려 경험 때문이다.)

스피노자는 그 후 다시 무한 사유와 무한 연장에 두 개의 하위 양식들

36　역주: 기원전 3-4세기 무렵부터 생겨나기 시작한 고대 히브리어는 구약성서의 히브리어, 탈무드의 히브리어 등으로 남아 있으며, 전체 22개의 알파벳을 가지고 있지만, 그중 모음은 없다.

Modos, 즉 그가 소위 운동과 중지라 부른 양식들을 부여한다. 따라서 이 운동과 중지는 다시 무한 연장의 직접적 속성이며, 마찬가지로 의지와 오성은 무한 사유의 직접적 속성이다. 새로운 매개항. 그러나 스피노자는 이를 매개로 연장된 것이거나 혹은 사유하는 것인 개별적, 현실적 사물을 면밀히 고찰하는 것이 아니며, 그리고 연장 혹은 사유라고 자신을 묘사하는 무한 실체의 규정들, 다시 말해서 변용들인 개별적, 현실적 사물을 상세히 인지하는 것도 아니다. 따라서 전체 결과는 다음과 같다. 그 자체로 최상위의 무한 실체, 그에 대한 속성, 그리고 그 후에 양식들, 마지막으로 변용들. 그러나 어떻게 무한자에서 이 변용들이 발생하는가라는 질문을 스피노자는 거절한다. 스피노자는 바로 무한자로부터 유한자로의 그 어떤 고유한 이행도 인정할 수 없기 때문이다. 그래서 그는 유한 사물들 중 그 어떤 사물도 직접적으로 무한자로부터 유래하게 가만히 내버려두지 않았으며, 오직 매개되어서만 무한하다. 즉, 다른 개별 사물 혹은 유한 사물을 통해 매개되고, 다시 그 스스로 다른 사물에 의해 매개되는 등등으로만 무한하다. 스피노자에 따르면 각각의 개별 혹은 유한 사물은 신 자체에 의해서 현존 혹은 작용으로 규정되는 것이 아니라, 신 자체가 이미 그 어떤 규정에 의해 촉발되었다고 간주하는 한에서 신에 의한 현존 혹은 작용으로 규정된다. 그리고 다시 이 규정 자체는 직접적으로 신에 의해 정립된 것이 아니라, 오히려 신이 재차 다른 규정에 사로잡혀 있는 한에서 신에 의해서 정립된다고 하는 등등으로 무한하다. 따라서 나는 사물이 어떻게 신으로부터 산출되는지 혹은 산출되었는지라는 질문을 제기할 수 있는 지점에 결코 도달하지 못한다. 그러므로 스피노자는 각 유한자의 참된 시작을 부정하며, 우리는 항상 각 유한자로부터 다른 유한자를 증명하고, 선행 유한자는 다시 다른 유한자로부터 현존으로 규정된다. 이것은 무한 소급되며, 그래서 우리는 결코 완결할 수 없고 그리고 결코 무한자로부터 유한자의 직접적 이행을 증명할 수 없다.

우리는 각 사물을 설명하기 위해 무한자로 되돌아갈 필요가 있다. 그럼에도 불구하고 스피노자는 각 사물은 시간적 방식에서 다른 사물의 결과이며, 그렇지만 영원의 방식에서만aeterno modo 신의 본성의 결과이고, 그렇게 하나가 다른 하나를 포괄하는 식으로 신의 본성의 결과라고 주장한다. 모든 사물들은 ─ 지금 존재하는 것과 마찬가지로 언젠가 존재했던 것 혹은 미래에 존재할 것 ─ 삼각형의 속성들과 같이 영원의 방식으로 신의 본성에 의해 정립되어 있다.

이제 영원한 것이면서 동시에 정립된 존재가 어떻게 무한자로의 앞서 복귀와 조화를 이루는가? 그럼에도 불구하고 앞서 무한자로의 복귀가 어떻게 신의 관점에서 절대적으로 현전하는 복귀 혹은 현재의 복귀로 동시에 간주되는지? 스피노자는 이에 대해 수학적 비유를 통해 이렇게 대답한다. 우리는 서로 상이한 중심점으로부터 그려진 두 개의 원을 생각할 수 있다. 그리고 이 두 원 중 하나는 다른 하나의 원을 포함한다. 그래서 이 두 개의 원 사이에 존재하는 공간의 부등성 혹은 이 사이 공간에서 운동하는 유동적인 혹은 유연한 물질이 겪어야 하는 변화들은 모든 수를 넘어설 것이다.[37] 그럼에도 불구하고 스피노자에 의하면 여기에는 외적 무한성은 없다. 이제 서로 상이한 중심점으로부터, 그러나 같은 중심

37 　역주: 유클리드 기하학의 법칙 1의 증명과 동일하다. 유클리드, 『기하학 원론』, 이무현 역(서울: 교우사, 1997), 6쪽 참조.

이지는 않게 그려진 두 개의 원에 대한 단순한 관념과 더불어 제한된 공간에서의 부등성 혹은 변화의 무한수는 동시적이며 현실적으로 정립된다. 그래서 신의 관념과 더불어 한 사물로부터 다른 사물로의 무한 진행이 정립된다. 따라서 우리는 매번 신적 본성으로부터 출현하지 않으면서, 그리고 또한 유한자의 참된 시작을 발견하지 못한 채로도 신과 함께 정립된 존재 내부에서 무한자로 전진할 수 있다. 어떤 유한자도 직접적으로 신으로부터 설명될 수는 없다. (스피노자는 두 개의 상호 내적 관계에 놓여 있지만, 같은 중심이지는 않은 원으로 그려진 도형을, 즉 어떤 하나의 점에서 상호 동일한 거리에 떨어져 있는 두 개의 원으로 그려진 도형을 그의 전체 철학의 상징 혹은 기호로 보았다. 그리고 이 도형은 그의 사후의 반대자들 앞에 명백하게 새겨져 있다. 스피노자에 기대어 보다 상세히 말하면, 수학자는 한순간도 양자 사이에 존재하는 공간의 부등성 혹은 같은 원에서 운동하는 휘기 쉬운 물질이 겪게 되는 변화의 수는 어떤 수로도 규정 불가능하며, 이 점에서 무한이라는 것을 의심하지 않는다. 스피노자는 이것을 포괄적인 공간의 크기로부터 추론하지 않는다. 왜냐하면 나는 이런 사이 공간으로부터 다시 임의의 크거나 작은 부분을 취할 수 있기 때문이다. 그리고 항상 동일한 무한성이 정립된다. 증명하자면, 이것이 사태의 본성에 맞춰 그리고 사태에 따라, 다시 말해서 관념에 따라 정립된 무한성이다. 따라서 신의 본성에 맞춰 이렇게 본질적 무한성이 정립되며, 이런 무한성 내부에서 나는 매번 신적 본성으로부터 출현하지 않더라고 무한으로 전진할 수 있다.)

그러나 도대체 무엇으로부터 ─ 이런 혹은 저런 사물, 이런 혹은 저런 변용이 아니라, 오히려 무엇으로부터 신적 실체 일반의 변용이 기원하는가? 이에 대해 스피노자는 어떤 대답도 하지 않으며, 또한 그는 어떤 대답도 전할 수 없었다. 규정, 제한 등등은 단지 자각Besonnenheit이 있는 곳에서만 사유 가능하게 된다. 그러나 실체의 존재는 완전히 자각되지 않는 그리고 이런 의미에서 제한이 없는, 즉 자기 자신을 또한 제한하지 않는 혹은 반성하지 않는 존재이다. 따라서 스피노자는 규정들을 무한 실체로 정립한다. 자기 자신에게 규정을 부여할 필연성이 실체 자체에 혹은 실체의 개념에 놓여 있기 때문이 아니라, 오히려 스피노자는 사물을 무한 실체의 자기규정으로 간주할 수 있기 때문이다. 그러나 사물이 존재한다는 사실을 스피노자는 곧바로 경험으로부터 안다. 스피노자가 어떤 사물도 경험에서 발견하지 못한다고 말할 수 있다면, 변용을 무한 실체로 정립할 생각도 하지 못했을 것이다. 그래서 스피노자는 신과 사물 사이의 객관적 연관관계를 주장하는 것으로 보인다. 그러나 그 연관관계를 실제로 제시하지는 않는다. 스피노자에게 사물들은 자신의 원리로부터 존재하는 것이 아니라, 어떤 다른 곳으로부터 확증된다. 스피노자의 체계에서 유한 사물은 어떤 진리도 지니고 있지 않으며, 무한 실체만이, 즉 신만이 본래적으로 존재Ist라고 하면서, 사물은 그 어떤 참다운 현실적 실존도 지니고 있지 않다고 말하는 것은 대체로 도움이 되지 않는다. 좋다. 내가 대답한다면, 적어도 나에게는 실체의 비현실적 실존, 실체의 단순히 가상적인 실존만이 설명되고 있다. 혹은 "모든 유한자 자체는 단지 비존재, 단지 제한(=부정)일 뿐이다." 그렇다. 이 부정이 나에게 설명되고 있으며, 실체로부터 설명되고 있다. 왜냐하면 이것을 요구하여야 하기 때문이다.

이런 측면에서 스피노자주의는 미완성적이며 불완전한 전개의 체계이다. 만약 그가 죽은 맹목적 실체 대신에 생동하는 실체를 정립했다면, 속성의 앞서 이원론은 그에게 사물의 유한성을 실제로 파악할 수단을 제공했을 것이다. 다시 말해서 연장 존재가 본래 맹목적인, 자각 없는 존재라고 한다면, 무한 사유는 연장 존재에 대립하여 있는 역량으로 규정될 수 있으며, 앞서 자기 외부에 정립된 존재를 자기 자신으로 되가져가려 시도하는 역량으로 규정될 수 있다. 이 때문에 ① 연장 존재의 변양 Modifikationen이 필연적으로 발생했다. 또한 변양 일반이 아니라, 연장 존재의 규정된 그리고 하위의 단계적 변양이 발생했다. 그러나 동시에 사유는 연장된 것과의 관계에서 저항을 발견했기 때문에 그리고 그들 각자에서 현실의 확실한 정도에 이르기까지 고양되었기 때문에, 또한 연장된 것에, 사유에, 규정들에, 변양에 정립되어 있다. 그러나 이런 사상은 스피노자에게는 완전히 낯선 것이다. 말했듯이 완전히 전개되지 않은 체계이다. 그리고 모든 오류가 바로 전개의 결여된 힘에서 기인하는 한에서, 이 체계는 이미 잘못된 혹은 오류의 체계로 간주된다. 어떤 것을 정당화하기 위해 우리는 부분적으로 부당하며, 사실 부분적으로 규정될 수도 없는 이 체계를 상시로 비난할 필요는 없다.

첫 번째 종류의 비난은 대체로 악평인 범신론Pantheismus[38]으로 요약된

---

38 역주: 범신론(Pantheismus, 그리스어: pantheos)은 1709년 네덜란드의 신학자 파예(J. De La Faye)가 사용하면서 개념어로 등장했다. 그런데 이 시기에 범신론은 범신론자들의 비밀스러운 공동체의 밀교적 교의로 기획되었으며, 이 때문에 이 교의는 고대 영혼론, 오르페우스교, 신비주의 밀교와 코페르니쿠스와 뉴턴 물리학까지 아우르는 종교 교리이다. 이런 이유로 라이프니츠는 초기에는 범신론 교의에 대해 비판적 태도를 취했다. 스피노자 또한 범신론 교의와 비판적 논쟁을 개진했다. 왜냐하면 범신론은 일종의 유물론, 물질주의로 이해되었으며, 더 나아가 무신론의 이론적 토대로 간주되었기 때문이다. 따라서 범신론은 인격신에 대립하는 개념, 십자가에 못 박힌 그리스도에 대립하는 개념으로 신의 보편성과 불멸성을 강조한다. 레싱(Gotthold Ephraim Lessing)은 스피노자에 기대어 그리고 야코비(Friedrich Heinrich Jacobi)에 의해서 촉발된 범신론 논쟁을 이끌었다. 그러나 스피노자 철학은 범신론을 무신론이나 숙명론으로 규정하지 않으며, 오히려 이런 범신론과의 결별을 선언하면서, 합리주의 철학을 주장한다. 야코비, 스피노자 그리고 레싱에 대립하여 멘델스존(Moses Mendelssohn)은 범신론의 가능성을 정당화하려 시도했다. 헤르더(Johann Gottfried von Herder)는 범신론을 무신론과 구분하

다. 오늘날 각기 상이한 종류의 것들이 임의로 이 단어로 표현된다. 그리고 그들 중 대부분은 바로 이해하기 어렵기 때문에, 적어도 무력한 분노를 야기할 수 있기 때문에, 그들이 반대할 수 없었던 것에 숙고 없이 쉽게 적용될 수 있는 도구로서 이용한다. 말하자면 이 개념은 일반적으로 자주 사용되므로, 여기서 나는 대략 그와 같은 개념의 가능한 의미에 대해, 우선은 스피노자와 관계해서만 그 의미를 말하려 한다. 우리가 스피노자주의의 체계를 범신론이라 설명하는 한에서 일반적 관점으로서의 스피노자주의의 범신론은 다음과 같다. 이 개념에 따르면 각각의 개별 사물, 각 물체는 예를 들어 변양된 신일 뿐이다. 따라서 개별 사물들만큼 많은 신들이 존재한다. 몇몇 근대 학자들은 범신론에 대항하는 이런 맹목적 과정에서 이 개념을 소위 물신숭배Fetischismus[39]와 같은 것으로 설

여 논의하려 하며, 범신론자도 신을 가지고 있다고 말한다. 19세기가 시작하면서 범신론의 역사에 대한 학문적 관심이 증대했고 범신론에 대한 저작이 다양하게 출판되었다. 특히 슐라이어마허(Friedrich Ernst Daniel Schleiermacher)는 범신론자들의 경건성은 일신론자들의 경건성과 다르지 않다고 말한다. 괴테는 "우리는 자연을 탐구할 때는 범신론자이며, 시를 쓸 때는 다신론자이고, 윤리적으로는 일신론자다"라고 말했다. 이 때문에 하이네는 괴테를 범신론자라고 부르며, 범신론을 독일의 은밀한 종교라고 규정한다. 빌헬름 IV세(Friedrich Wilhelm IV)가 셸링을 베를린 대학교수로 초청하면서 '헤겔 범신론의 용의 씨앗들'에 대한 철학적 비판을 요청한 것을 보면, 당시 헤겔 철학은 하나의 거대한 범신론 체계로 이해되었다는 사실을 알 수 있다. 이 때문에 헤겔의 국가철학이 '범신론적 국가개념'이라 자주 불린 이유가 분명해진다. 포이어바흐가 인격 신개념을 극복하고 다시 범신론 논의로 철학의 논쟁 영역을 되돌려 놓았다. 그에게 범신론은 신론과 무신론 사이의 이행지점이다. W. Schröder, artl. Pantheismus, in: *Historisches Wörterbuch der Philosophie*, hrsg. v. Joachim Ritter(Basel/Stuttgart: Schwabe 1989), S. 59–63 참조.

39 역주: 물신숭배(Fetischismus, 라틴어: factitius)는 포르투갈에서 기원한 말로, 본래 '인공적으로', '잘못된' 그리고 '마법'을 의미하는 단어였으며, 포르투갈인들이 서부 아프리카 신의 형상체를 가리키기 위해 사용한 개념이다. 물신숭배는 성스러운 대상의 권위에 대한 원시민족의 신앙이다. 역학적인 물신숭배는 위력이 충만한 사물에 대한 신앙이며, 물활론적 물신숭배는 정신들을 객체로 추방한다. 예를 들어 부적이 대표적인 물신숭배다. 종교철학에서 셸링은 물신숭배 개념을 헬레니즘 이전 시대로부터 전승되어 유지되고 있는 바보스러운 숭배로 이해한다. 헤겔은 물신숭배를 인간 이외의 자립적 권위에 대한 인정이라고 본다. 신학 정신의 세 형식 중 하나로서 다신론과 일신론 이전의 가장 원

명했다. 그러나 물신숭배라는 단어는 범신론이라는 단어에 대한 분명하고 명백한 이해에 맞지 않는 것이다. 예를 들어 인간의 표상방식의 차이를 단순히 역사사실historsch로만 인지하고 있는 사람조차도 타조 깃털, 이빨 혹은 한 조각의 나무 혹은 돌을 기도의 대상으로 선택하는 흑인종의 물신주의를 교양을 갖춘 인도인의 범신론과 같은 것이라고 생각하지는 않기 때문이다. 스피노자와의 특별한 관계의 측면에서 볼 때 학문적 훈련을 받지 않은 각자에게 바로 모든 존재자, 즉 특별한 혹은 개별적 존재자일 수는 없는 그러한 존재자가 신이라는 사실이 개념적으로 파악될 수 있어야 하며, — 바로 신 자신은 결코 모든 특수자 혹은 개별자일 수 없다는 사실이 개념적으로 파악될 수 있어야 한다. — 그러나 개념은 이제 이렇게 파악된다. 그 어떤 개별자도 신이라 불릴 수 없음에도 불구하고, 세계는 단일체로 혹은 전일All로 생각된 신과 동일하며, 혹은 우리가 일

시적인 신학 이론이 물신숭배이다. 즉, 물신숭배는 지성의 첫 번째 단계에 해당하는 전형적인 인식 방법, 즉 현상세계에 대한 원시적 해석이다. 마르크스(Karl Marx)는 경제적 관계분석에서 상품의 물신숭배 특징을 언급한다. 노동생산물이 상품으로 생산되자마자 노동생산물에는 물신숭배가 들러붙는다. 노동자의 공동체 전체 노동과의 관계는 생산품의 상품으로의 변형을 통해서 대상화된다. Ch. Seidel, artl. Fetischismus, in: *Historisches Wörterbuch der Philosophie*, hrsg. v. Joachim Ritter(Basel/Stuttgart: Schwabe, 1972), S. 940–942 참조. 물신숭배, 물신주의는 주로 인문사회과학 분야에서 선호하는 개념이며, 정신분석학, 정신의학은 이 개념을 "절편음란증"이라고 부른다. 음란 절편(fetish)이라는 말은 18세기 원시종교에 대한 연구가 시작되면서 주목을 끌기 시작하였으며, 원시 종교의 숭배대상이 주로 무생물이었다는 사실에서 기인하는 개념 층위다. 이 개념을 성적 행위에 처음 적용한 사람은 크라프트-에빙(Kraft-Ebing)이었는데, 그는 물신주의를 성도착이라 정의했다. 성도착은 성적 흥분을 오직 특정한 물건으로부터 얻으려고 하는 심리상태이다. 프로이트는 절편음란증의 원인을 여성의 거세에 대한 아이의 공포에서 찾는다. 아이가 음경을 결여한 어머니를 발견하고 나서 어머니에게서 사라진 음경의 상징적 대체물을 찾는 행위가 절편음란증이다. 라캉은 1956-1957년 세미나에서 절편음란증을 다음과 같이 이해한다. "음란절편은 없어진 어머니의 남근을 대신할 상징적 대체물인 반면 공포대상은 상징적인 거세를 대신할 상상적 대체물이다. […] 절편음란증의 독특한 점은 어머니와 동일시하고 상상적 남근과 동일시한 둘 모두에 관련되어 있다." 딜런 에반스, 『라깡 정신분석 사전』, 김종주 역(경기도: 인간사랑, 2004), 347-350쪽 참조.

상적으로 말하는 것처럼 신과 구별되지 않는다. 그러나 우리가 이런 전일을 실제로 유한 사물의 집합명사Collektivum로 이해한다고 하더라도, 스피노자가 유한 사물과 신을 구별하지 않는다는 주장은 사실이 아니다. 왜냐하면 스피노자의 변함없는 이론은 신은 자기 자신에 의해 파악되는 것, 어떤 다른 개념도 전제하지 않는 것이며, 그러나 세계는 신에 따라서만 존재하는 것이며 그리고 단지 신의 결과로서만 파악되는 것이라고 말하기 때문이다. 즉, 자신의 변용에 선행하는 실체적인 신적 본성Substantia divina natura prior suis affectionibus은 처음부터 끝까지 유지된 스피노자의 주장이기 때문이다. 신의 절대적 자립성과 사물의 절대적 비자립성을 주장하는 이 이론은 양자 사이에 하나의 구별, 즉 참다운 발생 전체의 차이differentia totius generis인 구별을 정립한다. 그래서 개별 사물도, 그런 사물들의 단순 복합물로서 세계도 각각 스피노자에게서 신이라 불리지는 않는다. 스피노자는 지나치다 싶을 정도로 다음과 같이 말한다. 자신의 변용에서 스스로를 파악하고 스스로를 정립하는 무한 실체Substantia infinita in se considerata et sepositis suis affectionibus만이 신이다. 덧붙여 말하자면 스피노자의 관점에서 세계는 신이 아니지만, 그러나 거꾸로 신은 세계 혹은 세계 일반이다. 다시 말해서 직접적으로 신의 존재와 함께 이 존재 규정의 총체가 정립된다고 한다. 그러나 이로부터 범신론이란 말처럼 결론으로 모든 것이 ― 신이라는 것이 도출되지는 않으며, 오히려 신은 모든 것이라는 것이 도출된다. 그러나 여기서 모든 체계에서 어떻게 그리고 어떤 의미에서 신은 모든 것이 아닌지를 말하기는, 다시 말해서 우리는 어떻게 신을 그 어떤 것으로부터 완전히 배제할 수 있는지를 말하기는 어렵다. 또한 더 나아가 신이 모든 것이라는 명제의 의미는 신이 그의 본질에서 모든 것이라는 것을 말하는 것은 아니다. 왜냐하면 이것은 항상 단순하며 (변용에 선행하여prius affectionisbus) 그리고 하나로 존재하기 때문이다. 오히려 신은 그의 실존에 따라서 모든 것이다. 실존하는, 그의 전체 존재의 전개에서 그리고 동시에 자기 외부에서 고찰된 신은 모든 존재 규정의 총체이지만, 신이 그의 본질에서, 그 자체로 혹은 그의 은폐성에서 고찰되고 있는 것은 아니다. 이것은 우리가 일상적으로 쉽게 간과하는 매우 중요한 구별이다. 그러나 이런 구별에서도 신을 사유하고 진술하는 정당한 방식이라고들 말하는 것이 여전히 형성되지 않았다. 만약 우리가 신은 그의 존재에서 혹은 그의 존재에 따라서 모든 존재 규정의 총체라고 하더라도, 그리고 만약 우리가 이것을 (옳은 말이라고 할 수는 없지만) 범신론이라고 부르고자 하더라도, 이것이 여전히 범신론의 이런 개념을 결정하는 것은 아니다. 이것을 결정하는 것은 철학 자체의 일이다.

우리가 스피노자에게 행하는 다른 비판을 보다 상세히 관찰하여 보면 근본적으로 모호하다. 왜냐하면 우리가 비판의 대상자에 대해 옳은 것과 진리를 내세울 수 있는 비판만이 결정적 비판이라 할 수 있기 때문이다. 예를 들어 이것은 우리가 지휘관이 어떻게 전투를 피하거나 혹은 어떻게 승리할 수 있는지를 진술할 수 없다면 전투에 패배한 지휘관을 비난할 권리가 우리에게 없는 것과 같다. 소위 앞서 진술한 신과 세계의 비구별이 또한 그렇다. 각각의 체계에 따라서 말하면 신은 세계와 함께 존립해야 한다는 통일 방식의 관점에서 지금까지의 모호성이 지속하는 한에서 (왜냐하면 구별은 어떤 경우에도 형식적 나누기가 되어서는 안 되기 때문이다), 앞서 구별의 한계가 제시되지 않는 한에서, 스피노자에 대한 앞서 비판은 어떤 규정성도 지니지 않는다. 스피노자가 신의 인격성을 거부했다고 하는 그와 같은 말이 다른 사람에 의해 적지 않게 자주 언급된다. 물론 스피노자에 따르면 신은 결코 그의 본질과 상이한 실존을 지니지 않는다. 신은 단지 그의 본질일 뿐이며 그리고 그의 본질은 보편적 본질, 보편적 실체이다. 더 나아가 신은 자유로운, 다시 말해서 인격적 관계에서 세계에 대립해 있지 않다. 세계는 신의 실존 결과이다. 그리고 신은 그의 본성에 따라서, 다시 말해서 필연적으로 실존하기 때문에, 세계는 또한 신의 본성의 결과이다. 그러나 학문적 개념이 이런 상태인 한, 신의 인격성에 대해 반박하는 그런 철학자들조차 고백을 강요당한다. 학적 개념에 따르면 신의 인격성은 파악되지 않는다. 그런 한에서 이 비판은 위력을 잃는다.

따라서 스피노자주의와 관계해서 스피노자주의가 단순한 필연성의 체계인지, 다시 말해서 모든 것이 신적 본성의 단순한 필연적 결과라고 (그의 의지의 자유로운, 우연적 결과가 아니라) 설명하는지는 분명하지 않다. 그러나 이것이 결과적으로 스피노자주의에 가할 수 있는 비판은 아니다.

일반적으로 스피노자의 이론은 필연성의 체계이다. 그러나 이런 한계 내에서 이 체계는 전개되지 않은 체계이다. 특히 스피노자에게 실체는 결코 운동하지 않기 때문이다. 즉, 죽은, 운동하지 않으면서 단지 존재할 뿐인, 그의 존재에서 상실된 실체이기 때문이며, 이런 존재에 대립하여 다시 자유롭게 관계하는 그런 실체, 이 존재에서 자신을 소유하는 그리고 자신을 끌어올리는 실체가 아니기 때문이다. 이제 스피노자주의가 전개되지 않은 필연성의 체계라고 한다면, 우선 직접적인 후속 이론에서는 바로 이 필연성의 체계가 더 전개되어야 하지만, 필연성 자체는 극복되어서는 안 된다는 점을 기대할 수 있다. 왜냐하면 철학적 진보에서는 특히 어떤 것도 설명하지 않은 채 내버려 두지 않는다는 것이 인간 정신의 본성이기 때문이며, 또한 모든 그의 결과에서 철저하게 해명할 때까지는 원리를 포기하지 않는 것이 인간 정신의 본성이기 때문이다. 대립된 열망과 시도가 항상 그사이에 등장하는 것은 아니며, 그렇게 스피노자에 대립하는 자나 후속 계승자가 그사이에 등장한 것도 아니다. ─ 그러나 그들은 전개되지 않은 것의 반대 방향을 향하기 때문에, 이것은 모순 자체를 통해서만 전개의 보다 높은 단계를 획득한다. 그리고 이제 전적으로 다른, 그러나 새로운 위력으로 다시 일어난다. 그 때문에 이 위력에 대립하는 미완일 뿐이었던 앞서 구상은 더 이상의 능력을 발휘하지 못한다.

사람들은 라이프니츠 체계(일련의 철학사적 전개에서 스피노자 체계 이후 가장 근접한 체계)를 상대적으로 이른 시기에 스피노자 체계에 암묵적으로 대립한 동시에 스피노자 원리의 토대를 파헤친 체계라고 찬양한다. 그러나 사실은 완전히 그와는 다르다. 우리가 스피노자주의에서 가장 핵심적인 것이라고 발견한 것은 신은 그의 속성 중 하나로 고찰했을 때 연장 실체라는 사실이었다. 이제 우리는 라이프니츠Gottfried Wilhelm Leibniz[40]가 연

---

40 역주: 라이프니츠는 독일 땅에서 벌어진 신교와 구교 사이의 30년 전쟁이 끝나갈 무렵인 1646년 라이프치히에서 태어났다. 라이프니츠의 아버지인 프리드리히 라이프니츠는 종교적으로 루터파 개신교도로서 경건주의자였으며, 법률가이자 라이프치히 대학의 도덕철학 교수였다. 그의 아버지는 아들의 종교교육과 역사교육에 많은 관심을 기울였으나, 라이프니츠의 나이 6살에 죽었다. 아마도 라이프니츠는 서양 철학사에 등장하는 수없이 많은 철학자 중 몇 안 되는 천재 중 한사람일 것이다. 그는 자신의 천재성을 충분히 발휘하여 8세에 그리스어와 라틴어를 독학으로 습득하여 아버지 서재에 있던 스콜라철학 책과 고전을 읽고 이해했으며, 13살에 아리스토텔레스의 논리학을 완전히 이해하였고, 14살에 라이프치히대학으로부터 입학허가를 받았다. 라이프니츠는 대학입학과 동시에 베이컨, 케플러, 코페르니쿠스, 갈릴레이와 데카르트 저서들을 접하였고, 1663년 그의 최초 저서인 『개체의 원리에 대하여(Disputatio de principio individui)』를 발표했다. 이후 라이프치히에서 예나대학으로 옮

장된 것 일반을 제거하고, 모든 것을 정신화했다고 말한다. 그러나 라이프니츠가 제거하고 있는 정도의 의미를 가지는 것은 이미 스피노자에 의해 제거되었으며, 거꾸로 스피노자가 주장했던 정도의 의미를 라이프니츠는 보존하고 있다. 즉, 라이프니츠는 실체는 모나드Monas[41]라고 한다.

겨 이곳에서 라이프니츠는 유클리드 기하학과 수학 방법론을 연구하였다. 다시 라이프치히로 돌아와 법학을 공부하여 1664년 1월 18세의 나이로 법철학 석사학위를 취득했다. 그의 석사학위 논문은 「법의 일반적인 난이성 혹은 법전에 나타나는 철학적 문제(Specimen difficultatis in jure seu questiones philosophicae amoeniores ex jure collecae)」였다. 그리고 탁월한 철학자이며, 외교관이자 자연과학자이며, 미분과 적분을 발견한 수학자, 계산기를 발명한 발명가이면서 법학자이기도 했던 이 천재는 20세의 나이로 「결합법론(Dissertatio de arte combinantoria)」을 라이프치히대학에 박사학위청구논문으로 제출하였다. 그러나 라이프치히대학은 명료한 해명이 없이 학위시험을 허락하지 않았다. 그는 뉘른베르크 근교의 알트도르프대학으로 옮겨 여기서 박사학위를 취득하였다. 이듬해 1667년 2월에 라이프니츠는 「법률적 어려운 사건의 판례에 관하여(Disputatio inguaguralis de casibus perplexis in jure)」로 법학박사 학위를 받았다. 그 후 네덜란드로 유학을 떠났다가 보이네부르크가문 추천으로 마인츠 주교인 쇤보른을 보좌하여 외교활동을 하면서 라이프니츠는 파리에 머물렀으며, 여기서 그는 수학자이며 파리왕립도서관 사서였던 카사비(Pierre de Carcavi)를 만나 그와 함께 계산기를 발명하였고, 하위헌스(Christiaan Huygens)와는 미적분을 발견했다. 1676년 파리 생활을 접고 하노버로 돌아가 1716년 11월 16일 사망하였다. 서정욱, 『라이프니츠 읽기』(서울: 세창미디어, 2015), 17~34쪽 참조; 빌헬름 라이프니츠, 『형이상학 논고』, 윤선구 역(경기도: 아카넷, 2015), 299쪽 이하 참조.

41 역주: 모나드(monade)는 '하나'를 의미하는 그리스어 monas에서 유래한 말이다. 라이프니츠는 이 말로 실체의 개체성과 분할 불가능성을 강조하고자 했다. 따라서 라이프니츠의 철학 자체를 가리키는 '단자 형이상학' 혹은 '모나드론'은 개체적 실체의 형이상학이다. 라이프니츠는 '모나드론'을 프랑스 오를레앙의 고문 장관이었던 레몽(Nicolas-François Rémond) 공작에게 쓴 장문의 편지형태의 글에서 실체의 개체성, 단순성, 분할 불가능성을 표현할 개념으로 '모나드'를 사용하였다. 탁월한 수학자였던 라이프니츠는 역학의 궁극 이유와 운동법칙의 최종 원인을 수학에서는 찾을 수 없고 결국 형이상학에서만 발견할 수 있다는 사실을 알고 실체의 형이상학인 '단자' 형이상학에 접근해 갔다. 라이프니츠는 「모나드론」 1장에서 "모나드는 복합체 안에 단순한 실체와 다름없다"라고 말하고, 3장에서 "자연의 진정한 원자이고, 간단히 말하면 사물들의 요소"라고 한다. 따라서 라이프니츠가 말한 "복합체"는 물질적 존재, 다시 말해서 자연에 존재하는 존재자들을 의미한다. 그러므로 '복합체'는 나누어질 수 있는 사물존재이며, 이것을 나누어 더 이상 나눌 수 없는 분할 불가능한 존재자를 만난다면, 이것은 모나드다. 역으로 분할 불가능한 모나드들이 쌓여 복합체, 즉 사물존재가 된다. 다음으로 라이프니츠는 6장에서 "모나드들은 단지 한 번에 생성되거나 소멸될 수 있다고, 즉 그들은 단지 창조를 통해서만 생성되고 파괴를 통해서만 소멸된다"고 말한다. 여기서 모나드의 창조자이며 파괴자는 신이다. 모나드는 신에 의해서만 창조되고 생성되며, 신에 의한 파괴를 통해서만 소멸된다. 이어서 그는 "모나드들은 어떤 것이 그 안으로 들어가거나 그 안에서 밖으로 나올 수 있는 창문을 가지고 있지 않다"고 하여 그 유명한 '창 없는 모나드'를 말한다. 모나드는 자기 내부로부터 외부로 영향을 미치

만약 우리가 실체는 정신적 실체라고 하는 것이 그의 생각이라고 할 때, 우리는 이것을 우선 충분히 설명할 수 있다. 그러나 바로 이 개념은 물질이 결합한 복합물einem Zusammengesetzten이라고 보는 단순한 관점에 대립하여 등장한다. 라이프니츠는 우리가 연장된 것이라고 하던, 우리가 사유하는 것이라고 하던 — 양자는 그 자체로 단지 정신적 실체일 뿐이라고 말한다. 그러나 우리가 적합하게 이해하고 있다면, 다음과 같이 말해야 할 것이다. 물론 스피노자도 같은 것을 반복하여 언급했다. 신적 속성으로서 연장, 혹은 연장 자체만을 진지하게 고찰했을 때 그리고 마치 연장이 존재Ist인 것처럼 그렇게 고찰했을 때, 연장은 부분으로 나누어질 수 없으며 혹은 부분들로부터 결합되어 있지 않고, 오히려 연장은 절대적인 단순자라고 스피노자는 확증한다. 마찬가지로 물질은 나누어질 수 없으며 혹은 실체로서 결합되어 있지 않고, 오히려 그런 한에서만 물질은 추상적 물질로 고찰되며, 실체로부터 떨어져서는 결국 참이 아닌 것으로

고 혹은 외부로부터 자신 내부에 영향을 받아들일 창이 없기 때문에 모나드는 근원적인 단순 실체이다. 모나드 내부에 침투하여 모나드에 영향을 미칠 수 있는 어떤 피조물도 존재하지 않으며, 모나드 내부에 영향을 미쳐 모나드의 내적 변형을 일으킬 어떤 외적 사물도 존재하지 않는다. 그러면서 라이프니츠는 또한 9장에서 "각각의 모나드들은 모든 다른 모나드들과 구별되지 않으면 안 된다"고 말한다. '창 없는 모나드'는 가장 단순한 개별실체일 뿐이어서 그 어떤 속성도 지니지 않는 무규정적 순수 실체라고 해야 한다. 이렇게 보면 모나드는 아무런 성질도 지니지 않는 혹은 존재라는 성질조차 상실한 비존재적 실체라고 말할 수 있다. 이 때문에 라이프니츠는 모나드가 고유한 성질을 가지고 있으며, 이 고유한 성질에 따라 각각의 모나드들이 구별된다고 주장한다. 17장과 18장에서 라이프니츠는 인과법칙의 지배 아래 놓여 있는 여러 부속들의 복합물로서의 기계와 "비물질적인 자동기계"를 구분한다. 모나드는 단순 실체이기 때문에, 모나드의 모든 변화는 모나드 자신의 내부 운동에서 일어날 뿐이며, 따라서 자연에서의 모나드들의 변화원리는 단지 모나드의 내적 특성일 뿐이다. 그 때문에 모나드는 자기 내부에서 완전하며 자족인 '비물질적 자동기계'와 같다. 라이프니츠의 기계론을 엿볼 수 있는 이 개념은 자기 스스로 무한히 운동할 수 있는 완전한 기계를 말한다. 무한 동력 장치로 외부의 연료공급이 없이 스스로 운동하는 기계장치로 영구 기관(perpetuum mobile)은 고대 그리스 시대로부터 기계주의자들의 이상이었다. 이점에서 라이프니츠의 기계주의 이상을 볼 수 있다. 빌헬름 라이프니츠, 『형이상학 논고』, 249–260쪽; 서정욱, 앞의 책, 149–172쪽 참조.

고찰된다고 말한다. 우리가 이제 물질적인 것을 결합된 복합물로 이해할 때, 스피노자에게 연장된 것 혹은 실체는 라이프니츠가 생각하는 정신적인 것과 마찬가지의 속성으로 고찰된다. 분할 가능한 혹은 부분으로부터 결합된 물질이 스피노자에게는 잘못된 그리고 부당한 관찰의 결과에서 발생하는 것처럼, 이 물질은 라이프니츠에게는 모호한 표상에서 비롯된다. 라이프니츠는 물질의 분할 가능성을 (가상으로서) 절대 부인하지 않는다. 라이프니츠는 그가 모나드라고 부르는 단일체를 모든 물질적인 것의 정신적 요소임에도 불구하고 최종 근본요소로 간주한다. 하나의 모나드를 그 자체로 고찰했을 때, 모나드는 전적으로 비물체적이며, 순수 표상력Vorstellkraft이다. (왜냐하면 표상력이라고 하는 것은 그에 따르면 모든 존재자의 본질이기 때문이다. 단지 표상한 무엇과 같은 것만이 존재Ist한다) 그러나 다수의 모나드들이 결합하여 전체를 형성하며, 이 전체는 상대적으로 하위의 모나드와 상대적으로 상위의 지배적 모나드로 이루어지고, 이 모나드들을 넘어 최종적으로 하나의 지배적 모나드가 나타난다. 이제 이런 전체를 마치 신을 보는 듯이 여기는 그 사람, 다시 말해서 연관관계 맺고 있는 그리고 상호 대립적으로 전제하는 순수 정신적 힘들의 전체로만 보는 그 사람은 어떤 것도 물체적 연장으로 지각하지 않을 것이다. 그러나 개별 세계존재, 예를 들어 인간은 사물이 그에게 그렇게 현상하는 앞서 관점의 중심에 서 있지 않으며, 오히려 그런 중심 외부에 서 있다. 그리고 일종의 모나드의 연쇄적인 이동방식에 의해 모호한 표상이 발생한다. 이제 이런 모호한 표상의 단순한 가상, 단순한 현상은 그 자체로는 무지개와 같이 실재성을 가지지 않는 물체적 연장이다. 따라서 스피노자가 단순히 이러한 추상적 관찰방식을 통해서, 그 자체로 분할 불가능한 실체의 추상물을 통해서 발생하도록 한 ─ 분할 가능한 물질의 허상 ─ 그것은 라이프니츠에게서는 모호한 표상을 통해 발생한다. 각각의 물체적 사물은 그 자체로 정신적 힘들의 전체일 뿐이다. 우리가 이 사물을 신과 같은 것으로 생각할 수 있다면, 우리는 바로 여기에서 정신적인 것을 알 수 있을 것이다. 단지 모호한 표상만이 물체성의 가상을 산출한다. 양자의 설명 중 어떤 것이 보다 더 명료한 지를 나는 탐구하고 싶지 않다. 나는 의도적으로 다음과 같이 말한다. 만약 우리가 모나드를 단순한 정신으로 이해한다면, 스피노자에게 물질의 참된 실체는 단순하며, 분할 불가능하다. 따라서 여기에서 라이프니츠는 전혀 스피노자에 앞서 있지 않다. 그에 반해 두 사람 사이에는 커다란 차이가 있다. 스피노자는 두 가지 속성들에서 현실적 대립을 지닌다. 물론 스피노자는 대립을 개진할 수 있었음에도 개진하지 않았다. 대립이 존재하는 그곳은 바로 삶이다. 그에 반해 내 생각으로 라이프니츠는 절대적 유일신자Unitarier이다. 라이프니츠는 비정신적인 것이 존재하지 않는, 정신에 대립된 것이 전혀 존재하지 않는 바로 그런 정신만을 인식한다. 그에게서 등장하는 구별은 실제로는 양적 모나드들일 뿐이다. ─ 보다 완전하거나 보다 불완전한 모나드들이 있을 뿐이다. 라이프니츠에게 그중 하나는 무의식성으로 가라앉아 있으며, 다른 하나는 의식되어 있다. 그러나 도대체 어디서 이런 구별이 나타나는지를 그는 전혀 서술할 수 없다. 왜냐하면 그는 그 자체로 비정신적인 것을, 그 자체로 의식된 것에 대립된 것을 전혀 지니고 있지 않기 때문이다. 또한 도대체 그런 구별이 왜 실행되는가를 그는 전혀 서술할 수 없다. 따라서 이런 관점에서 라이프니츠의 모나드론에서는 스피노자 비판을 그렇게 많이 발견하지 못할 것이다.

그러나 다른 한편 사람들은 모나드 개념에서 스피노자에 대항하는 대립과 모순을 발견한다고 말한다. 왜냐하면 각 모나드는 자신의, 순수 자기 안에 폐쇄된 실체이기 때문이며, 따라서 모나드들이 있는 만큼 많은 실체들 혹은 중심이 있으며 그리고 스피노자가 주장하는 것처럼 단순히 하나의 실체만 존재하지는 않기 때문이라고 한다. 그러나 라이프니츠가 다수의 실체를 가정하는 그 정도 의미에서 스피노자도 다수의 실체를 가정한다. 다시 말해서 실체의 무한히 많은 변양을 가정한다. 그리고 스피노자가 하나의 실체를 주장하는 그 정도 의미에서는 결국 라이프니츠도 또한 하나의 실체를 가정해야 한다. 이미 말했듯이 라이프니츠는 모나드들이 상호 하위에 그리고 상위에 배열된다고 생각하기 때문이다. 이것이 그를 근원모나드Urmonade로, 모든 것을 지배하는 모나드인 세계모나드 Weltmonade로 이끈다. 따라서 우리가 실체를 스피노자가 말하는 다른 사물 개념을 결여하지 않은 개념에 속하는 것id, cujus conceptus non eget conceptu alterius rei으로 이해한다면, 근원모나드는 또한 유일 실체인 신이다. 그리고 라이프니츠는 실제로 실체를 이렇게 생각한다. 그가 근원모나드에 의존적인 모나드들로부터 근원모나드와의 어떤 관계를 도출하는지가 매우 중요하다. 이에 대해 나는 라이프니츠 자신의 말을 인용하려 한다. 유일한 신은 제일의 단일체, 혹은 근원 실체이다Deus solus est unitas primitiva, sive substantia originaria(결여하지 않은 개념에 속하는 등등=cujus conceptus non eget etc.), 연장에 속하는cujus productiones(여기는 창조) 모든 모나드는 자기 창조물, 부속물 그리고 피조물이며, 말한 것처럼, 연쇄적인 신적 번개를 통한, 제한적 창조물의 수용을 통한 피조물이며, 본질에 해당하는 그것은 제한된 것이다sunt omnes monades creatae aut (NB.) derivatae, et nascuntur, ut ita loquar, per continuas Divinitatis fulgurationes, per receptivitatem Creaturae limitatas, cui essentiale est, esse limitatam. 따라서 그에게는 신만이 근원 실체이다. 다른 것은 신으로부터 산출된produziert 것이다. 스피노자는 이 단어를 사용하려 하지 않으며 낯설어 한다. 스피노자에게 사물들은 논리적인 유출일 뿐이다. 따라서 이런 생산 활동이 라이프니츠에게 무슨 의미가 있는지를 물어야 한다. 개념을 대신해 그는 우리에게 하나의 그림을 제시한다. — 개개의 도출된 모나드들은 신성의 지속적인 번개가 치고 그침을 통해 발생한다.[42] 그러한 번개 빛의 번쩍임Effulgurieren은 우리가 그로부터 사물의 규정성을 설명할 수 있는 어떤 무규정적인 것Unbestimmtes이다. 다음과 같이 말함으로써 그는 사물의 규정성을 설명한다. 앞서 번개의 번쩍임은 피조물의 수용성을 통해 제한된다. (사물들은 신을 수용하는 확실한 정량Maß을 가진다) 따라서 우리는 피조물이 실존하기 이전에 피조물은 수용성을 가진다고 해야 한다. 그에 의하면 피조물은 본질적이며 제한되어 있고 제약되어 있다. 물론 피조물이 존재할 때 비로소 그렇다. 그러나 문제는 바로 피조물

---

42 역주: 이 문장은 하이데거가 자신의 오두막 출입문 위에 새겨 두었다고 알려져 있는 헤라클레이토스의 유명한 단편어를 연상하게 한다. 헤라클레이토스는 "번개(keraunos)가 만물을 조종한다"고 말했다. 신화에서 번개는 제우스의 상징으로 제우스가 정의롭지 못한 자들을 심판하기 위해 사용하는 무기이다. 여기서 제우스의 심판은 인간의 운명을 결정하는 행위를 말한다. 따라서 번개가 하나의 운명을 결정하며, 돌이킬 수 없는 절대적 사건을 만든다. 하이데거는 자신의 후기 철학, 소위 '사건 존재론(Ereignisontologie)'에서 존재의 사건 발생사를 말한다. 이에 따르면 마치 칠흑처럼 어두운 밤에 내가 창밖의 풍경을 쳐다보고 있다고 하자. 이 어둠 속에 내가 바라보고 있는 창밖의 풍경은 나의 눈에는 아무것도 보이지 않는 상태이지만 그러나 절대 무의 상태는 아니다. 내가 보고 있는 창밖은 확실한 무언가 존재하고 있는 절대 존재의 상태이다. 단지 내가 창밖의 존재를 분명하게 의식하지 못할 뿐이다. 그러나 한순간 어둠을 뚫고 번개가 번쩍 친다면, 어둠이 내린 창밖을 바로 보고 있는 나의 눈에 한순간 창밖의 존재들이 명료하게 드러날 것이다. 하이데거가 말하는 존재의 사건 발생은 이처럼 번개의 빛이 빛나는 찰나 같은 그 순간 존재가 자신을 존재자로 드러냈다가 다시 어둠 속으로 사라지는 존재의 현상사건이다. 헤라클레이토스, 『소크라테스 이전 철학자들의 단편 선집』, 김인곤·강철웅·김재홍 등 역(서울: 아카넷, 2013), 247쪽(DK22B64).

이다. 다시 말해서 제한이 어떻게 발생하는가이며 그리고 피조물은 여전히 실존하지 않는 피조물의 제약된 수용성을 통해 제한될 수는 없기 때문에, 이 제약의 근거가 바로 신성의 무한 권력에 있지 않기 때문에, 제한의 근거는 신적 의지에만 놓여 있다는 것을 쉽게 통찰할 수 있다. 라이프니츠는 이것을 말하지 않으며, 그래서 그는 분명하게 말해야 한다. (그는 피조물의 제한을 인정한다) 그가 이런 주장을 분명 회피하고 있다는 사실은 다분히 전체를 어떻게 생각하고 있는지를 드러낸다. 다시 말해서 라이프니츠는 마치 실재성을 품고 있는 구름처럼 신을 생각하고 있는 번쩍이는 번개의 아름다운 그림을 빌려 이렇게 말하고 싶을 뿐이다. 창조된 모나드는 신으로부터의 결과이며 혹은 스피노자에게서와 마찬가지로 고요하며 그리고 자신의 활동이 없는 신적 자연의 결과이다. 그는 스피노자가 기하학적 비유를 사용한 것처럼 하나의 자연적 그림을 사용한 것뿐이다. 그러나 사실 이것은 하나의 결과에만 도달한다. 라이프니츠에 의해 사용된 그림은 유출설Emanation의[43] 매우 오래된 그림의 소환

---

43 역주: 유출설(Emanation)은 유출하다, 발산하다, 흘러나오다는 뜻을 가진 그리스어 απορροια에서 유래한 말이며, 이 말의 본래 의미를 살려 우물이나, 태양 혹은 나무에 비유하여 설명한다. 그노시스주의자들은 외적이며 비세계적인 신에 대한 인식을 획득하기 위한 사유수단으로 유출설을 말한다. 엠페도클레스(Empedokles)는 사건 발생하여 존재하는 모든 것은 그것이 발산하여 나온 곳이 있다고 주장한다. 스토아주의자들은 세계에서 신의 유출이 있다면, 신과 세계 사이의 극복할 수 없는 간극이 극복될 것이고 한다. 그리스철학 전반을 유출설이 지배하고 있지만, 특히 플로티누스가 대표적인 유출설론자다. 플로티누스는 '하나'로부터 여럿으로의 유출로 세계의 생성과정을 설명한다. 마치 하나의 우물에 물이 솟는 곳이 모든 존재자들의 원천인 하나의 존재이며, 이 하나의 존재로부터 끝없이 발산하여 나오는 물들이 우물을 가득 채워 마침내 우물의 물이 흘러넘쳐 우물 주변을 축축하게 만든다. 이런 우물의 비유처럼 세계에 존재하는 다양한 존재자들과 하나의 존재 사이의 관계는 존재의 존재자 발산과 이로부터 존재자의 존재론적 층위로 해명된다. 예를 들어 플라톤의 '좋음'의 이데아가 하나의 존재로 존재자들의 원천, 즉 이데아들의 원천이다. 그리고 좋음의 이데아로부터 가까이 있는 이데아들은 좋음의 이데아가 지닌 좋음, 훌륭함, 고귀함 등을 더 많이 내포하여 분유하고 있는 이데아들이고, 다시 좋음의 이데아로부터 더 멀리 떨어져 있는 이데아는 좋음의 이데아 가까이 존

이다. 그런데 스피노자 또한 유출설론자이다. 물론 자연적이 아닌, 논리적 유출설론자이다. 그래서 그는 우리가 유출설을 일상적으로 이해하고 있는 것처럼 유래한 것과 그의 원천의 외적인 구별을 주장하는 것이 아니라 (왜냐하면 유출설이 각 체계마다 그리고 어떤 체계에서, 예를 들어 유대 카발라Kabbala[44] 체계에서 이렇게 이해되고 있는지 매우 의문스럽기 때문이다), 오히려 신으로부터의 결과는 신 안에 머물러 있다고 말한다. 그래서 우리는 스

재하는 이데아보다는 좋음, 훌륭함, 고귀함 등을 덜 나누어 가지고 있는 이데아이다. 마치 우물의 수원으로부터 우물물이 넘쳐흘렀을 때 우물 가까이가 축축하고 그리고 우물에서 점점 더 멀어지면서 수분이 사라져 건조해지듯이, 좋음의 이데아로부터 이데아들로 그리고 이데아들의 모방세계로의 유출 과정은 좋음의 이데아로부터 멀어져 가는 과정이며, 좋음을 점점 더 덜 분유하는 과정이다. 유출설을 이렇게 이해하면 존재로부터 존재자들의 생성과정은 존재의 "존재가(Seinsvalenz)"가 점점 옅어져 가는 과정이라고 이해해야 한다. 한마디로 유출설에 따른 존재 발생사는 존재증대(Zuwachs an Sein)의 역사가 아니라, 존재감소의 역사라고 말할 수 있다. Hans Georg Gadamer, *Wahrheit und Methode. Hermeneutik I*, in: *Gesammelte Werke 1*(Tübingen: Mohr Siebeck, 1990), S. 139 이하 참조; K. Kremer, artl. Emanation, in: *Historisches Wörterbuch der Philosophie*, hrsg. v. Joachim Ritter(Basel/Stuttgart: Schwabe, 1972), S. 445-448 참조.

44 역주: 카발라는 히브리어로는 kbl이다. 즉, 마주보다, 받아들이다, 수용하다, 가정하다의 일반적인 의미이다. 약 1200년 무렵 이삭(Isaak dem Blinend, 1165-1235)이 유대 신비주의의 개념으로 카발라를 사용하였으며, 이와 더불어 카발라라는 표현은 신비주의, 비밀스러운 교의의 의미를 지니게 되었다. 말의 일반적 의미인 마주보다, 수용하다, 받아들이다의 의미가 신비주의 의미영역으로 변형되어 사용되기 시작한 전통에는 종교적 이유가 있다. 계시를 통한 전승, 신의 은총에 의한 영감을 우리는 구약성서의 아브라함에게 나타난 신의 계시와 모세에게 나타나 그와 직접 대화를 나누는 신을 통해서 볼 수 있다. 두 현상 모두 신이 직접 인간에게 영감을 준 직감이다. 신이 비밀스럽고 은밀하게 자신의 의지를 인간에게 밝혀 그들이 수행해야 하는 의무를 부여하고 신의 임무를 수행하도록 한다. 이런 이해는 13세기, 14세기에 하나의 학문분과로 유대 신비주의자들에게 연구되었으며, 특히 비밀스러운 교리를 전달하는 방식의 일환인 구어적 가르침으로 자리 잡았다. 1330년경에 카발라는 카발라의 생명 나무에서 줄기들로 자라나는 10개의 학문분과와 신의 명령의 토대로 간주되었다. 카발라는 합리주의 철학에 대한 반작용이자, 종교역사 내부에서 신비주의 흐름을 알 수 있는 개념이다. 카발라는 직감, 명상, 해명 혹은 신비학으로 이해되었으며, 따라서 이론적이고 사변적인 카발라와 실천적이며 신비주의적인 카발라로 나뉘어 이해되었다. 기독교 전통에서 카발라는 17세기 무렵 등장하기 시작하여 이후 몇몇 신학자들에 의해 카발라의 사상과 방법을 기독교에 적용하려는 시도가 있었다. 이후 초기 독일 엄숙주의자들이 개신교의 신비주의 사상을 카발라와 결합하였다. F. Niewähner, artl. Kabbala, in: *Historisches Wörterbuch der Philosophie*, hrsg. v. Joachim Ritter(Basel/Stuttgart: Schwabe,1976), S. 661-666.

피노자의 이론을 내재적 유출설이라 부른다. 그러나 라이프니츠에 따르면 순수 모나드들 또한 신 안에 존재한다. 왜냐하면 물체적인 것은 신으로부터만 발생하며, 순수 모나드는 신 외부에서 고찰되기 때문이다. 그에 반해 참된 구별은 이미 언급되었다. 스피노자가 전혀 그러한 것을 사용하고 있지 않았음에도 불구하고, 만약 그가 여전히 최상의 본질로 정립하고 있는 근원적 이원성에서 무한 사물의 창조를 개념적으로 파악할 수단을 항상 점유하고 있다고 한다면, 라이프니츠는 이것을 완전히 결여하고 있다. ― 앞서 설명으로 라이프니츠가 단순한 모나드를 가지고 있다고 진술할 수 있다고 해서, 라이프니츠가 말하는 본래 모나드의 집적 혹은 결합으로 구성되는 사물은 여전히 제시될 수 없다. 따라서 모나드가 아니라, 신으로부터 유출된 모나드들의 총체성, 결합 혹은 체계가 있어야 하며 혹은 모나드가 적합한 방식으로 어떻게 결합하고 있는지가 설명되어야 한다. 다시 말해서 이런 평가에 그 이상 설명해야 할 필요는 없다. 왜냐하면 지금까지의 진술로 우리가 독창적인 사람을 부당하게 대하고 있다는 것을 확신하기에 충분하기 때문이다. 이것은 우리가 아마도 한동안 라이프니츠의 모나드론을 그가 충분히 생각한 전제를 넘어서 스피노자주의에 대립하는 어떤 것으로 그리고 세계를 그렇게 분쇄하기 위한 어떤 것으로 간주하려고 할 때 그렇게 보인다. 한편으로 이 전제는 실제로 중요하게 되었다. 왜냐하면 동시대인들이 대부분 부차적 문제에 매달려 있었던 그만큼 앞서 영혼과 신체의 교섭de commercio animi et corporis에 대한 데카르트의 문제는 매우 중요한 문제였기 때문이다. 여기서 라이프니츠와 데카르트는 그로 인해 구별되었다. 라이프니츠는 핵심적인 이원론 반대론자였으며, 그가 육체적인 것과 정신적인 것을 모나드 개념으로 환원하는 한, 그에게 양자는 하나였다. 따라서 라이프니츠는 데카르트가 지녔던 난점을 지니고 있지 않다. 그러나 라이프니츠에게 각 모나드는 절대적 중심, 그 자체로 보편, 완성된 세계, 외부로부터 그 어떤 것도 들어설 수 없는 순수 자아성이었다. 그에 따르면 모나드들은 사물이 들어설 수 있는 창을 가지고 있지 않다. 상호 대립적으로 보이는 자립성인 모나드들이 상호 일치한다는 사실이 혹은 어떤 하나의 표상이 다른 표상에 대한 표상들에 대해 규정적이라는 사실이 도대체 어떻게 가능한가? 왜냐하면 모나드의 본질은 단순 표상에 존립하며, 각 모나드는 자신의, 자립적 표상력vis repraesentativa, 혹은 다른 표상에 대한 표상을 다시 표상하는 보편적 표상의 중심centrum repraesentativum Universi일 뿐이기 때문이다. 특히 나의 유기체론을 지배하는 영혼, 육체의 직접적 영혼, 단순 동물적 영혼인 모나드들 사이의 앞서 내적이며, 직접적인 관계가 그리고 이성적 영혼보다 상위의 영혼들 사이의 앞서 내적이며 직접적인 관계가 어떻게 설명되는가? 이 문제에 대해 라이프니츠는 이렇게 답한다. "양자는 이성적 영혼이 표상들의 단순히 내재적인 진화에 따라서 그리고 자기 자신을 벗어나지 않으면서 신체에 벌어지는 모든 것을 마치 영혼이 신체에 의해 촉발되는 것처럼 표상하는 것으로 상호 규정하며 그리고 상호 고려한다." (여기서 언어적 진술에만 매달려 보았을 때, 스피노자의 명제를 발견하지 않을 사람이 있을까? [...] 스피노자는 영혼은 바로 신체의 직접적 개념이라고 말한다. 바로 그 자리에 라이프니츠는 개념을, 그 이상의 다른 의미를 지니지 않는 단어, 표상력을 놓는다) 다시 라이프니츠는 더 나아가 신체는 그의 진화의 내재적 법칙에 따라 영혼에서 일어나는 모든 것을 신체의 운동을 통해서 표현하며, 마찬가지로 신체는 영혼의 이런 운동으로 규정될 것이라고 말한다. 양자는 (라이프니츠 자신이 이런 비유를 사용한다) 장인이 다른 하나에 대해서 알지 못한 채로 하나의 시계가 다른 하나와 동시에 매시간 15분을 치도록 설비하고 맞춰 둔 두 개의 시계와 같다. 이것이 소위 미리 정해진 (예정prästabilierten) 조화[45]의 유명한 체계이며, 그의 시대에는 무수

45 역주: '예정 조화설'은 스피노자 철학에도 등장하는 개념이다. 스피노자의 예정 조화설은 기독교 구원론과 관계한다. 스피노자에 따르면 신에 의한 인간의 구원은 각각의 인간이 태어나기 전에 이미 신에 의해 결정되어 있다. 이 때문에 살아 있는 동안 교회에 성실히 나가 그리스도 앞에 무릎을 꿇고 구원을 간절히 기도하거나, 성직자에게 세례를 받고 교회와의 약속을 진정으로 지키며 삶을 엄숙하게 꾸려간다고 하더라도 인간이 신에 의해 구원을 받을 것인지 그렇지 않을 것인지는 이미 신의 계획 안에 정해져 있다. 이렇게 스피노자는 교회와 성직자에 의한 면죄부 판매를 거부한다. 이런 의미에서 셸링은 이 책의 스피노자 편에서 스피노자의 "맹목적 존재"의 체계를 "숙명론"이라 부른다. 라이프니츠의 예정 조화설은 우선 『모나드론』 22장에서 볼 수 있다. "그런데 단순한 실체들의 모든 현 상태는 그들의 앞선 상태의 자연스러운 결과이고 따라서 현재는 미래를 자신 안에 품고 있다." 자연의 모든 사물존재는 인과법칙의 지배 아래 놓여 있으며, 모나드도 예외는 아니다. 따라서 오직 내적 변화만을 경험하는 모나드라고 하더라도 모나드의 운동은 인과법칙 아래 놓여 있으며, 모나드의 현재는 시간적으로 모나드의 과거 상태의 결과이다. 이런 점에서 모나드의 미래는 현재가 품고 있는 모나드의 과거와 모나드의 현재를 품고 있으므로 현재의 어떤 순간보다 더 많은 성질들을 자신 안에 지니고 있다. 그리고 라이프니츠에 따르면 인간은 "이성적 영혼 또는 정신"이라는 점에서 단순한 동물들과 구별된다. 인간은 이성적 영혼이며 정신이기 때문에, 인간은 항상 영원한 진리를 추구한다. 이런 진리의 인식에 도달하기 위해 인간은 여러 가지 반성활동을 수행하며, 이런 반성작용이 자아에 대한 사유이다. 인간은 자아에 대한 사유를 통해 실체, 단순한 존재자, 복합체, 혹은 비물질적 존재와 같은 것을 생각하고 더 나아가 신까지도 생각한다. 이렇게 인간은 필연적이고 영원한 진리에 대해 반성하고 이를 바탕으로 신에 대한 추상적 인식에까지 나아간다. 라이프니츠는 인간 정신이 반성적 추리작용을 통해 신성에 도달할 수 있는 논리적 추리원칙을 한편으로는 "모순율" 다른 한편으로는 "충족이유율", 즉 "근거율"에서 찾는다. '충족이유율', '근거율'의 명제는 "근거 없는 것은 없다(Nicht ohne Grund)"이다. 이 명제에 대한 긍정명제는 "모든 존재하는 것은 근거가 있다"이다. 라이프니츠는 이 근거율을 토대로 신존재 증명을 시도한다. 『모나드론』 39장에서 라이프니츠는 "이 실체는 서로 도처에 연결되어 있는 모든 세부적인 것들에 대한 충분한 근거이기 때문에 단지 하나의 신만이 존재하고, 이 신은 충분하다"고 말한다. 모든 사물존재의 궁극적이고 근원적인 근거는 필연적 실체 안에 놓여 있어야 한다. 이 실체를 라이프니츠는 신이라 명명한다. 이 필연적 실체는 전체를 충족시키는 충분한 이유이며, 여기저기 흩어져 있다고 할지라도 모든 것이 다 관계 맺고 있으므로 하나의 단순 실체이다. 따라서 신은 하나이며, 하나인 이 신은 충분하고도 궁극적인 근거이다. 하나의 단순 실체는 모든 피조물들을 상호 연결하고, 결합하고 있으므로 각각의 다른 모든 실체들을 표현한다. 이 점에서 라이프니츠는 실체는 우주를 반영하는 "살아 있고 영속하는 우주의 거울"이라 부른다. 이렇게 모든 실체들을 결합하고 연결하는 단순 실체, 모나드의 작용은 신의 매개를 통해서만 가능하다. 라이프니츠의 신의 매개는 모나드가 창조되기 이전에 모나드의 미래에 일어날 모든 일에 대해 창조자인 신이 미리

히 많은 설명을 요구하는 대상이었으며, 많은 비판의 대상이었다. 이것은 또한 오늘날에는 적어도 철학적 골동품으로 여겨지며, 그토록 자연적이지 않은 동시에 그토록 종속된 하위의 관점을 그렇게 오랜 기간 고집하였던 독일 정신의 인내심에 대해 놀라움을 금치 못하게 되는 원인이기도 하다.

우리가 이 모든 면에서 우선 라이프니츠주의를 왜곡된 스피노자주의라고 간주할 수 있다면, 우리는 적어도 라이프니츠주의의 유익한 한 측면을 칭송해야 한다. 다시 말해서 이 하나의 측면은 그가 사물의 구별과 단계에 대한 충분한 고려 없이 추상적으로만 사물에 대해 언급하는 것에 대해 만족하지 않았다는 사실이다. 라이프니츠는 우선 비유기적이며 보통 죽어 있다고 불리는 물체의 세계를 잠자는 모나드 세계라 불렀다. 식물의 영혼과 동물의 영혼은 그에게 단순히 꿈꾸는 모나드였으며, 이성적 영혼이 비로소 깨어 있는 모나드였다. 그가 이런 단계를 단순히 회화적으로만 표현했음에도 불구하고, 그에게 단계는 결코 간과되어서는 안 된다. 단계는 자기 자신으로 귀환의 필연적 단계과정에서 자연의 본질로 고찰되는 최초 시작이었으며 그런 한에서 나중의, 살아 있는 전개의 최초 씨앗으로 간주될 수 있다. 이 측면이 라이프니츠 이론의 최상의 층위이자 최고 정점이다. 특히 이런 측면에서 그의 이론은 라이프니츠가 오이겐 왕자Prinz Eugen von Svoien를 위해 쓴 체계라는 유명한 테제Thesibus로 남아 있으며, 따라서 이론은 친애하는 오이겐 왕자를 위해gratiam principis

---

예정하고 규정한 신의 계획이다. 만약 한 모나드가 다른 모나드에 작용할 수 있다면, 이 작용은 신이 모나드의 운명을 처음 정할 때부터 이미 결정하였다. 서정욱, 『라이프니츠 읽기』, 172–219쪽 참조; 라이프니츠, 『형이상학 논고』, 262쪽 이하 참조.

Eugenii라는 이름으로 널리 알려져 있다. 그리고 동시에 이것은 그 시대의 위대한 지휘관과 왕자들은 오늘날 우리가 칭송하는 것 이상으로 철학에 몰두했었다는 사실을 증명한다. — 그럼에도 오이겐 왕자는 독일인이 아니었다.

그 외에 스피노자와 관계해서 이미 말했듯이 라이프니츠는 자기 시대와 다음 시대의 사상으로부터 이 체계의 사변적 의미를 추방하는 방향으로 역할을 수행했다. 이 때문에 라이프니츠가 항상 암시적으로 언급하는 것처럼 이 체계와 스피노자의 관계는 적대 관계라기보다 조심스럽게 준비하는 그리고 매개를 찾는 해석자의 관계였다. 특히 이런 의미에서 『변신론*Theodicee*』[46]이 저술되었으며, 이 책에서 거론하지는 않지만 철저하게 스피노자를 전제한다. 그러나 또한 스피노자를 향해 접근하여 가

---

46 역주: "변신론"이란 이름으로 번역된 'Theodicee'는 철학 개념으로는 '신정론'이라고 번역되는 개념이다. 'Theodicee'는 그리스어에 신을 의미하는 'theo'와 정의를 의미하는 'dike'의 합성어로 신의 정의, 신의 정의를 실현하다, 신을 정당화하다라는 의미를 갖는다. 이 개념은 스토아주의와 그노시스주의자에 의해 확립되기 시작하여 라이프니츠에 의해 체계화된 개념이다. 라이프니츠는 세계 내에서 신에 의해 허용된 해악(Übel)의 관점에서 신을 정당화한다. 즉, 『변신론』의 핵심 물음은 최상 상태의 세계에 해악은 도대체 무엇 때문에 존재하는가이다. 신은 해악과 악의 관점에서 증명되며, 해악과 악의 기원은 피조물의 자유에서 찾아야 한다. 라이프니츠는 해악을 여러 종류로 구분하여 기술한다. 먼저 형이상학적 해악은 피조물에게만 있다. 모든 피조물은 불완전하다. 왜냐하면 만약 피조물이 불완전하지 않다면, 그런 피조물은 창조자와 같이 신적일 것이기 때문이다. 그래서 피조물의 해악을 부정하고자 하는 시도는 창조를 부정하려는 시도와 같다. 다음은 물리적 해악, 즉 고통, 고난으로 기능적으로만 증명된다. 해악은 개인의 보존을 위해 유용하다. 예를 들어 처벌은 개선과 교정을 위해 유용하다. 도덕적 해악, 죄는 선을 추동할 수 있다. 해악은 인간 자유의 결과이며, 인간에 대한 기독교적 구원의 근거다. 따라서 라이프니츠에게 도덕적 해악은 결함이 아니라, 완전한 존재를 위한 기회다. 신은 악 자체를 창조하고자 하는 의지를 가진 적이 없다. 인간이 스스로 낙원을 파괴한 것이다. 해악에 대한 이성적 인식이 세계를 좋음으로 변화시키는 계기다. 왜냐하면 신의 창조계획은 개인의 행위를 이성적으로 이끌어가고, 세계를 완전한 길로 인도하기 때문이다. Peter Prechtl u. Franz-Peter Burkard(Hrsg.), artl. Theodizee, in: *Metzler Philosophie Lexikon*(Stuttgart/Weimar: J. B. Metzler, 1999), S, 592–593 참조.

기보다는 스피노자로부터 벗어나려는 시도이고 스피노자를 회피하려
는 시도이다. 이 저작은 세계에 악Bösen과 해악Übels[47]을 용인함으로써 신

---

47 역주: 악(malum)은 독일의 철학 개념에서는 상호 의존관계의 개념, 범주적으로 상호성에 해당하는
    개념이다. 이 개념의 의미망은 해악, 악, 나쁨, 경악, 불완전, 결함, 결핍, 무질서, 거부, 병, 죄, 광기,
    오류, 고통, 소외, 부정 등이며, 이 의미망과 관계 맺고 있는 의미망은 선, 진리, 미, 하나, 존재자, 완
    전성, 건강, 질서, 긍정, 전체, 치유, 도덕, 은총, 행운 등이다. 니체(Friedrich Wilhelm Nietzsche)는 특
    히 '복수심(Ressentiment)'이 나쁨-좋음의 개념쌍을 선-악의 개념쌍으로 전도하였다고 주장한다. 즉,
    해악으로부터 구원의 요청이 바로 악으로부터 구원의 요청으로 변화되었다. 철학이 시작하던 시기
    인 고대에 악(kakon)은 단지 탁월성을 의미하는 그리스어 arete에 반의어로서 기능적 상태를 의미한
    다. 예를 들어 식칼의 탁월한 상태는 음식을 만들 재료 손질에 도움이 되는 것이며, 식칼의 악한 상태
    는 그렇지 않은 경우이다. 그러므로 그리스 사상이 시작하던 무렵 arete와 kakon은 도덕 윤리적 판
    단기준이라기보다 그때그때 상황에서의 기능적 수행상태를 의미했다. 또한 고대에 악은 이론과 비
    극 영역으로 나뉘어 다루어졌으며, 신화적 종교의 논의대상이었다. 비극에서 악은 고통, 죄, 죽음이
    며, 삶의 영역에서 피할 수 없다. 이론에서 악은 고통과는 거리가 먼 초시간적 우주, 이데아와 관계한
    다. 여기서 악은 존재론적으로 본래적이지 않다. 따라서 플라톤에게 악은 존재결핍이며, 플로티누스
    에게 악은 결함이 가장 많은 존재이다. 기독교 구원이론의 등장과 더불어 악은 죄악이 되었다. 죄악
    은 피조물의 세계와 함께 머무는 것이며, 죄악의 지양은 새로운 세계의 등장과 함께 이루어진다. 따
    라서 악은 종말론적으로 부정된다. 악의 원인은 현존하는 세계의 창조신이다. 중세시기에 아우구스
    티누스는 악이 창조주인 신의 창조행위를 통해 탄생한 것이 아니라, 악은 오히려 인간 의지의 자유
    를 증명한다고 생각했다. 자유로운 의지를 가진 피조물인 인간만이 선 혹은 악을 자신의 의지적 결
    정에 따라 선택할 수 있다. 따라서 신의 의지에 반하는 인간의 죄악이 악이다. 이렇게 해서 악은 해
    악으로 변형되며, 각각의 악은 구원사적으로 죄악에 대한 처벌로 다시 선이 된다. 신의 피조물은 선
    하며, "존재하는 모든 것이 선한 이상, 사물은 [하느님으로부터] 거리가 있는 유사성이라고 하더라도
    최고선의 유사성을 어느 정도는 갖추고 있다."[아우구스티누스, 『삼위일체론』, 성염 역주(대구: 분도 출판사,
    2015), XI, 5.8.] 그 때문에 악은 단순히 창조의 계기로만 파악된다. 이제 악은 형이상학적으로 포섭되었
    다. 창조역사의 복권은 중세 이후 현세의 절대성 강화의 첫 단계이다. 근대에 데카르트는 방법적 회
    의의 길에서 악의 파생어 악마에 대한 불신을 명료하게 표현한다. 악은 근대인에게 단지 망각일 뿐
    이다. 따라서 악마의 자리에 악마화, 즉 악마적임이 등장한다. 라이프니츠는 그의 『변신론』에서 형이
    상학적 악(malum metaphysicum), 자연적 악, 도덕적 악을 구분하여 서술한다. 세계는 최상의 가능성
    일 뿐이며, 악은 이런 긍정성을 위한 가능성과 현실성의 조건으로 파악된다. 여기서 악은 상대화되
    며, 악은 단지 목적론적으로만 기능한다. 헤겔은 악을 역사진보를 추동하는 부정자로 파악한다. 칸
    트는 형이상학적 악은 유한하며, 이 악은 신적 인식과 혼동할 수 없는, 신학적으로 중립적인 학적 인
    식과 문화를 보장하는 긍정자라고 이해한다. 셸링은 악을 단순한 선의 결여로 이해하지 않는다. 따
    라서 그는 이렇게 말한다. "긍정자는 항상 전체 혹은 통일이다. 긍정자의 대립자는 전체의 분열, 부
    조화, 힘들의 운동장애다. 분열된 전체에 소위 근본요소들이 있으며, 이 근본요소들은 몇 개의 전
    체에 존재했다. 양자에서 물질적인 것은 동일하다. (이런 면에서 악은 선보다 제한된 혹은 나쁜 것은 아니
    다), 그러나 양자에서 형식적인 것은 완전히 상이하며, 이 형식적인 것은 바로 존재(Wesen) 혹은 긍

을 정당화하려 한다. 그러나 이미 세계에서 악과 해악의 기원에 대한 질문이 제기되는 자리 — 다시 말해서 이런 관계에서 신의 정당성이 요구된다. — 이 자리는 이미 신의 세계와의 자유로운 관계를 전제한다. 왜냐하면 세계가 신적 본성의 직접적이며 필연적인 결과라면, 사물들과 세계에서 참으로 고찰될 수 있다. 다시 말해서 사물들과 세계가 어떻게 신적 본성의 결과로 출현하는지의 방식을 고찰한 이후에는 진정으로 해악도, 악도 존재할 수 없기 때문이다. 그런데 라이프니츠는 스스로 제기한 질문이 아니라, 오히려 고위 신분의 인물이 던진 질문을 자신의 과제로 삼았다. (이 사람은 브라운슈바이크의 선제후 소피Kurfürstin Sophie von Braunschweig이며, 특히 그녀의 후계자가 오늘날 영국 왕위를 계승했다. 이미 언급했던 것처럼 데

정자로부터 출현한다."[Friedrich Wilhelm Joseph Schelling, *Philosophische Untersuchungen über das Wesen der menschlichen Freiheit und die damit zusammenhängenden Gegenstände(1809)*, in: *Schelling Schriften von 1806-1813*, Bd. IV(Darmstadt, 1983), S. 304] 하이데거는 셸링의 이 저작을 분석하면서 악의 존재를 세 가지 방식으로 구분한다. 악은 내재적이며, 동반하며 그리고 유출된다. 즉, "신은 인간을 선을 그리고 악을 향하여 자유로운 존재자로 창조했기 때문에, 악은 인간에게서 비로소 시작하며, 또한 그의 자유로부터 착수된다. 그렇지만 존재자 전체의 근거는 신이다. 신이 인간을 자유로운 존재로 창조했기 때문에, 신은 스스로 악의 최초 창시자라는 짐을 벗으며 그리고 이 짐을 인간에게 넘긴다."[Martin Heidegger, *Schelling: Vom Wesen der meschlichen Freiheit(1809)*, in: *Gesamtausgabe II. Bd. 42*(Abt.: Vorlesungen, 1919-1944), Frankfurt a. M. 1988, S. 177-178] 포퍼는 인식론적 관점에서 악을 오류로 파악하며, 악은 이제 학문사를 형성한다. 홉스는 인간 공동체 구성 원리를 해명하기 위해 설정한 가설로서 '자연상태'에서 인간에 대한 인간학적 파악을 행한다. 여기서 인간은 본성적으로 악이며, 욕망의 덩어리일 뿐이다. 자연상태에서 인간은 '만인에 대한 만인의 투쟁'상태에 놓여 서로가 서로의 적으로만 존재한다. 이 때문에 이 상태에서 인간은 언제나 자신의 생명을 위협받는 존재일 뿐이다. 홉스에게 이 절대적 생명위협의 상태로부터 인간이 탈출할 수 있는 유일한 기회는 자연적으로 지니고 있는 자연권을 인간 스스로 포기하고 공동체를 구성하는 것이다. 루소는 홉스의 자연상태와 달리 원시상태의 고독한 개인만이 절대적 자유라고 이해한다. 그러나 이 원시인이 다른 인간을 조우하고 언어, 문화, 공동체를 구성하는 역사과정을 거치면서 악의 상태는 심화된다. 루소에게 악은 문화 공동체의 역사가 시작하면서부터다. O. Marquard, artl. Malum, in: *Hiestorisches Wörterbuch der Philosophie*, hrsg. v. Joachim Ritter u. Karlfried Gründer(Stuttbart/Basel: Schwabe, 1980), S. 652-706 참조.

카르트에게 엘리자베스 공주가 그러했듯이, 소피는 라이프니츠의 중요 후견인이었는데, 그녀가 라이프니츠에게 이 물음을 청했다. 학문과 예술이 팔츠의 영주 덕분에 가능했다는 사실을 모르는 사람은 없다. 칼 프리드리히Karl Friedrich가 스피노자에게 하이델베르크 교수직을 제안했다.[48] 즉, 이 과업으로 인해 라이프니츠는 이미 사물 그리고 세계와 신의 관계를 스피노자와는 다르게 신에게 부여해야 할 필요가 있었다. 그리고 그 스스로 단자 형이상학의 원리들에서 신에게 부여했었던 사물 그리고 세계와 신의 관계와는 다른 관계를 신에게 부여할 필요가 있었다. 따라서 그는 신을 모든 시대에 앞서 ① 신과 구별된 세계가 복종해야 하는 필연적 제약들Einschränkungen 아래서 그러한 세계를 창조하는 것이 더 나은지 혹은 이것을 전적으로 포기하는 것이 더 나은지를 스스로 깊이 숙고하는 자라고 간주한다. ② 그것의 결과가 (라이프니츠가 가정하는 것처럼) 자연적 해악이라거나 도덕적 악이어야만 하는 앞서 회피할 수 없는 제약들 아래서 사물들의 상이한 가능 질서 중 — 모든 가능한 질서 중 사물의 어떤 질서가 앞서 제약들의 전제 아래서 여전히 최상의 질서일 것인지를 스스로 깊이 숙고하는 자라고 간주한다. 이런 고찰의 결과 라이프니츠는 신을 절대적이지는 않지만, 여전히 앞서 전제 중 최상인 현재 세계에 대한 결단으로 파악한다. 우리가 라이프니츠의 관점에 부여했던 낙관주의Optimismus라는 명칭은 어디에서 온 것인가? 이에 맞춰 라이프니츠는 ① 시간 속에서 세계의 발생과 ② 세계에 앞

---

48 역주: 그러나 스피노자는 자신의 철학하기가 어떤 명예를 위해서나 부의 축적을 위한 활동이 아닐 뿐만 아니라, 당대 사회문화풍토에서 자신의 교육권의 자유가 얼마나 보장될 수 있는지를 확신하지 못했기 때문에, 이 제의를 거절했다. 스피노자는 누구를 가르치기보다는 오히려 몇몇의 한정된 친구들과만 교제하며 자신의 명상과 철학하기의 결과를 그들과 공유하였다.

선 시간을 결코 단순한 논리적 기원이 아니라, 오히려 그와 같은 세계의 실재적이며 역사적인 기원이라 주장할 것이다. 때문에 『변신론』 발표 동시 내지 『변신론』 발표 직후에 많은 사람들은 라이프니츠의 이런 진술의 진정성을 의심했다. 그리고 자신의 자만으로 인해 조금도 믿으려고 하지 않는 사람들은 바로 라이프니츠가 쓴 표현만을 고수하려 하는데, 즉 라이프니츠는 『변신론』 자체에 들어 있는 그의 전체 이론을 단순한 천재의 농담lusus ingenii 정도로만 보이도록 게시하고 있다고 표현한다. 이에 대해 나의 생각을 말하자면, 나는 라이프니츠가 오히려 동시대 다른 철학자들 혹은 자신의 앞선 철학자들의 관점들에 대립하는 모나드론을 단순한 천재의 농담 정도로 고찰하였다고 가정하기보다는 오히려 그에게 『변신론』은 진정성이 있었다고 가정해 보려 한다. 라이프니츠는 스스로 자신의 모나드론을 단순히 일시적인 표상 이상의 어떤 것으로 간주하려는 측면과는 달리 다른 측면에서 그는 매우 많은 경험을 한 그리고 매우 뛰어난 재능을 지닌 사람이었다.[49] 이 때문에 우리가 이에 대해 어떤 생각을 가지든 간에 적확하게 이해된 『변신론』조차도 여전히 스피노자의 사유방식을 거부하는 본래적인 부정이 아니라, 오히려 스피노자 사유방식에 대한 유화적이며 합치하는 해석으로만 비춰질 뿐이라는 사실이 보다 더 중요하다. 라이프니츠는 세계에 존재하는 악을 피조물 안에 있는 필연적 제한Limitation으로부터 도출한다. 그러나 바로 이것은 스피노자가 주장하는 것이다. "악에서 나타나는 힘은 긍정적으로 고찰했을 때 선에서 작용

---

49 2te Abt., Bd. I, S. 278 참조.
    역주: 이 부분은 셸링 전집의 『계시 철학』 1권이다. 내용 요약 부분을 보면 이 지면은 "창조과정의 설명으로의 이행. 신과 긴장상태에 놓여 있는 역량과의 관계. 일신론 개념"을 다룬다.

하는 힘과 같은 힘이다. 그러나 비교하자면 이 힘은 선에서의 힘에 비해 완전하지 않으며 (덜 긍정적이며), 그러나 그 자체 혹은 비교를 벗어나서 고찰했을 때, 어떤 긍정적인 것이며 그리고 또한 완전한 것이다. 우리가 바로 악이라 부르는 것은 긍정적인 것의 낮은 정도일 뿐이며, 그러나 이 긍정적인 것은 단지 우리의 비교에서만 결함으로 나타난다. 자연에서 혹은 전체에서는 그 어떤 결함도 아니다. 왜냐하면 이 빼기Minus 또한 전체의 완전성에 속하기 때문이다." 이것이 그의 체계에 전적으로 합당한 스피노자의 참된 생각이다. 마찬가지로 라이프니츠에 의하면 악에는 제한의 더하기와 마찬가지로 긍정Position의 빼기가 존재한다. 그러나 한편에서의 긍정적인 것의 이런 빼기는 필연적으로 다른 한편에서의 긍정적인 것의 더하기로서 가능한 최상의 세계에 속한다. 마찬가지로 한쪽 측면에서 자연 안에서 긍정적인 것의 우세는 필연적인 결과로 다른 측면에서 부정적인 것의 동일한 우세를 지닌다. 이것은 윤리적 세계에서도 마찬가지이다.

라이프니츠는 악을 용인함으로써 신적 의지와 오성을 구별하며, 이를 통해 신을 변론한다. 그에 따르면 신은 오성에 대립하지 않지만, 오성에게서는 당연히 피조물 일반 그리고 피조물은 상이한 정도로 제한되어 있다. 따라서 이런 제한은 (이 제한과 함께 악의 가능성이) 신적 의지와는 독립적이며, 신은 이 제한을 가지는 것이 아니라, 오히려 신은 단지 선만을 원했다. 따라서 라이프니츠는 필요하다고 생각하는 악을 용인함으로써 신을 정당화하는 수단 이외의 다른 어떤 수단도 그는 알지 못한다. 왜냐하면 그는 악을 제한으로, 다시 말해서 결함 혹은 탈취일 뿐인 어떤 것으로 규정했기 때문이다. 그리고 또한 단순한 제한 이상의 어떤 것이 악에 속한다. 왜냐하면 모든 피조물 중에 바로 가장 완전한 피조물, 그렇지만 최소한 제한되어 있는 피조물만이 악일 수 있기 때문이다. 이에 반해 라이프니츠가 언제나 꺼리는 독단론적 관점으로 말하면 악마는 가장 많이 제한되어 있는 피조물이 아니라, 오히려 전혀 제한되어 있지 않은 피조물이라고 말할 수는 있기 때문이다. 라이프니츠의 진술은 대개 극도로 비열한 것 혹은 나쁜 악을 설명하고 있지만, 세계사에서 최상의 작용력과 탁월성을 야기하고 있는 것과 같은 거대한 사건현상들에서의 악을 설명하고 있는 것은 아니다. — 악은 정신적 힘이 아니라 오히려 도덕적 힘에서 나타난다. 이제 우리가 라이프니츠 이론에 따라서 중대한 악은 필연적으로 세계의 완성에 기여한다고 첨언한다면 그리고 그런 한에서 필연적으로 완전한 악이 존재한다고 첨언한다면, 이제 구별이 어디에 있어야만 하는지를 우리는 알지 못하게 된다. 우리는 다음과 같이 말할 수 있을 것이다. 라이프니츠는 신 안에서의 전체에 대한 자유로운 결정이라는 여전히 철저하게 근거지어지지는 않은 채로 남아 있던 선행 언급들을 매개로 유화적인 관점을 유포하고 있다. 그렇다면 결국 이 결정은 신의 본성에 속하지 않는 것이므로 이 결정은 신을 부정하는 것이라고 할 수 있는가? 물론 그렇지는 않다. 그러므로 결정은 신 자신의 관점에서 필연적인 결정이다. 라이프니츠는 필연성을 하나의 도덕적 필연성으로 생각함으로써 이 필연성을 유화하려 시도한다. 그러나 선과 주어진 조건 아래서 최상의 것을 선택하는 도덕적 필연성이 라이프니츠의 주장처럼 신의 본성이나 신의 본질에 속한다면, 이것은 스피노자가 말하는 모든 것이 신적 본질로부터 흘러나온다는 필연성을 매개하려는 그리고 분명히 하려는 시도일 뿐, 이 필연성을 지양하려는 시도는 아니다. 신의 윤리적 본성에 근거를 둔 필연성에 대한 표상이 필연성 일반의 체계로까지 확산 유포되어 있는 이런 잘못 유화된 가상을 분쇄하기 위해서는 간단한 숙고 가 필요하다. 물론 신은 절대적으로 그의 본성에 따라 선만을 행한다는 주장은 일상적이며 대중적이고 합리적인 관점에 해당한다. 그리고 우리 는 도덕 법칙에 합당한 것을 선으로 이해한다. 그러나 신은 모든 법칙 밖 에 그리고 모든 법칙을 넘어서 존재한다. 왜냐하면 신 스스로가 법칙이 기 때문이다. 신은 절대적 실정법jure absolute positivo의 주인이며, 그가 어 떻게 존재하며, 그가 왜 존재하는Ist 지의 주인이다. 신 이전에 그리고 신 밖에 신이 원하는 선은 존재하지 않는다. 신에 따라서만 비로소 선이 존 재하며, 신의 결과로서만 선이 존재한다. 신이 원하는 것만이 선이며, 신 이 그것을 원하기 때문에, 그것은 단지 선이다 (그 자체로는 아니다). 만약 신이 그것을 원하지 않으면, 그것은 선이 아닐 것이다. 이제 우리가 이에 대해 보다 분명하게 알게 되고 그리고 이것을 통찰할 용기를 낸다면, 우 리는 신이 오로지 선만을 행할 수 있다고 하는 앞서 일상적 교의는 동어 반복이라는 사실을 알 수 있다. 왜냐하면 신이 행하는 것만이 선이기 때 문이다. 그리고 그런 한에서 신은 물론 선만을 행할 수 있다. 우리 시대 에 어느 정도 정보를 가지고 있는 사람은 윤리적 필연성이라는 가상의 이름으로 신 안에 있는 자유를 완전히 지양한다는 앞서 명제가 소위 윤 리적인 체하는 합리주의의 최종 종착지라는 사실을 알고 있다. 그외에도 이 명제는 계시 종교의 긍정적인 것에 대립하기 때문에, 바로 철학에 있 는 모든 긍정적인 것에도 또한 대립하여 있다.

라이프니츠에 대한 우리의 평가가 전반적으로 호의적이지 않은 것으 로 보일 수 있다. 그러나 이런 평가가 한 사람의 참된 정신에 침해가 될 수는 없다. 그의 철학은 직접적으로 그 자신의 철학이 아니었으며, 대부분 그것은 그의 시대의 철학이었고, 즉 그의 시대를 품을 수 있는 철학이었다. 확실히 라이프니츠의 정신은 그가 인식하고 있는 것보다 더 광범위하다. 마치 그는 마법적 시각 능력을 가지고 있는 것처럼 자신이 천착하는 각 대상이 스스로 그의 시선 앞에 열리도록 하는 재능을 가지고 있었다. 라이프니츠는 태생적으로 그의 정신의 폭과 넓이, 그의 이념의 풍성함 그리고 의미 있는 발명의 비상한 재능을 갖추고 있었다. 그리고 이것은 시문학이나 혹은 인간 열망의 어떤 분야들과는 달리 철학에서는 흔치 않은 일이었다. ― 그는 이런 모든 측면에서 항상 독일 민족의 자랑이었다. 혁명적 정신이기보다는 매개적인 그의 정신은 이미 그에게 내재한 중지를 따라서 철저하게 단계적으로만 진행되었다. 그는 항상 가장 가까운 다음 것만을 행했으며, 스스로 극단을 설정하기보다는 극단을 결합하려 하였다. 만약 그가 그처럼 많은 재능을 가지고도 그가 수행할 수 있었던 그 모든 것을 수행하지 않았다면, 우리는 그의 시대의 극복할 수 없는 절망을 볼 수도 있었을 것이며, 즉 실제로 독일에서 벌어진 30년 전쟁으로 인한 파괴의 결과로 발생한 앞서 우울한 비극적 시대의 무기력과 마주할 수도 있었다. 근대 철학의 창시자인 데카르트는 이 전쟁이 끝나고 2년 후 사망하였으며, 그 전쟁 동안 그의 삶의 대부분이 감춰져 있다. 라이프니츠는 베스트팔렌 조약(1646)[50] 2년 전에 태어났다. 내적 삶의 원리

---

50 역주: 30년 전쟁의 결과인 베스트팔렌 조약은 1648년 ―셸링은 1646년 체결이라고 봤다― 구교진영과 신교진영 사이에 맺은 평화협정이다. 상징적 의미로 베스트팔렌 조약은 대략 7세기부터 지속해온 신성로마제국이 현실 역사무대에서 완전히 퇴장했다는 것을 의미한다. 30년 전쟁은 오스트리아 합스부르크 왕가의 페르디난트 2세가 보헤미아 왕권을 찬탈한 프리드리히 5세를 보헤미아로부터 추방하기 위해 일으킨 보헤미아 전쟁으로부터 시작하였다. 이 전쟁에서 페르디난트 2세가 승리함으로

에 대해 새로이 묻는 앞서 정신적 운동은 항상 외적 운동과 관계하는 것처럼 보인다. 칸트철학은 동시대의 프랑스 혁명과 관계했다.[51] 그리고 그의 계승자 중 어느 누구도 이런 정치적으로 분열된 시대의 끝을 체험하지 못했다. 이미 언급한 것처럼 이 분열의 시대에 우리는 각각의 오해를 항상 새로운 오해 그리고 보다 큰 오해를 통해 상쇄시켜 왔다는 사실을 안다.

라이프니츠의 주된 시도는 데카르트에 의해 철학에 도입되었던 혁명적 요소를 진정시키고있는 것으로 보인다. 그리고 사실 선행자였던 스피노자의 객관적 합리주의에 맞서서 — 너무 일찍 자유로운 학문적 변증

써 유럽 전역에서 오스트리아와 보헤미아의 절대주의가 강화되었으며, 페르디난트 2세는 프리드리히 5세가 가지고 있던 선제후 자리를 박탈하고 바이에른의 막시밀리안 1세에게 선제후 자리를 주었다. 이처럼 황제는 독단으로 제국의 귀족들에게 새로이 작위를 내렸는데 이것은 금인칙서 위반이었다. 그 후 신교진영의 반격이 있었는데, 이 반격을 주도한 사람은 스웨덴 왕 구스타프 2세였으며, 이 진격으로 신교 제후들이 다시 일어나 합스부르크 왕가의 절대주의에 대항했다. 전투에서 구스타프 2세가 전사하고, 합스부르크 왕가를 위해 싸웠던 발렌슈타인이 페르디난트 2세의 지령으로 암살당하면서 전쟁은 교착상태에 빠졌다. 마지막에 프랑스가 전쟁에 참전하면서 프랑스와 오스트리아의 대립, 신교진영과 구교진영의 대립으로 전쟁은 진흙탕 싸움이 되었다. 그래서 페르디난트 3세가 황제 독제체제 확립을 포기하고 합스부르크 왕가의 세습영지의 군주로만 머문다는 조건으로 베스트팔렌 조약을 체결한다. 조약의 결과 스위스, 네덜란드는 제국에서 공식으로 이탈했으며, 프랑스는 알사스 지방을 병합하여 서유럽 패권의 주인이 되는 발판을 마련하였고, 스웨덴은 북부 독일의 제후 영지를 획득하였다. 이렇게 '신성로마제국'은 사실상 죽음을 맞이했다. 앞서 언급된 오이겐 왕자는 공식적으로는 합스부르크 왕가에 속했지만, 정치적으로 프랑스 왕가의 영향을 받은 사보이 공국 출신으로 30년전쟁 이후 주요 전쟁에 참전한 합스부르크의 왕자다. 그는 1697년 투르크와의 전쟁에 참전했고, 이후 스페인 왕위계승 전쟁에 참전하였으며, 반프랑스 동맹을 이끌었다. 그리고 오스만투르크와의 전쟁에 다시 남부유럽의 장군으로 참전하였다. 기쿠치 요시오, 『신성로마제국』, 221–253쪽 참조.

51 den Nachruf an Kant, Bd. VI, S. 4 참조.
    역주: 칸트가 루소의 애독자였다는 사실을 상기할 필요가 있다. 특히 루소의 사회정치 철학이라고 할 수 있는 저작은 한편으로는 『불평등기원론』, 다른 한편으로 『사회계약론』이 있다. 전자는 문화와 학문 형성의 역사로서 사회 공동체 역사를 불평등 심화와 인간성 상실의 역사로 고발하는 공동체 비판서이다. 후자는 공동체 구성원으로서 시민의 절대적 자유권을 이론적으로 정당화한다. 이런 루소의 철학적 태도가 당연히 프랑스 혁명사상의 토대가 되었다.

법을 종결하려 시도했다. — 이런 굳어버린 합리주의에 대립하여 여전히 소진되지 않은 그리고 종결되지 않은 변증법의 자유를 다시 인정하려 한 것처럼 보인다. 그래서 그는 불가피하게 스피노자의 객관적 합리주의에 대립하여 단순히 논리적 추론만을 일삼는 주관적인 이성성에 근거하는 철학을 주장했다. 그로부터의 당연한 결과이지만, 특히 볼프Chritian Wolff[52] 이후 지루할 정도로 많은 회상의 결과로 라이프니츠의 이념이 더욱 힘을 얻게 되었으며, 결국 오랜 시간 종교를 지배하고 있었던 그런 합리주의가 등장하는 결과를 낳았다. 최초 신학적 합리주의자들은 분명 볼프주의자들이 확실했으며, 그들은 볼프철학이 오랜 시간 특권을 누렸던 국가에서 생겨났다. 라이프니츠는 고대 형이상학으로 다시 시선을 전환하였으며, 물론 그렇게 칸트 이전 강단 형이상학이 도달한 앞서 형태의 매개적 창시자가 되었으며, 그 형태의 동기 유발자가 되었다. 그러나 칸

---

52 역주: 크리스티안 볼프(1679-1754)는 독일 계몽주의시대를 이끈 철학자 중 한 사람이다. 계몽주의자답게 볼프는 그의 책 대부분의 제목을 "~에 관한 이성적인 생각"이라 붙였다. 볼프는 무신론자 비판에 맞서 철학적으로 형이상학이 신에게로 나아가는 길을 준비한 철학자다. 그러나 볼프의 이런 노력에도 불구하고 볼프는 할레대학의 교수직을 박탈당했으며, 교수형을 피하여 다른 곳으로 피신해야 했다. 프리드리히 2세가 왕권을 잡은 후에야 비로소 볼프는 할레대학에 복직하였다. 볼프는 주로 신과 영혼을 논증적으로 증명하려 시도하였으며, 그는 종교가 신앙이라기보다는 합리적인 형이상학이라 간주한다. 신과 영혼 그리고 우주의 실체성에 대한 논리적 증명이 가능하다고 본 볼프의 이런 철학적 관점은 이후 칸트의 비판대상이 되었다. 칸트가 그의 철학에서 합리주의 신학, 합리주의 영혼론, 합리주의 우주론에 대해 비판적 태도를 취할 때 염두에 두고 있는 철학자는 볼프이다. 철학적으로 신 존재에 대한 존재론적 증명이 불가능하다고 생각하는 칸트의 입장에서 신학과 존재론은 명료하게 구분되어야 한다. 칸트에 선행하여 볼프가 다른 의미에서 모든 존재자들에 대한 학문으로서 존재론과 신, 영혼의 학문인 형이상학을 분리하였다. 칸트 실천철학의 초월자 요청을 대체로 비존재론적(deontologisch) 방법이라 부르는데, 이때 비존재론은 전통적 의미에서 존재자의 원인에 대한 학문으로서 존재론으로부터 일반 형이상학의 지위를 박탈한다. 이 때문에 존재론은 여기서 전통적으로 자연학이 담당한 존재하는 것들에 대한 학문으로 간주된다. 볼프의 추종자 중에는 칸트의 스승이었던 크누첸(Martin Knutzen)과 바움가르텐(Alexander Gottlieb Baumgarten)이 있었다. 힐쉬베르거, 『서양철학사(하권)』, 383-386쪽 참조.

트는 근대 형이상학에 대해 데카르트가 고대 형이상학에 대해 취했던 것과 같은 태도를 취했다. 근대 형이상학이 전적으로 신뢰하는 스콜라 형이상학의 일반적 특성은 ① 직접적으로 오성 자체와 함께 주어져 있는 것으로 간주되는 확실하며 보편적인 개념들의 전제와 관계한다. 라이프니츠는 감각 지각과 경험에 대한 이 개념들의 우위성, 독자성을 그리고 그 개념에 잠재적으로 존재하는 필연성과 보편성을 옹호하려 혼신의 노력을 다했다. 그리고 태생적으로 개념에 대해 적대적인 사람에 맞서 개념의 우위성, 독자성, 필연성 그리고 보편성을 보호하려 혼신의 노력을 다했다. 다음으로 이런 보편적 개념에 우리는 ② 경험에 주어져 있는 것으로서 확실한 대상을 전제한다. 이런 대상들에는 오늘날 경험대상이라 불리는 그와 같은 대상들은 속하지 않는다. 왜냐하면 우리는 경험을 바로 감각 경험에만 한정하기 때문이다. 이 대상들에는 영혼, 세계 그리고 신이 해당한다. 우리는 이것들의 현존을 일반적으로 주어져 있는 것으로 전제하며, 합리적 인식대상으로 고양하려 시도했다. 이것은 이미 현재하는 개념의 대상에 대한 단순한 적용에 의해 발생했다. 그런 개념들은 단순성, 유한성, 무한성 등등으로서 본질, 존재, 실체, 원인 혹은 추상적 술어였다. 그리고 우리가 증명이라고 불러왔던 것은 전제된 개념을 전제된 대상과 외적으로 결합하는 것일 뿐이었다. 증명은 대상의 자기 증명이 아니었다. 대상은 자신의 고유한 진행운동 혹은 내적 전개를 통해 자신을 이것 혹은 저것으로 증명하지 않는다. 대상은 내적으로 혹은 자기 자신 안에서 자신을 전개하지 않았으며, 예를 들어 자신을 인간 영혼이라 진술하는 그런 지점에 이르기까지 전개하지 않았다. 오히려 잘 알려져 있는 그리고 전제된 사물 중에 우리가 인간 영혼이라고 불렀던 그 하나는 발견했다. 또한 우리는 이제 잘 알려져 있는 술어인 단순성, 다시 말해 비물질성을 그 하나[인간 영혼]와 결합하려 시도했다. 따라서 여기에는 모든 대상들을 관통하여 개진된 그 어떤 체계도 존재하지 않았으며, 오히려 이 형이상학은 앞서 각 대상과 함께 다시 시작했으며 그리고 상이한 물질들을 장별로capitelweise 나누어 문제없이 다룰 수 있었다. 전체를 관통하는 개념 그리고 전개의 각각 새로운 단계마다 중요한 개념, 예를 들어 여기서 물질과는 다른 개념으로 혹은 식물보다, 동물보다 규정된 개념으로, 저기서는 인간 영혼으로 규정되었던, 그와 같은 개념은 아니었다. 주어 그리고 술어 자체는 (우리가 단지 전제할 뿐인) 중요하지 않으며, 오히려 양자의 결합만이 중요하다. 다시 말해서 우리가 결과적으로 양자를 이끌어가는 확고한 명제의 형태들이 중요하다. 그와 같은 명제들은 예를 들면 다음과 같다. 영혼은 절대적이며 단순하다. 세계는 공간과 시간에 따라 제한되어 있거나 혹은 무제한이다. (왜냐하면 여기 우주론적 개념들에서 앞서 형이상학은 확실한 자유를 허용하기 때문이다) 이런 모순적 주장들이 우주론적 이념들에서만 나타난다는 점에서 칸트는 나중에 보다 나은 어떤 것을 찾았다. 그러나 결코 우주론적 개념들만이 아니었다. 우주론적 이념들 사이에 진술된 모순은 신학과 영혼론Psychologie으로까지 확산되어 있다. 물음: 세계는 무한한가 혹은 유한한가? 세계는 시간 속에서 시작했는가? 혹은 시작이 없이 무한 소급되는 원인과 결과의 사슬인가? 이 물음은 또한 신학 이념들에도 중요하다. 그리고 세계가 시작했다는 생각에는 필연적으로 신에 대한 거부의 관념과는 전혀 다른 관념이 상응한다. 더 나아가 세계에 존재하는 모든 것은 필연적인, 깨지지 않는 인과관계, 즉 그 어떤 자유로운 행위를 통해서도 깰 수 없는 인과관계에 의해서 규정되어 있다는 생각은 신학과 마찬가지로 필연적으로 합리적 영혼론에 영향을 미친다. 신학에 바로 그와 같은 모순이 있다. 두 개의 주장들이 있다. 신은 단지 맹목적이며, 다시 말해서 그의 본성의 내적 필연성에 따라서만 작용하는 존재라고들 한다. 그리고 — 신은 자유이며, 그 어떤 것에도 결합되어 있지 않고 그리고 그의 행위의 주인이라고들 한다. 이런 두 개의 주장은 세계는 시작이 있다 혹은 세계는 시작이 없다고 하는 다른 두 개의 주장과 마찬가지로 직접적으로 대립된다. 왜 이런 모순이 신학적 이념들에서는 곧바로 나타나지 않았는지의 이유는 이러하다. 즉, 우리는 여기서 보다 신중하여야 했기 때문이다. 그리고 특히 우리는 신 안에서 자유와 필연성을 통일하는 가상의 수단을 이미 언급한 적이 있는 도덕적 필연성의 개념에서 발견했기 때문이다. 그러나 우리는 이미 세계와 자유롭게 교섭하고 있다고 생각한다. 그리고 자주 신학자들에게서 듣는 생각, 즉 이성에는 그 어떤 것도 놓여 있지 않으며 그리고 근본적으로 우리가 신은 무한한 창조라고 가정하든 혹은 그렇지 않든 전혀 차이가 없다고 하는 그런 생각은 앞서 라이프니츠와 볼프의 합리주의로부터 피력된다.

이 형이상학의 중대한 결함은 이 형이상학이 소위 형식 논리학을 자기 외부에 남겨 두고 있다는 사실이다. 우리는 후기 칸트를 그가 범주 혹은 오성 개념을 헤아리기 위해 논리적 판단표로부터 추론원리를 도출하였다고 비판한다. 마찬가지로 (칸트가 부르는 것처럼) 이성의 이념을 위해 추론으로부터 추론원리를 도출하였다고 비판한다. 그러나 올바른 지식은 적어도 사유, 판단 그리고 추론의 형식, 논리적 구별과 형이상학적 개념의 물질적 구별은 동일한 원천으로부터 유래한다는 사실에 있다. 또한 이것을 동일하게 해명하면서도 칸트는 다른 이유를 들어 이 처리방법에서 (범주표를 이미 잘 알려져 있는 것으로 전제된 판단표로부터 도출하는) 전적으로 올바른 오성을 증명했다. 왜냐하면 칸트가 인간 정신의 이런 추정 형식들을 발생론적으로 도출하려 할 때, 그는 이 형식들을 넘어서기 때문이며 그리고 바로 그와 함께 이 형식들을 인간에게서 제거되지 않는, 인간에게 절대적으로 내속하는 형식들은 아니라고 인정해야 하기 때문이다.

그 밖에 특별한 내용의 측면에서 이 형이상학은 상호 구별되는 여러 개별 학문들로 나누어진다. 그 중 제일의 학문은 존재론이다. 이런 이름을 가지고 있는 존재론은 존재자에 대한 제일의 그리고 가장 보편적인 규정들을 보유한다. 이 첫 번째 학문은 이후 따라오는 모든 증명에서 지배적인 원류개념 그리고 근원개념이다. 따라서 이 학문은 보편자에서 존재와 본질을 다루며, 가능, 우연 그리고 필연을, 원인의 상이한 개념들을, 여럿과 하나, 유한성과 무한성 등등을 다룬다. 왜냐하면 우리는 이 열거를 적당히 등등으로 끝낼 수 있기 때문이다. 그리고 이 존재론은 내용의 완전성을 현실 체계로, 이 개념들의 상호 등장으로 확증하지 못하기 때문이다. 이것은 마치 우리가 그와 같은 개념의 상이한 서술에서 쉽게 개념의 동일한 배열 혹은 상호 배치를 경험하지 못하는 것과 같다. 근본적으로 이 정의는 우리가 증명 이전에 정의를 전제하는 기하학적 방법을 모방한 정의들의 집합일 뿐이었다. 보다 정확하게 말하자면, 이 존재론은 철학에서 상이하게 등장하는 표현과 개념을 이어서 일어날 이해에 앞서 설명하는 사전 정도로만 보이게 할 것이다. 일반적으로 우리가 앞서 개념을 대상과는 독립적으로 그리고 그 자체로 점유할 수 있다는 사실이 이 학문에 전제되어 있다. 그 때문에 이 학문은 특히 개념을 선천적이라 불렀다. 후대 사람들은 대상에 앞서 그리고 대상과는 분리되어 발생하는 그런 개념과 인식을 선천적 개념과 선천적 인식으로 이해하였다. 마찬가지로 참된, 앞서 먼저 시작한 학문의 입장에서 대상은 개념과 같이 그렇게 참으로 선천적이지는 않았었다.

두 번째 학문은 한편으로는 합리적 영혼론이고, 다른 한편으로는 합리적 우주론이다.[53] 전자의 영혼론에서는 특히 ① 영혼의 절대적 단순성이 증명되어야 한다. ― 전적으로 물질의 원자적 관점과 관계된 개념 ―, 근본적으로 우리가 물질이 결합되어 있다고 생각하는 그런 의미에서 영혼이 결합되어 있는 것은 아니라는 사실이 증명될 뿐이다. 도대체 물질 자체는 언제, 어떻게 그런 방식으로의 결합이 아닌가? 이것은 어떻게 완전히 부적절한 추론인가? 즉, 물질은 구분 가능하다. 따라서 물질은 부분들로부터의 결합인가? 그리고 단순성으로부터 ② 영혼의 절대적 파괴 불가능성이 증명되어야 한다. 이 때문에 우리는 바로 이 증명의 명료성을 불신하기 시작한다. 아마도 우리는 죽음 이후 영혼의 지속에 대해 대략 진술할 수 있는 가장 최소한 것인 불멸성 개념의 빈약함과 추상을 인지하고 있을 것이다. 간단히 말해서 우리는 모든 것을, 더욱이 경험적 증명, 예를 들어 인간 정신의 완전성으로부터 마련된 증명을 허용한다. 그러나 여기서 우리는 다시 다음에 다루어지는 신에 대한 이론의 도움을 받아야 한다. 합리적 우주론에서는 우리가 전통적으로 전제한 세계 창조에 대해 다룬다. 여기서는 특히 다음과 같은 물음이 제기된다. 신은 영원

---

53 역주: 데카르트 편의 각주 3 참조.

성에 따라 창조했는지 혹은 일정한 정해진 시간 안에서만 비로소 창조했는지, 더 나아가 공간의 측면에서 세계의 무한성에 따라 창조했는지 혹은 세계의 유한성에 따라 창조했는지, 자연기계주의Naturmechanismus에 따라 창조했는지. 그리고 이 자연기계주의는 예를 들어 기적Wunder에 의해 단절될 수 있는지 혹은 그렇지 않은지, 몇몇 보편적 자연법칙에 따라 창조되는지, 불충분의 법칙lex parsimoniae에 따라 창조되는지, 항상성 등등의 법칙에 따라 창조되는지, 또한 운동의 보편적 법칙에 따라 창조되는지.

마지막으로 최종학문 그리고 모든 것의 왕좌는 소위 합리적 신학이다. 그러나 우리는 여기서 (실존만이 중요했기 때문에) 나열한 세 개의 증명, 존재론적, 우주론적, 자연신학적physikotheologischen 증명을 필요로 한다. 이렇게 나열한 증명들은 이미 이 증명 중 그 어떤 것도 그 자체로는 충분하지 않다는 것을 명시한다. 이 논의들 중 첫 번째 논의, 존재론적 논의에 대해서 나는 이미 데카르트를 다루면서 설명했다. 따라서 나는 나중에 전제가 되었던 형식에서만 그 내용을 짧게 반복하고자 한다. 존재자일 뿐인 무엇, 따라서 존재를 분유하고 있는 무엇인 모든 것은 또한 이 존재로부터 추상될 수 있다. 이 존재는 ― 동시에 발가벗고 있는, 존재를 단순히 입고 있는, 존재를 걸치고 있는 그러한 존재로 ― 고찰되지 않는다. 그런 한에서 하나의 존재자일 뿐인 그 모든 것이 이제 존재를 속성으로 지니는advenit, accedit 그러한 것으로 고찰될 수 있으며, 그런 한에서 이 모든 것은 그 자체로 바로 존재자가 아니며, 존재를 입고 있는 단순한 가능성이다. 혹은 이와 같은 내용을 달리 표현하면, 존재로만 규정되는 무엇인 모든 것은 바로 그 때문에 비존재로부터 존재로 이행한다. 모든 것은 우선 그의 역량에서만 혹은 가능성에서만 현존하며, 모든 것은 가능으로부터 현재로의a potentia ad actum 이행을 통해서만 현실적으로 존재한다. 그러나 신 안에서의 이런 이행을 사유한다는 것은 신에 대한 이념에 완전히 배치된다. [이런 소전제가 필수적이다. 왜냐하면 이 형이상학은 순수(역량 없는) 존재자 개념으로부터 출발하여 신 개념에 비로소 다다르는 것이 아니라, 오히려 거꾸로 순수 존재자의 술어를 신 개념과 결합하기 위해 신 개념으로부터 출발하기 때문이다. 그러나 신 안에서 역량을 사유하는 것은 신에 대한 이념에 배치된다는 앞서 소전제 자체는 근본적으로 전제된 개념으로부터, 존립하고 있는 이론으로부터, 마지막으로 전승으로부터 수용되었다.] 그러나 이제 양 전제들로부터 결론적으로 무엇이 도출되는가? 다음과 같이 도출될 뿐이다. 신은 그 어떤 경우에도 비존재자로 생각될 수 없으며, 단지 존재자로만 간주될 수 있을 뿐인 존재이다. 그러나 바로 여기서 우리는 이것이 신의 실존에 대해서는 그 어떤 것도 진술하지 않는 신의 본성에 대한 규정일 뿐이라는 것을 알 수 있다. 순수 존재자로 존재한다는 것이 항상 신의 개념이다. 그리고 이것은 일상적인 라틴어 표현에서 분명하게 나타난다. 신은 실존하지 않는다면 인식될 수도 없는 그런 어떤 것이다Deus est id, quod non cogitari potest nisi existens. — 신은 존재자로 생각될 수 있을 뿐이다. 따라서 신이 실존할 때, 신은 실존하는 순수 존재자로 간주될 수 있고, 이 순수 존재자는 가능으로부터 현재로의 이행이 아니라, 오히려 바로 — 역량 없이potenzlos 존재한다. 개념의 의미는 신이 필연적으로 실존한다 혹은 신이 필연적으로 존재하는 존재라는 사실을 의미하는 것이 아니라, 오히려 신은 필연적으로 존재자 — 다시 말해서 단지 존재자일 뿐인 혹은 순수 존재자 자체라는 사실을 의미한다. 물론 두 개의 표현이 있다. 신은 필연적인 존재자이다. 그리고 신은 필연적으로 존재자이다. 상호 이렇게 근접하여 있어 존재론적 논의과정에서 유발되는 오해는 매우 당연한 것처럼 보인다.

이 오해는 오늘날에 이르기까지 해명되지 않고 있다. (예를 들어 우리는 헤겔이 존재론적 논의에 대해 얼마나 불명료하게 표현하고 있는지를 볼 것이다) 이 때문에 형이상학 학파들 자체에 항상 이 논의에 대한 어떤 불신이 있다. 따라서 우리는 다음으로 두 번째 논의, 소위 우주론적 논의로 나아간다. 이것은 전적으로 다른 방식에서 논리적으로 추론되어야 한다. 여기서 우리는 단순한 개념으로부터 출발하는 것이 아니라, 오히려 이미 실존, 세계의 실존으로부터 출발하기 때문이다. 이렇게 우리는 결론적으로 실존을 추론한다. 그에 반해 단지 개념으로부터 출발하는 그런 곳에서 결론적으로 실존에 도달하는 것은 불가능하다.

상세히 말하자면 우주론적 논의는 이미 아리스토텔레스가 언급한 근본명제와 관계한다. 즉, 결코 최종 원인과 조우하지 않는 일련의 원인으로부터 원인으로의 진행, 그러한 무한 소급regessus in infinitum은 본래 그 무엇도 설명하지 않는다는 명제와 관계한다. 왜냐하면 내가 가정하는 가장 가까운 원인은 본래 원인이 아니다. 오히려 그 원인은 다른 원인을 전제하기 때문에, 원인은 단지 결과Wirkung일 뿐이며, 그리고 이렇게 다시 그 다음의 결과가 있다. 따라서 나는 결과로부터 결과로 나아가며 그리고 무한 소급은 본래 원인의 지속적인 부정이다. 따라서 나는 결코 하나의 원인을 설명해서는 안 되거나 혹은 그 어떤 다른 원인도 전제하지 않는, 절대적 원인인 하나의 원인을 가정해야 된다. 물론 최종 원인은 이제 순수 존재자인 그런 것에서만 발견된다. 왜냐하면 순수하지 않고 그리고 절대적이지 않은 원인인 그것은 또한 순수 존재자일 수 없기 때문이다. 이런 방식으로 우리는 실제로 신의 실존을 증명했다고 생각할 수 있다.

말하자면 스콜라주의자들 중 토마스학파에 의해 이 논의는 가장 중요한 논의가 되었다. 이 논의를 위하여 우리는 소위 원인의 사슬을 상상해야 한다.[54] 나는 이것이 나에게는 결코 분명하지 않다는 것을 인정한다. 만약 우리가 아들로부터 아버지로, 이 아버지로부터 다시 그의 아버지 등등으로 무한 소급하여 갈 수 있는 생명체에만 제한하지 않는다고 한다면, 우리가 어떻게 나머지 자연에서 그의 아버지를 증명할 것인지를 나는 알지 못하기 때문이다. 왜냐하면 자연탐구는 모든 방향에서 자연탐구만으로는 넘을 수 없는 한계에 직면하기 때문이다. 예를 들어 자연탐구가 자기 현상 혹은 전기 현상을 자기적 유동체Fluidum 또는 전기적 유동체로부터 설명할 수 있다고 생각한다면, 자연탐구는 이 물질 이상의 배후로 환원하여 갈 수 없으며, 자연탐구는 이 물질을 어떤 근원적 존재자로 혹은 어떤 근원적 피조물 같은 것으로 간주해야 한다. 우리가 앞서 연쇄 사슬을 자연에서의 운동과만 결합한다면, 우연적 사건Accidens으로서의 운동을 수반하는 실체는 전혀 설명되지 않은 채 남아 있다. 만약 우리가 사물들을 이런 일련의 근본요소로 가정한다면, 우리는 일반적 자연에 있는 그런 사슬 대신에 오히려 보편적 상호규정 체계를 인식한다. 우리는 대략 이렇게 말할 것이다. 앞서 다른 금속=B가 실존하지 않는다면, 특정한 실체, 예를 들어 금속=A는 당연히 자연에 실존할 수 없다. 따라서 금속 A는 그의 실존의 측면에서 금속 B에 의존한다. 이렇게 우리는 A가 존재하지 않는다면, 곧바로 금속 B도 또한 실존할 수 없다는 사실을 안다.

---

54 역주: 아리스토텔레스의 '부동의 원동자' 이론에 기댄 아퀴나스의 신 존재증명에 대해서는 데카르트 편의 각주 13 참조.

다시 말해서 우리는 규정은 상호 규정이며, 일면적 규정이 아니라는 것을 안다. 아마도 우리는 물체들 상호 간의 그런 연대적 의무를 알 수 있을 것이며, 혹은 이 경우에 그와 같은 한 물체가 사물들의 연쇄로부터 사라질 수 있다면, 모든 다른 사물들 또한 사라져야만 한다는 사실을 알 수 있다. — 말하자면 우리는 이것을 비유기적 자연에 합당한 것으로 인정한다. 적어도 유기적 존재에 대해서 이것을 주장할 수는 없을 것이다. 왜냐하면 다른 구성부분의 실존을 위협하지 않은 채로 구성부분들이 이미 유기적 존재의 체계로부터 사라진다는 것이 혹은 적어도 사라질 수 있다는 것이 경험될 수 있기 때문이다. 나는 우리가 화석화된 각인 혹은 낡은 뼈의 잔해를 발견한 앞서 동물과 식물의 종을 말하는 것은 아니다. 그리고 현재 자연에서는 더 이상 만나지 못하는 그런 종을 말하는 것은 아니며, 오히려 인간사상의 역사적 등장 이래로 비로소 동물류는 추정하건데 사라졌다. 왜냐하면 그와 같은 동물류의 많은 부분이 바로 추상적으로만 파악되기 때문이며 그리고 거의 사멸한 것처럼 보이기 때문이다. 왜 이것이 보다 이른 시기에 일어나지 않았는가? 그럼에도 우리가 원인과 결과의 그런 사슬에 대한 관념을 인정한다면, 우리는 최종 규정하는 원인의 개념에 도달할 것이다. 그러나 원인이 맹목적으로 작용하는 원인인지 혹은 자유로운 원인인지라는 어떤 방식에 대해 이 원인은 전혀 결정하지 않는다. 왜냐하면 맹목적으로 작용하는 원인이 언제나 원인 외부에 존재하는 다른 원인에 의해서 결과로 규정되는 혹은 필연적으로 작동하는 그러한 원인일 필요는 없기 때문이다. 또한 그 원인은 내적 필연성에 따라 작용하는 원인일 수 있다.

아리스토텔레스가 제시한 것처럼, 최종 원인, 결코 다시 운동하지 않은 최초 운동자το πρωτον κινουν ακινητον(부동의 원동자)는 우주론적 논의에 적합하다. 오해의 여지없이 존재론적 논의는 절대적 실체 개념에 이를 수 있으며, 우주론적 논의는 단지 원인 일반의 개념에만 이를 수 있다.

다음으로 형이상학은 이 논의로부터 다음 논의로 진행해 가는데 ─ 자연 신학적physiko-theologischen 논의, 따라서 자연 논리적physiko-logischen 논의로 나아간다. 이제 이 세 번째 증명 덕분에 형이상학은 신 자체의 실존에 도달한 것으로 보일 수 있다. 즉, 그런 한에서 전체적인 그리고 개별적인 자연의 합목적적 배치로부터는 더 이상 원인 일반이 아니라, 오히려 지적 원인만이 도출된다. 그러나 일반적으로 지적 원인의 단순한 전제는 자연의 합목적성을 설명하기에 충분하지 않을 뿐만 아니라, 단순히 지적 원인으로서 신은 신으로 규정되지도 않는다. 왜냐하면 최초의 것과 관계하여 말했을 때, 우리는 두 가지의 합목적성을 구별하여야 하기 때문이다. 즉, 단지 외적인, 그 어떤 도구에 외적으로만 드러나는 합목적성, 마치 기계의 합목적성과 같은 합목적성 ─ 이것은 소재로 이행하지 않으며, 오히려 외적인 형식과만 그리고 확실한 부분들의 외적인 결합과만 관계한다. 그리고 내적인 합목적성, 이것은 유기체에서처럼 형식과 소재가 나누어지지 않는 그런 곳에서만 실행된다. 전자의 외적 합목적성에서 (단지 기계적 합목적성에서) 예술가 혹은 산출자는 그의 작품 밖에 머물며, 후자의 내적 합목적성에서 예술 활동 혹은 조형예술 활동은 소재 자체에 내재하는, 소재와 함께 자라나오는 합목적성이어야 한다. 따라서 지적 원인 일반의 전제 혹은 일반적인 전제가 아니라, 오히려 소재 자체에 내재하는 지적 원인의 전제만이 합목적성, 특히 유기적 자연의 합목적성을 설명할 것이다. 그러나 형이상학은 그러한 원인을 원하지 않으며, 즉 사물 자체에 내재하는 원인을 원하지 않으며, 형이상학은 신을 사물 밖에 그리고 물질 밖에 존립하는 원인이길 바란다. 그러나 예를 들어 소재와 그렇게 구별된 원인은 소재의 유기적 형식을 원할 수는 있지만, 이 형식을 산출할 수는 없다. 왜냐하면 형식에 의해 산출된 원인은 여하튼 우리가 유기적 자연에서 인식해야 하는 내적 원인, 물질과 함께 자라나는 원인이 아니라, 물질 외부에서 표현되는 원인일 뿐이기 때문이다.

따라서 일반적으로 지적 원인의 단순한 전제는 자연의 합목적성을 설명하기에 충분하지 않다. 다른 한편으로 우리가 신 안에서 실재화하려는 개념은 오성적 원인 개념, 즉 지적 원인 개념에 의해서 완벽하게 밝혀지는 것은 아니다. 지적 원인은 또한 단순한 세계 건축가로서 신일 것이다.

오성만으로 세계를 소재에 따라 산출하기에는 충분하지 않다. 오성은 각 산출에서 적용될 뿐이지만, 바로 이로부터 오성은 본래 산출하는 힘이 아니라는 사실이 밝혀진다. 신의 절대적 구별자가 소재를 산출하는 위력이지만, 그러나 이 위력은 신에게서 증명될 수 있거나 혹은 개념적으로 파악되는 것은 아니다. 그래서 신은 여전히 신으로서 정립되어 있지 않다. 단순한 지적 (자유로운, 도덕적인, 다시 말해 타당한) 자연의 개념은 신과의 관계에서 그 어떤 구별도 보유하지 않는다. 왜냐하면 인간 또한 지적 자연이기 때문이다. 일정정도 인간은 위력, 예견 그리고 다른 인류적 속성과 마찬가지로 지혜조차도 쉽게 받아들이기 때문이다. 따라서 우리는 이런 속성을 신에게 적용할 때 항상 첨언을 필요로 한다. 우리는 신을 지혜롭다고 하지 않으며, 전지allweise라 하고, 위력적이라 하지 않고, 전능allmächtig이라 하며, 선량하다 하지 않고, 더 없이 인자allgültig하다고 한다. 이런 첨언을 통해 신은 이런 속성을 실행함에 있어서 그 어떤 소재에 의해서도 제한되지 않는다는 사실이, 따라서 신 자신은 소재를 산출하는 원인 ― 창조자라는 사실이 분명히 표현되어야 한다. 그리고 그로부터 신에 대한 본래적이며 탁월한 개념은 지성 일반이란 이 개념이 아니라, 창조자라는 개념이라는 사실이 밝혀진다. 따라서 예전 형이상학의 이런 세 번째 논의로는 신 자체 개념에 도달하지 못한다.

그러나 우리가 세 가지 증명의 결과 혹은 결합을 통해 이제 참된 신의 실존을 증명하였다는 확신에 도달한 이후에 우리는 신의 속성에 대한 이론으로 이행한다. 상당히 이상하긴 하지만, 우리는 이런 속성의 복합물이 신 개념을 형성한다고 생각하기 때문이다. 그렇지만 우리는 실존 증명을 사유하기 이전에 먼저 개념을 확증하여야만 한다. 우리가 전승에서 그리고 일상의 관념에서 만나는 소위 신의 속성들 중에서 이제 두 종류를 구별하는 것은 쉽다. 이 부가적 속성Attribute들 중 몇몇은 이 속성 없이는 신이 신일 수 없는 그러한 것이라고 언표된다. 우리는 바로 그 때문에 이 부가적 속성들을 단순히 부정적 속성이라 부를 수 있다. 그러한 부가적 속성들은 예를 들어 영원성, 무한성, 자기로부터 존재a se Esse이다. 영원하지 않으며, 자기로부터 존재하지 않는 존재가 신일 수는 없다. 여하튼 이 존재는 이런 이유로 아직은 신이 아니다. 따라서 이것은 그 자체로 그리고 자기 자신 이전에 신의 속성들로 보이며, 다시 말해서 신이 신이기 (선천적으로) 위해, 신으로 존재하기 위해 신이 필요로 하는 신의 신성 이전에 존재하는 것처럼 보인다. 그러나 스피노자의 맹목적 실체는 영원하면서도, 마찬가지로 무한하고, 그리고 똑같이 자기 자신으로부터 존재하기 때문에, 그로부터 이 속성들은 신 자체의 속성들이 아니라는 사실이 밝혀진다. 이에 반해 이 부가적 속성들 중 다른 속성들은 이제 그에 의해 신이 비로소 본래적인 신으로 존재하게 되는 혹은 신이 그의 신성에 따라 획득하는 (=긍정적) 그런 속성들로 서술된다. 이제 여기에는 자유, 지성, 의지 그리고 예견 혹은 현실적 관계를 포함한 모든 것이 해당한다. 그러나 속성들의 양 등급은 단순히 병렬적으로 나열되어 있을 뿐이다. 이 속성들이 상호 어떻게 관계하는지는 설명되지 않는다. (첫 번째 종류의 등급으로부터 두 번째 종류의 등급으로의 이행이 없다) 긍정적 속성을 다루면서 혹은 속성들이라 불리는 도덕적 속성을 다루면서 스피노자주의는 흔한 논박을 시도했다. 이 때문에 우리는 이런 논박으로 인해 이 체계에 대립하는 것이 아니라, 신이 형이상학의 마지막에 자리 잡기 때문에 이 체계에 대립한다. 여기서 우리는 사물의 자립적 실존을, 인간 행위의 자유를 그리고 특히 인간의 관심사인 것을 무한성, 전능에 대립하여 (신 외부에 실존하는 모든 것에 단지 절대적 무기력만을 남겨 두고 있는 것으로 보이는), 마찬가지로 신의 전지에 대립하여 (인간 행위의 자유와는 어울리지 않는 것으로 보이는) 이미 발굴하였다고 생각한다. 우리는 여기에 만족하여, 실제 신이 사물 이후가 아니라, 사물 이전에 존재한다는 사실을 고려하지 않는다.

몇 가지 이유로 나는 예전의 형이상학을 여기서 보다 상세하게 서술할 필요가 있다고 생각했다. 왜냐하면 ① 그 형이상학은 본래 유일하게 타당한, 공적으로 허용된 그리고 수용된 형이상학이었기 때문이다. 데카르트의 철학도, 스피노자의 철학도, 라이프니츠 철학의 사변조차도 학교강단에서는 수용되지 않았다. ② 단순히 주관적인, 따라서 대상 밖에 존립하는 변증법이 무엇을 할 수 있는지를 안다는 것은 중요하며 그리고 보다 상위 철학으로의 예습으로서 이 형이상학은 여전히 대학 강의에 장점을 지니고 있다. 왜냐하면 우리가 이 형이상학을 근본적으로 논리적 추론의 궤변만 늘어놓는 주관 이성의 철학이라 간주한다고 하더라도, 여전히 이 형이상학은 사상의 자유와 오성 사용의 확실한 자유를 허용하기 때문이다. 철학하기의 이 방식이 대부분의 경우에 적합하고 편리하며 유일한 방식이라고 하는 것 이상으로 이 자유는 더 유익하게 작용하기 때문이다. 왜냐하면 철학하기로부터 이 형이상학을 파악하였을 때, 이 형이상학은 자신의 입장으로부터 멀어지려고 하지 않기 때문이다. 오히려 이 형이상학은 우연히 도달한 교양에 상당히 만족하기 때문에, 또한 그가 추정한 교양의 이 건축물을 토대로부터 재검토하고 다시 구축하여 할 필요가 있다는 점을 거의 통찰하지 못하는 경향이 있다. 각 입장이 대략 무엇을 허용하며 혹은 허용하지 않는지를 미리 규정하고 있는 입장을 정당화하는 이성을 각자가 선천적으로 자신에게 부여한다. ― 따라서 대부분은 바로 이와 같은 것을 원한다. 형이상학의 입장으로부터 그들은 이성적 말하기 혹은 논의를 통해 철학의 핵심 대상들을 해명하길 원한다. 그리고 형이상학은 이 입장을 벗어날 필요가 없다.

처음부터 앞서 강단 형이상학은 스콜라적 양식 그리고 쓸데없는 궤변과 교섭하고 있었음에도 불구하고 이 형이상학은 시간이 흐르면서 더욱 분명하게 그런 논리적 궤변만 늘어놓는 철학으로 빠져들어 갔다. 그리고 단계적으로 살아 있는 자극을 하던 시간이 바로 이 궤변과 양식에 토대를 두고 있는 것으로 보이기 때문이다. (다시 말해서 이 형이상학은 학문적 철학이 아니라, 단지 논리적 궤변만 늘어놓는 철학이다) 결국 각기 궤변과 양식은 논리적 궤변을 늘어놓기에 충분한 권리를 가지고 있다고 생각되기 때문이다. 논리적 궤변 늘어놓기는 각 형이상학에 부여되는 앞서 보편적 이성을 더 이상 필요로 하지 않기 때문에, 누구도 보편적 이성의 소유를 사실을 통해 정당화하지 못한다고 생각하기 때문에, 앞서 강단형이상학은 점차적으로 일종의 무형식적인 철학, 단순한 대중 철학으로, 결국 완전히 무정부 상태로 변형된다. 물론 상당히 중복된 표현처럼 보이기는 하겠지만, 자기 사유의 시대가 시작되었다. 왜냐하면 생각하는 각자는 스스로 생각해야 한다는 사실은 너무나 자명하기 때문이며, 그리고 어느 누구도 다른 사람을 스스로 생각하도록 하게 할 수 없듯이, 마찬가지로 그는 다른 사람을 스스로 잠자도록 하거나 혹은 소화하도록 할 수 없다는 사실은 너무나 자명하기 때문이다. 그러나 바로 철학의 가능한 대상에 대한 이성적 표상을 가지기 위해 각자가 이미 보편적 이성으로 무장하고 있다고 생각했다. 다시 말해서 각자 스스로 자신의 체계를 만들어야 한다고 말하며, 객관적 타당성을 요구하는 철학은 적어도 학교강단에서는 타당하다고 말한다. 혹은 경험이 적은 젊은이들에게 감명을 주기 위해 삶과 경험이 모든 것이라고 하는 등등. 그러나 경험에 대한 이런 증명은 다른 측면에서 철학에 장점을 가져다준다. 왜냐하면 이 철학이 경험적 심리학의 발생과 연구를 위한 동기를 부여하기 때문이다. 물론 이 경험적 심리학은 지금까지는 자신만의 학문적 근거를 결여하고 있다. 그러나 경험적 심리학은 인간 정신에서 새로운 영역을 열었으며, 특히 물리적인 것과 심리적인 것 사이에 놓여 있는 상당히 흥미로운 영역을 열었다.

칸트Kant · 피히테Fichte ·
초월적 관념론 체계

현재 철학의 상황은 칸트Immanuel Kant[55]가 갑작스럽게 철학의 개혁자로

55 역주: 칸트는 1724년 4월 22일 지금은 칼리닌그라드로 불리는 옛 프로이센의 영토 쾨니히스베르크
(Königsberg)의 기독교 교리를 삶의 원칙으로 삼아 충실히 따르던 개신교 엄숙주의자 집안에서 태
어났다. 평생을 괴롭혀 온 지병으로 인해 칸트는 평생 쾨니히스베르크를 떠난 적이 없으며, 규칙적
으로 산책을 한 것으로 알려져 있다. 칸트는 쾨니히스베르크에서 대학을 나와 쾨니히스베르크 근
교의 가정교사로 사회생활을 처음 시작하였다. 1764년 「아름다움과 숭고함의 감정에 대한 고찰
(Beobachtungen über das Gefühl des Schönen und des Erhabenen)」, 1766년 「환시자의 꿈(Träume
einens Geistersehers)」을 썼고, 불에 관한 박사학위 논문으로 알려진 『감각세계와 오성세계의 원리와
형식에 대하여(Über die Form und Prinzipien der Sinnen — und der Verstandeswelt)』를 1770년에 출
판하였으며, 이후 쾨니히스베르크 대학의 논리학, 형이상학 담당 교수가 되었다. 1781년 『순수이성비
판』 초판을 출판하였다. 알려진 대로 칸트는 "순수이성비판"을 당시 인문계 고등학교 교사들을 위해
집필하였다고 하지만 출판 후 아무도 이 저작의 내용을 이해하지 못했다고 한다. 이 때문에 칸트는
이 저작에 대한 주해서라고 할 수 있는 『모든 미래 형이상학에 관한 서언(Prolegomena zu einer jeden
künftigen Metaphysik)』을 1783년에 출판하였다. 이 저작으로 미루어 하이데거가 그의 책 『칸트와 형
이상학의 문제』에서 왜 칸트 『순수이성비판』을 단순히 인식론에만 한정지으려는 시도를 넘어 새로
운 형이상학의 정초로 이해하려 했는지를 알 수 있다. 이어서 칸트는 1784년 「계몽이란 무엇인가란
물음에 대한 대답」을 썼다. 칸트는 다시 1787년 주로 "초월적 통각(transzendentale Apperzeption)" 부
분을 보충한 『순수이성비판』 B판을 출판했으며, 1788년 『실천이성비판』, 1790년 『판단력 비판』을 출
판하여 3대 비판서를 완성하였다. 칸트의 3대 비판서는 각자 명료한 질문을 제기하고, 이 질문에 대
한 대답을 찾는다. 첫째, 『순수이성비판』의 질문은 "우리는 무엇을 경험(인식)할 수 있는가"이다. 이
질문으로 미루어 보면 '순수이성비판'은 인식능력과 인식능력의 한계를 묻고 답하려 한다는 사실을
알 수 있다. 둘째, 『실천이성비판』의 질문은 "우리는 무엇을 해야만 하는가"이다. 윤리적 당위(Sollen)
의 문제를 묻는다. 셋째, 『판단력 비판』의 질문은 "우리는 무엇을 희망해도 좋은가"이다. 칸트는 이
저작을 전체적으로 '미적 판단력'과 '목적론적 판단력'으로 나누어 기술하고 있으며, 여기서 다룰 판
단력을 '규정적 판단력(die bestimmende Urteilskraft)'과 '반성적 판단력(die reflektierende Urteilskraft)'
으로 구분한다. 규정적 판단력은 이미 보편개념이 주어져 있고 개별사태를 이 개념에 포섭하는 판
단력이다. 반성적 판단력은 보편개념이 없어 개별사태 각각을 추적하면서 공통성과 차이를 구별하
여 점점 더 보편개념에 가까이 접근하는 판단력을 말한다. 그러나 칸트 스스로도 말하듯이 3대 비
판서의 이 질문들은 하나의 질문인 "인간이란 무엇인가"라는 인간학적 문제를 향한다. 이후 칸트

등장하여, 철학에 학문적 진정성과 동시에 잃어버린 존엄을 다시 부여한 것으로 보인다.

　이제 칸트 자체를 다루기 전에 나는 일반적 서술을 먼저 하려 한다. 이 서술은 대체로 모든 인간 활동에 적용될 수 있을 것이다. 다시 말해서 활동의 본래적 중요성, 활동의 진정한 결과가 대부분은 의도했던 것과는 다르며 혹은 그 활동이 산출되는 수단과의 관계와도 다르다는 사실이다. 칸트의 영향은 사실 굉장했다. 현재 우리는 칸트가 없이는 결코 도달할 수 없었을 전혀 다른 지점에 서 있다. 그렇기에 칸트가 등장한 이후 50년 동안 우리가 칸트를 넘어서는 데 칸트가 전혀 기여하지 않았다고 평가 절하하는 것은 적합하지 않은 것으로 보인다. 바로 이와 같은 평가가 피히테에게도 해당한다. 오늘날 철학이 도달한 지점에는 두 철학자에 대한 비판적 평가를 내린다는 것은 적합하지 않으며, 오히려 칸트와 피히테가 철학을 고양했던 그 위치로 철학을 다시 끌어올리고 있다는 것을 인정해야 한다. 역사적 판단은 이렇게 말한다. 인간 정신의 최상의 소유물을 둘러 싼 이보다 더 위대한 외적 그리고 내적 투쟁은 일찍이 없었다. 그리고 그 어떤 시대의 학문 정신도 그의 지향점에서 칸트 이후 시대의 학문 정신보다 더 심오한 경험을 그리고 결과에서 보다 더 풍부한 경험을 한 적은 없다고 한다.[56] 그러나 이 결과는 본래 칸트가 직접적으로 원했던 그

는 1793년 『이성의 한계 안에서 종교』를 출판하였는데, 계시종교에 대한 비판적 논박으로서 이성종교를 이 저작에서 주장하여 검열기관과 문제가 발생하였다. 1795년 칸트는 『영구평화에 관하여』를, 1797년 『윤리 형이상학』을 출판하였다. 칸트는 1804년 2월 12일 사망하였다. Jean Grondin, Kant zur Einführung(Stuttgart: Junius, 2002), S. 7 이하 참조. 특히 연보는 S. 157-158.

56　칸트의 등장과 함께 철학의 지금까지 행보가 한순간에 바뀐다. 마치 오랫동안 억제된 그리고 잠들어 있던 강이 결국 틈을 발견하듯이, 강은 이제 부단히 이 틈을 넓히는 작업을 하여, 그것을 완전히 돌파하기에 이른다. 그리고 강은 자유로이 그리고 어떤 제지도 받지 않은 채 도도히 흘러간다. 만약 이 강

와 같은 것에 의해 산출된 결과물이 아니다. 칸트는 항상 초감성적인 것에 대한 모든 인식을 비판함으로써 결론에 도달했다고 생각하지만, 오히려 그의 본래적 영향은 철학에서 부정자와 긍정자를 구별했다는 사실에 있다. 그러나 전체적인 자립성에서 등장하는 긍정자는 이제 단순히 부정

이 정상적인 흐름을 유지하지 않는다고 하더라도, 만약 강이 제한 없이 양 측면의 둑을 넘쳐흘러 그리고 들판과 초지로 범람한다고 하더라도, 이것은 정상적인 일이다. 작고 협소한 정신의 소유자들은 강이 흐른 뒤에 비난하며 그리고 강으로부터 흘러나와 그들의 물레방아를 돌리는 개울을 찬양한다. 역사의 판단은 다를 것이다. [...] 철학에서 칸트의 본래적인 영향이 시작된 후로 (왜냐하면 칸트는 한동안 그 어떤 주목도 받지 못했기 때문이며, 그리고 그의 영향이 분명하게 공표된 첫 번째 성과는 단지 일군의 단순한 단어만의 반복뿐이었으며 그리고 대부분 깊은 통찰이 없는 설명의 덩어리들 뿐이었다), 그러나 그의 진정한 영향력이 행사되고 난 후에는 여러 다양한 체계들로 진행해 간 것이 아니라, 모든 측면에서 그의 체계만을 뒤따르고, 그를 찬양하는 마지막 지점을 향해 내달아 가는 한 체계만이 남았다. 마치 생장하기 시작한 식물이 그가 어떤 지점에 이를지를 알지 못하는 것과 같다. 그럼에도 불구하고 식물은 그와 같은 지점에 대한 확실한 감정(Gefühl)을 가지며 그리고 이 감정이 식물을 추동하는 감정이며, 이것은 우리가 식물에 있는 충동이라 부르는 것이다. 이처럼 이 전체 과정에서 그 누구도 분명한 목적 개념을 가지지 않았다고 하면, 각자는 그 어떤 최종의 것에 도달하는 것이 타당하다는 것을 느끼며 그리고 칸트와 더불어 철학에 이르는 바로 이 감정, 이 충동이 이 시대를 이전의 모든 시대와 구별한다. 왜냐하면 라이프니츠 체계에는 그 어떤 충동도 없으며, 목적을 깨우는 힘은 칸트 이전의 형이상학에 대한 죽은, 마비된, 효과 없는 노력들로 흩어져 버리기 때문이다. 이에 반해 칸트에 의해 시작된 운동과 관련하여 그 외부에 서 있는 사람, 단순히 외적으로만 바라보는 사람은 이 운동을 향해 그 체계의 빠른 변화를 조소하고 욕설을 퍼붓는다. 이것이 결국 철학에서 생동적인 점을 적중했다는 증거이며, 언젠가 열매를 맺는 존재의 씨앗처럼 혹은 위대한 비극의 근본 사상처럼 완전한 전개에 이르기까지 이것은 결코 중단하지 않는다. 철학은 필연적인 과정, 즉 자의적이지 않은 과정으로 파악된다. 철학에서 체계들의 신속한 연쇄로 현상하는 것은 본래 한 체계의 전개계기와 발전계기의 빠른 과정일 뿐이다. 그런 과정에서 개별 과정은 그 자체에서 단순한 고유성 혹은 본래성이 무엇인가에 따라 고찰되지 않는다. 이 개별자는 한 과정이 그 시대에 납부해야 하는 세금일 뿐만 아니라, 다음 전개에 감춰진 단순한 껍질과 껍데기일 뿐이며 혹은 껍질과 껍데기가 자라 나온 대지와 땅이 거기에 붙어 있는 부스러기일 뿐이다. 이제 우리는 이렇게 칸트를 고찰해야 한다.(다른 뮌헨 수고로부터)

역주: 셸링의 근대 철학사 강의는 1821년 에를랑겐(Erlangen) 강의 그리고 1827년 뮌헨 강의와 1831년 헤겔 사망 이후 시기인 1834년 뮌헨 강의가 있다. 에를랑겐과 뮌헨 강의를 셸링의 아들이 모아 전집에 수록하였으며, 이 책은 1827년 뮌헨 강의이다. 무엇보다도 우리의 시선을 끄는 사실 중 하나는 1831년 헤겔 사망 이후 셸링의 헤겔철학비판이 1834년 뮌헨 강의에 수록되었다는 점이며, 이 강의와 헤겔 사망 전 강의들인 1821년 에를랑겐 강의와 1827년 뮌헨 강의에서의 헤겔철학비판의 차이와 변화를 비교할 필요가 있다는 사실일 것이다. Wolfdietrich Schmied-Kowarzik, *Existenz denken. Schellings Philosophie von ihren Anfängen bis zum Spätwerk*(Freiburg/München: Karl Alber, 2015), S. 262 이하 참조.

적인 철학에 대립하여 철학 일반의 두 번째 측면인 긍정 철학으로 정립될 수 있다. 이런 구별과정을 그리고 그로부터 따라오는 철학의 긍정자로의 변용과정을 칸트가 이끌었다. 칸트의 비판은 더 나아가 비판이 결코 긍정자에 대해 적대적이지 않았다는 사실을 자각할 수 있도록 하는 데 기여했다. 칸트는 전통 형이상학의 건물 전체를 붕괴시켰지만, 그는 결국 우리는 형이상학이 원해왔던 그 무엇을 원해야만 한다는 생각을 항상 피력했다. 그리고 가능한한 형이상학의 내용은 진정한 형이상학일 것이라고 항상 주장했다.

칸트의 비판은 우선 강단에서 받아들인 형이상학을 비판하지만, 다른 측면에서 이 비판은 은밀하게 이 형이상학을 다시 옹호하고 있다는 명제를 염두에 두면서[57] 나는 이제 칸트 자체에 대한 서술을 진행하고자 한다.

당시 이와 같은 형이상학에 대립적인 입장은 영국으로부터 시작했으며, 주로 경험론을 주장하고, 경험과 독립된 모든 개념의 현존을 부정한

---

57 역주: 앞서 각주 55에서 언급했듯이 하이데거는 칸트비판철학을 단순히 인식이론의 철학으로 한정지으려 하지 않는다. 하이데거는 오히려 칸트철학, 특히 『순수이성비판』을 새로운 형이상학으로 읽고자 한다. 따라서 하이데거는 "다음 연구의 과제는 기초존재론의 문제로서 형이상학의 문제를 분명히 하기 위해 칸트 『순수이성비판』을 형이상학의 터 닦기(Grundlegung)로 해석하는 것"이라고 말한다. 이런 목적에서 하이데거는 『순수이성비판』의 "도식론(Schematismus)"에 주목한다. 도식론에 주목하는 이유는 존재를 가리키는 언어인 범주와 전통 형이상학인 존재론의 존재론적 관계를 파악하기 위해서다. 또한 하이데거는 도식론에 주목하면서 인식능력으로서 상상력(Einbildungskraft)의 결합기능을 강조한다. 하이데거에 따르면 상상력이 경험적 사실들에 대한 개별 감각을 넘어 우리를 궁극원인인 형이상학적 실체로 이끌어가는 능력이다. 즉, 상상력은 직관능력이며, 현존하는 것에 대한 감각 직관만이 아닌 현존하지 않는 것에 대한 감각 직관으로서 조형능력이라고 할 수 있으며, 조형 능력인 한, 상상력은 수용성과 자발성을 지닌다. 상상력은 비교 능력이고, 형상 능력이며, 조합 능력이고, 구별 능력이며, 결합 능력이다. "따라서 초월적 상상력은 존재론적 인식의 내적 가능성과 그와 함께 일반 형이상학(Metaphysica generalis)의 가능성을 구축하는 토대이다." Martin Heidegger, *Kant und das Problem der Metaphysik*, 6. Aufl(Frankfurt a. M.: Vittorio Klostermann, 1998), S. 1 그리고 S. 127.

존 로크John Locke로부터 시작했다. 그리고 이런 경험론으로부터 인간 인식에 내재한 모든 보편과 필연을 의심하고 부정한 영국의 유명한 철학자이며 역사 서술가인 데이비드 흄David Hume의 이론에 의해 분명해졌다. 소위 이런 흄의 회의주의는 칸트 자신의 진술에 따르면 칸트 자신이 자신의 철학의 주된 계기로만 받아들인 정도였다.

결국 흄의 공격은 인과법칙의 객관적 타당성에 대한, 발생한 모든 것에는 원인이 있다는 근거명제의 객관적 타당성에 대한 비판으로 나아간다. 일상적으로 우리는 판단할 때나 물론 우리가 행위할 때나 흄은 완벽하게 실용적이었으며, 다시 말해서 박학다식하고, 원인으로부터 사건을 설명하는 역사 서술가라고 간주하는 경향이 있다. 그리고 흄은 이 인과법칙을 철저하게 따른 것으로 생각하는 경향이 있다. 이에 덧붙여 더욱 놀라운 사실은 우리가 인과 법칙을 의식하지도 못한 채로 우리 스스로가 이 법칙을 적용하고 있다는 것이며 그리고 다른 사람들 또한 이 법칙을 적용하고 있는 것을 보는 것이다. 우리는 인과 법칙에 대한 학문적 통찰의 결과로 이 법칙을 적용하고 있는 것은 아니며, 오히려 우리로 하여금 그렇게 판단하도록 강요하는 실재적인 원리가 우리 안에 있다는 사실을 증명하기 위해 본성적으로 그리고 본능적으로 이 법칙을 적용한다. 보다 상세히 고찰하면, 흄은 모든 현실적 경우에 타당한 법칙이 아니라, 모든 가능한 경우에 타당한, 그런 보편 법칙은 경험으로부터 산출될 수 없다는 사실만을 증명했을 뿐이다. 물론 경험은 보편자를 결코 증명할 수 없다. 그렇지만 모든 인식은 감각으로부터만 획득 가능하다는 사실은 이미 전제되어 있다. 따라서 흄의 관점에서 인과 법칙을 적용할 때의 보편성은 단순한 주관적 현상, 다시 말해서 단순히 주관적 습관을 통해서만 설명되는 단순한 주관적 현상으로만 남아 있다. "그에 따르면 수없이 많은 경우에 우리는 다른 현상 혹은 사건들이 어떤 확실한 현상 혹은 사건들에 앞서 일어나거나 혹은 거꾸로 확실히 앞서 일어난 사건의 결과로 다른 사건이 일어난다는 사실을 고찰하고 난 후에, 이런 지속적 반복을 겪은 우리의 오성은 결국 앞서 현상 혹은 사건이 결합되어 있다는 사실에 익숙해질 것이며 그리고 마지막으로 이 현상과 사건들을 원인과 결과의 연관관계로 정립하여, 앞서 일어난 사건을 원인으로, 나중에 일어난 사건을 결과로 고찰하게 된다." 일단 나는 두 개의 사건 A와 B의 무한히 반복하는 연쇄조차도 언제나 원인과 결과 개념을 산출하는 것은 아니라는 사실에 대해 논쟁하고 싶지 않다. 왜냐하면 외적 경험과는 별개로 원인과 결과 개념은 우리 본성의 내적 필연성으로부터 우리를 자극하지는 않을 것이기 때문이다. 앞서 반복된 지각으로부터 우리에게 일어날 수 있는 그 모든 것은 우리가 지금까지 말한 내용이다. 즉, 내가 지금까지 고찰할 수 있었던 모든 경우에 현상 A의 결과는 현상 B이다. 그리고 현상 A가 앞서 일어나지 않으면 나는 현상 B를 고찰할 수 없다. 그러나 이 해명으로부터 보자면 단순한 인과 연쇄 이상의 어떤 것이 놓여 있는 원인과 결과로서 양자의 결합에 이르기까지는 여전히 하늘과 땅만큼의 거리가 있다. ― 이것은 나에게 항상 이 다음에post hoc를 가르쳤지, 결코 이 때문에propter hoc를 가르치지 않았다. 그리고 우리는 많은 경우에 실제로 그런 것처럼 모든 현상을 고찰할 때 이 다음에 멈추어 서 있다. 한번만이나 우연히가 아니라 실제로 법칙에 따라 어떤 하나가 다른 하나의 결과로 나타나는 경우에, 그리고 우리가 양 현상을 상호 인과관계의 사슬로 결합하는 경우에서조차도 우리는 이 다음에 멈추어 서 있다. 우리가 일종의 결과를, 단순히 외적 결과일 뿐인 이 다음에를 다른 것, 즉 이 때문에와 구별할 줄 앎에도 불구하고, 우리는 왜 모든 경우에서 이것을 할 수 없는 것인가? 때문에 나는 한번도 이런 반성을 할 필요가 없었는데, 즉 나는 흄의 의심을 반박하기 위해서 『순수이성 비판』이란 특출한 기재가 필요한지 혹은 그렇지 않은지란 질문을 던지는 그런 반성을 할 필요가 없었다. 특히 지금까지 누구도 전일적 단순자를 언표하지 못한 것만큼이나 우리가 이런 반박을 발견하는 것 또한 쉽지 않다는 사실로 충분하다. 그리고 흄 자신이 단순한 경험에 의해 반박당할 정도는 아니라는 사실로 충분하다. 흄은 인과원리를 습관으로부터 설명한다. 그러나 각 습관에는 일정한 시간이 귀속하여 있다. 따라서 흄은 개별 인간만이 아니라, 전체 인간 종에게 일정한 시간을 허용해야 한다. 그 시간 동안에 하나의 일정한 현상 A의 결과로 다른 하나의 현상 B가 따라온다는 것을 알며, 결국 이 결과를 필연적이라고 고찰하는 데 익숙해진다. (왜냐하면 이것은 인과개념에 있기 때문이다) 그러나 흄이 암묵적으로 전제하고 있고 그리고 전제할 수 있다고 생각하는 이것은 결코 전제될 수 없다. 왜냐하면 나는 인간 종이 원인과 결과의 법칙에 따라서 판단하지 않는 그런 시공간의 존재를 시인하려는 경향을 우리 중 누구도 가지고 있지 않다는 사실을 확신하기 때문이다. 그리고 흄은 인간이 실존하고 있는 어떤 시점에 원인과 결과 개념 없이 그리고 이 개념의 적용 없이 인간을 생각할 수 있는지를 우리가 흄에게 물었을 때, 흄 자신은 이 질문에 대해 그렇다고 대답하기를 주저할 것이다. 흄은 원인과 결과에 따른 판단에서 벗어나 있는 인간은 우리에게 더 이상 인간으로 현상할 수 없을 것이라는 것을 알고 있었을 것이다. 따라서 우리는 최초 인간은 그의 현존의 첫째 날에 이미 이 원리에 따라 판단했다고 확신할 수 있다. 모세의 이야기에 따르면 최초 인간에게 신의 금기에 대해 회의적인 말들을 속삭인 에덴동산의 뱀처럼 그렇게 판단하는 것이 인간 본성에 속하기 때문이다. 그리고 이것은 인과법칙에 대한 수업을 통해 인간에게 전달된 것이 아니라, 오히려 뱀이 인간에게 말을 걸 때 이미 인간은 뱀을 충분히 이해하고 있었다는 사실을 전제하기 때문이다. 그렇게 그들은 열매를 먹고, 그들의 눈이 개안되었으며 혹은 그들이 이 열매를 먹은 그날에 그들은 마치 신과 같은 존재가 되었다. 첨언하면, 열매 혹은 열매를 먹은 일은 그들의 눈이 개안된 사건의 원인일 것이며, 이 향유의 결과는 그들이 신과 동등하게 되었다는 사실이다. ― 철학자 혹은 교육자Philosophus Autodidactus라는 제목을 가진 아랍어로 되어 있는 설화소설이 있다. 여기에는 태어나자마자 어머니로부터 떨어져 인도양의 어느 섬으로 옮겨진 어린 아이의 이야기가 나오는데, 이 이야기에서 아이는 자신에게 태생적으로 주어져 있는 선천적인 오성을 단계적으로 사용함으로써 모든 철학적 개념과 통찰에 도달한다. 그러나 우리는 흄을 반박하기 위해 그런 가상 소설까지 동원할 필요는 없다. 왜냐하면 현상들의 견고한 연쇄에 익숙해질 수 있는 어떤 기회도 가져본 적이 없으며, 누구도 원인과 결과에 대해 말해준 적이 없는 요람 속의 아이, 이 아이는 소리를 들었을 때 그 소리가 울리는 지역을 향해 몸을 돌리는데, 이때 아이는 울리고 있는 소리의 원인을 알려는 의도 외에 그 어떤 다른 의도도 가지고 있지 않기 때문이다.

따라서 원인과 결과의 법칙에 따라 판단하기는 우리에게 우리의 의지뿐만 아니라, 우리의 사유로부터도 독립적인 필연성 그리고 이런 의지와 사유에 앞서 일어나는 필연성을 부과했다. 그러나 우리의 의지와 사유에 독립적인 그것을 우리는 실재 원리라 부른다. 따라서 경험 자체를 통해 보편 중력eine universelle Schwerkraft과 같은 실재 원리가 있다는 것이 증명된다. ― 이 중력이 물체를 중심에 대항하여 운동하는 것으로 규정하는 것처럼, 우리에게는 모순의 법칙에 따라[58] 사유하는 것만큼이나 원인과 결과의 법칙에 따라 판단하는 것이 필요하다.

이제 우리가 칸트의 『순수이성비판』으로 나아간다면, 일반적으로 이것은 다음의 사상을 토대에 두고 있다. 우리가 어떤 것을 인식하려 하기 이전에, 시험해 볼 수 있는 우리의 능력을 인식할 필요가 있다. 집을 짓기 전에 신중한 건축가가 그의 수단을 숙고하는 것처럼, 즉 터를 닦고 건축물을 잘 쌓아 올리는 데 충분한지를 숙고하는 것처럼, 형이상학의 건축물을 구축하려 생각하기 이전에 철학자는 그와 같은 건축물의 재료들을 확증하여야 하며, 그가 이 재료들을 모을 수 있는지를 확증하여야 한다. 그리고 여기 이 재료들은 정신적 원천으로부터 창조되기 때문에, 이 정신적 원천이 의도된 건축을 위해 실제로 충분한 소재를 보유하고 있는지 혹은 제시하고 있는지를 확실히 하기 위해 이 원천 자체가 탐구되어야 한다. 우리는 ― 특히 초감성적 대상에 대한 ― 인식을 희망하기 이전에 우리가 이 대상을 인식할 수 있는 능력을 소유하고 있는지를 또한 탐구해야 한다.

우선 이 사상은 대단한 것처럼 보인다.[59] 그러나 보다 상세히 고찰했을 때 인식에 대한 인식이 중요하며, 이 인식에 대한 인식이 바로 다시 인식

---

58 2te Abth. Bd. I. S. 263 이하 참조.

59 당시에 이런 사상이 특별히 뚜렷하게 등장하였는데, 그 이유는 우리가 경험적 심리학을 통해 이미 정신 혹은 영혼 안에 많은 능력을 가정하는 데 익숙해져 있었기 때문이다.(다른 수고로부터)

이라는 사실을 알 수 있다. 그 후 비로소 인식에 대한 그런 인식의 가능성을 탐구할 필요가 있으며 그리고 그렇게 우리는 무한 소급하여 물을 수 있다.

적어도 칸트가 이토록 비판적으로 일에 착수했기 때문에, 칸트는 인식 능력 탐구를 위한 연역 원리와 신뢰할 만한 방법을 확증할 수 있었다. 그러나 유감스럽게도 사태는 그렇지가 못했다. 그는 인식 본성에 대한 일반적 탐구를 미리 실행한 것이 아니라, 인식의 개별 원천에 대한 열거 혹은 개별 인식 분과에 대한 열거로 이행해 갔다. 그러나 그는 이 열거를 학문적으로 도출한 것이 아니라, 오히려 그의 열거의 완전성과 정당성을 확증하는 원리 없이 단순히 경험으로부터 이 열거를 수용한다. 그런 한에서 순수 이성 자체에 대한 그의 비판은 인간 인식능력에 대한 학적 측정으로 간주될 수 없다.

칸트에게 이성의 세 가지 원천은 감성, 오성 그리고 이성이다. 감성은 우리 외부에 존재하는 대상과 관계하며 혹은 우리가 우리 자신 안에서 일어나는 변화를 지각하는 한에서 우리 자신의 내면과 관계한다. ─ 칸트는 우리 자신 안에 생기는 자극과 변화에 대한 이런 지각 능력을 내적 감각이라 부른다. 그러나 여기서 그는 (그 어떤 이유도 말하지 않은 채) 마치 외적 대상에서와 같이 보다 많은 감각들이 아니라, 단지 하나의 감각에 대해서만 언급한다. ─ 단순한 감각 인상 이상으로 생각되는 ─ 이런 최초 원천으로부터, 즉 감성으로부터 발생하는 인식을 직관Anschauung[60]이

---

60   역주: 칸트는 '감각적 직관'과 '지적 직관'을 구분하였다. 감각적 직관은 『순수이성비판』의 "초월적 감성론"에서 말하는 직관의 순수 형식들인 '공간'과 '시간'에서 이루어지는 감각경험이다. 공간과 시간은 감각 지각하는 인식주체의 '선천적' 형식이며, 따라서 보편적이다. 우리의 모든 감각 지각경험은

라 부른다. 그러나 우리는 직관에서 다르게 존재할 수 있는 우연적인 것과 다르게 존재할 수 없는 다른 우연적인 것을 구별한다. 외적 대상과 관계할 때 이것은 공간이다. 우리는 외적 대상을 공간 안에서 표상할 수 있다. 따라서 공간은 우리의 외적 직관의 필연적인 그리고 보편적인 형식이다. 여기서 칸트는 이제 우리의 외적 직관의 이런 공간적 형식이 지니는 필연성과 보편성으로부터 공간은 사물의 단순한 우연 그리고 재료와 같이 단순히 경험적인 어떤 것이거나 혹은 현실적 직관과 함께 비로소 발생하는 어떤 것일 수는 없다는 사실을 증명한다. 또한 공간은 우리 안에 존재하는 현실적 직관에 앞서 작용하며 그리고 우리의 인식능력 자체의 본성에 토대를 둔 형식이라고들 하는 주장을 증명한다. 결과적으로 공간은 대상들 그 자체에 혹은 우리의 표상과는 독립적으로 내속해 있는 것이 아니라, 대상들이 우리에 의해 직관되는 한에서만 대상들에 내속한다는inhäriert 사실을 증명한다. 이로부터 도출되는 결과는 우리 외부에 존재하는 대상들의 본질은 그 자체로 비공간적이며 그리고 비감각적이라

근원적으로 공간과 시간에서 이루어진다는 사실을 부정할 수 없다. 이때 공간은 인식 활동하는 주체와 이 주체의 인식대상이 상호 관계 맺는 장소로서의 '여기'이며, 시간은 인식 활동하는 주체와 인식대상이 조우하는 '지금'이다. 공간은 다시 '여기'만이 아니라 위치에 따라 '위', '아래', '좌', '우' 등으로 나뉘며, 이 위치마다 형성된 감각 지각의 표상경험을 결합하는 능력은 상상력이다. 시간은 우선 '지금'의 연쇄이며, 이 지금들의 표상경험을 결합하는 능력 또한 상상력이다. 물론 시간의 형식은 '지금'만이 아니라, '그제', '어제', '~무렵', '이래로' 등으로 표현된다. 시간은 불가역적인 직선운동을 펼치는 표상들의 내적 질서 부여자다. 따라서 시간은 모든 표상들이 등록되는 저장소와 같다. 감각 지각의 표상이 근본적으로 가능하기 위해 표상은 특정한 지금을 지녀야 하고, 다른 표상의 지금과 구별되어야 한다. 만약 이런 표상들의 구별이 없다면, 나는 감각 지각의 표상을 원천적으로 지닐 수 없기 때문이다. 그러나 감각적 직관의 표상은 잡다하며, 무질서하기 때문에, 필연성을 결여하고 있다. 예를 들어 '지금', '여기' 해가 떴다는 감각 지각의 표상 그 어디에도 보편 타당한 필연성은 들어 있지 않다. 이 때문에 칸트는 이 잡다하고 무질서할 뿐인 감각 지각의 표상들에 질서를 부여할 오성의 필연성을 요구한다.

는 사실이다. 그러나 칸트는 이 일련의 추론을 우리에게 일임하고 있으며, 마찬가지로 칸트는 우리 외부의 대상들에 대한 우리 표상의 최종 근거를 제시해야 하는 그 자체로 비공간적인 소재가 도대체 어떻게, 즉 이 소재가 어떻게 공간의 앞서 형식에 관여하는 우리의 직관에서 알맞은 공간적 형식을 갖는지를 우리 스스로 숙고하도록 일임한다.

외적 직관에게 공간과 같은 것이 내적 직관에게는 시간이다. 우리의 표상들, 감각들 등등 그리고 우리 자신으로부터, 우리 정신의 고유한 활동성으로부터 순수하게 발생하는 표상들 및 우리가 외적 대상에 의해 자극받아 추동되는 표상들이 연이어 따라 나온다. 우리가 그중 지각하는 형식은 연쇄Succession ― 시간이다. 따라서 외적 사물에 대한 우리의 표상을 추동하는 그런 것에는 연쇄도 시간도 없다. 또한 본래 감각적으로 표상된 사물 자체가 아니라, 오히려 우리가 내적 감각을 통해 사물들을 지각하는 한에서의 표상들만이 시간 속에 존재한다는 사실이 도출된다. 따라서 시간은 공간과 마찬가지로 우리의 표상에 의존한다. 단지 시간은 이 공간보다 주관적일 뿐이다.

그럼에도 불구하고 칸트는 우리 직관과 표상의 형식들인 시간과 공간 외부에 그 자체로 공간적이지 않은 그리고 시간적이지 않은 우리 직관의 근거를 가지고 있다. 다시 말해서 그가 x라고 (수학에서는 미지의 양의 기호) 표기하는 그리고 그가 특별히 물자체라고 부르는 앞서 미지의 것을 지니고 있다. (본래 이것은 자기 자신에 그리고 자기 자신보다 앞선 사물일 것이다. 다시 말해서 이것은 사물이 되기 이전이다. 왜냐하면 이것은 우리 표상에서야 비로소 사물이 되기 때문이다) 그러나 이제 모든 공간 외부에 그리고 모든 연쇄와 시간 외부에 정립되어 있는 그 어떤 것, 그것이 모든 공간 외부에 있는 한에서 정신적인 것이라고 하거나, 혹은 모든 시간 외부에 있어서 영원한 것이라고 말하는 것은 어려울 수 있으며, 이것이 대체로 신이 아니라고 한다면 이런 미지의 것이 무엇일 수 있는지 말하는 것은 어려울 수 있다. 그리고 이것을 신으로 규정하는 것은 칸트와는 상당히 거리가 멀다. 왜냐하면 칸트는 전체 감각세계를 우리 표상능력을 향한 신의 개입으로 인해 산출된 기만이라고 설명하는 버클리George Berkeley의 관념론을 몽상적 도취라고 부르기 때문이다. ― 여전히 생각해 볼 만한 이 관념론을 칸트는 공상적이라고 간주한다. 그러나 만약 칸트가 이렇게 공상적일 수 있다고 한다면, 즉 칸트에게서 여전히 생각해 볼만한 어떤 것이 있다고 한다면, 몽상적 도취 자체는 전혀 아무것도 생각하지 않거나 혹은 그 어떤 생각도 없이 끝나는 것보다는 더 철학적일 것이다. 왜냐하면 칸트의 감각적 직관이론은 두 개의 순수 비개념으로 끝이 나기 때문이다. 즉, 그 자체로 모든 공간 밖에 그리고 모든 시간 밖에 있는 그 미지의 것을 공간과 시간에서 표상할 필요가 있음에도 불구하고 우리 안에 있는 표상하는 자의 비개념적 배치로 끝내기 때문이다. 그리고 우리에게 작용하고, 우리를 감각 세계의 표상으로 추동하는 그 어떤 것이 무엇인지, 그것이 우리에게 어떻게 작용하는지 그리고 그것이 어떤 필연성을 혹은 어떤 관심을 가지고 있는지를 우리가 전혀 알지 못하는 앞서 우리 외부에 있는Außer-uns 비개념적인 것으로 끝내기 때문이다.

그럼에도 불구하고 칸트는 감성으로부터 두 번째 인식하는 혹은 인식을 규정하는 우리 안에 있는 분과 ― 오성으로 나아간다.[61] 그의 설명에 따르면 우리에게 감각적으로 지각된 것은 필연적으로 공간과 시간에만 있는 것은 아니며, 그것이 인식되는 순간 ― 바로 그것이 우리의 판단 대상으로 고양되는 순간 ― 우리는 대상에 어떤 일정한 오성 규정들을 덧붙여야 할 필요가 있다. 다시 말해서 실체로서 혹은 우유로서, 원인으로서 혹은 결과로서, 하나로서 혹은 여럿으로서 등등을 규정하여야 할 필요가 있다. 이 모든 규정들은 더 이상 단순히 직관의 형식이 아니며, 이 규정들은 사유 규정들, 개념들이고 ― 순수 오성의 개념들이다. 그럼에도 불구하고 우리 생각으로 이 개념들은 표상된 대상 자체에 존재하며, 이것이 실체인지 혹은 저것이 실체인지 혹은 이것이 원인인지를 판단하는 우리의 판단은 단순히 주관적 판단이 아니라, 오히려 객관적으로 타당한 판단이다. 예를 들어 사물이 공간 없이 직관될 수 없는 것처럼 사물은 이 개념들 없이 사유될 수 없다.[62] 그럼에도 불구하고 ― 앞서 규정들은 오성에서만 사유되는 개념들이기 때문에, 그래서 ― 우리는 그 규정들은 우리와는 독립적으로 사물들 자체에 현재하는 오성을 증명한다고 말해야 할 것이다. ― 그러나 칸트는 이런 방식으로 추론하지 않으며,

---

61 역주: 각주 64 참조. 칸트는 『순수이성비판』에서 '초월적 논리학'의 연역을 감행한다. 연역은 대전제로부터 결론으로의 추론방식, 즉 추상으로부터 구체로의 추론과정이지만, 칸트는 여기서 "판단"으로부터 "범주" 그리고 "초월적 통각"으로 서술을 진행함으로써 연역의 역방향 서술방식을 택한다. 칸트는 판단과 범주군을 양, 질, 관계, 양상으로 구분하고 각 군마다 3가지의 판단형식과 범주를 배열하였다. 그리고 최종적으로 초월적 통각을 기술하는데, 여기 통각은 '나는 생각한다', '나는 사유한다'이다. 따라서 칸트는 통각을 사유 활동으로 이해했으며, 통각이 '표상과 표상의 결합'인 한, 사유 활동은 결합작용이라고 간주했다. 이렇게 칸트는 고대 그리스 철학에서의 '로고스(logos)'를 자신의 개념인 '통각'과 연결시킨다. 헤라클레이토스에게 '로고스'는 본래 '모으다'의 의미로 이해되었으며, '모으기' 활동이 로고스이므로 당연히 '나누기', '구별하기', '분별하기'인 'dihairesis'를 로고스는 항상 동반하고 있는 것으로 간주되었다. 예를 들어 로고스의 활동은 형형색색의 공이 가득한 방안에 어린아이에게 바구니 하나를 주고 '붉은 공'을 바구니에 담아 오라고 했을 때, 붉은 공을 바구니에 모으고, 붉은 공이 아닌 다른 색의 공들은 구분하여 두는 행위다. 이처럼 고대 철학이 규정한 '로고스'를 칸트는 자신의 철학에서 '통각'으로 표현하고, 근대적으로 이해했다.

62 역주: 칸트의 유명한 명제인 "개념 없는 직관은 맹목적이고, 직관 없는 개념은 공허하다"를 생각하게 하는 진술이다.

오히려 — 규정들은 표상된 대상 자체에게만 타당하며, 이 대상을 넘어서는 아니고, 다시 말해서 물자체에게는 타당하지 않다고 말한다. 규정들은 우리 표상의 최종 근거를 보유하고 있는 앞서 미지의 것에는 적용될 수 없다. 그러나 이 미지의 것은 우리에게는 특히 중요한 것으로 최종 심급Instanz의 해명자다. 이제 우리가 공간에 존재하지 않고, 시간에도 존재하지 않으며, 실체도, 우유도, 원인도, 결과도 아니면서 여전히 존재할 수 있는 그것이 무엇인지 묻는다면, 우리는 앞서 미지의 것은 더 이상 칸트가 표기하는 것처럼 x가 아니라 (=수학공식의 미지의 양), 오히려 이것은 0이며(es=0), 이것은 우리에게는 완전한 무völligen Nichts였다는 사실을 인정해야만 할 것이다.[63] 따라서 칸트에게서 앞서 경험 밖에 전제된 것은 (왜냐하면 칸트는 경험을 단순한 직관이 아니라, 앞서 오성개념을 통해 규정된 그리고 그렇게 인식으로 고양된 직관이라 이해하기 때문이다) — 곧바로 완전히 무가 되기 때문이다. 우리는 칸트가 우리를 다시 이전에 우리가 있었던 그곳으로, 즉 한 번도 해명된 적 없는 그런 경험으로 이끌고 있다는 사실을 안다. 그럼에도 불구하고 칸트는 우리 인식에 있어서 보편성과 필연성을 얻는 데 기여한다. 이 보편성과 필연성 없이는 더 이상 확실성이 있을 수

---

63 역주: 앞서 각주 28에서 언급한 것처럼 피히테는 칸트가 인식 불가능하지만, 그럼에도 불구하고 우리의 경험을 촉발하는 근원으로서의 '물자체'를 전제함으로써 다시 독단론의 바다에 침몰했다고 본다. 칸트는 우리의 인식이 감각 지각의 잡다한 표상내용과 여기에 필연적 보편성을 부여하는 오성의 협업으로 발생한다고 본다. 따라서 칸트 스스로 말하는 우리 경험의 확장이 없는 '구는 둥글다'와 같은 분석판단이 아니라, 우리 경험의 확장이 있는 '선천적 종합판단'은 이런 감각지각의 표상과 선천적 오성범주의 결합을 통해서만 가능하다. 그리고 이때 오성능력은 선천적이고 보편 타당하기 때문에, 칸트는 보편적 진리의 보증자인 것처럼 말한다. 그러나 칸트는 결국 '물자체'를 모든 인식과정의 근본토대라고 규정함으로써 진리의 최종 보증자는 오성능력이 아니라, '물자체'라는 사실을 확정한다. 때문에 피히테의 언급처럼 칸트에게 '물자체'는 인식 활동하는 주체의 비판적 사유대상이 아니라, 주체의 사유활동을 넘어서 있는 형이상학적 실체일 뿐이다.

없을 것이지만, 칸트는 설명을 해야만 함에도 불구하고 아무런 설명이 없이 보편성과 필연성을 유지한다. 필연성과 보편성의 타당성을 나에게 확증하는 필연적 원리가 나의 정신에서 발견되지 않는다면, 나는 감각적 현상조차 확신할 수 없을 것이다. 결국 우리가 도달한 결론은 내가 감각 지각한 그 무엇을 나는 감각지각하지 못한다는 것은 불가능하다는 사실 정도이다.

그러나 칸트의 비판은 특히 다음 주장으로 유명해졌다. 오성개념들은 (혹은 그가 아리스토텔레스로부터 차용한 말로 이 개념을 부르는 것처럼, 범주[64])

---

64 역주: 범주(Kategorien, κατηγορια)는 고소를 뜻한다. 문장으로 κατηγορέω는 '나는 누군가에 반대한다', '나는 고소한다'이다. 하이데거는 『존재와 시간』에서 범주를 "공적으로 고소하다(öffentlich anklagen)", "모든 사람 앞에서 누군가에게 어떤 것을 맞대 놓고 말하다(einem vor allen etwas auf den Kopf zusagen)"로 이해한다(M. Heidegger, *Sein und Zeit*(Tübingen: Max Niemeiyer, 2001), S. 44). 그러니까 범주란 말은 본래 어떤 일이나 사태의 책임이 전적으로 어떤 하나 혹은 어떤 사람에게 있다고 주장하여 그것을 고소하고, 그 책임을 묻는 것을 말한다. 이렇게 볼 때, 범주는 존재의 가능한 여러 사태 중 책임을 져야 하는 하나의 사태를 언어적으로 지적하는 것이다. 여기에서 범주는 존재의 '본질'을 가리킨다는 생각이 나왔다. 범주라는 개념은 철학사에서 그 기원을 로고스 개념에 대한 반성적 이해에 두고 있다. 다시 말해서 존재/존재자와 관계하여, 이 양자를 내용적으로 해석하고 정의하며 규정하는 로고스에 대한 반성에서 그 근원을 찾을 수 있다. 고대에 범주라는 개념을 철학적 논의로 이끈 사람은 아리스토텔레스다. 그렇지만 그의 범주이해에는 이미 소크라테스 이전 자연철학자들의 철학기획과 플라톤 '아카데미아'의 영향을 무시할 수 없다. 최초 피타고라스에게서는 10개의 대립적 개념쌍이 있었다. 경계와 비경계라는 모든 발생에 있는 대립쌍, 보편과 개별, 통일과 다양, 개념과 실재라는 대립적 관계가 있다. 플라톤에게 범주는 술어 규정들과 관계, 자체(καθ αὐτό)와 어떤 것을 향함(πρός τί)으로 구별되며, 다섯 가지 최고유, 즉 존재, 정지, 운동, 같은 것, 다른 것이 있으며, 이것은 이데아를 해명하려는 술어로 이데아와 관계한다. 그래서 아리스토텔레스의 관점에서 플라톤의 이데아는 이제 존재원리의 계기와 보편적 그리고 추상적 개념의 계기를 구별한다. 아리스토텔레스는 그리스 법정용어로부터 범주라는 개념을 받아들여 이 개념의 본래적 의미인 '고소'라는 말을 변형한 의미로 '진술도식', '진술방식'이라 이해한다. 아리스토텔레스는 여러 진술방식을 분석하여 철학적 논의 형식에서의 다의성을, 특히 계사 ist의 다의성을 피하려 했다. 그래서 진술된 명제를 결합되지 않은 상태에서 우선 분석하고, 통찰하려 시도했다. 인간. 달린다. 운동장. 해가 뜬 시간. 등등. 이렇게 열 개의 범주, 실체(οὐσία, substantia), 양(ποσόν, quantitas), 질(ποιόν, qualitas), 관계(πρός τί, relatio), 어디서(πού, ubi, Wo), 언제(ποτέ, quando), 상황(κεῖσθαί, situs, Lage), 소유(ἐχεῖν, habitus, Haben), 작용(ποιεῖν, actio, Wirken), 상태(πασχεῖν, passio, Leiden)가 있다. 그러나 실체는 두 가지 종류가 있으며, 그

자체로 토대에 놓여 있는 것이라는 의미의 실체와 토대에 놓여 있지 않는 이라는 의미의 실체로 나
뉜다. 후자는 개별 실체다. 그리고 토대에 놓여 있는 것이라 말할 수는 있지만, 토대에 놓여 있는 것
에 속하지 않는 실체, 예를 들어 인간은 생명체의 종이며, 생명체는 인간의 유이다. 범주는 존재자
를 구성하는 형식이 아니다. 범주는 오직 존재자의 존재방식, 존재자의 상이한 의미를 규정하는 진
술형식일 뿐이다. 그래서 범주는 현실 존재자의 존재론적 구성이 과제가 아니라, 존재자의 의미 변형
과 의미 오류를 막기 위한 기교적 기능을 담당한다. 그러므로 범주는 상호 관계하지 않는 낱낱의 개
념이며, 또한 존재자 자체가 범주인 것도 아니다. 스토아학파에게 아리스토텔레스 범주론은 특히 아
리스토텔레스에 의한 존재원리와 범주들로 구별되어 수용되었다. 네 개의 범주, 즉 기체(ὑποκείμενο
v. Substrat), 질(τό ποίόν), 자기 관계(τό πώς εχων. sich-verhalten), 관계(τό πρός τί πως ἐχων)가 있다.
이 네 범주는 실재 존재자의 구성 원리로서의 의미를 지닌다. 범주가 존재론적 구성의 요소이며, 구
조 자체다. 기체-비속성적 소재, 질-종을 형성하는 힘, 자기관계-아리스토텔레스에게서 실체이지 않
은 범주들, 관계는 상관관계를 표현한다. 즉, 범주는 각자 구체적인 현실 존재자를 표현한다. 이제 범
주는 물리적으로 주어져 있는 우주의 구성을 이론적으로 해명하는 개념군이다. 플로티누스는 아리
스토텔레스의 열 개의 범주에 반해 우선 사유세계와 감각지각의 세계로 나누고, 감각지각세계의 범
주를 다섯 개로 줄였다. 다섯 개의 범주는 실체(ούσία), 관계(πρός τί), 양(ποσόν. Quantum)과 고통(πο
íόν. Quale)[즉 실체에게 벌어진 사건들(Akzidenzien)], 장소(πού)와 시간(ποτέ)[즉 실체가 있는 곳], 운동(κίνησ
είς)[즉 실체의 능동(ποίείν. actio)과 수동(πασχείν. passio)]이다. 플라톤의 『소피스테스』에서 최상의 유는 사
유세계의 근본규정으로, 즉 존재, 정지, 운동, 같은 것, 다른 것으로 서술된다. 이를 통해서 아리스토
텔레스 범주는 감각세계에 제한적으로 적용되고, 이에 상응한다. 다시 말해서 범주는 하나의 존재를
해명하는 개념이 아니라, 감각지각 세계를 해명하는 개념이다. 보에티우스(Boethius)는 앞의 토대로
서 10범주를 거론한다. 혼돈의 무한한 잡다를 인식 가능한 열 가지 규정으로 포괄한다. 범주는 최상
의 유 개념으로 존재자의 의미를 증명하는 개념 형성을 가능하게 한다. 그래서 범주는 어떤 것이 인
식되는 가능성의 조건이다. 가능한 인식이 10범주를 통해서 파악된다고 한다면, 인식대상일 수 있는
것도 또한 10범주를 통해 미리 판단될 수 있다. 보에티우스가 아리스토텔레스 철학전통의 범주론을
계승하였다면, 아우구스티누스는 플라톤 철학 전통에서 범주를 파악하며, 특히 범주를 통한 신에 대
한 인식가능성을 부정한다. 범주를 통해 우리는 신적 존재를 표현할 수는 있다. 그러나 신은 실체라
는 범주를 통해서도, 우유성이라는 범주를 통해서도 인식되지 않는다. 따라서 근원으로서 신에 대한
개념화를 위해서는 범주를 넘어서 초범주적 개념이 필요하다. 아퀴나스(Thomas von Aquin)는 범주의
최상의 보편 개념인 존재자로부터 범주를 도출한다. 존재방식과 진술방식이 상응한다. 각 술어는 개
별 실체와 관계하며, 따라서 실체와 속성(Akzidenzien)의 구별이 발생한다. 제일실체는 주어, 다시 말
해서 모든 진술이 관계 맺는 주어이다. 이 제일실체로서 주어와 관계하는 술어규정들이 등장하면, 여
기서 제이실체의 범주가 나타난다. 제이실체에는 사물의 본질이 속하지는 않지만, 제일실체에 내속
하는 범주가 해당한다. 즉, 양과 질 범주이다. 이렇게 내속하는 범주는 항상 주어를 적확하게 표현하
는 것이 아니어서 다른 주어와의 관계를 형성한다. 여기서 관계 범주가 나타난다. 오캄(Wilhelm von
Ockham)은 유명론적 입장에서 신적 전능과 신학적 의지주의에 대한 비판을 감행한다. 즉, 사유와 존
재 사이의 평행론을 거부한다. 사유와 존재는 일치하지 않는다. 원래 범주는 영혼에 태생적으로 내재
한 기호화 욕구의 발현일 뿐이다. 그래서 오캄에게서 범주적 규정은 결코 실재하는 사물의 구조를 지
시하는 것도 사물 자체도 아니다. 이렇게 해서 적어도 기호가 지니는 자유와 구성적 계기를 파악했
다. 오캄은 범주의 인식론적 위치를 인간 정신의 주관적 활동영역으로 국한한다. 범주는 대상적 존재
자의 객관화가 아니라, 범주는 이제 주체가 사용하고 적용하는 기호이다. 여기서 우리는 로크, 흄의

경험론적 입장과 칸트 초월철학의 구성설적 입장을 볼 수 있다. 칸트에게 범주는 순수 오성개념이다. 그리고 이 순수 오성개념은 객관적 타당성을 지녀야 한다. 범주는 오성의 활동성에 있는 종합기능을 담당하며, 따라서 범주는 이 종합기능의 표현이다. 판단표가 범주표를 형성한다. 여기에는 tabula logica라는 관점이 숨어 있다. 즉, 체계적 연역의 완전성 이념이다. 칸트는 4가지의 범주군을 나누고, 각각의 범주군에 3개의 범주를 그리고 이에 상응하는 판단형식을 대비한다. 즉, '양'은 범주 단일성, 다수성, 전체성을, 상응하는 판단을 전칭, 특칭, 단칭판단을 가지고 있고, '질'은 긍정, 부정, 제한의 범주를 그리고 이에 상응하여 긍정, 부정, 무한판단을 가지고 있다. '관계'는 실체-우유, 인과, 공통성의 범주를 그리고 이에 상응하는 정언, 가언, 선언판단을 가지며, 그 자체로 존재를 가리키는 '양상'은 가능성, 현실성, 필연성의 범주를 그리고 이에 상응하는 개연, 실연, 필연판단을 가진다. 칸트에게 범주는 오성이 객체를 향해 지니는 지향성을 타당화, 정당화한다. 그래서 범주는 각 학문의 구조 개념이다. 즉, 가능한 학문의 대상은 항상 범주를 통해 사유되어야 한다. 범주는 경험적 인식의 가능성이다. 범주의 현상으로 적용의 타당성은 '초월적 연역'에 의해 보증된다. 경험적 인식에 대한 증명과 보장은 칸트에게서는 경험세계를 구성하는 초월적 판단력에 의해 이루어진다. 범주는 판단의 종합기능의 표현이며, 가능한 경험의 조건으로서 경험 대상을 구성한다. 그래서 범주는 경험대상의 특수 개념규정을 포섭하는 최상의 보편개념이다. 그리고 양, 질, 관계, 양상은 각각 세 개의 범주를 포함하는 유개념으로 상호 배제적이다. 칸트에게 나타나는 하나의 원리로부터 범주구성과 이런 범주의 완전성 문제에 대해 피히테는 초기에 모든 지식의 무제약적인 하나의 명제를 통한 규정으로 해소하려 시도한다. 형식과 내용을 결합하는 결합자로서 근본명제는 "나는 나다"이다. 두 번째 명제 "비아는 자아가 아니다"는 내용에 따라 제약되어 있다. "자아는 비아를 자신에 대하여 정립한다." 즉, "무제약을 통해 규정된 제약"이다. 피히테의 세 개의 근본명제의 칸트 범주론과의 관계는 칸트에게서는 여전히 매개되어 있지 않는 분석판단과 종합판단을 모든 지식의 근원형식으로 결합하고 있다는 것이다. 분석판단은 무제약성이며, 종합판단은 제약성이고, 양자의 매개는 세 번째 근본명제에서 이루어지는 형식으로 무제약성을 통해 규정된 제약성이다. 이 세 근본명제는 칸트의 범주표에서 관계의 실체-우유, 인과, 공통성과 관계한다. 그래서 피히테는 칸트 범주에서 관계를 상위의 범주로 간주한다. 피히테에게서는 칸트의 범주 개념이 다른 양식으로 변형되어 이해되며, 즉 모든 지식의 근원 형식으로 이해된다. 그리고 지식학의 근본명제 중 세 번째 근본명제의 상호 제약, 상호 규정의 형식으로 도출된다. 지식학의 근본명제는 양과 질 범주와 관계하며, 질의 긍정(실재성)으로서 자아는 질의 부정으로서 비아와 세 번째 근본명제에서 부분적으로 상호 제한적으로 정립된다. 다시 말해서 자아와 비아가 자아에서 함께 존립하는 한에서 자아와 비아는 자아의 실재성(긍정)과 비아의 절대적 부정성을 매개하는 세 번째 근본명제를 통해서 분할 가능한 것으로 규정된다. 즉, 상호 교섭적인 것으로 규정된다. 여기서 양 범주가 질 범주로부터 산출된다. 즉, 양 범주가 질 범주의 실재성과 부정의 모순을 매개한다. 이 세 번째 근본명제는 사실 관계 범주의 상호작용이다. 그리고 이 상호작용이 제일의 범주이다. 왜냐하면 상호작용의 범주로부터 질의 실재성과 부정이, 그리고 양의 제한, 규정, 제약이 나오기 때문이다. 그래서 상호작용 범주가 지식학의 앞서 두 명제를 무한 활동성과 유한 활동성으로 매개한다. 만약 자아와 비아를 절대자아의 하위개념으로 자리매김하는 것이 아니라, 자아와 비아를 동등한 동일 근원으로 생각한다면, 자아, 즉 주체적인 것과 비아, 즉 객체적인 것 혹은 대상적인 것의 동일성이 등장하며, 세 번째 근본명제를 통해 양자의 매개라는 관점에서 보면 자아와 비아의 통일이라는 세 번째 근본명제는 동일성과 비아의 비동일성의 동일성으로 나타난다. 여기서 피히테에게서 절대자아의 우위는 부정된다. 상호규정, 상호작용이 절대자아의 근본명제를 지양한다. 헤겔 논리학에서 범주의 전개는 칸트와 피히테, 셸링의 초월적 반성철학에 대한 비판이며, 이들이 오성과 감성의 초감성적인 것Übersinnlichen에 적용될 수 없다. 덧붙여 칸트는 형이상학이 초감성적인 것의 인식에 도달하는 한에서 모든 형이상학은 종말을 고한다고 생각한다. 그러나 여기서 그는 그가 원했던 것 이상을 행했다. 이미 언급한 것처럼 오성개념들의 초감성적인 것에 대한 적용불가능성이 정당하다고 한다면, 결국 초감성적인 것은 인식될 수 없는 것일 뿐만 아니라, 어떤 경우에도 사유될 수 없는 것이 되기 때문이다. 이런 이유로 칸트는 자기모순에 빠진다. 왜냐하면 칸트 스스로 초감성적인 것의 실존을 부인하지는 않기 때문이며 그리고 경험 자체를 구성할 때 그 스스로 초감성적인 것을 전제하기 때문이다. 도대체 칸트가 말하는 그 물자체는 본래 무엇인가? 그것 또한 초감성적인 것이 아닌가? 적어도 그것은 감각을 벗어난 것 그리고 비감각적인 것이다. 그러나 그와 같은 것 자체는 단

도식적 관계로서 범주를 이해한 데 반해, 헤겔은 절대지의 규정 활동으로 이해한다. 논리학은 순수 사유의 자기 자신과의 범주적 관계에 대한 서술이다. 다시 말해서 논리학은 사유의 개념과의 순수 관계로부터 형성하는 순수 사유의 자기 경험에 대한 서술이다. 따라서 여기서 감성적 소재나 정신적이지만 일시적인 소재는 순수 사유의 경험대상이 아니다. 범주에서 사유는 자기를 대상화하며, 즉 범주는 사유의 대상이며, 동시에 자기이다. 그리고 범주를 통한 사유의 이런 자기 대상화에서 사유는 범주의 운동이라고 할 논리학의 전개과정에서 자기관계 운동한다. 존재 논리학에서 사유는 규정성이다. 개념 자체를 사유하는 사유다. 반성 논리학에서 사유는 관계, 즉 독자적 개념의 관계다. 개념 논리학에서 개념은 개념 자체와 독자적 개념의 통일이다. 이것이 이념이며, 이념은 순수 범주로서 자기를 매개하는 주체성으로 정립된다. 이렇게 논리학에서 범주는 사물에 대한 순수 사유규정들이며, 사물의 본질이다. 따라서 논리학과 형이상학이 함께 결합된다. 헤겔의 범주론에서 칸트의 구별, 즉 오성개념과 감성형식의 구별이 이성의 통일적 운동으로 극복된다. H. M. Baumgartner, G. Gerhardt, K. Konhardt u. G. Schönrich, artl. Kategorie, Kategorienlehre, in: *Historisches Wörterbuch der Philosophie*, hrsg. v. Joachim Ritter u. Karlfried Gründer(Basel/Stuttgart: Schwabe, 1976), S. 714–776; Immanuel Kant, *Kritik der reinen Vernunf*, in: *Kant Werke in sechs Bde*, Bd. II, hrsg. v. Wilhelm Weischedel(Darmstadt: Wissenschaftliche Buchgesellschaft, 1983), B 89 이하. Hassan Givsan, *Nach Hegel. Kritische Untersuchungen zu Hegels Logik, Schellings "positiver" Philosophie ⋯ und Blochs Ontologie*(Würzburg: Königshausen u. Neumann, 2011), S. 13 이하.

지 두 가지, 즉 감각 경험을 넘어선 어떤 것이거나 혹은 감각 경험 아래의 어떤 것이다. 만약 그것이 단순히 근거에 놓여 있는 것Hypokeimenon[65], 단순한 기체Substrat, (감각 직관에서야 비로소 얻는) 모든 현실적 속성이 없는 순수 물질로 간주된다면, 이것은 감각 경험 아래에 있을 것이다. 그러나 기체 개념은 실체 개념과 상이하지 않다. 이 때문에 칸트는 감각 경험 밖에 놓여 있는 어떤 것을 가정하며, 그것을 그는 실체로 규정할 필요가 있었다. 혹은 그는 이것을 초감성적인 것으로 간주하려 할 것이다. 우선 다음을 물을 수 있다. 칸트는 그것이 실제로 인식될 수 있을 것이라는 사실을 부인하고 있지만, 그럼에도 불구하고 그가 적어도 우리 인식충동의 대상으로 서술하고 있는 이 초감성적인 것은 어떻게 다른 종류의 초감성적인 것과 구별되는가? 이 초감성적인 것은 칸트가 신에서, 인간 영혼에서, 의지의 자유에서 등등 인식하는 앞서 다른 초감성적인 것과 어떻게 관계 맺고 있는가? 앞서 다른 초감성적인 것은 또한 어떻게 이 초감성적인 것과 관계 맺고 있는가? 칸트가 그토록 유명한 비판 절차를 수행해 가면서 여전히 가까이 있는 그리고 긴급하게 요구되는 다음의 문제를 진지하게 다루지 않았다는 사실이 눈에 띤다. 도대체 감각 밖에 있는 것 혹은 단순히 지적인 것이 어떻게 다른 것, 본래 초감성적인 것과 관계 맺고 있는지? 칸트는 이 양자를 그 어떤 방식으로든 구별하거나 혹은 상호 결합하는 것이 아니라 상호 나란히 방치하여 둔다.

칸트 자신이 소위 물자체Ding an sich라 명명하지만 (그 자신의 개념에 따르

---

65 역주: 개념사적으로 보았을 때, Hypokeimenon(근거에 놓여 있는 것)은 이후 라틴어 Substanz(실체)로 그리고 근대에 다시 독일어 Subjekt(주체)로 옮겨진 말이다.

면 참으로 어설프고 문제가 많은 것인데, 왜냐하면 그것이 사물[객체]Ding인 한, 그것은 그 자체an sich이지 않으며, 그리고 만약 그것이 그 자체라면, 그것은 사물이 아니기 때문이다), 그러나 칸트 스스로 이 물자체를 우리 표상의 지적 근거라고 설명한다. 물론 근거라는 말은 단순히 논리적 해명을 그리고 나서 앞서 지적인 것의 우리 표상과의 단순한 논리적 관계를 허용한다. 그러나 칸트는 현실적 표상에 앞서 감각에 대한 인상이 일어나도록 하기 때문에, 이 인상은 이미 표상된 것으로부터, 따라서 이미 순수 감성의 형식들 그리고 오성의 형식이란 옷을 입고 있는 객체로부터가 아니라, 모든 표상 밖의 사물로부터 그리고 모든 표상을 넘어선 사물로부터 기인할 수 있다. 그래서 칸트는 앞서 지성적인 것으로부터 인상을 산출하여야 하며, 이 지성적인 것을 우리 표상의 촉발 원인causa efficiens으로 삼아야 하고, 다시 말해서 지성적인 것 자체를 (오성 개념으로 인한) 원인으로 규정해야 한다. 여기에서 다음과 같은 사실이 눈에 띤다. 칸트는 지성적인 것에 있어서의 지성, 즉 지성계Noumenon에 있어서의 지성, 이성Nus, 본래적인 인식 능력과의 직접적 관계가 아니라, 오히려 우리의 단순한 물질적 감각 혹은 신체적 감각 기관과의 직접적 관계를 인정하고 있다는 사실이다. 만약 칸트가 물자체라 부르는 앞서 지성적 근거가 본래 단순한 물질, 소재를 우리 표상과 결합한다면, 그 후 칸트가 이 작용을 부르는 것처럼 통각의 초월적 종합[66]에서 비로소, 여하튼 우리가 전제해야 하는 오

---

66   역주: 초월적 통각(transzendentale Apperzeption)의 통각. Apperzeption은 라틴어의 표상을 가리키는 perceptio를 품고 있는 말이다. 말 그대로 통각은 표상들의 결합, 표상과 표상의 결합작용을 의미한다. 칸트에 따르면 "나는 생각한다는 사실은 나의 모든 표상들을 동반할 수 있어야 한다." 여기 '나는 생각한다'가 칸트가 말하는 통각이다. 그러므로 칸트에게 통각의 활동은 매순간 발생하는 표상들을 결합하는 일이다. 이렇게 통각이 표상과 표상의 결합작용으로 이해된다면, 판단으로서 사유 활동은

성의 앞선 특색을 주체에서 비로소 받아들이는 그런 어떤 지성적 근거라면, 앞서 지성적 근거가 객관적 판단의 대상이어야 한다면, 다음을 물어야 한다. 1. 앞서 지성적 근거가 어떻게 주체에 이르는지, 그와 같은 주체에 어떻게 작용하는지? 2. 이 소재가 어떻게 기꺼이 오성형식을 따르는지? 3. 소재에 대한 이런 권능이 어디로부터 주체에 도달하는지? 칸트의 비판에서 이 질문들은 대답된 적이 없으며, 물론 제기된 경우도 없었다.

철학에 대한 두 가지 요구들이 있다. 첫째, 자연의 생성Genesis을 설명하는 것이다. 그러니까 우리는 이 자연을 객관적인 어떤 존재자로, 또한 우리가 자연을 표상하듯이 우리 표상 밖의 존재자로 간주하며 혹은 우리는 자연을 관념적으로 단순히 우리 표상에 그렇게 실존하는 것으로 간주한다. 다시 말해서 여기에서는 적어도 우리가 그런 세계를 이런 규정들과 그런 단계들을 거쳐서 표상하기 위해 우리 내면의 어떤 과정을 ― 더욱이 필연적인 과정을 ― 거쳐야만 하는지가 제시되어야 한다. 칸트는 이 요구를 다루었다. 그리고 철학에 제기되는 두 번째 요구는 신, 영혼, 자유, 불사성Unsterblichkeit이 소속되어 있는 앞서 형이상학의 세계, 초감성적 영역을 우리에게 해명하는 것이다. 그러니까 칸트는 이런 철학의 보다 상위 부분에 대립하는 자신만의 고유한 입장을 가지고 있다. 이

주어부의 표상과 술어부의 표상을 결합하는 일을 한다. 판단명제 "장미는 붉다(Die Rose ist rot)"에서 주어부의 표상내용인 '장미'와 술어부의 표상내용인 '붉음'을 결합하고 있는 결합자가 '계사 ist'라는 사실을 알 수 있다. 즉, 칸트의 말에 따르면 "이 관계사는 판단 자체가 물체는 무겁다와 같이 경험적이고 또한 우연적이라고 하더라도 표상들의 근원적 통각과의 관계와 표상들의 필연적 통일을 표시하기 때문이다." 이제 계사(Kopula)가 주어표상과 술어표상을 결합하는 관계라는 사실을 알 수 있다. 그리고 이 계사가 바로 칸트가 말하는 '통각', 즉 사유 활동이라는 사실 또한 드러난다. Immanuel Kant, *Kritik der reinen Vernunft*, in: *Werke in sechs Bänden*, hrsg. v. Wilhelm Weischedel, Bd. II(Darmstadt: Wissenschaftliche Buchgesellschaft, 1998), B. 132, 141, 142.

미 언급했듯이 칸트는 이런 형이상학적인 것과 관계해서 자신 이전에 산출된 형이상학이 원했던 것과 동일한 것을 원한다. 참된 형이상학이 있다면, (칸트는 이 입장을 여러 곳에서 인지할 수 있도록 한다) 그 형이상학은 신을 세계의 자유로운 창조자로 서술해야 하며, 인간의 도덕적 자유를 자연에 있는 파괴할 수 없는 인과연쇄와 나란히 묘사해야 하며, 인간 존재의 불사성을 제시해야 한다. 그러나 칸트는 이 목적을 달성하기 위해 그 이전 형이상학이 알고 있었던 것과 다른 수단을 결코 전제한 적이 없다. 그의 비판은 우리가 잘 알고 있는 것처럼 이 형이상학과 관계하고 있으며, 그는 이 형이상학 외에 다른 형이상학이 있을 수 있다는 생각을 결코 한 적이 없다. 그래서 칸트의 비판은 이 형이상학의 특정 형식과만 관계한다. 다시 말해서 그가 우연히 그의 청년기에 볼프Christian Wolff를 통해서 그리고 더 나아가 바움가르텐[67]을 통해서 (칸트의 선생이며, 볼프주의자들

---

67 역주: 바움가르텐(Alexander Gottlieb Baumgarten)은 1714년 7월 17일 베를린에서 태어나 1762년 5월 27일 프랑크푸르트 오더에서 사망한 독일 철학자이며, 계몽주의자다. 그는 특히 근대 미학 이념 형성에 지대한 영향을 미친 사상가이다. 플라톤이 일찍이 대화편 『대 히피아스』에서 아름다움에 대해 논의하고, 아리스토텔레스가 그의 『시학』에서 비극과 희극 작법에 대해 논의하였으나 근대적 의미의 미학이라고 할 수는 없다. 오늘날 우리가 미학이라 부르는 학문영역은 18세기에서야 비로소 시작하였으며, 이 출발점에 바움가르텐이 서 있다. 근대 미학은 바움가르텐이 1750년 자신의 저작 *Aesthetica*를 출판하면서부터 시작하는데, 이때는 전체의 1권만을 출판하였으며, 1758년 2권을 출판하였다. 물론 바움가르텐의 1750년 저작이 출판되기 2년 전에 그의 제자인 마이어(Georg Friedrich Meier)가 *Anfangsgründe aller schönen Wissenschaften(1748)*을 출판하였다. 그러나 바움가르텐의 저작이 보다 더 탁월한 인간의 미적판단능력과 예술에 대한 체계적이며 철학적인 사색으로 평가된다. 바움가르텐은 오성의 법칙과 이성의 원리에 따른 합리적 사유를 요구하는 합리주의가 강력하게 지배하던 시기에 감각능력들의 자발성을 강조한 철학자이다. 즉, 합리주의 전통에서 주관적이며 몰이성적인 감각은 철학적 사유의 대상이 아니었으나 바움가르텐은 이렇게 배제된 감각의 법칙성, 인간의 감성능력을 철학적 사유대상으로 발견한 최초의 사상가이다. 그리고 그는 오성과 이성의 법칙성과는 다른 감각적 직관과 예술의 주관이며 고유한 법칙성을 철학적으로 분석하여, 오성과 이성의 합리성과는 독립적으로 작동하며 인간 세계관 형성에 영향을 미치는 감각직관과 예술의 본래적 영역을 구축하려 했다. 한마디로 바움가르텐은 논리적 사유의 영역과는 별개의 철학적 미학의 영역

중에 가장 뛰어난 인물 중 한 명) 받아들인 형이상학과만 관계한다. 칸트는 앞서 형이상학의 주관적 합리주의를 넘어서 있는 모든 것을 무시한다.[68] 그런 한에서 그의 비판은 스피노자주의에 전혀 적용되지 않는다. 또한 칸트에 따르면 실체 개념은 초감성적 대상, 따라서 신에게 적용될 수 없으며, 적용되어서도 안 된다. 이것은 스피노자주의에 대한 거부로 보이지만, 그러나 이 거부의 근거가 스피노자를 적중하고 있는 것은 아니다.

을 자신의 철학 건축물에 건설하려 했다. 바움가르텐은 미학을 '감각적 인식의 학' —여기서 우리는 칸트가 왜 그의 『순수이성비판』 첫 부분 "초월적 감성론"에서 Ästhetik을 감성 혹은 감각으로 이해했는지의 이유를 발견할 수 있다— 이라고 부른다. 그러면서 그는 미학은 '예술이론, 하위의 인식론, 미적 사유의 기교, 이성과 유사한 사유의 기교'라고 말한다. 이 때 하위의 인식론은 감각능력에 대한 이론이다. 그런데 바움가르텐에게서 이 인식론은 두 가지로 구분된다. 첫째 인간의 감각적 인식능력들에는 전적으로 고유하고, 내면적인 법칙성이 깃들어 있다는 점이다. 둘째 이런 법칙성에 적합한 감각적 인식능력들은 오성 혹은 이성과는 다른 독립적인 인식가능성을 지닌다는 점이다. 우선 바움가르텐은 감각적 인식능력에는 오성의 논리적 사유가 필연적으로 보편 개념화 과정에서 경험하는 논리적 추상이 존재하지 않는다고 말한다. 이 때문에 감각적 인식은 사태 전체를 구성하는 부분들 모두를 사상 없이 조화롭게 통일하는 능력이다. 물론 감각적 인식은 어둡고, 모호하며, 불명료할 수 있다. 따라서 논리적 사유가 명료하게 정의하는 사물의 징표가 감각적 인식에서는 불명확하게 드러날 수 있다. 그러나 감각적 인식은 이 징표를 표상하고 구체화하는 능력이다. 사물의 징표는 인간의 오감 및 얼굴의 표정까지 아우르는 감각적 인식능력들에서 구체화된다. 이때 감각적 인식능력들의 구체화는 특정 공간에서의 우리 신체의 자세와 위치, 신체의 성향, 어느 정도 집중하는가 등에 따라 달성된다. 왜냐하면 세계사태가 우리의 신체와 독립적으로 존재하지만, 세계사태의 질서가 구체적으로 획득되는 장소는 유일하게 우리의 신체이기 때문이다. 따라서 세계사태의 질서는 우리의 신체에서 구체화되고 현재화되며, 우리가 얻은 감각자료만이 우리와 관계하는 것이므로 이제 우리는 감각적 인식능력만을 신뢰할 수 있다. 우리들의 감성들 자체는 우리들의 신체적 관점, 시점을 드러내며, 이런 관점과 시점은 또한 세계사태의 상태, 질서와 관계한다. 감각적 인식능력이 이런 특성을 지니기 때문에, 감각적 인식능력은 판타지, 작품산출능력, 기억과 기억들의 결합능력, 예견능력들의 근간이 된다. 또한 감각적 인식능력은 우리 자신의 지금의 시점, 관점에서 세계 사태를 표상하고 구상하면서 또한 세계에 대해 판단하는 능력이다. 즉, 감각적 인식능력은 바로 감각적 판단능력을 수반한다. 부분들의 조화와 화음의 일치를 이 판단능력은 예술미의 완전성으로, 부분들의 분열과 불협화음을 예술미의 불완전성으로 판단한다. 그러므로 바움가르텐에 따르면 미적 사유는 우리가 간과해서는 안 되는 풍요를 가능하게 하며, 즉 개별현상세계의 소재들을 보다 더 풍부하게 하기 때문에 언제나 그리고 이미 논리적 사유가 정지하는 곳에서 작동한다.

68 역주: "형이상학의 주관적 합리주의"에 대해서는 이 책, 128쪽 이하 참조.

왜냐하면 스피노자는 신을 칸트의 의미에서 그리고 앞서 주관적 합리주의의 의미에서 초감성적인 것으로 생각하지 않기 때문이다. 스피노자에게 신은 다른 모든 존재와 마찬가지로 감각적 존재의 직접적 실체일 뿐이다. 따라서 칸트는 우선 신은 그의 의미에서 필연적으로 초감성적인 것이라는 사실을 증명해야 한다. 그러나 그는 이것을 증명하는 것이 아니라, 오히려 이것을 단지 일반 이론으로부터 혹은 그에 앞서 받아들여진 형이상학으로부터 전제한다. 따라서 칸트는 예를 들어 신의 현존이나 인간 영혼의 불사성 그리고 파괴 불가능성과 관계하여 일상적 형이상학이 지니고 있는 증명의 불충분성을 제시함으로써 그는 모든 학문적 형이상학에 종말을 선고했다고 생각한다. 칸트가 고심을 다한 비판의 최종 결과는 초감성적인 것에 대한 그 어떤 현실적 인식도 불가능하다는 점이다. 칸트에게서 본래 형이상학적 대상은 그가 말하고 있는 것처럼 그 어떤 경험에서도 결코 출현할 수 없는 단순한 이성의 관념들일 뿐이다.[69]

69 나는 칸트에 따라 모든 경험으로부터 독립하여 우리에게 내재하는 이 이성의 관념들과 관련하여 여기서는 다음과 같은 것을 기술하고자 한다. 칸트가 이 선천적 개념을 어떻게 부를 수 있는지는 개념적이지 않다. 왜냐하면 범주들에서 이것이 파악되기 때문이다. 범주들은 대상과 선천적으로 관계한다. 왜냐하면 범주들은 대상이 아니기 때문이다. 그러나 영혼, 세계, 신 ― 이것은 물론 대상들이다. 그렇다면 도대체 대상들은 어떻게 다르게 인식될 수 있는가. 왜냐하면 대상들은 여기 현존하기 때문에, 다시 말해서 후천적이기 때문이다. 예를 들어 영혼은 여전히 그 자신의 직접적인 경험의 대상이지만, 칸트에 따르면 세계 개념은 모든 개별 실존들의 최종적인 요약 개념이다. 칸트가 이 관념들에서 가정하는 앞서 경험과의 완전한 분리는 따라서 신 관념에 적용될 수 있다. 그러나 만약 신은 순수 이성의 관념 대상으로서, 다시 말해서 나의 이성을 통해서만 사유될 수 있는 그리고 규정될 수 있는 어떤 것이라고 설명할 수 있다면, 이것은 단순한 보편 존재의 관념을 향해 있을 뿐이다. 왜냐하면 여기에 정립되고 있는 각 규정은 칸트의 시각에서는 이미 경험적 규정이기 때문이다. 만약 우리가 (이것을 선천적 개념에 대한 칸트의 이론에 첨가하기 위해) ― 감각적 표상에서 앞서 것(Prius)과 나중의 것(Posterius)을 구별해야 한다면, 감각적 표상에서 참된 앞서 것은 칸트가 물자체라 부르는 그것일 것이다. 나의 표상에 촉발된 것으로 나타나는 앞서 오성 개념들은 칸트에 따르면 바로 나의 표상의 대상이 되는, 따라서 나에게서 경험에 적합하게 되는 그런 것이다. 따라서 참된 나중의 것은 칸트가 가정하는 것처럼 오성 개념의 추출 이후에 남아 있는 앞서 근본요소가 아니다. 왜냐하면 나는

그러나 이것이 주장하고 있는 것처럼 이런 보편성과 무규정성에서는 여전히 신은 경험의 대상이 아니며 혹은 경험의 대상일 수 없다는 것은 결코 대수로운 일이 아니다. 물론 칸트가 그렇게 부르는 경험의 대상이 아니다. 그러나 칸트 자신은 외적 감각을 통한 경험 외에 내적 경험을 허용한다. 더 나아가 칸트에 따르면 현실적 경험은 우리 밖에 놓여 있는 우리 표상 물질의 지성적 원인과 그의 본성에 의해 자신에게 오성 형식을 새겨야할 필요가 있는 우리(마찬가지로 지성적인) 주체 사이의 앞서 일치에 있다. 그런 한에서 앞서 지성적인 것 자체는 우리 인식 요인들 중 한 요인일 뿐이기 때문에 인식 대상일 수 없는 것으로 보인다. 인식 대상은 항상 이런 양 요인의 산출물일 뿐이다. 그러나 앞서 지성적인 것은 모든 인식 요인들 중 한 요인이기 때문에, 모든 현실적 인식의 전제로서 이 지성적인 것은 인식에 대립하여 필연적으로 현상하는 자이다. 이에 반해 인

오히려 이 오성개념을 따로 떼어내기 때문이다. 이렇게 이 나중의 것은 표상할 수 없는 것, 표상 이전에 그리고 표상 밖에 존재자, 따라서 표상의 절대적 앞서의 것이 아니라, 오히려 참된 나중의 것은 바로 이런 미지의 것이며(칸트 스스로 이것을 수학의 x와 비교한다), 오성 규정들에게는 이 x+이다. — 이런 공동의 어린아이는 참된 나중의 것이다. 앞서 x를 단순히 나중의 것으로 삼는 오성 규정들은 그런 한에서 상대적 우월성을 가질 수 있으며 혹은 참된 앞서의 것, 물자체와 표상된 것, 다시 말해서 나중의 것 사이의 매개자로 고찰될 수 있을 것이다. — 만약 철학 자체 그리고 전체 학문이 선천적인지 혹은 후천적인지가 문제라면, 칸트는 (여기서 이것을 말하기 위해서) 본래 아무것도 결정하지 않았다. 왜냐하면 그의 생각으로 대략 철학은 그에 의해 집필된 『순수이성비판』에 존립할 것이기 때문이며, 그래서 칸트가 이 비판의 내용을 관찰과 경험으로부터만 수용했다는 것은 분명하다. 그리고 그 후 칸트는 최종 판단 단계에서 철학을 경험과학으로 설명할 것이다. 칸트는 로크와 특히 데이비드 흄에 대립하여 경험적 표상들에 깃들어 있는 오성에게 선천적 근본요소를 반환하라고 요구하는 그런 한에서만 경험주의와 논쟁한다. — 그러나 칸트는 근본적으로 그가 어떻게 이런 주장에 이르는지 혹은 이르게 되었는지를 설명하지 않으며, 혹은 적어도 침묵한다. 왜냐하면 칸트는 이 주장을 근거지을 때 단지 경험으로부터 출발하기 때문에, 다시 말해서 앞서 개념들의 관찰된 보편성과 필연성으로부터 출발하기 때문이다. 여기서 중요한 앞서 문제는 칸트 이후에서야 비로소 생겨나며, 다시 말해서 우리가 하나의 지속적 전개에서 모든 것을 최초 시작으로부터 이끄는 하나의 체계에 대한 이념으로 고양된 후에야 비로소 생겨난다.(1827년 뮌헨 수고로부터)

식 자체는 그와 같은 현실적 인식의 이런 전제에 대립하여 우연적인 것으로 나타난다. 따라서 이런 관점으로부터 결론적으로 앞서 지성적인 것은 현실적 인식대상은 아닐 수 있다는 사실이 도출된다는 점을 인정한다면, 지성적인 것은 필연적 사유의 대상으로 나타난다. 그리고 고대 형이상학은 이 필연적 사유보다 더 ─ 예를 들어 신은 필연적 사유의 대상이라는 주장 그 이상의 것을 원하지는 않았다. 그러나 실제로 칸트 비판과 관계해서 이미 언급했듯이 이 비판을 상세히 고찰했을 때 비판은 인식만이 아니라, 초감성적인 것에 대한 모든 사유를 지양하고 그리고 불가능하게 만든다. 다시 말해서 비판이 표현하고 있는 것처럼 비판은 오성 개념의 그와 같은 초감성적인 것으로의 모든 적용을 금지하기 때문이다. 그러나 알려져 있듯이 칸트는 이론 철학으로부터 신을 추방한 후에 신을 곧바로 다시 실천 철학을 통해 소환한다. 왜냐하면 칸트는 신의 실존에 대한 믿음을 관습법에 의해 요구되는 믿음으로 묘사하고 있기 때문이다. 이제 이 믿음이 사상이 전혀 없는 그런 믿음이 아니라고 한다면, 적어도 여기서 신은 이미 사유되었다. 이제 나는 칸트가 신을 실체로 사유하지 않으면서도 어떻게 신에 대한 사유를 시작하는지를 알고자 한다. 물론 스피노자의 의미에서 실체가 아니며, 사물의 배후에 놓여 있는 그것id quod substat rebus이 아니지만, 그러나 그는 분명히 신을 절대적으로 정신적인 그리고 윤리적인 인격으로 사유한다. 물론 그런 인격 개념에는 실체 개념 이상의 것이 들어 있다. 그런 한에서 신은 단순히 실체가 아니다. 예를 들어 인간은 실체라는 주장에 의해서 인간이 충분히 특징지어지지 않는 것과 같다. 그러나 그 때문에 신은 그 어디에서도 실체가 아닌 것인가? 만약 내가 신을 원인으로 생각해서는 안 된다면, 나는 신 개념에 여전히 남아 있는 무언가를 통찰하지 못한다. 따라서 칸트는 그의 비판을 통해 그 자신의 본래 목적을 벗어났다.

지금까지 서술한 것에 따라서 볼 때 이제 칸트 비판의 내용적 결과가 근본적으로 공허하며 그리고 아무것도 아닌 것이라고 한다면, 그럼에도 불구하고 칸트 영향력의 부인할 수 없는 크기와 탁월함은 무엇에서 기인하는 것인가? 어떤 이유로 칸트는 철학의 개혁가라 불리게 되었는가? 우선 우리는 상이한 몇 가지를 서술할 수 있다. ① 칸트는 다시 방법론적으로 그리고 진정으로 일에 착수함으로써 충분한 영향을 미쳤다. 그리고 그럼으로써 칸트는 그에 앞서 선행한 철학의 무정부 상태에 종말을 고했다. — 나는 앞서 시대의 철학에 핵심적인 인물이 없었다고 하는 외적인 무정부 상태가 아니라, 오히려 내적 무정부 상태 — 완전한 무원리성을 (아르케가 아님 αναρχη이 기인하는 아르케αρχη는 알려져 있듯이 원리를 말한다) 말한다. 따라서 칸트는 철학의 이런 완전한 무원리성에 종말을 고했다. ② 칸트가 특히 모든 인식 가능한 존재의 지성적 근거와 관계 맺고 있는 앞서의 심오한 질문에 대해 대답한 적이 없을 뿐만 아니라, 이 질문을 한 번도 제기한 적이 없다고 하더라도, 그는 적어도 이 질문에 대한 회피할 수 없는 관심을 불러일으켰다. 그러나 이미 진술했듯이 칸트는 파괴적인 회의주의와 감각주의에 대립하여 인간 인식에 있는 보편성과 필연성을 주장했다. 그러나 이 모든 것에서 칸트 자신의 본래적인 역사적 영향을 찾을 수는 없다. — 그 때문에 칸트는 독일 철학의 결과로 간주되었다. 오히려 이 영향은 그가 스피노자로 인해 철학이 완전히 잃어버렸던 주체적인 것으로의 방향을 철학에 부여했기 때문에 유발된다. 왜냐하면 스피노자 사상의 고유한 특성은 객체인, 주체적이지 않은 실체이며, 주체로서 자기를 완전히 부정한 실체이기 때문이다. 또한 칸트가 극복할 수 없었던 어떤 불안 그리고 여전히 증대되어 가고 있는 불안이 칸트를 동요하게 했다. 왜냐하면 우리가 가능한 모든 혐오스러운 술어를 가지고 그의 철학을 맞이했기 때문이다. 『순수이성비판』의 초판에서 그는 바로 자신을 관념론자로 불렀다. 그러나 나중의 판본에서 그는 대체로 관념론을 거부하는 듯이 다른 개념으로 바꾼다. 그러나 관념론으로의 길은 이미 진행되었다. 물자체는 규정될 수 없는 사물, 물론 무인nichtiges 사물일 뿐이라고 주장할 수 있으며 (왜냐하면 객체를 사물로, 현실로 만드는 그 모든 것이 주체로부터 기인하기 때문이다), 그리고 이렇게 다음 단계는 논쟁의 여지없이 주체, 자아만이 남아 있는 단계이다. 이 단계는 바로 진술할 피히테에 의해 발생한다. 자아, 다시 말해서 각자의 자아가 유일한 실체이다.

피히테[70]는 자아를 보편적 혹은 절대적 자아로 파악한 것이 아니라, 오

---

70 역주: 피히테(Johann Gottlieb Fichte)는 1762년 5월 19일 작센주 라메나우(Rammenau)의 가난한 집안의 맏이로 태어났다. 일화에 따르면 피히테는 어려서 매우 영특하여 교회의 목사가 설교하는 내용을 교회 밖에서 듣고 자신이 사는 동네에 돌아와 동네사람들에게 들려주었다고 한다. 어느 날 영주가 예배를 마치고 동네를 지나가다 피히테의 이 모습을 보고, 피히테를 후원하였다. 피히테는 영주의 재정지원을 받아 라틴어 교육기관이었던 포르타(Pforta) 인문 고등학교에 ―나중에 니체도 이 학교를 졸업하였다고 알려져 있다― 입학하였다. 학업 도중에 후원자인 영주가 사망하여 피히테는 목사가 되기 위해 예나대학에 가서 신학 공부를 하였고, 다시 라이프치히대학에서 공부하였다. 그러나 생계를 스스로 해결해야 했기 때문에, 피히테는 졸업을 포기하고 가정교사 생활을 시작했다. 1790년 가정교사로서 학생들을 가르치던 중 피히테는 한 학생으로부터 칸트에 대해 듣고 칸트철학에 매료되었다. 이때부터 피히테의 길은 신학자 혹은 목사로서의 길이 아니라, 철학자의 길로 바뀌게 되었다. 이후 피히테는 칸트 저작들을 연구하였으며, 그 결과 『모든 계시에 대한 비판 시도(Versuch einer Critik aller Offenbarung)』를 집필하였다. 알려진 바로 피히테는 자신의 작품을 들고 쾨니히스베르크(Königsberg, 현재 칼리닌그라드)로 존경하는 칸트를 찾아갔다. 칸트는 자신을 찾아 온 젊은 피히테의 글을 읽고 피히테를 찬사하며 출판을 권고했다고 알려져 있다. 그러나 칸트를 만난 후 피히테의 행보를 볼 때, 칸트는 피히테를 칭찬하기보다 비판하였을 확률이 높다. 왜냐하면 피히테는 칸트를 만난 이후 이 글을 출판하지 않으려고 했으며, 이 글을 읽은 주변 친구들의 간곡한 출판 권고에 따라 익명으로 출판한다는 조건을 달아 출판하였다고 알려져 있기 때문이다. 피히테의 최초 작품은 이렇

히려 인간적 자아로만 파악한다. 각자가 그의 의식에서 발견하는 자아가 참으로 유일한 현존재자다. 모든 것은 각자에게 그의 자아와 더불어 그

게 저자의 이름이 없이 출판되었다. 이 책이 1792년 출판되자 독자들 대부분은 이 익명의 저자가 칸트라고 생각했다. 왜냐하면 계시종교비판과 이성종교에 대한 철학적 요구를 칸트가 이미 수차례 피력했기 때문이며, 또한 많은 사람들이 내심 칸트의 종교철학 저작을 기다리고 있었기 때문이다. 그러나 얼마 지나지 않아 이 책의 익명의 저자가 칸트가 아니라, 피히테라는 무명의 학자였다는 사실이 밝혀지면서 피히테는 단숨에 당대 독일의 지식인 집단에 진입하게 되었다. 피히테는 이후 라인홀트(Carl Leonhard Reinhold, 1757~1823)의 후임으로 예나대학 교수가 되어 첫 학기에 "전체지식학의 기초(Grundlage der gesamten Wissenschaftslehre)"를 강의했다. 1794년 여름학기에 강의된 이 '전체지식학'이 곧 피히테의 철학이다. 왜냐하면 피히테는 이후 이론철학이든 실천철학이든 이 이름 '전체지식학'을 반듯이 함께 사용하였기 때문이다. 당시 예나에 머물렀던 젊은 학생들은 피히테의 이 강의에 열광했던 것으로 보인다. 그 이유는 1789년 시작한 프랑스 혁명이 당대 독일의 지식인 사회를 동요하게 만들었지만, 독일인들 자신의 역사가 되지 못했음에도 불구하고, 피히테가 비록 강단이지만 역사적 사건으로서 프랑스 혁명이 갈구한 근대인간이 무엇인지를 철학적으로 해명했기 때문이다. 적어도 학생들의 시각에서 피히테의 '절대자아'는 모든 제약, 종교적, 역사적, 정치적, 문화적, 사회적 제약으로부터 해방된 완전하게 자유로운 인간이었다. 피히테의 강의에 참여한 학생들의 자유에 대한 열망은 때때로 당시 예나 지방정부와 마찰을 일으켰고, 결국 1797년 이후 피히테는 스스로 원하지는 않았지만 '무신론 논쟁'에 빠진다. 학생들과 정부의 마찰도 있었지만, 피히테가 무신론 논쟁에 휩싸이게 된 원인은 1798~1799년 포베르크(Friedrich Karl Forberg)가 피히테가 편집장을 맡고 있던 철학잡지인 《Philosophisches Journal》에 도덕적 세계질서를 위해 신의 실존은 필요한가라는 주제의 글을 기고하고, 피히테가 이 글의 출판을 동의했을 뿐만 아니라, 논평까지 실었다는 사실 때문이기도 했다. 결과적으로 영주 아우구스테(Karl Auguste)의 대신들이 가한 비난과 강압을 견디지 못하고 피히테는 교수직을 떠나 이후 1799년 베를린으로 향했으며, 그동안 나폴레옹에 의한 프로이센 정복전쟁이 발발하여, 마침내 1806년 예나 주변의 전투에서 프로이센이 패배함으로써 프로이센은 역사에서 사라진다. 나폴레옹에 의한 프로이센 점령 이후 피히테는 『독일민족에게 고함』을 썼다. 알려져 있듯이 피히테는 점령당한 민족의 정신적 패배감에서 독일이 벗어날 수 있도록 하기 위해 독일민족정신을 고취하려 하였고, 그 일환으로 독일어와 독일문화의 우수성을 강조했다. 그밖에 피히테는 역사진보에 대한 확신에 찬 역사철학 저작을 남겼다. 그에 따르면 인류역사는 5단계를 거쳐 발전하여 왔다. 첫 번째 단계는 에덴동산의 최초인간처럼 완전한 순진무구의 상태, 무죄상태이다. 두 번째 단계는 외적인 폭력의 권위 앞에 복종하는 시기이며, 세 번째 단계는 이 폭력적 권위로부터 해방됨으로써 맞이하는 완전한 원죄의 상태이며, 네 번째 단계는 자유로운 내적 이성의 복귀이며, 다섯째 단계는 자유로운 내적 이성의 삶의 영역에서의 완전한 실현으로 완전한 구원의 상태이다. 피히테는 당시 신생 대학이었던 베를린 대학 총장으로 취임하여 대학교육 전체를 기획하였으며, 군인들의 치료봉사를 위해 군인병원을 찾은 자신의 부인으로부터 콜레라가 감염되어 1814년 1월 29일 베를린에서 사망하였다. 게르하르크 감, 『독일관념론』, 이경배 역(서울: 용의 숲, 2012), 39~48쪽 참조. Helmut Seidel, *Johann Gottlieb Fichte, zur Einführung*(Hamburg: Junius, 1997), S. 9 이하 참조.

리고 그의 자아에 정립되어 있다. 각각의 인간에게 전체 우주는 앞서 초월적 행위, 다시 말해서 경험적 의식을 비로소 제약하는 그리고 이 의식에 선행하는 앞서 행위와 함께 정립되어 있다. 바로 그 때문에 의식에만 현재하는 전체 우주가 각각의 인간에게는 자기의식의 이런 행위와 함께 정립되어 있다. 이런 자기정립행위Selbstsetzung와 함께 자아는 존재한다.[71] 이런 자기정립행위와 더불어 각 개인에게서 세계는 시작한다. 이 정립행위는 각자에게 세계와 마찬가지로 자기 자신의 영원하며, 시간을 벗어난

---

71 역주: 피히테는 『전체지식학의 기초』의 목적을 "모든 인간 지의 절대적이고 최초인, 곧 바로 무제약적인 근본명제"를 밝히는 것이라고 표현한다. 그리고 이 "무제약적 근본명제"는 모든 판단명제들의 최초의 근원, 모든 의식들이 이로부터 기원하는 원인이기 때문에, 증명을 필요로 하지 않는 직접적 확실성이다. 왜냐하면 근본명제가 스스로를 근본명제로 증명하기 위해 자신을 증명하여 줄 명제를 필요로 한다면, 더 이상 근본명제가 아닐 것이기 때문이다. 다시 말해서 최초의 근거가 어떤 것을 통해 근거지어진다면, 이것은 더 이상 최초의 근거가 아니며, 이것을 근거로 근거짓고 있는 것이 최초의 근거이어야 한다. 이런 토대 위에 피히테는 전통적으로 근본명제, 판단들의 공리라고 간주된 동일율 명제, 'A는 AC다'에 대한 분석을 시작한다. 피히테에 따르면 동일율의 주어 A와 술어 A 사이의 관계에서 중요한 사실은 주어 A의 존재사실이다. 동일율의 명제가 가능한 조건은 주어 A의 존재사실의 확실성이다. 따라서 이 명제는 '만약 A가 존재한다면, A가 존재한다'로 변형된다. 이제 동일율의 명제는 원인과 결과를 가리키는 인과관계의 가언판단명제로 변형되었다는 사실을 알 수 있다. '관계'에 해당하는 가언판단의 형식으로 동일율이 변형되고 나면, 중요한 사실은 사태의 조건명제에 해당하는 '만약 A가 존재한다면'과 이것의 결과인 'A가 존재한다' 사이의 상관관계이다. 조건명제와 결과 사이를 관계 맺게 하는 제3의 존재를 가언판단명제는 필요로 한다. 이 제3의 존재가 피히테가 말하는 X, 즉 '사행(Tathandlung)'이다. 따라서 모든 판단명제들의 공리는 전통철학에서 말하는 '동일율'이 아니라, 피히테에게는 사행이 동일율을 근거짓는 활동, '나는 존재한다'의 확실성이라는 사실이 밝혀진다. 근거를 근거이게 하는 이 활동자가 피히테의 '자아'이다. 피히테는 이제 "절대적이며 무제약적인 근본명제"로 "자아는 자기 자신을 정립한다"를 제시한다. 자아는 자기 자신을 정립하기 때문에, 자아는 절대적으로 존재한다. 또한 자아는 '나는 나다'의 정립근거를 자기 외부에서 마련하는 것이 아니라, 자기 자신이 자기정립행위의 원인이 된다. 이 때문에 자기 자신을 정립하는 자아는 모든 판단명제들의 원인이며, 의식 활동의 근거이다. 이렇게 보면 피히테의 자아는 진리를 담고 있는 판단과 의식의 최종 심급으로 근대 이전에 진리 보증자로서의 권좌를 차지하고 있었던 신의 자리를 찬탈하고 신의 권좌에 스스로 등극한 절대자, 즉 '절대자아'가 된다. 이 때문에 피히테에게 자아의 영원한 타자, 자연 혹은 세계는 자신의 자립적 타자성을 상실한 '비아(Nicht-Ich)'로 표현된다. 비아는 자아에 대하여 정립되어 있는 존재자이다. 따라서 비아를 비아로 정립하는 활동자는 자아이며, 여기서 비아는 독립적 실체로서 자리를 상실한다.

시작이다. 각 인간은 영원한 방식으로modo aeterno 시작하며, 이와 함께 그의 표상에 그의 전체적인 과거, 현재 그리고 미래가 정립된다. 그러나 만약 피히테가 사물의 객관적 현존이란 전제 아래 세계를 설명할 때 철학 정신이 직면하는 난제들로부터 그가 전체 설명을 자아로 옮겨 놓음으로써 벗어났다고 생각한다면, 그는 각자에게 단순한 자아 존재로 정립되어 있던 소위 전체 외적세계가 어떻게 그의 모든 필연적 및 우연적 규정들로 정립되었는지를 상세히 진술하고 설명해야 하는 의무가 있다는 사실을 인지해야 한다. 피히테는 직접적 의식 외부에 정립된 사물들을 적어도 앞서 자기정립행위의 교차점, 즉 매개로 증명할 수 있을 것이다. 그러나 피히테는 외적 세계에 있는 그 어떤 구별도 지각하지 못했던 것으로 보인다. 피히테에게 자연은 추상적 개념, 단순한 한계를 표시하는 비아의 개념이며, 바로 주체에 대립하여 정립되어 있는 공허한 객체, 그 어떤 것도 지각될 수 없는 완전히 공허한 객체의 추상적 개념이다. — 피히테에게 전체 자연은 이 개념에서 완전히 사라져 버린다. 이렇게 그는 이 개념보다 확장되어 펼쳐지는 연역은 필요 없는 것으로 간주한다. 결국 객관성은 피히테의 지식학에서보다는 칸트의 비판에 더 많이 존재한다. 왜냐하면 칸트는 비판을 수행하고, 인식 능력을 측정할 때 서슴없이 경험으로부터 도출하기 때문이다. 그러나 피히테에게는 자신만의 반성이, 즉 진보의 대가를 논쟁하는 우연적 반성만이 있을 뿐이다.[72]

72 여기서 우리가 철학 운동에 대한 일반적 관점에 다시 주목한다면, 데카르트에게 이 운동은 경험적 주체를 직접적 확신으로 지녔으며, 그 후 단순한, 마찬가지로 주관적 개념의 필연성 혹은 사유 필연성을 통해서 다른 것을 매개할 수 있는 확신과 연결되어야 한다. 이 한계를 스피노자가 강력하게 분쇄한다. 왜냐하면 그는 경험적 주체로부터 직접적으로 절대적 객체로, 모든 주체적인 것을 부정하는 객체로 도약하기 때문이다. 절대적인 무한자, 그에 반하는 철학적 주체에는 그 어떤 자유도 존재하지

피히테에 따르면 모든 것은 단지 자아를 통해서 그리고 자아에 대해서 존재한다. 더불어 피히테는 칸트가 도덕적 자기규정을 위해 인간 자신에게 부여하는 자립성 혹은 자율성을 이론적 자기규정에까지 확장하였으며, 혹은 외적 세계의 표상을 위해 인간 자아에게 이와 같은 자율성

않는다. 이 절대적인 무한자는 또한 절대적인 부동자이다. 각각의 운동 시도는 단지 철학적 주체에만 속한다. 그런 한에서 스피노자주의는 형식적으로 고찰했을 때 단순하며 주관적이고 변증법적으로 현상하지만, 각각의 그런 시도는 모든 운동의 부정으로 그리고 단순한 존재의 고착으로 끝이 난다. 독단론은 이런 강제에 대항하여 일어난다. 그리고 이런 한에서 독단론은 스피노자주의와 마찬가지로 보다 상위에 위치한다. 독단론은 철학하는 주체의 자유를 객체에 대항하여 재산출하고, 주장하려 한다. 그러나 독단론이 경험적 주체를 다시 출발점으로 삼기 때문이 아니라, 독단론은 모든 존재, 따라서 절대자의 존재를 규정하는 순수 오성에 확실하게 주어진 보편적, 초월적 개념을 전제하기 때문이다. 다시 말해서 이 개념들은 한편으로는 순수 오성 개념이며, 그러나 다른 한편으로는 이 개념들은 객관적 의미를 지니고 절대자조차 규정할 힘을 내재하기 때문에, 이를 통해 절대자 및 철학하는 주체가 존립할 수 있는 중간항이 발견된다. 이것이 달성될 때, 철학하는 주체와 그의 대상 사이의 자유로운 관계가 산출된다. 그러나 이런 희망은 칸트에 의해 파괴되고, 무효화되었다. 왜냐하면 그가 바로 앞서 순수한 그리고 보편적인 개념을 단순한 주관적 오성의 개념이라 설명하기 때문이며, 그리고 그와 같은 개념의 가능한 모든 이행을, 객관적인 것을 뚫고 나아가는 각자 가능한 관통을 부인하기 때문이다. 만약 우리가 절대적 객체, 모든 자유로운 주체를 부인하는 객체로 다시 이행하려 하지 않는다면, 여기에는 이제 대립항으로의, 모든 것을 부정하는 주체로의 이행만이 남게 된다. 이 주체는 더 이상 데카르트의 경험적 주체가 아니며, 단지 절대적 주체, 초월적 자아일 뿐이다. 칸트에게 이미 초월적 자아성 자체일 뿐인 통각의 초월적 통일은 유일한 최종 원리이며 혹은 칸트가 여전히 실재라고 인정하는 그와 같은 인식의 산출자, 경험 인식의 산출자이다. 피히테는 이 자아를 칸트에게서는 부분적으로 여전히 어둠에 싸여 있던 주변지역으로부터 두드러지게 강조했으며 그리고 자아를 바로 철학의 정점에 선 유일한 원리로 정립하여, 그렇게 초월적 관념론의 창시자가 되었다. 이 자아는 경험적 자아가 아니기 때문에, 피히테에게 철학의 최상위 근거명제가 되는 자아는 존재한다는 또한 경험적 사실일 수 없다. 피히테는 자아는 존재한다를 사행(Thathandlung)이라 설명하고 어떻게 이런 행위와는 독립하여 죽어 정지한 사물로 자아는 현존할 수 없는지를 나타내고, 오히려 어떻게 자기 자신을 정립하는 이런 행위에서만 자아는 현존재할 수 있는지를 나타낸다. 이 자기 자신을 정립하는 행위에서 피히테는 언젠가 한번 운동이 시작했던 시간적 시작을, 또한 단순히 스쳐지나가는 시작을 인식하는 것이 아니라, 항상 동일하고 영원한 시작을 인식한다. 따라서 우리가 시작하는 곳 그리고 우리가 시작하고자 하는 때, 자기 자신을 정립하는 이 행위는 항상 시작이어야 한다. 그런 한에서 피히테의 관념론은 스피노자주의에 대한 완전한 대립상태이며, 혹은 전도된 스피노자주의. 왜냐하면 피히테는 스피노자의 절대적 객체, 모든 주체를 부정하는 객체에 그의 절대성에서의 주체를, 스피노자의 단순한 부동의 존재에 사실(Tat)을 대립하기 때문이다. 피히테에게 자아는 데카르트에서와 같이 단순히 철학함을 위해 가정된 자아가 아니라, 오히려 현실적 시작, 참된 시작, 모든 것의 절대적인 앞서는 것이다.[예전의 (에를랑겐의) 수고로부터]

을 되돌려 주려 했다. 모든 것은 자아를 통해서만 그리고 자아에 대해서만 존재한다는 앞서 명제는 처음부터 인간의 자존감Selbstgefühl을 자극하며 그리고 내적 인간에게 모든 외적인 것으로부터 최종 독립성을 부여하는 것처럼 보인다. 그러나 보다 상세히 고찰했을 때, 우리가 실존한다고 인정해야 하는 이 모든 것이 어떻게, 어떤 방식으로 자아를 통해서 그리고 자아에 대해서 존재하는지를 증명하지 못하는 한, 그는 대체로 허풍 혹은 헛소리Thrasonisches를 하고 있는 것이다. 이 주관적 관념론의 입장은 자아가 자기 외부에 사물을 자유롭게 그리고 의지대로 정립한다는 것일 수는 없다. 왜냐하면 외적 존재가 자아에 의존했었다면, 자아가 완전히 다르게 원했었던 것이 너무 많을 것이기 때문이다. 무제약적 관념론자는 외적 세계에 대한 그의 표상에 관여하고 있는 자아는 의존적이라는 생각을 피할 수 없다. ― 만약 칸트가 부르는 것처럼 물자체에 혹은 도대체가 자아 외부의 원인에 의존하지는 않지만, 그러나 적어도 내적 필연성에는 의존하고 있다고 하더라도, 피히테가 자아에 앞서 표상들의 생산 활동을 부여한다면, 이 자아는 적어도 맹목적 생산 활동, 의지에서가 아니라, 자아의 본성에 근거한 생산 활동이어야 한다. 이제 피히테는 이 모든 것에 대해 전혀 관심을 기울이지 않는 것 같은 태도를 보이면서도, 전체 필연성과 관계하여서 그는 필연성을 설명하기보다는 의도치 않게 필연성을 부정하는 태도를 취한다. 이제 피히테가 철학을 구축했던 그곳에서 철학의 수용을 직시했을 때, 나는 특히 피히테가 말로만 제거하려 한 앞서 거부할 수 없는 그리고 회피할 수 없는 필연성이 어떻게 피히테의 개념과, 피히테가 주장하는 자아의 절대적 실체와 통일되고 있는지를 알아야 한다. 그러나 이제 나 자신이 현존하고 나를 의식하는 한에서만, 그 정도에서만 나에 대한 외적 세계가 현존한다는 사실이 증명되었다. (이 것은 자명하다). 그러나 역으로 내가 독자적으로 현존하고, 내가 나를 의식하는 것처럼, 진술된 자아 존재와 더불어 나는 세계가 이미 — 현존하는 — 존재자라는 사실을 발견한다. 따라서 이미 의식된 자아는 어떤 경우에도 세계를 산출할 수 없다. 그러나 어떤 것도 이제 내 안에서 자기를 의식한 이런 자아와 함께 자아가 자아를 의식하지 못했던 그런 순간으로 되돌아가는 것을 막을 수 없다. — 지금 현재하는 의식의 피안에 있는 한 지역을 가정하는 것을 그리고 더 이상 스스로가 아니라, 오히려 결과를 통해서만 의식에 이르는 활동성을 가정하는 것을 막을 수 없다. 이제 이 활동성은 자기 자신에 이르는 노동이면서, 자기를 의식하게 되는 노동이다. 여기서 본래 이 활동성은 도달한 의식에서 중지하며 그리고 단순히 활동성의 결과로 정지하여 있다. 활동성이 의식에 중지하여 있는 이런 단순한 결과는 바로 자아를 자아 자신에 의해 산출한 존재자로서가 아니라, 자아와 더불어 현존하는 존재자로 의식할 수 있는 외적 세계이다. 간략하게 말해서 자아는 자아와 자아에 의해 필연적으로 표상된 외적 세계의 끊어지지 않는 연관관계를 이 자아의 현실적 의식 혹은 경험적 의식에 선행하는 초월적 과거로 설명하려 했다. 그래서 이 설명은 자아의 초월적 역사로 나아간다. 그리고 이렇게 철학에서의 나의 최초 발걸음에 의해 적어도 자기 자신을 의식한, 자기 자신에 이른 자아의 형식에 있는 역사적인 것의 경향이 이미 노출되었다. 왜냐하면 자아 존재는 자기에 도달함 자체의 표현일 뿐이기 때문이다. — 따라서 자아 존재에서 진술된 이런 자기에 도달함은 자기 외부에 그리고 자기로부터 존재해 옴Gewesenseyn을 전제한다. 왜냐하면 먼저 자기 외부에 있었던 것만이 자기에 이를 수 있기 때문이다. 따라서 자아의 최초 상태는 자기 외부에 있음이다. 여기서 또한 (그리고 이것은 매우 본질적인 점이다) 자아가 의식의 피안에 있는 것으로 생각되는 한에서, 자아는 바로 그 때문에 개체적 자아가 아니라는 사실이 분명히 언급되어야 한다. 왜냐하면 자아는 자기에 도달함에서 비로소 자신을 개체적 자아로 규정하기 때문이다. 따라서 의식의 피안에 혹은 진술된 자아 존재의 피안에 있는 것으로 사유된 자아는 인간 개인들에게는 동일하며 동등한 자아이다. 자아가 바로 자아 안에서 자기에 이르기 때문에, 자아는 각 자아에서 비로소 자신의 자아, 자신의 개체적 자아가 된다. 의식의 피안에 있는 것으로 사유된 자아는 모든 개인에게 동일하다는 사실로부터, 여기에 개체는 여전히 기여하고 있지 않다는 사실로부터, 왜 나는 외적 세계에 대한 나의 표상에 대해서 무제약적인지 그리고 그에 대해 전혀 경험하지 않았으면서도 모든 인간 개인들의 동의를 신뢰하는지가 설명된다. (나에게 대상을 제시하는 어린아이는 이미 이 대상이 나에 대해서 그리고 자신에 대해서 실존한다는 것을 전제한다) 물론 자아는 이제 개체적 자아가 되기 때문에 ― 자아 존재를 통해 미리 선포된 그 무엇 ― 그의 개체적 삶이 시작하는 자아 존재와 같이 도달했었던 그때에 자아는 더 이상 자아가 거기에 이르기까지 걸어온 길을 상기하지 못한다. 왜냐하면 이 길의 끝은 바로 의식이기 때문에, 자아는 (지금 개체적 자아) 의식 자체로의 길을 의식하지 못한 채 그리고 자아를 알지 못한 채 걸어서 나아갔다. 여기서 외적 세계에 대한 자아의 표상의 맹목성과 필연성이 설명되는 것과 마찬가지로 저기에서는 모든 개인들에게서 외적 세계에 대한 표상들의 동등성과 보편성이 설명된다. 개체적 자아는 그의 의식에서 또한 앞서 길의 기념비, 기념물을 발견하며, 길 자체를 발견하지는 못한다. 그러나 그 때문에 자아는 바로 학문의 사태이다. 그리고 의식과 함께 자기 자신에, 다시 말해서 의식에 이르게 되는 의식의 앞서 자아의 사태, 근원학문, 즉 철학의 사태이다. 혹은 학문의 과제는 의식의 앞서 자아가 자기 외부의 존재로부터 시작하여 최상의 의식에 이르기까지 전체 길을 걸어가는 ― 스스로 의식과 함께 길을 걸어가는 것이다. 그런 한에서 철학은 자아에게서는 바로 상기Anamnese[73]이며, 자아가 그의 보편적 존재에서 (그의 개체 이전의 존재에서) 활동하고 겪은 그러한 것에 대한 상기다. 이미 잘 알려져 있는 플라톤의 관점과 일치하는 결과이다. (이 관점은 부분적으로 다르게 이해되고 그리고 공상적 첨언이 없이는 이해되지 않는다고 하더라도 그렇다.)

따라서 나의 입장에서 다시 객관화하기 위해 나는 우선 그리고 바로 피히테로부터 기원하는 길을 선택했다. 그리고 개념적으로는 이 개념을

---

73 역주: 상기(Anamnesis)는 플라톤 인식론의 핵심개념이다. 플라톤은 대화편 『메논』에서 인간의 진리인식의 근거를 다소 신화적이며, 신비주의적이라고 할 수 있는 인간 영혼의 불멸성에서 찾는다. 이 저작에서 진리를 가리키는 그리스어 'aletheia'는 언어적 의미 차원과 신화적 의미 차원에서의 의미 영역을 차지한다. 일단 aletheia는 신화적으로 인간이 죽음을 맞이하고 나서 인간 영혼이 반듯이 건너야 한다는 망각의 강 'lethe'를 품고 있는 말이며, 또한 접두어 'a'는 부정이다. 그러므로 'aletheia'는 '불멸하는 영혼'의 삶과 죽음의 경계를 넘어선 초월적 결합이다. 또한 망각의 부정이기 때문에, 진리로서 aletheia는 '잊어버리지 말아야 할 어떤 것' 혹은 '잃어버려서는 안 되는 무엇'이다. 여기서 인식활동능력으로서 상기는 불멸의 영혼이 행하는 활동으로 망각의 저편에서 확실하게 알고 있었던 사실을 망각을 넘어 이편의 지금으로 소환하는 능력이다. 이 때문에 상기는 시간과 시간 사이에 존재하는 필연적 간극에 다리를 놓는 매개자이다. 흥미로운 점은 『메논』의 소크라테스가 해명하고 있는 인간 경험의 가능성이다. 소크라테스에 따르면 우리의 지적 경험은 이미 너무 잘 알고 있거나 잘 알려져 있는 사실에 대한 경험도, 그 어떤 무엇도 모르고 있는 사실에 대한 경험도 아니다. 너무 잘 알고 있거나, 잘 알려져 있는 사실은 우리의 인식관심을 불러일으키지 않을 것이고, 그 어떤 것도 모르고 있는 사실 또한 무엇을 알아야 하는지의 인식대상에 대한 질문조차 던질 수 없을 것이므로 이것 또한 우리의 인식관심을 불러일으키지 않을 것이기 때문이다. 우리의 지적 경험은 오직 우리가 이미 경험하여 알고 있는 것에 대한 재인식이다. 여기에 인간의 진리가 놓여 있다. 플라톤, 『메논』, 이상인 역 (서울: 이제이북스, 2010), 80e–81e 참조.

오성적으로 제거하고, 그와 같은 개념에 대립하는 핵심 비판을 제거하는 피히테 개념의 이런 사용은 최초 등장할 때는 환영받지 못할 것이다. 이것은 피히테의 관념론을 현실과 화해시키려는 시도이며 혹은 모든 것은 자아를 통해서 그리고 자아에 대해서 존재한다고 말하는 피히테 명제의 전제 아래서도 여전히 객관적 세계가 어떻게 개념적으로 존재하는지를 언술하기 위한 시도이다.

이처럼 나는 나 자신의 체계 구축을 서두르지 않았다. 또한 청년기에 내가 피히테 체계를 파악하는 것이 당연하다 여긴 것처럼,[74] 나는 피히테 스스로 그의 체계에 주어져 있는 이런 의미를 타당화할 수 있기를 바랐다. 물론 이것은 나중에는 다르게 나타난다. 나의 입장에서 내가 명성을 얻을 만한 나 자신의 체계가 중요한 것은 아니었으며, 오히려 나 스스로

---

74 역주: 셸링은 1794년 피히테의 예나대학 강의가 끝나고 1795년 부활절이 지난 직후 자신의 두 번째 철학 저작인 『철학의 원리로서의 자아에 대하여 혹은 인간 앎에서의 무제약자에 대하여(Vom Ich als Princip der Philosophie oder über das Unbedingte im menschlichen Wissen)』를 출판하였다. 셸링의 이 책은 1794년 피히테 철학에 대한 일종의 철학적 응답이다. 여기서 셸링은 우선 피히테의 자아를 '제약된 자(Bedingte)'와 '무제약자(Unbedingte)'의 관계에서 파악한다. 만약 자아가 그 자체로 무제약자라고 한다면, 자아는 자기 자신을 자신의 대상으로 고찰할 수 없다. 왜냐하면 무제약자인 자아는 인식대상으로서 사물이 되지 않기 때문이다. 거꾸로 만약 자아가 그 자체로 제약된 자라고 한다면, 자아는 더 이상 절대적이지 않다. 사물처럼 제한된 존재가 절대적일 수는 없기 때문이다. 일찍이 청년 셸링은 피히테 자아개념을 이렇게 파악하였다. 이 시기를 셸링 철학 전체 전개과정에서 칸트와 피히테 철학의 영향 아래 자신의 철학을 구축하던 셸링의 청년기라 말할 수 있다. 셸링은 이 시기에 주로 칸트와 피히테의 주체철학을 연구하였으며, 그 결과 자연철학의 필요성을 강력하게 느꼈다. 셸링이 피히테의 자아철학 연구를 통해 도달한 지점은 피히테의 절대자아에게는 자연이 존재하지 않는다는 사실이었다. 오히려 피히테의 자아는 자연을 인공의 지배영역으로 사상할 위험성이 있다고 셸링은 피히테의 자아개념을 이해했다. 이 때문에 이 시기 셸링은 피히테의 자아처럼 주체가 절대적이라면, 객체인 자연 또한 절대적이어야 한다고 생각했다. 그러므로 초기 셸링에게 정신과 자연은 하나의 각기 다른 양 측면일 뿐이다. 자연의 영역이 무생물로부터 유기체라는 자기운동에서 완성되듯이, 정신의 영역은 감각, 자존감, 의식, 특히 자기의식에서 완성된다. 그리고 이 양자의 운동은 자기 관계하는 운동이라는 점에서 또한 동일하다.

만족할 만한 그런 체계가 중요했다. 또한 나는 칸트나 피히테로부터 자극을 받아 수없이 철학을 향해 의문을 던졌던 그런 사람들과는 다른 경우였다. 왜냐하면 그들은 철학에서는 무엇보다 먼저 사실적 지식이 발생하지 않는다고 배웠기 때문이며, 그들도 그렇게 생각했기 때문이다. 나는 인간 탐구의 한 영역 이상을 가지고 있었다. 거기에서 나는 나 자신의 만족을 얻을 수 있었으며, 나를 나 자신의 초기 경향들로 이끌어갈 수 있었다. —— 그 당시 나는 피히테 체계를 설명하고자 했을 뿐이다. 비록 역사적 보고서로서 무언가를 해명해야 하는 피히테의 청강자가 아니었기 때문에 나의 피히테 연구는 피히테에게 감사의무를 다하기 위해서도 아니었으며, 혹은 선생으로서 그리고 선행자로서 피히테를 부인하기 위해서도 아니었다. 왜냐하면 피히테는 나에게 이런 사람이었기 때문이다. 모든 이들에게서와 마찬가지로 우선 피히테가 자유에 토대를 둔 철학을 진술했던 한에서, 즉 칸트처럼 실천철학만이 자아의 자립성에 근거하는 것이 아니라, 마찬가지로 이론철학도 자아의 자립성에 근거하며 그리고 그 후 전체 철학이 자아의 자립성에 근거하고 있다고 진술했던 한에서 피히테는 나에게 그러하다. — 따라서 당시에 나는 우리가 어떻게 인간 자아와 더불어 모든 것을 정립한다고 생각할 수 있는지를 해명하려 시도했다. 피히테 관념론에 대한 이런 상세한 서술은 1800년 출판된 나의 『초월적 관념론의 체계』[75]에 들어 있다. 지금 혹은 앞으로 근대 철학의 점진적

---

75 역주: 1800년 셸링의 『초월적 관념론의 체계』는 세계구조와 의식구조의 초월적 역사를 다룬다. 나 자신의 존재의 확실성과 나 밖의 세계존재의 확실성은 동일하며, 이 동일성이 바로 의식 실재성의 확실성이다. 의식의 실재성과 대상의 실재성은 필연적 결합이면서, 상호 의존적이다. 의식 이전의 의식 경험의 역사, 즉 경험적 의식 이전의 역사적 구조는 감각, 직관, 경험의 과정을 거친다. 이 의식 이전의 의식경험은 자연에 대한 직접적 경험이며, 자연에 이미 들어서 있음이란 존재론적 확실성이다.

발전단계를 상세하게 그리고 근원적으로 알고자 하는 사람이 당신들 중에 있다고 한다면, 나는 주저없이 그에게 『초월적 관념론의 체계』에 대한 연구를 추천할 것이다. 이 연구자는 피히테 사상의 껍데기 아래 숨어 있는 새로운 체계를 인지할 것이며, 그는 조금 더 빠르든지 혹은 조금 더 늦든지 간에 이 껍데기를 깨부술 것이다. 이 저작에서 연구자는 이후에 광범위한 영역에서 사용된 앞서 방법의 완전한 적용을 발견할 것이다. 왜냐하면 그는 나중에 피히테와는 독립적인 체계의 혼이 될 이 방법을 여기서 이미 발견했기 때문이다. 그는 이 방법이 바로 나에게 고유한 것이었으며, 그만큼 본성적인 것이었다는 확신을 가지게 될 것이다. 나는 대개 나 자신을 그와 같은 방법의 발명자로 추켜세우지 말라고 한다. 바로 그때문에 나는 적어도 이 방법을 나에게서 빼앗아 가도 개의치 않을 수 있으며 혹은 다른 사람이 이 방법을 발명하였다고 자신을 뽐내는 것도 용인할 수 있다. 나는 나를 추켜세울 어떤 것을 말하는 것이 아니다. 오히려 우리가 사실이 아닌 것을 암묵적으로 믿고 있을 때 우리는 사실이 아닌

따라서 자연은 자아의 모든 의식과정을 담지하고 있는 선사유적 통일체, 초월적 전제다. 이런 의식의 자연경험조건으로부터 감각은 의식 외부에 물질적으로 현존하는 감각대상에 대한 내적인 자존감(Selbstgefühl)이며, 이 자존감은 의식 이전의 상태로서 감각에서 발생한다. 다음으로 시공간적 직관은 시간과 공간을 매개로 외적 세계와 내적 의식의 현실적 대립에 대해 직관하는 의식이다. 마지막으로 경험은 유기적 생명의 의식경험이다. 이와 같이 셸링은 정신의 역사적 진행을 단계적으로 서술하고자 한다. 말했듯이 의식의 자연경험의 가능조건은 감각, 직관, 경험이고, 실천경험의 가능조건은 인식, 자유, 법, 역사다. 양 영역의 절대적 매개경험은 예술의 미적 생산성에서 펼쳐진다. 『초월적 관념론의 체계』에서 셸링의 초월적 역사에 대한 기획은 이 저작의 목차를 보면 더욱 확실해진다. 셸링은 정신 전체의 단계적 진행을 우선 시대(Epoche)로 나누어 서술한다. 그에 따르면 "첫 번째 시대. 근원적 감각으로부터 생산적 직관까지", "두 번째 시대. 생산적 직관으로부터 반성까지 — 상기이전", "세 번째 시대. 반성으로부터 절대적 의지행위까지"이다. Friedrich W. Joseph Schelling, *System des transzendentalen Idealismus*(1800), in: *Schelling Ausgewälte Werke*, Bd. II(Darmstadt: Wissenschaftliche Buchgesellschaft, 1982), S. 335-338 참조; Wolfdietrich Schmied-Kowarzik, *Existenz denken*, S. 70-86 참조.

것에 대항해야 하는 의무가 있기 때문에 이것을 말하는 것뿐이다.[76]

우선 나에게 제기된 과제는 우리의 자유로부터 절대적으로 독립적인, 그래서 이 자유를 제한하는 객관적 세계에 대한 표상을 단계적으로 설명하는 것이었다. 단계마다에서 자아는 자기정립행위를 통해서 의도하지 않았으나, 필연적인 방법으로 얽혀 들어가 있다는 것을 안다. 다시 말해서 자아는 자기 자신을 대상으로 삼기 때문에, 자아는 자기 자신을 감싸 감출 수 없다. (우리가 나는 이것을 혹은 저것을 입지 않는다고 말하는 것과 같은 의미에서다 ― 나는 이를 무시한다) 그리고 자아는 그 자체로 무한히 열망하는 자신의 활동성을 제한하여 제약하지 않고서는 옷을 입을 수 없으며, 앞서 순수한 자유를 독자적으로 어떤 것, 따라서 제한된 것으로 만듦으로써 그리고 그 어떤 것도 아닌 것으로 만듦으로써 제약하지 않고서는 옷을 입을 수 없다. 피히테가 자아 외부에 해당하는 것으로 둔 제한은 이런 방식으로 자아 자신에게 해당하게 되며 그리고 과정은 완전히 내재적 과정이다. 이 과정에서 자아는 자기 자신에만, 동시에 주체이며 객체이고, 유한이며 그리고 무한인 자기 안에 정립되어 있는 자신의 모순에만 집중했었다. 다시 말해서 자아는 자기 스스로 객체가 되었기 때문에 자아는 또한 자신을 발견했지만, 그러나 앞서 존재했었던 단순자로서가 아니라, 오히려 주체이면서 그리고 동시에 객체인 이중적인 것으로 자신을 발견했다. ― 이제 자아는 독자적으로 존재하지만, 바로 그 자체로 존재하기는 그만둔다. 자아에 정립된 이 우연성이 극복되었어야 했다. 이런 연쇄적 극복의 계기들이 자연의 계기와 동일한 것으로 증명되었다. 그리

76 1822년 에를랑겐 수고로부터 발췌함.

고 이 과정은 단계로부터 단계로, 계기로부터 계기로 다음 지점까지 진행했다. 즉, 자아가 제한을 벗어나 다시 자유로 관통하여 들어가서는 그리고 비로소 자신을 현실적으로 지녔던 혹은 자아가 그 자체로 존재했던 것처럼 독자적으로 존재했었던 ─ 순수한 자유인 그 지점까지 진행했다. 이와 함께 이론철학은 끝났으며 그리고 실천철학이 시작했다. 철학에서 우선 나는 역사적 전개를 시도했다. ─ 나에게 전체 철학은 자기의식의 역사였다. 나는 이 역사를 형식적으로 시대로 나누었으며, 예를 들어 (자아에서 자기 객관화를 통해 정립된 제한성의) 근원적 감각의 최초 시대로부터 생산적 직관에 이르기까지의 시대로 구분하였다. 그러나 그에 대한 곡 전체를 상세하게 펼쳐 보이기 위해서는 도구가 제한되어야만 했다. ─ 점진적 전개의 원리 혹은 방법은 스스로 전개하는 혹은 자기의식의 산출에 종사하는 자아의 구별과 관계하며, 즉 이 자아를 반성하는 동시에 자아를 관조하는, 따라서 철학하는 자아로의 구별과 관계한다. 각 계기마다 객관적 자아에 하나의 규정이 정립되어 있지만, 이 규정은 단지 자아 안에 관조자를 위해서만 정립되어 있는 것이지, 자아 자신을 위해 정립되어 있는 것은 아니다. 따라서 점진적 전개는 매순간 이렇게 구성되어 있다. 자아 안에 선행하는 계기에서 단순히 철학하는 자를 위해 정립되어 있었던 것은 그 다음 계기에서 자아 자신에게는 객관적으로 정립되어 있으며 ─ 자아 안에서는 자아 자신을 위해 정립되어 있다. 그리고 이런 방식으로 결국 객관적 자아 자신은 철학하는 자의 관점에 도달했으며 혹은 객관적 자아가 주관적인 자아인 한에서 철학하는 자와 완전히 동등해졌다. 이런 동등성이 등장하는 계기, 즉 주관적 자아에서 정립된 것과 동일한 것이 객관적 자아에게 똑같이 정립되어 있는 곳이 철학의 종말을 명료하게 확증하는 철학의 최종 계기였다. 객관적 자아와 철학하는 자아 사이의 관계는 대략 소크라테스 대화에서 스승과 제자 사이의 관계와 같다. 객관적 자아에는 매순간 기만하는 방식으로 그가 알고 있었던 것 이상이 정립되어 있다. 주관적 자아, 철학하는 자아의 활동성은 객관적 자아로 하여금 그 자아에 정립되어 있는 것을 인식하고 의식하도록 돕는 데 있었다.[77] 그리고 이렇게 객관적 자아를 완전한 자기인식으로 이끄는 데 있었다. 선행한 계기에서는 주관적으로 정립되었을 뿐인 것이 항상 다음의 계기에서는 객관으로 등장하는 이 과정은 또한 다음의 보다 위대한 전개에 기여하는 활동을 펼친다.

관념론에 대한 이런 서술의 원조는 나의 철학 저술[78]의 첫 번째 부분으로 다시 출판된 개별 논문들에 존재한다. 나의 철학 전개과정을 평가하여 나를 칭송하려는 사람은 그리고 특히 나를 이끈 발견의 원리, 본래적인 논리적 증명 원리를 알고자 하는 사람은 이 논문에까지 되돌아가야 한다.

---

77 역주: 여기서 셸링이 말하는 "주관적 자아"는 주관적 주체–객체(subjektives Subjekt–Objekt)이며, "객관적 자아"는 객관적인 주체–객체(objektives Subjekt–Objekt)로 전자는 정신이고, 후자는 자연이다. 헤겔은 1801년 피히테 이후 셸링과 함께 헤겔이 편집을 담당하고 있던 철학잡지 《Kritisches Journal der Philosophie》에 쓴 『피히테와 셸링 철학체계의 차이(Differenz des Fichteschen und Schellingschen Systems der Philosophie)』에서 피히테 자아철학 체계와 셸링의 초월적 관념론 체계를 비교하기 위해 '주관적 객관적인 주체', '주관적 객관적인 객체'라는 개념으로 자연과 정신의 동일성을 표현한다.

78 이 전집의 1권.
역주: 전집의 1권은 「철학 일반의 형식 가능성에 대하여(Über die Möglichkeit einer Form der Philosophie überhaup)」(1794), 「철학의 원리로서의 자아에 대하여 혹은 인간 앎에서의 무제약자에 대하여(Vom Ich als Princip der Philosophie oder über das Unbedingte im menschlichen Wissen)」(1795), 「자연법에 대한 새로운 연역(Neue Deduktion des Naturrechts)」(1795), 「독단론과 비판주의에 대한 철학적 편지(Philosophische Briefe über Dogmatismus und Kriticismus)」(1795), 「지식학의 관념론 설명을 위한 논고(Abhandlungen zur Erläuterung des Idealismus der Wissenschaftslehre)」(1796/97), 「자연 철학에 관한 이념들. 이 학문 연구로의 입문(Ideen zu einer Philosophie der Natur als Einleitung in das Studium dieser Wissenschaft)」(1797), 「세계혼에 대하여(Von der Weltseele)」(1798)가 수록되어 있다.

자연철학⁷⁹

79 역주: 셸링(Friedrich Wilhelm Joseph Schelling)은 나중에 튀빙겐 신학대학 기숙사의 같은 방 친구가 될 횔덜린과 헤겔보다 5년 후인 1775년 1월 27일 슈투트가르트 근교 레온베르크(Leonberg)의 목사 집안에서 태어났다. 셸링은 어려서 매우 뛰어난 언어재능을 보여 라틴어, 그리스어, 산스크리트어, 히브리어, 아랍어, 프랑스어, 영어, 이태리어, 스페인어를 배워 능숙하게 사용하였으며, 고대 언어에 대한 해박한 지식은 나중에 「세계 연대기(Weltalter)」와 「신화철학(Philosophie der Mythologie)」 연구의 토대가 되었다. 셸링의 이런 언어능력을 발견한 셸링의 아버지는 나이보다 일찍 인문계 고등학교를 보냈고, 얼마 되지 않아 셸링은 어린 나이로 당시 뷔르템베르크(Württemberg) 영주 오이겐(Karl Eugen)이 세운 튀빙겐 신학대학(Tübinger Stift)에 입학하여, 헤겔, 횔덜린, 니트함머(J. Niethhammer), 싱클레어(Isaak v. Sinclair) 등을 만났다. 튀빙겐 신학대학은 목사 양성을 위한 교육기관이었으며, 영주의 재정지원을 받아 운영되는 학교였고, 학생들 또한 영주의 재정지원을 받는 장학생들이었다. 이 때문에 튀빙겐대학은 수도원 양식의 기숙학교로 운영되었고, 교육과정은 2년 간 철학공부 후 시험에 통과하면 다시 3년 간 신학 공부를 할 자격을 얻고, 3년 간 신학 공부 후 시험에 통과하여야 졸업할 수 있었다. 이런 이유로 학교는 학문적으로도 학교운영에서도 중세적이고 봉건적이었으며, 엄밀한 교칙을 학생들에게 강요하였다. 일설에 의하면 이미 칸트 철학이 독일 지식인 사회에 널리 알려져 논의되던 시기에도 이 학교는 칸트철학에 대한 최소한의 소개만 했으며, 이 또한 비판적이었다. 1789년 프랑스 혁명이 발발하고 셸링과 그의 친구들은 프랑스 혁명정신에 매우 고무되어 이 봉건적인 학교에 프랑스 혁명을 알리고 기념하는 의미에서 '자유의 나무'를 심고, 대자보를 붙였는데, 이 대자보를 셸링이 기획하고 집필한 것으로 알려져 있다. 이 때문에 셸링은 학교에서 제적당할 위기에 처했다.

철학 영역에서 보면 셸링은 매우 이른 시기에 자신의 철학 저작을 집필했으며, 피히테철학을 일찍 접해서 수용하면서도 비판적인 태도를 취했다. 피히테, 셸링, 헤겔철학을 비교할 때, 헤겔철학은 피히테철학과 셸링 후기철학 사이에 존재하는 중간 매개항 정도로 이해될 수 있다. 이런 맥락에서 셸링은 이 책 「근대 철학사」의 헤겔철학편에서 헤겔철학을 부정철학으로 규정하고 비판한다. 철학사에서의 셸링철학의 기여는 뵈메(Jakob Böhme) 이후 신비주의철학, 특히 자연 신비주의와 뉴턴의 중력이론 사이의 가교 역할을 수행한 것이다. 셸링의 철학적 기획은 신비주의와 물리학 사이의 기묘한 균형상태를 유지하려는 의도를 가지고 있으며, 이점에서 데카르트의 심신 이원론이나 라이프니츠의 단자 형이상학은 비판의 대상이다. 또한 셸링은 추상적이고 형이상학적인 정신개념을 자연철학의 구체적 개념으로 수정하려는 목적을 드러내지만, 때때로 모호한 표현을 통해 이 목적을 달성하려 한다.

여러 방식으로 구분할 수 있겠지만 일단 셸링철학 전체는 다음의 세 시기로 구분할 수 있다. 세 시기 중 첫 번째 시기는 1795년부터 1800년까지 칸트철학, 피히테철학과의 동거시기, 자아철학과 자연철학 연구 시기, 두 번째 시기는 1801년부터 1806년까지 동일철학 시기, 세 번째 시기는 1809년부터 1820년까지의 신화철학, 계시철학, 부정철학, 긍정철학 강의와 연구 시기이다. [물론 코바르지크(W. Schmied-Kowarzik)은 셸링의 사유전개 단계를 여섯 시기로 구분한다. ① 철학하기의 시작(1794-1797): 튀빙겐 시기, ② 예나에서의 첫 번째 강의시기(1798-1800): 초월철학과 자연철학 강의, ③ 관념적 실재론의 절대적 체계(1801-1808): 예나에서의 관념 실재론체계 개진과 뷔르츠부르크(Würzburg)에서의 체계탐구와 강의, ④ 자유-새로운 시작을 위한 계기(1809-1812): 뮌헨 시기, 1809년 "인간 자유의 본질에 대하여" 저술, ⑤ 철학하기의 의미지평으로서 역사(1811-1826): 「세계 연대기」를 통한 새로운 시도, 1821년 에를랑겐(Erlangen)에서의 철학사 강의, ⑥ 실존의 사유-후기 저작(1827-1854): 후기 뮌헨강의, 베를린 강의; 신화철학, 계시철학, 부정철학, 긍정철학 강의와 기획]

셸링은 피히테가 '무신론논쟁'에 휩싸여 예나를 떠난 이후 괴테의 추천으로 예나대학 강단에 섰으며, 여기서 셸링은 당대 낭만주의자들인 슐레겔 형제[형인 빌헬름(Wilhelm Schlegel)과 동생인 프리드리히(Friedrich Schlegel)]와 노발리스(Friedrich von Hardenberg, Novalis), 형 슐레겔의 부인인 카롤린(Carloine)

이제 나는 피히테와 완전히 독립적인 체계가 어떻게 등장하게 되었는지에 대한 체계 서술로 이행한다. 따라서 이제 체계는 더 이상 유한 자아 혹은 인간 자아가 아니었으며, 여기서 출발하지도 않았다. 오히려 체계는 무한 주체, 다시 말해서 ① 주체 일반이다. 왜냐하면 직접적 확실성이기 때문이다. 그러나 ② 무한 주체는 결코 주체이기를 중단할 수 없으며, 마치 스피노자가 의식하지 못한 행위로 인해서 스피노자에게 발생했었던 것과 같이 객체에서 몰락할 수도 없고, 단순한 객체가 될 수도 없다.

주체가 그의 순수 실체성에서 생각되는 한에서, 주체는 모든 존재로부터 자유롭지만, 결코 무는 아니며, 그럼에도 무로 존재한다. 주체이기 때문에, 무는 아니며, 객체가 아니기 때문에, 무로서 존재하고, 대상적 존

등을 만나 교제하였다. 이들 낭만주의자 동아리는 피히테 절대자아개념에 대한 비판으로서 야코비(Johann Georg Jacobi)의 철학을 수용하여 신의 인식문제와 신의 서술 가능성 문제를 철학, 예술, 종교, 신학, 문학, 자연학 등 다양한 학문 분야에 거쳐 토론하고 논쟁하였다. 이후 셸링이 예나를 떠난 계기는 형 슐레겔의 부인인 카롤린과의 교제문제 때문이었으며, 예나를 떠나 뷔르츠부르크로 옮겨 이 두 사람은 셸링 아버지의 입회하에 결혼하였다. 뮌헨으로 이주하여서 셸링은 바이에른(Bayern) 왕가의 학술원 회원이 되었으며, 헤겔 사후 헤겔철학의 견고한 성벽을 무너뜨리고자 했던 프로이센 황제의 요청에 따라 베를린대학 교수로 헤겔철학 비판을 수행했다. 1854년 8월 20일 스위스의 바트 라가츠(Bad Ragaz)에서 셸링은 영면에 들었다. Manfred Frank, *Eine Einführung in Schellings Philosophie*, 2. Aufl(Frankfurt a. M.: Suhrkamp, 1995), S. 3 이하 참조; Wolfdietrich Schmied-Kowarzik, *Existenz denken*, S. 7 이하 참조; Franz J. Wetz, *Friedrich W. J. Schelling zur Einführung*(Hamburg: Junius, 1996), S. 7 이하 참조; 게르하르트 감, 『독일관념론』, 이경배 역, 189-201쪽 참조.

재에서 존재하지 않기 때문에, 무로서 존재한다. 그러나 주체는 이런 추상에 머무를 수 없으며, 주체는 본성적으로 자기 자신을 어떤 것으로 그리고 그 후 객체로 원해야 한다. 그러나 스피노자의 실체 이전에 생각되었던 그런 객체와 이런 객체화의 구별은 다음과 같다. 전자는 그 자신의 전체적 상실과 더불어 전적으로 남김없이 객체로 이행하며, 그리고 그러한 것으로만 (객체로서만) 마주하게 되지만, 후자의 주체는 맹목적이지 않으며, 오히려 무한한 자기 정립이며, 다시 말해서 그것은 객체화에서도 주체이기를 중단하지 않는 무한 주체이다. ― 따라서 주체는 유한하지 않거나 유한화될 수 없다는 부정적 의미에서가 아니라 오히려 주체는 스스로를 유한화(자신을 어떤 것으로 만드는)할 수 있지만, 각 유한성으로부터 승리하여, 다시 주체로 등장하는 긍정적 의미에서, 혹은 주체가 각자의 유한화를 통해서, 객체화를 통해서 자신을 다시 주체성의 보다 상위의 역량Potenz[80]으로 고양하는 긍정적 의미에서 무한 주체이다.

그러나 단순히 객체일 수 없으며, 항상 그리고 필연적으로 주체인 이것이 그의 본성이기 때문에, 운동은 예전에 시작했으며 혹은 운동은 시

80 역주: 셸링이 사용하는 개념 'Potenz'는 본래 수학용어로 제곱근, 제곱하다 'potenzieren'의 의미이다. 특히 $a^n = 1$이라는 사실에 주목할 필요가 있다. 역량의 증대와 역량의 감소는 대립적 이중성의 동시성이다. 증대와 감소가 양극의 대립, 모순만을 의미하는 것이 아니라, 존재의 현상적 사태에 대한 표시이다. 전기든 자기든 +극과 ―극으로만 존재한다. +극만 있는 전기도, ―극만 있는 전기도 존재할 수 없으며, 전기가 전기로서 존재하고 작용하는 한 +극과 ―극의 이중적 동시성, 동일근원성(Gleichursprünglichkeit)으로 존재한다. 셸링의 역량론(Potenzenlehre)은 존재와 존재자의 발생과 소멸운동에 대한 존재론적 해명이다. 셸링에 따르면 시작인 최초 상황은 초월적 존재로서의 신인 A^0 그리고 존재가능성인 ―A. 선사유 불가능한 존재 +A. 신에 의해 산출된 자연의 최종 목적인 인간, 즉 ±A이다. 신은 모든 존재자 운동의 원인 제공자이기 때문에, ―A, +A, ±A 사이의 존재자 운동 외부에 존재한다. 따라서 초월적 존재로서 신은 생성, 운동, 발생, 소멸하지 않는다. 단지 존재자들의 생성과 소멸운동은 신의 내적 과정이며 그리고 반대과정일 뿐이다. 신의 내적 과정을 도식화하면 다음과 같다.

작되었다. ― 운동은 필연적이며 점진적으로 전개하는 운동이다.

시작Anfang은 당연히 최초 자신을 어떤 것으로 만드는 자, 최초 객관화이다. 왜냐하면 이 시작과 함께 주체의 무한성이 따라오기 때문이다. 이무한성 이후에 직접적으로 주체성의 보다 상위의 역량만이 각자의 객관화를 뒤따른다. ― 이런 이유로 최초 객관화와 더불어 모든 따라오는 상

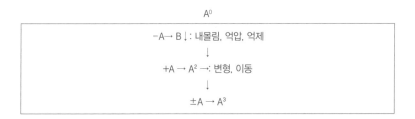

$$A^0$$
$$-A \rightarrow B\downarrow : \text{내몰림, 억압, 억제}$$
$$\downarrow$$
$$+A \rightarrow A^2 \rightarrow : \text{변형, 이동}$$
$$\downarrow$$
$$\pm A \rightarrow A^3$$

자연의 산출과 재산출의 역량운동은 ―A의 존재가능성의 형태를 물질로 산출한다. 물질은 천체의 항성영역의 산출실재로 B로 구체화된다. 물질은 천체운행과 관련된 역량이므로, 천체운행의 시작, 우주의 시작과 관계한다. 따라서 여기 물질의 가능성인 ―A는 마치 성경의 창세기에서 말하는 혼돈, 카오스와 같은 형식이 제거된 순수 물질 덩어리 혹은 형식을 갖춘 사물이 되기 이전의 단순 소재는 아니다. 셸링이 말하는 물질은 "모든 사물들의 가장 어두운 것(Dunkelste), 바로 몇몇 사물들에 따라 가장 어두운 것 자체"이다. 즉, 생성과정 전체의 최초 의지인 신, '가장 어두운 의지' 자체이다. 단지 물질은 빛, 유기체와 함께 자연생성과정 전체의 일부이다. 물질이 등장하는 천체운행은 회전운동하며, 두 개의 상반된 힘이 작용하는 공간이다. 이 두 힘들은 끊임없이 서로를 부정하고, 지속적으로 자신을 개선하는 힘이며, 이 힘이 중력이다. 인력과 척력의 중력체계에 모든 물질들은 연쇄적으로 결속되어 있다. 다음으로 빛 +A가 등장한다. 빛은 자기 전기 화학 과정의 역동적이고 질적인 차원의 역량이다. 빛은 모든 존재자들의 존재근원이며, 모든 존재자들의 현상원인이다. 빛이 지금 여기 존재하는 생명을 유지하게 하는 원천이며, 생명을 탄생시키는 원인이다. 또한 빛은 여기 지금 존재하고 있는 존재자를 비추어 드러내는 원인이다. 빛이 이렇게 모든 존재자들을 가능하게 하지만, 빛 자체의 근원은 직접적으로 경험 불가능하다. 그럼에도 불구하고 지금 여기 생명이 유지되고 있고, 지금 여기 존재하는 존재자들이 밝게 빛나는 한, 우리는 빛의 존재 자체를 부정할 수 없다. 세 번째 역량은 유기체 ±A다. 유기체는 자기산출, 자기조직화 체계(Selbstorganisationssystem)이다. 또한 유기체는 앞서 두 역량 물질과 빛을 부정적으로 지양하지 않는다. 물질과 역동적 과정인 빛은 생명활동의 지속적인 과정 아래 보존된다. 역동적 과정이 물질의 무한성과 중력체계를 제외하지 않듯이 유기체 또한 자기산출의 생명활동과정에서 앞서 역량들을 지양하지 않는다. 이렇게 유기체의 자기산출과정은 인간을 향하며, 정신인 인간에게서는 다시 감각지각, 자존감, 반성의식 혹은 자기의식의 역량운동을 통해 정신의 활동을 실현한다. Fr. W. J. Schelling, *Von der Weltseele*(1789), in: *Schelling Ausgewälte Werke*, Bd. I(Darmstadt: Wissenschaftliche Buchgesellschaft, 1980), S. 413; Manfred Frank, *Eine Einführung in Schellings Philosophie*, 2. Aufl(Frankfurt a. M.: Suhrkamp, 1995), S. 101 이하 참조.

승의 근거 그리고 그와 함께 운동 자체의 근거가 제시된다. 따라서 가장 중요한 것은 시작에 대한 설명, 이 최초의 어떤 존재에 대한 설명이다. 이제 이것은 다음 방식으로 생각된다. 순수 실체성 혹은 본질성에서 주체는, 특히 행위를 고려했을 때 주체는 이미 언급했듯이 무는 아니지만, 그러나 무로서 존재한다. 이 로서als는 항상 본질에 덧붙여진 어떤 것을 표현하며, 그 후 대상적 존재, 본질을 넘어선 존재와 관계 맺는다. 따라서 주체 혹은 자아가 그의 순수 실체성에서 무로서 존재했다고 말한다면, 이것은 모든 대상적 존재의 부정을 의미한다. 이에 반해 만약 우리가 주체에 대해 주체는 어떤 것으로 존재한다고 말한다면, 바로 존재로서 어떤 존재는 부가적인 것, 덧붙여지는 것, 야기된 것이며, 확실히 고찰했을 때 우연적인 것이라는 것을 의미한다. 여기서 로서는 끌어당기기, 매혹, 매혹적 존재를 표시한다. 설명! 우리가 속성들을 가지고 있지 않는 한에서 혹은 독일어 표현에 맞게 이것을 표현하면 우리가 그와 같은 속성을 입고 있지 않는 한에서, 우리가 바로 가지고 있을 뿐인 확실히 도덕적인 그리고 다른 속성들이 있다. 예를 들어 진정으로 우아한 기품은 그에 대한 무지에서만 가능하다. 이에 반해 자신의 우아한 기품을 아는 사람은 이 속성을 입고 있으며, 동시에 우아한 존재이기를 중단한다. 그렇지만 우아한 기품을 아는 사람이 우아하게 행동한다면, 오히려 그 반대가 된다. 바로 이것은 순진무구Unbefangenheit와도 같다. 순진무구한 존재는 모든 방면에서 자기 자신을 전혀 알지 못하는 그런 무엇일 뿐이다. 순진무구한 존재가 자기 자신의 대상이 되는 순간 순진무구한 존재는 이미 편견에 사로잡혀 있는 존재가 된다. 만약 여러분이 이 서술을 앞서 언급에 적용한다면, 주체는 그의 순수 본질성에서 무로서 ― 모든 속성들의 완전한 단순성 — 존재한다. 지금까지 주체는 단지 비인칭Es 자체일 뿐이며 그리고 그런 정도로 모든 존재로부터 완전한 자유이며 그리고 모든 존재에 대해서도 완전한 자유이다. 그러나 주체는 자기 자신을 입는 것을 피할 수 없다. 이에 덧붙여 주체가 자기 스스로 객체가 된다는 사실이 주체이기 때문이다. 주체 외부에서는 무라는 사실이, 주체에게는 객체가 될 수 있다는 사실이 여기서 전제되고 있기 때문이다. 그러나 주체는 자기 자신을 입고 있기 때문에, 주체는 더 이상 무로서 존재하지 않으며, 오히려 어떤 것으로 존재한다. — 이런 자기 입기Selbstanziehung에서 주체는 자기를 어떤 것으로 만든다. 따라서 자기 입기에 어떤 존재의 혹은 객관적 존재, 대상적 존재 일반의 근원이 놓여 있다. 그러나 주체가 무엇임인 그것으로서 주체는 결코 자신을 손에 가질 수 없다. 왜냐하면 자기 입기에서 주체는 다른 주체가 되기 때문이며, 이것은 근본 모순이기 때문이다. 우리는 모든 존재에게서의 불행Unglück을 말할 수 있다. — 왜냐하면 주체는 자기를 가만히 놔둠으로써 주체는 무로서 존재하거나, 혹은 주체는 자기 자신을 입음으로써 주체는 다른 주체가 그리고 자기 자신과 동등하지 않은 주체가 되기 때문이다. — 주체는 더 이상 앞서 존재에 사로잡혀 있지 않는 순진무구가 아니라, 존재에 사로잡혀 있음이다. — 주체 자체는 이런 존재를 야기된 것으로 그리고 우연적인 것으로 지각한다. 여기서 여러분은 이에 합당하게 최초 시작은 분명 우연적인 것으로 간주되었다고 설명한다. 최초 존재자, 내가 명명한 것처럼 이제일실존primum Existens은 최초 우연적인 것(근원적 우연, Urzufall)이다. 따라서 이런 전체 구성은 최초 우연적인 것의 발생 — 자기 자신에 부등한 것의 발생과 더불어 — 시작하며, 이 구성은 불협화음Dissonanz과 함께 시작한다. 그리고 이 구성은 다분히 이렇게 시작해야 한다. 왜냐하면 앞서 ― 존재의 야기 이전에, 그 자체의 그리고 자기 이전의 존재에서 주체는 무한이었기 때문이다. 그러나 주체가 자기에 앞서 유한성을 가지고 있었던 한에서, 거기서 주체는 바로 아직 무한으로 정립되지 않는다. 자기를 무한으로 정립하기 위해서 주체는 또한 유한일 수 있는 이런 가능성으로부터 자신을 정화하여야 하며, 유한성 자체는 주체에게 자기를 무한으로 (다시 말해서 존재로부터의 자유로, 왜냐하면 다른 개념은 여기서 무한이라는 말과 결합되지 않기 때문이다) 정립하기 위한 수단이 될 뿐이다. 현실적 대립을 통해서만 주체는 그의 참된 본질로 고양할 수 있었으며, 주체는 스스로 무한자에 도달할 수 있었다.

나는 완전히 등가적인 어법이기는 하지만 다른 어법으로 이 마지막 진술을 설명하려 한다.

주체, 최초 순수 주체는 자기 자신에게 현재적이지 않은 주체이다. ― 주체는 자기를 가지기를 원하기 때문에, 자기 자신에게 객체가 되기 때문에, 주체는 우연성에 사로잡혀 있다. (우연성은 본질의 대립이다) 그러나 그 때문에 주체는 본질로서 지양될 수 없다. 왜냐하면 주체는 단순한 본질 일반이 아니라, 무한한 방식이기 때문이다. 따라서 앞서 우연성은 주체로 하여금 자신의 본질로 되돌아가서 앞서 우연에 대립해 주체가 이전에는 존재하지 않았던 본질로 자신을 정립하도록 자극할 뿐이다. 그 자체로 그리고 자기에 앞서 주체는 본질(=존재로부터의 자유)이었다. 그러나 주체는 본질로서 존재하지 않았다. 왜냐하면 주체는 내가 말한 것처럼 여전히 자기에 앞서 자기 입기의 숙명적인 행위를 하기 때문이다. 주체는 또한 자기 자신을 억제할 수 없는 앞서 비탈에 기대어 서 있다. 왜냐하면 주체는 정지하고 있어서 (주체가 존재하는 상태로, 따라서 순수 주체로 머물며), 그 어떤 삶이 아니며 그리고 주체 자체는 무로서 존재하기 때문이다. 혹은 주체는 자기 자신을 원하여, 그래서 주체가 다른 주체가 되고, 자기 자신과 부등한 것, 자신에게 상이한 것sui dissimile이 되기 때문이다. 주체가 그러한 것으로 자기를 원함에도 불구하고 이것은 바로 직접적으로 불가능하며, 의지 자체에서 이미 주체는 다른 주체가 되며 그리고 자신을 훼손하지만, 주체는 그것에 순응한다. 왜냐하면 주체에게서는 여전히 직접적으로 자기를 본질로 정립하는 것이 거부되고 있기 때문이다. 앞서 유한한 혹은 사로잡혀 있는 존재 ─ 오직 직접적으로 가능한 ─ 존재는 주체 자신에게는 동등하게 주체의 매개로, 무한 존재로, 존재의 본질로 묘사될 뿐이다. 그런 한에서 주체가 본래 원하는 그런 것은 아니라고 하더라고, 주체는 앞서 존재를 원할 수 있다. 이런 유한 존재는 주체에게 자기를 두 번째 단계 혹은 두 번째 역량Potenz에서 정립하도록 매개하며 ─ 이제 본질로서 존재한다. 두 번째 역량에서 정립된 이런 본질은 유일한 구별과 더불어 시작하지 않은 존재의 무엇임이다. 주체는 (자신의 관여 없이) 본질과 동일하게 정립되며, 그 후 확고해진다. 우리가 본질 혹은 순수 주체를 A라 부른다면, 모든 행위이전의 주체는 A로서 존재하지 않으며, 따라서 주체는 또한 A가 아니며, 그래서 주체는 비A가 아닐 수 있고 혹은 바로 B가 아닐 수 있다. 그러나 이제 주체는 자기 자신을 주체가 다른 주체가 되는 자기 입기에서 B로 만든다. 그러나 주체의 본래적 필연성은 무한 A, 다시 말해서 주체 없이는 객체일 수 없는 무한 주체이다. 따라서 주체는 A로서 행위하는 바로 그것과 같은 것uno eodemque actu이 없이는 B일 수 없으며, 주체가 B가 아닌 그런 한에서, 다분히 주체는 자기 본질의 다른 형태로 존재한다. 이런 형태에서 주체는 더 이상 단순한 A가 아니라, A로서 존재하며, 이제 비A일 가능성이 이미 배제되었기 때문에 A로서 존재한다. 그러나 A로서 정립된 A는 더 이상 단순한 A가 아니며, A의 존재사실인 A이다. ― 그리고 존재한다 그리고 존재하지 않는다가 아니라, 오히려 결정되어 있음이다. A의 존재사실인 A는 자기 자신과 중첩된 모호한 A이며 (A가 단순하게가 아니라, 오히려 A로서 정립되는 정립의 이 방식은 예전의 논리학에서는 중복 방식 혹은 반복Reduplicatio[81]으로 불렀다), 따라서 A로서 정립된 A는 더 이상 단순한 A가 아니라, 우리가 (개념이 설명된 후에는) 짧게 A^2이라 부를 수 있는 중첩된 A이다. 그리고 우리는 이제 한편으로는 B가 되었던 A를 그리고 다른 한편으로는 이런 A와의 대립에서 그리고 이런 A와의 긴장관계에서 ― 그러나 바로 그 때문에 이 A를 통해 고양된 ― A^2을 가진다. (자기 자신으로 끌어올려진 A, 왜냐하면 이것은 바로 그런 것으로 정립된 A이기 때문이다.)

이런 방식으로 우리는 통일Einheit, 즉 하나로부터 벗어나 그리고 분열 Zweiheit, 즉 둘에까지 이르게 될 것이다. 여러분이 앞서 파악한 것처럼 이제 분열, 둘과 더불어 필연적으로 진행해 갈 점진적 전개의 근거가 이미 마련되었다. 그러나 나는 이 근거로 나아가기 이전에 앞서 대립의 보다 상세하며 규정적인 의미를 제시해야 한다.

이제 A로 정립된 A에서, A^2에서 A는 A가 B인 한에서 자기 자신의 보다 상위의 것으로 고양된다. 그러나 필연적으로 그리고 항상 상위의 것

---

81 역주: 반복(Redupulication)은 언어학 개념으로 특정 자음 혹은 특정 모음의 반복이나, 단어의 반복을 말한다. 강조를 위한 반복이나, 운율을 맞추기 위한 반복 혹은 어린아이들이 말을 배우기 시작할 무렵의 반복현상 등이 있다. 특정 언어(특히 일본어)는 반복기호를 두어 반복표시를 하기도 한다.

은 직접적으로 그렇게 통찰될 수 있는 것, 보다 하위의 것의 파악자 그리고 인식자다. 무로서 존재하는 절대적 주체는 자기를 어떤 것으로, 결합된, 제한된, 사로잡혀 있는 존재로 만든다. 그러나 절대적 주체는 무한주체, 다시 말해서 결코 몰락할 수 없는 그리고 무로 몰락할 수 있는 주체이다. 그리고 이 주체는 어떤 것이기 때문에, 주체는 직접적으로 다시 자기 자신을 넘어서는 자이며, 따라서 어떤 존재에서 자기 자신을 파악하는 자 그리고 인식하는 자이다. 어떤 존재자로서 주체는 실재이며, 그와 같은 실재의 파악자로서 관념이다. 따라서 여기서는 우선 (실재와 관념이란) 이 개념들이 우리의 관찰 대상이 된다. 그러나 이제 자기 자신을 정립하고, 그의 존재의 모든 규정들 안에서 자기 자신을 산출하는 주체의 역사가 참된 역사, 현실적 역사라고 한다면, 주체의 이런 최초 어떤 존재는 바로 어떤 존재가 주체로서 존재하고 있는 주체에 대립되어 있는 것이어야 한다. — 전자의 실재와 후자의 관념, 자기정립의 이 양자의 최초 역량Potenz — 자기 실현의 이 양자의 최초 역량은 현실성에서 증명되어야 하고 혹은 현실성에서 상응하는 표현을 찾아야 한다. 자유로운 그리고 무로서 존재한 주체의 앞서 최초 어떤 존재로서, 따라서 자기 자신에 사로잡혀 있는 혹은 붙잡혀 있는 주체로서, 이런 최초의 주체가 물질이라 불렸다. 일단 물질 개념에는 더 이상 무가 아닌 것, 다시 말해서 더 이상 자유로운 존재자가 아닌 것, 어떤 것 일반은 더 이상 고려되지 않는다. 최초 어떤 존재 자체일 뿐인 이 물질은 물론 우리가 이제 우리 앞에 보고 있는 물질이 아니며, 형태를 지닌 그리고 다양하게 형성된 물질, 따라서 이미 물체인 물질은 아니다. 우리가 시작으로 그리고 최초 역량으로, 무에 가장 가까운 것으로 표시하는 그것은 오히려 이 물질의 물질이며, 다시 말해서 이미 형태를 지닌 그리고 우리에게 감각적으로 인식될 수 있는, 감각 속성들을 갖춘 물질의 물질이며, 물질의 소재, 물질의 토대이다. 왜냐하면 최초 어떤 존재일 뿐인 앞서 물질은 우리가 바로 보게 될 것처럼 직접적으로 과정의 대상이 된다. 이 과정에서 물질은 변화되며, 보다 상위 존재의 토대가 된다. 그리고 물질이 거기에 이르기 때문에, 물질은 앞서 감각적으로 인식 가능한 속성을 지닌다. 이제 이런 최초실재에, 이런 최초 어떤 존재에 관념이 대립하며, 그런 한 관념은 무(다시말해서 어떤 것이 아님)이다. 그러나 관념은 어떤 것에 대립된 무, 그런 것으로 정립된 무 혹은 순수 본질이기 때문에, 그런 한에서 관념은 바로 그자체로 또한 어떤 것이다. 우리는 다음과 같이 말할 것이다. 혹은 오히려 이 철학의 최초 전개에서는 다음과 같이 말해질 것이다. 그런 것으로 정립된 이런 순수 본질 — 물질에 대립하여 무로서 존재하는 이 순수 본질은 빛이다. 빛은 무로서 물질에 대립하며 또한 무가 아니다. 물질에서 어떤 것으로 존재하는 그와 같은 것은 빛에서 무로 존재한다. 그리고 그런 한에서 또한 어떤 것으로, 그러나 다른 어떤 것으로, 순수 관념적 어떤 것으로 정립된다. 빛은 분명 앞서 전제들이 제거되어 있는 물질은 아니다. 모든 방향에서 빛이 단순하게가 아니라, 그 실체의 각 지점에서 직선적으로 투과하는 물질이 존재할 수는 있다고 하더라도, 어떻게 물체가 존재할 수 있는가? 만약 우리가 이것을 미세한 구멍들로 혹은 물질의 비어 있는 사이 공간으로 설명한다면, 명백하게 투과되는 물체는 그의 표면의 각 지점으로부터 직선으로 꿰뚫어 파헤쳐져 있어야 한다. (왜냐하면 그의 표면의 각 지점에서 물체가 명백하게 투과되기 때문이다) 따라서 물체는 각 지점에서 미세한 구멍Porus[82]이어야 하며, 따라서 구멍으로서 무여야 한다. (바로 이제 관찰 자연학Physik은 빛의 비물질성을 그의 물질성으로 주장하는 경향이 있다. 잘 알려져 있듯이 빛의 파동이론Undulationstheorie[83]이 이런 경향을 가지는데, 그에 따르면 빛은 단지 우유Accidens일 뿐이며, 그런 한 물질은 아니다. 그렇지만 빛은 물질의 우유이다. 계산을 위한 전제로서 확실한 조력자의 역할을 담당하는 것 그리고 어느 정도 용이하게 하는 작용하는 것이 원자와 같은 것이다. 화학량론Stöchiometrie이 이런 원자의 무게를 결코 인지하지 못했다고 하더라고, 이 원자의 무게가 화학량론을 규정한다. 그 밖에 빛은 전적으로 반항적인 어떤 것이며, 이것이 빛의 현상이다. 이 현상들 중에 직선 운동이 파동 매개체의 표상을 포섭하고 있는 지배자이다. 자연철학은 빛을 그것이 단순한 우유라는 의미에서 비물질이라고 설명하지 않으며, 오히려 자연철학에서는 빛은 실체이다. 그러나 비물질적 실체

---

82 역주: 물체의 개시, 물체의 '통로'인 라틴어 'porus'는 고대 자연철학의 인식이론이기도 했다. 특히 엠페도클레스는 모든 물체는 자신만의 구멍을 가지고 있으며, 이 구멍에 우리의 감각기관, 특히 시각이 다가가 적합하게 채워지면 인식이 발생한다고 생각했다. 여기서 우리는 '같은 것은 같은 것끼리'라는 고대 동일율의 확신을 볼 수 있다. 만약 돌이 사각의 구멍을 가지고 있고, 우리의 촉각이 이 사각의 구멍에 잘 채워지면 ―마치 전기 플러그와 콘센트의 관계처럼― 딱딱하다는 감각경험이 발생한다. 엠페도클레스의 인식론을 설명하는 테오프라스토스에 따르면 "[…] (감각들) 각각의 통로에 (방출물들이) 꼭 들어맞기 때문에 감각이 성립한다고 말한다. 이 때문에 감각은 다른 감각에 속하는 것을 서로 식별할 수 없다. 왜냐하면 감각되는 것과 대응해 있는 통로들은 그것이 만나는 감각물에 비해 더 넓기도 하고 더 좁기도 해서, 어떤 것들은 접촉하지 못하고 통과하고, 어떤 것들은 들어갈 수 없기 때문이다." 엠페도클레스, 『소크라테스 이전 철학자들의 단편 선집』, 김인곤·강철웅·김재홍 등 역(서울: 아카넷, 2013), 407쪽(DK31A86).

83 역주: 빛의 파동설, 파동이론은 빛의 굴절, 반사, 간섭현상을 설명하기 위해 1820년 프레스넬(A. J. Fresnel)이 주장하였으며, 이보다 일찍 영(Thomas Young)이 1800년부터 1804년 사이에 발표한 일련의 논문에서 빛의 파동설을 주장한다. 빛의 파동이론은 뉴턴(I. Newton)이 주장한 '미립자론'에 대한 비판적 시각이다. 뉴턴의 미립자론, 즉 빛을 하나의 실체적 입자로 파악하는 입장을 증명하기 위해 18세기에 수없이 많은 빛의 무게를 재려는 시도들이 있었다. 흥미로운 점은 프랭클린(Bejamin Franklin)이 18세기 중엽 뉴턴의 미립자론에 대해 반대한 논거다. 프랭클린은 편지에서 만약 뉴턴의 빛의 입자설이 옳다면, 태양은 곧 고갈될 것이고, 태양으로부터 방사된 빛 입자는 물질이기 때문에 행성운동을 방해할 것이라고 주장했으며, 덧붙여 빛이 상호 간섭하지 않는 이유를 해명하지 못할 것이라고 보았다. 헤겔, 『헤겔자연철학(1)―철학적 학문의 백과사전 강요』, 박병기 역(경기도: 나남, 2008), 258쪽, § 276, 특히 각주 15, 19, 21 참조.

다. — 즉, 스피노자가 연장 실체와 사유 실체라고 하는 것과 같은 의미에 비물질 실체이다.)

따라서 빛은 자체로 물질은 아니지만, 그러나 관념에서 빛은 실재에서 물질인 그것과 같다. 왜냐하면 빛은 자신의 방식으로 다시 말해서 관념적 방식으로 물질이 공간을 채우는 것과 같이 모든 차원의 공간을 채우기 때문이다. 따라서 빛은 물질 개념이며, 대략 내적이거나 혹은 단순히 주관적이지 않다. 오히려 빛은 그 자체 객관적으로 정립된 물질 개념이며, 내가 한 순간 머무는 규정이다. 왜냐하면 이 규정은 피히테와 관계하여 이 철학의 본질적 진보를 제공하고, 더 나아가 명료하게 해명될 수 있는 동기를 주기 때문이다.

데카르트와 그의 계승자 스피노자는 연장과 연장된 것에 대한 생각을 배제했다. 그러나 예를 들어 빛은 연장 세계에서 분명 정신 혹은 사유의 유비Analogon다. 그리고 우리가 유비의 이런 규정되지 않은 개념을 규정된 개념으로 환원한다면, 빛은 보다 심오한 단계 혹은 역량에서만 정신 혹은 사유 자체이다. 이와 같은 방식으로 피히테에게는 자아와 비아의 대립이 존재했었다. 또한 그는 자아만이 참으로 실존한다는 그의 이론을 따라 자아를 실체로서 혹은 자연의 최종 본질로서 인식했을 것이다. 그는 자연이 내적으로 혹은 자연의 본질에 따라서 자아이며, 주체-객체인 한에서 자연 또한 참으로 실존한다고 자연에 대해 주장해야 할 것이다. 피히테는 우리 표상 밖의 모든 실재성을 자연으로부터 박탈하지 않았을 때 이런 주장을 할 수 있을 것이다. 따라서 피히테는 인간 자아 혹은 정신에서만 주체적인 것을 안다. 그에 반해 예를 들어 우리는 빛에 대해 다음과 같이 말한다. 빛은 주체적인 것이며, 그렇지만 자연 자체에 정립된 것이다. 여기서 자연은 자기 자신에 대하여 주체적이며 혹은 주체라고 하며, 이로부터 자연은 어떤 단순한 객체적인 것이 아니라는 ─ 단순한 비아가 아니라는 결론이 나온다. 왜냐하면 자아는 자연의 자아 혹은 자연의 최초 주체적인 것이며 ─ 우리 외부의 최초 주체적인 것이기 때문이다. 그 어디에도, 그 어떤 영역에도 단순히 주체적인 것 혹은 단순히 객체적인 것은 없다. 오히려 항상 양자의 통일이 있다. 나에 대해서 빛은 물론 나에게 객체적인 세계에, 이미 보다 상위의 단계로 고양되어 있어서 나에 대해 객체적으로 관계하는 세계에 해당하며, 그러나 또한 자기 자신에서 주체적인 것을 가지는 세계에 속한다. 보다 상위의 관념, 예를 들어 인간 앎과 관계해서만 빛은 실재 세계에 속한다. 그러나 그 자체로 고찰했을 때, 혹은 물질과 비교했을 때 빛은 자신의 방식 혹은 역량에서 관념이며, 마찬가지로 인간 사유는 그의 역량에서 관념이다.

따라서 지금까지 규정으로부터 무한한 자기 정립의 최초 계기들은, 혹은 주체의 삶이 이 정립에 존립하기 때문에 이 삶의 최초 계기들은 자연의 계기라는 사실이 도출된다. 따라서 이로부터 결과적으로 이 철학의 최초 발걸음은 자연에 있으며 혹은 자연으로부터 시작한다는 사실이 도출된다. ─ 물론 자연에 머물기 위해서가 아니라, 진행단계에서 항상 점진적인 상승을 통해 자연을 극복하기 위해서, 자연을 넘어서기 위해 그리고 정신으로, 본래 정신적인 세계로 고양하기 위해서이다. 따라서 이 철학은 그의 시작에서 자연철학이라 불릴 수 있지만, 그러나 자연철학은 단지 전체의 첫 번째 부분 혹은 전체의 토대일 뿐이었다. 자연은 자체로는 보편의 한쪽 측면 혹은 절대적 주체가 비로소 전체적으로 실현되는 절대적 총체의 한쪽 측면일 뿐이며, 상대적으로는 관념적인 세계일뿐이다. 정신의 세계는 다른 측면이다. 철학은 자연의 심층부에까지 파고들어가며, 단지 거기로부터 정신의 상층부로 고양하여 간다. 따라서 체계의 다른 측면은 정신 철학이었다.[84] 그러므로 우리가 전체 체계를 자연철학이라 불렀다면, 이것은 지배자의 자리를 차지한 것dominatio a potiori, 혹은 본래 선천적인 것, 체계에서 선행하는 것, 최초의 것이라는 이름을 가지는 것이지만, 그런 한에서는 오히려 하위에 자리하는 것이었다. 근본적으로 이 체계에서 이름을 발견하기가 어려웠다. 왜냐하면 체계는 바로 자기 안에 모든 선행 체계의 대립을 지양하여 보존하기 때문이다. 사실 체계는 유물론으로도 정신론Spiritualismus으로도 불릴 수 없었으며, 실재론으로도 관념론으로도 불릴 수 없었다. 이 체계에서 관념론 자체가 실재론을 토대로 하는 한 그리고 실재론으로부터 전개되는 한에서 우리는 이 체계를 실재 관념론Real-Idealismus이라 부를 수 있다. 예전의 서문에서 체

---

84 역주: 셸링에게 자연은 근본적으로 자기 스스로를 조직하는 유기체이다. 자연은 합목적적으로 구성된 세계이며, 따라서 충만의 원리(plenum formarum)를 갖는다. 자연은 가능한 모든 사물과 종을 자기 안에 품고 있다. 자연에 존재하는 모든 존재자들의 다양성은 연속성을 지닌다. 즉, 자연은 연속성의 원리(continuum formarum)를 갖는다. 자연에 합목적적으로 자신의 자리를 차지하고 있는 사물과 종은 자신과 이웃하는 종과 사물 사이에 그 어떤 빈틈도 허용하지 않는다. 왜냐하면 자연에 존재하는 사물과 종 사이에 빈틈이 존재한다면, 자연은 결코 완전하지 않을 것이기 때문이다. 그러므로 자연에 존재하는 모든 사물과 종은 빈틈 없이 점진적 단계에 따라서 자신의 자리에 배치되어야 한다. 이렇게 자연은 질서의 원리(ordo formarum)를 갖는다. 따라서 유기체적 관점에서 자연은 의식 혹은 정신과 다르지 않다. 단지 자연은 인식되지 않은 무의식이며, 정신은 인식된 의식일 뿐이다. "자연은 보이는 정신이며, 정신은 보이지 않는 자연이다. 따라서 우리 안에 정신의 절대적 동일성에서 그리고 우리 밖에 자연의 절대적 동일성에서 우리 밖의 자연은 어떻게 가능한가라는 문제가 해결되어야 한다. 따라서 그 이상의 자연탐구의 최종 목적은 자연의 이런 이념이다. 이것을 달성하는 것이 우리에게 일어난다면, 우리는 확실하게 앞서 문제를 충분히 해결할 수 있다." 셸링에게 자연은 정신인 우리 밖에 존재하는 우리와 동일한 유기체이다. 단지 자연철학이 해결해야 하는 문제는 우리 밖의 자연이 어떻게 존재하고 있는가를 의식하는 일이다. Fr. W. J. Schelling, *Ideen zu einer Philosophie der Natur als Einleitung in das System dieser Wissenschaft*(1797), in: *Schelling Ausgewählte Werke*, Bd. I(Darmstadt: Wissenschaftliche Buchgesellschaft, 1980), S. 380.

계에 대하여 내가 처음 서술한 대중적인 내용 부분에서 나는 나의 체계를 절대적 동일성체계das absolute Identitätssystem라 불렀다.[85] 그 이유는 어떤 한쪽 측면의 실재와 관념을 주장하는 것이 아니라, 오히려 우리가 자주 피히테로부터 실재라고 부른 그것에서 그리고 우리가 자주 관념이라고 부른 그것에서 오직 하나의 최종 주체Ein letztes Subjekt만이 고려되고 있을 뿐이라는 사실을 암시하기 위해서였다. 그러나 이런 명명은 이미 적합하지 않은 것으로 증명되었으며, 결코 체계의 내부를 관통하지 못하는 것으로 논증되었다. 이로부터 추론해 보거나 대중에게 강연되지 않은 부분을 고려하여 보면, 이 체계에서는 모든 구별들이, 즉 물질과 정신, 선과 악, 진리와 오류의 각 구별이 지양되었다. 그래서 이 체계에 따르면 모든 것은 일반적 의미에서 하나라고들 한다. 이제 나는 이와 같은 체계에 대한 서술을 해보겠다.

이제 우리에게는 다음 두 개의 최초 역량이 있다. 하나는 앞서 순수하고 자유로운 주체의 자기 자신과 더불어 혹은 자기 자신에 의해 사로잡혀 있는 최초 존재의 표현으로서 물질이며, 다른 하나는 자유롭게 그리고 순진무구한 것으로 정립되어 있는 주체의 표현으로서 빛이다. 그러나 바로 주체는 이미 그런 것으로 정립되어 있기 때문에, 더 이상 전체적인 주체 혹은 절대적 주체일 수 없다. 왜냐하면 절대적 주체는 여전히 순수 무한이므로 아직 그런 것으로 정립되어 있지는 않기 때문이다. 이 지점으로부터 전개가 어떻게 더 진행되었는지가 이제 표현될 수 있다. 여기서는 우선 점진적 전개의 본래적 원리 혹은 어떤 전제와 관계하는 방법

---

85 역주: 셸링, 『초월적 관념론의 체계』(1800)을 가리킨다.

이 진술된다. 즉, 선행 단계에서 항상 주체적으로 정립되었던 것은 다음 단계에서는 자체로 객관적이게 되며 ─ 객체로 등장한다. 결국 이 방식으로 가장 완전한 객체가 발생하기 위해서는, 결국 최종적 주체, 홀로 중지하여 있는 주체, 더 이상 객체가 될 수 없는 주체 (모든 형식들이 현존하기 때문에), 따라서 현실적으로 최상의 주체, 그런 것으로 정립된 주체가 있다고들 말한다. 왜냐하면 전개되어 가는 중에 주체로서 현상하는 것은 바로 계기로서의 주체일 뿐이기 때문이다. 그러나 다음 계기에서 우리는 이미 주체를 객체에 속하는 것으로 인식하며, 다시 객체로 정립되어 있는 것으로 인지한다. 주체는 객체적인 것으로의 필연적 경향을 가지며, 이 경향은 철저하게 수행된다.

여러분은 분명히 이 방법은 단순히 외적인, 단지 외부로부터 대상들에 적용된 방법이 아니라, 내적인 방법, 내재적인 방법, 대상 자체에 내재하는 방법이었다는 것을 알 것이다. 철학하는 주체가 아니라 ─ 대상 자체가 (절대적 주체가) 대상에 내재하는 법칙에 따라 운동하며, 이 법칙에 따라서 앞서 단계에서 주체가 다음 단계에서는 객체가 된다. 그래서 이제 ─ 현재적 계기에서 ─ 빛이, 다시 말해서 상대적인 관념이 자연에, 물질에 대립하며, 주체로서 객체에 대립한다. 그러나 이런 관념은 이제 그 자체로 객체로 등장해야 하며 ─ 객체가 되어야 한다. 이런 방식으로 전체적 객체, 완전한 객체가 발생한다고들 말한다. 이런 최초의 관념에는 이미 상위의 관념이, 더욱이 지나 온 관념이 은폐되어 있다. 이 관념은 앞서 관념이 스스로 실재가 되기 전에는 결코 등장하지 않으며 그리고 구별될 수도 없다. 그러나 관념은 (객체적인 것의 전체 공간을 차지하는) 물질 존재를 분유하지 않고서는 실재적일 수 없으며 혹은 객체적일 수도 없다. 다시 말해서 관념은 지금까지 자기존재의 물질을 강탈하지 않고서는, 물질과 빛 이 양자가 자체로 우유 혹은 부가적 속성Attribute인 제삼자ein Drittes가 출현하지 않고서는 실재적일 수도 혹은 객체적일 수도 없다. 이전에 (선행 계기에서) 또한 각자가 자기 존재자였던 것 — 물질과 빛 — 이 양자는 다음 계기에서는 보다 상위의 것, 제삼자에게 공통의 부가적 속성일 뿐이다. 양자는 공통으로 보다 상위의 역량에 종속된다. 그러나 내 생각으로는 이런 자기존재의 강탈은 이제 물질을 모순에 빠지게 할 수 있다. 따라서 그와 함께 과정이 실행되며, 이 과정에서 내가 이미 예시한 것처럼 물질은 보다 상위 존재의 단순한 토대로 받아들여지고 혹은 그런 것으로 변화된다. 이 계기가 다시 자신의 계기를 지니는 역동적 과정이라 불린다. 이 계기들의 현상으로서 이제 자연에서 여전히 인식 가능한 과정들이, 자기적magnetische 과정, 전기적elektrische 과정 그리고 화학적chemische 과정이 고찰되었다. 혹은 보다 분명하게 말하면, 이제 자연에서 지각 가능한 그리고 항상 진행하고 있는 과정의 세 계기들은 우리가 자기, 전기 그리고 화학이라 구별하는 것들이다. 이 세 계기들은 또한 형태를 가지는 그리고 구별된 (구별 가능한 속성들을 갖춘) 물질의 근원적 발생 계기로 전제된다. 이런 관계에서 나는 이 계기들을 모든 물질 발생의 세 범주 혹은 자연학의 세 범주라 부른다. 그러나 이제 이런 역동적 과정은 단지 이행일 뿐이며, 여전히 양 역량들의 대립적 긴장관계와 관계 맺고 있다. 예를 들어 화학은 대항하는 물질에 나타나는 현상, 즉 자기와 전기에 의해 물질에 정립된 현상이며, 보다 상위의 규정에서 항상 해소되고 제거되는 현상일 뿐이다. 역동적 과정에서 물질은 여전히 자신의 자기 실재성만을 주장한다. 그러나 물질이 자신의 자립성 혹은 관념에 대한 자신의 자립적 대립을 상실하는 계기로부터 보다 상위의 주체가 출현한다. 이 주체에 대하여 양자는 단순한 공통의 부가적 속성 상태로만 존재한다. 우리는 이 주체를 A^3이라 부른다. 이것은 주체 혹은 유기적 자연의 정신, 삶의 정신이며, 앞서 역량들, 빛 그리고 물질과 함께 자신만의 정신으로 작용하는 정신이다. 따라서 물질은 더 이상 실체로 고찰되지 않는다. 사실 유기체는 지속적으로 변화하는 물질적 실체를 통해서가 아니며, 오히려 자신의 물질적 존재 방식 혹은 형식을 통해서만 유기체이다. — 정신은 유기체다. 삶은 실체의 형식에 의존하며, 혹은 삶에게서 형식은 본질적인 것이 되었다. 따라서 유기체의 활동성은 직접적으로 자기 실체의 보존을 목적으로 하지 않으며, 오히려 유기체의 활동성은 보다 상위의 역량(A^3)의 실존 형식인, 이런 형식에 존재하는 실체의 보존을 목적으로 한다.

유기체는 이전에 자기 자신을 위해서만 존재하는 것처럼 보이는 것, 그에게는 여전히 보다 상위의 것의 기관으로서 도구일 뿐인 그런 이름을 갖는다. 앞서 계기에서 — 또한 역동적 과정에서 — 물질은 자신의 존재를 주장하며 그리고 우리가 자기, 전기 그리고 화학이라 표기한 앞서 활동형식들을 자기 안에 우유로 수용한다. 비유기적 물체는 전기적 상태로 존재할 수도 혹은 존재하지 않을 수도 있지만, 이것이 물체 자체를 훼손하지는 않는다. 그에 반해 유기적 물질의 활동형식은 물질에 본질적이다. 예를 들어 구성능력 그리고 팽창능력이 없는 혹은 민감성이 없는 근육은 더 이상 본래적인 근육이 아닐 것이다.

그러나 만약 실재 자체가 이제 관념에 대립하는 긴장관계에서만 현존한다면, 양자는 보다 상위의 역량에 종속되어 있기 때문에, 더 이상 한편의 실재 자체로도 다른 한편의 관념 자체로도 현존하지 않으며, 오히려 양자가 하나로 존재하는, 양자가 동시에 동의하는 제삼자만이 현존한다. 그리고 이 제삼자를 위한 이름은 바로 살아 있는 것이라는 이름 이외에 그 어떤 다른 이름일 수 없다.

그러나 이 분류는 또한 단계적으로만, 즉 과정을 통해서만 달성될 수 있다. 왜냐하면 물질은 예를 들어 앞서 갑각류의 비유기적 잔여물과 같이 자신의 자립성을 주장하기 때문이다. 즉, 갑각류는 그의 삶의 의존성을 자신의 외부에 탈각되어 있는 형태를 통해서만 입증한다. 그러나 내부적으로는 살아 있지 않다. 비유기적인 것, 다시 말해서 자기 존재인 체하는 물질은 여기서 이미 유기체의 직무에 들어서 있다. 그러나 유기체에 완전히 복종하지는 않는다. 상위의 동물의 골격구조는 바로 이런 내면을 향해 억눌린 비유기적인 것 그리고 내적인 삶의 과정으로 수용된 비유기적인 것이며, 이것은 하위 계통의 동물(연체동물)에게는 여전히 외적이며, 껍데기Schale와 껍질Gehäus로 나타난다. 또한 상위 등급의 동물은 기관의 상이성에서 여전히 단계에 대한 암시 혹은 연상 이미지Reminiszenzen를 지닌다. 전체 유기적 자연과정은 이 단계로 상승하여 간다. 유기적 자연 자체가 발생하는 과정 동안에 우리가 A³이라 표기한 앞서 상위의 것은 부분적으로는 항상 주체적이다. 왜냐하면 이것은 여전히 완전하게 실현되지 않았기 때문이다. 자신의 완전한 객관화에 이르기까지 관통하여 가는 단계들은 상이한 유기체 조직을 통해 표시된다. (여기 체계의 완전한 전개에서 식물왕국과 동물왕국의 구별이 해명되며, 더 나아가 여기서 동물적인 유기체 조직의 단계과정이 설명된다. 나는 여기서 대략의 개요만을 제시하고자 한다. 즉, 여기서 나는 다시 유기적 생명의 단계로부터 다른 유기적 생명의 단계로의 이행을 형성하는 개별 탐구, 수많은 매개를 묘사할 수 없다. 이 지점에서 앞서 체계는 더 이상 그 자체로 목적이 아니라, 오히려 단순히 역사적 목적으로만 설명될 것이다.)

앞서 단계에서 존재자로 서술된 것이 다음 단계에서 상대적으로 비존재자로, 다시 말해서 단순한 단계, 따라서 수단으로 전락했다는 이론, 이 이론은 그렇게 단순하게 그리고 각각의 점진적 전개의 직접적 본성에 근거하였다. 일단 철학의 사태임이었음에도 불구하고 그리고 철학의 사태에 대해서만 진술했었음에도 불구하고, 이 이론은 이미 자연탐구로 파고들어가서 광범위한 영역에서 적용되었다.

이제 (유기적) 과정이 그의 목적을 달성한다면, 또한 지금까지의 주체적인 것은 다시 객체가 되며, 그의 왕국은 다시 상위의 역량에 자리를 내주기 위해 자신의 통치를 마감한다. (이제 더 이상 근원적인 유기체 조직은 발생하지 않는다. 그런 한에서 근원적으로 유기적인 원리, 유기체 조직을 강조하는 원리는 역사 사실적인historisch 과거가 되었다) 따라서 유기적 생명의 원리는 다음 시기의 상위 원리와 관계 맺는 가운데 혹은 그런 관계 속에서만 객관적 세계에 속하며, 그리고 그런 한에서 바로 경험적 자연탐구의 대상이다. 지금까지의 최상의 것, A³이 이제 전체적으로 객체적이게 되는, 따라서 상위의 주체에 종속되는 계기가 — 인간의 탄생이다. 인간의 탄생과 함께 자연 자체는 완성되며 그리고 새로운 세계, 전개의 완전히 새로운 단계가 시작한다. 왜냐하면 자연의 시작은 바로 최초의 어떤 존재이었으며, 그리고 전체 자연과정은 자립성 혹은 실체성에서 그와 같은 어떤 존재의 극복으로 나아갔으며, 다시 어떤 존재 자체를 상위 존재의 단순한 현존형태로 삼았기 때문이다. 따라서 이런 최초 존재가 그의 구속성을 해소하고 난 후에 그리고 바로 상위의 것에 종속됨으로써 다시 자유를 달성한 후에, 다시 말해서 유기적인 것에서 최초 존재가 부분적으로 동물의 자의적인 운동을 함으로써 이미 획득한 그런 자유에 이른 후에, 자연과정 자체가 종결되었다. 지금 등장한 주체적인 것은 앞서 선행한 역량과 같이 더 이상 존재와 직접적으로 관계하지 않는다. 왜냐하면 이것은 자신에 앞서 완결된, 완전한, 종결된 주체적인 것을 지니기 때문이다. 이제 존재의 이런 세계를 넘어 고양된 상위의 역량은 여전히 이런 세계와 관념적 관계만을 지닌다. 혹은 이 역량은 단지 앎일 뿐이다. 왜냐하면 총체적 존재에 대립하여 다시 상위의 것으로, 파악자로 존재하는 것은 단지 앎뿐이기 때문이다. 따라서 우리는 주체를 순수 앎인 그 지점에 이르기까지 끌어갈 것이다. 혹은 주체 존재가 바로 앎에만 존립하는 바로 그러한 지점에 이르기까지 끌어갈 것이다. 그러나 우리는 이 앎을 더 이상 사물로 혹은 물질로 증명할 수는 없다. (여기서 영혼의 비물질성 혹은 우리 내부의 직접적인 앎일 뿐인 그런 비물질성은 모든 선행 이론에서 보다 더 잘 그리고 보다 분명하게 설명되었다. 그밖에 선행 이론들에서 이런 단순자 그리고 비물질적인 것의 실존은 이미 언급했듯이 우연적 실존일 뿐이었다. 그에 반해 앞서 단계에서 실존은 필연적 실존으로 밝혀졌다) — 이 단계에서 주체는 더 이상 물질로 침몰하지 않는, 여전히 앎일 뿐인, 따라서 순수 앎, 다시 말해서 순수 정신일 뿐인 그 지점에 도달해야 한다. 그리고 그 외에 직접적으로 존재할 수 있는 모든 것을 이미 자기 외부에, 자기 앞의 타자로, 그 자체로 객체적인 것으로 지니는 그런 지점에 도달해야 한다. 그럼에도 불구하고 주체는 단지 자기 앞에 지니고 있는 것과의 관념적 관계에 머문다. 그러면서도 주체는 또한 자기 앞에 지니고 있는 것과의 필연적 관계를 맺는다. 왜냐하면 주체는 순수 앎일 뿐이기 때문이다. 또한 주체는 전체 존재를 이미 자기 외부에 지니고 있기 때문이다. 다시 말해서 주체는 그 자체로 다른 주체가 아니라, 자신의 최초의 그리고 직접적 행위에서 물질이 되었으며, 상위의 역량에서는 빛으로, 그보다 더 상위의 역량에서는 삶의 원리로 현상했던 그런 주체이기 때문이다. 따라서 우리가 주체 앞의 이런 선행 계기들을 제거할 수 있다면, 주체는 바로 그가 시작했었던 그곳에서 다시 시작할 수 있을 것이다. 그리고 — 이런 특정한 단계에서 — 주체는 자기 자신의 이런 역량으로 수없이 고양될 것이며, 다시 순수 앎으로 존재할 것이다. 주체는 그 자체로 순수 앎으로 정립되지는 않으며, 오히려 이런 단계로 인해서 순수 앎으로 정립되었다. 다시 말해서 주체가 자기 앞의 선행 계기들을 가지는 한에서, 절대적이며 혹은 그 자체로 관찰했을 때 주체가 주체의 가능성이었던 이 계기들을 정화하는 한에서, 그리고 주체가 이런 계기들을 이미 정화하였고, 자기 외부의 계기들을, 동시에 또한 자기의 계기들을 배제하는 한에서, 주체는 순수 앎으로 정립되었다. 주체는 그 자체로 순수 앎으로서가 아니라, 오히려 자신의 역량을 통해서만 A^4으로 존재한다. 그러나 A^4으로서 주체는 선행 역량들에서 자기 자신을 전제한다. 바로 그 때문에 주체는 선행 계기들과의 지양관계가 아니라, 필연적 관계에 있지만, 그러나 선행 존재의 종결과 끝이 존재하는 그런 계기와의 직접적 관계에, 따라서 인간과의 직접적 관계에 있다. (왜냐하면 다음 계기는 항상 선행하는, 직접적인 지반을 확정해야 하기 때문이다) — 따라서 주체는 전체 자연과 관계하는 순수 앎이지만, 그러나 인간과의 직접적 관계를 맺는 그런 한에서 인간적 앎인 순수 앎이다. 이와 함께 계기들의 새로운 단계가 출현하며, 이 단계는 바로 우리가 이미 자연에서 알고 있는 계기들의 단계와 평행일 수는 없다. 그러나 저기에서는 실재에 존재하던 것이 여기서는 모든 것이 단지 관념에서 등 장한다고 하는 구별이 있다.

여기서 첫 번째 단계는 객체 혹은 유한자이며, 두 번째 단계는 그러 한 것으로 정립된 주체 혹은 무한자이고, 세 번째 단계는 — 양자의 통일 이다. 그러나 저기 자연에서는 실재와 관념, 물질과 빛 양자가 객체적이 며 혹은 실재적인 것처럼, 여기 (이제 시작한 정신적 세계에서) 실재와 관념 양자는 상호 대립에도 불구하고 단지 관념일 뿐이다. 우리가 전체 자연 을 넘어 숭고한 것으로 규정하는 주체는 직접적으로 순수 앎일 뿐이며, 그러한 것으로 무한하며 그리고 완전한 자유다. 그런 한에서 주체는 다 시 순수 자유와 무한성으로 정립된 첫 번째 주체와 동일한 지점에 서 있 다. 그렇지만 주체는 또한 유한과 제한된 것, 인간 본질과 직접적으로 관 계 맺고 있다. 그리고 주체가 그와 같은 인간 존재의 직접적 영혼이 될 수 없기 때문에, 주체는 그와 같은 인간 존재의 모든 규정, 관계와 제한 에 참여할 필요가 있다. 왜냐하면 이런 방식으로 주체는 자기 자신을 유 한화하는 유한성의 모든 형식으로 진입하기 때문이다. 그리고 주체 자체 는 항상 관념으로 머물고 있음에도 불구하고, 존재 혹은 실재의 영역에 서 지배적인 필연성과 (관념적으로) 얽혀 있는 그런 유한성의 모든 형식으 로 진입하기 때문이다. 이제 자기 안에 무한한 앎과 주체가 관계 맺고 있 는 유한자의 이런 관계로부터 객관 세계가 인간 의식을 규정하는 개념의 전체 체계, 즉 필연적 표상의 전체 체계가 도출된다. 여기에서 인간 의식 본연의 인식활동 혹은 이론적 측면이 전개된다. 보고한 것처럼 칸트 이 성비판의 전체 내용 혹은 전체 이론 철학의 이런 내용에 있었던 것은 여기서는 단순한 계기의 내용으로서 전체 체계에 수용되었다. 그러나 이런 방식으로 자유 자체이며 그리고 무한인 앎은 유한자를 상상하기 때문에 그리고 실재 세계로의 새로운 침몰로 인해 필연성에 사로잡히기 때문에, 그리고 이제 필연적인 앎, 즉 결합된 앎으로 현상하기 때문에, 바로 새로운 상승을 향한 근거가 자리 잡게 되었다. 왜냐하면 극복하지 못한 주체는 또한 인간에게서 전제했었던 이런 결속으로부터 자신의 본질로 되돌아오기 때문이다. 그리고 자신의 결속과 대립하여 자유로운 역량으로, 그 자신의 두 번째 역량으로 정립되며 그리고 앞서 필연성 외부에 있으면서 지배하고, 다루며 그리고 파악하는 역량 자체로 정립되어 있기 때문이다. 전체 단계를 관통하는 대립은 여기서 그의 최상의 표현을 필연성과 자유의 대립으로 지닌다. 필연성은 인식활동에서 인간이 관계 맺는 것이며, 인간이 인식활동에서 종속되는 것이다. 자유는 행위와 활동의 자유이다. 모든 행위는 인식을 전제한다. 혹은 행위하는 가운데 인간은 자신의 인식을 객관화 혹은 대상화하며, 그와 같은 인식을 넘어서 자신을 고양한다. 인식활동에서 주체였던 것은 행위에서 객체, 도구, 기관이 된다. 그리고 주체의 객체로의 앞서 이행 혹은 주체적인 것의 앞서 자기 객관화가 어떻게 발생하는지의 문제가 여러분에게 예나 지금이나 분명하지 않다고 한다면, 여기서 여러분은 매우 근접한 한 예를 볼 수 있다. (자기적 선magnetische Linie의 그림)

따라서 인식활동에서 정립된 필연성 자체가 다시 주체에게 객관화되는 새로운 상승 가운데 주체는 이런 필연성으로부터 해방되며 그리고 이제 인식 혹은 앎과 관계해서는 아니지만, 행위와 관계해서 자유롭게 나타난다. 그러나 대립은 여전히 지양되지 않았으며, 오히려 정립되어 있다. 자유와 필연성의 대립, 이 자리에서 내가 언술할 수 없는 보다 더 연장적인 분열을 거쳐 결국 앞서 상위의 의미를 받아들이는 대립인 여기서의 대립은 개인이 아니라, 전체 유Gattung가 행위하는 역사에서 의미를 지닌다.

그러므로 체계의 지점은 주체가 행위 영역으로, 실천철학으로 이행하는 곳이었으며, 그리고 인간의 도덕적 자유가, 선과 악의 대립 그리고 이 대립의 의미가 이야기 되는 곳이었다. 그 후 국가가 자유와 필연성의 종속된 매개로 서술되는 곳이었으며, 자유와 필연성 양자 사이를 둘러싸고 도는 인류의 산출 그리고 결국 전체 인류가 얽혀 들어가는 거대한 과정으로서 역사 자체가 이야기되는 곳이었다.[86] 그래서 앞선 단계에서 자연철학이었던 이와 같은 철학은 여기서는 역사 철학이 된다. 이 철학에서 그 어떤 합법칙성을 통해서도 훈육되지 않는 제약 없는 자유는 역사의 신뢰를 잃고, 역사의 의심에 가득 찬 시선에 직면할 것이다. 자유의 오용

---

[86] 역주: 셸링은 『자연철학 입문에 대한 잠언(Aporismen zur Einleitung in die Naturphilosophie)』(1806)에 하나의 도식을 제시한다.

	신	
	전체	
상대적으로 실재적인 전체		상대적으로 관념적인 전체
무게(A¹), 물질		진리, 학문
빛(A²), 운동		선, 종교
삶, 생명(A³), 유기체		아름다움, 예술
천체	이성	역사
인간	철학	국가

Fr. W. J. Schelling, *Aphorismen zur Einleitung in die Naturphilsophie(1806)*, in: *Schelling Ausgewählte Werke(1806–1813)*, Bd. IV, S. 171, Anm. 1.

이 우리 자신에게 필연성의 재소환을 가르치는 최상의 그리고 대부분 비극적인 불협화음이 등장했던 곳, 여기에서 인간은 상위의 것은 바로 인간 자유라는 사실을 인식할 필요가 있다. 의무가 인간 행위의 결과에 대해 가만히 있기로 결단하자마자 의무 자체는 인간에게 아무것도 명령하지 않는다. 바로 인간의 행위가 인간에, 그의 자유에 의존한다고 하더라도, 그 결과는 혹은 이 행위로부터 인간의 전체 종을 위해 전개되는 그것은 개인의 가장 자유로운, 무법적인 행위방식을 관통하여 보다 상위의 합법칙성을 집행하고 그리고 주장하는 다른 것에 그리고 상위의 것에 의존하고 있다는 사실을 인간은 의식할 필요가 없다.

이런 전제 없이는 인간 행위의 결과를 전체적으로 헤아리지 못하는 대담한 의기는 의무가 내리는 명령을 행할 인간의 마음을 결코 불러일으키지 못한다. 이런 전제 없이는 인간은 감히 위대한 결과를 낳을 행위를 감행할 수 없으며, 이 전제가 인간에게 가장 신성한 의무로 새겨질 것이다. 따라서 역사 자체를 위해 필연성이 요구되지만, 그러나 이 필연성은 여전히 도덕적 자유에 대립하는 반대 주장을 한다. 그 때문에 필연성은 자유를 필연성과 매개하는 (자유가 물론 고양되는) 맹목적 필연성일 수는 없다. 왜냐하면 맹목적 필연성 자체는 (인간 자유와 마찬가지로) 필연성과 충돌하지 않기 때문이다. 그리고 맹목적 필연성은 단순히 상대적이 아니라, 오히려 필연성에 대립하여 절대적으로 자유로우며, 항상 예언적이고, 언제나 모든 주체에 대립하여 있는 ― 순수하고 자유로운, 구분되지 않는, 진정한 무한 주체이기 때문이다. 여기에서 철학은 앞서 최종 주체, 모든 것에 대해 승리한 주체에 이르렀다. 이 주체 자체는 더 이상 객관적이 아니라, 항상 주체로 존립한다. 그리고 인간은 앎에서와 같이 더 이상 자기로서 아니라, 오히려 자기를 넘어선 것으로 그리고 결국 모든 것이 종속되어 있는 모든 것을 넘어선 것으로 인식해야 하는 주체이다. 그리고 이제 주체는 더 이상 최초 출발에서와 같은 정신과 예언이 아니라, 오히려 스스로를 예언이라고 밝히며 그리고 시작에서 주체가 이미 있었던 것을 마지막에 드러낸다. 이제 최종 과제는 그의 본성에 의거해서는 접근할 수 없는 주체의 그리고 가까이 다가갈 수 없는 빛에 거주하는 것 같은 주체의 — 왜냐하면 결코 객체가 될 수 없기 때문이다 — 인간 의식과의 관계를 묘사하는 것일 수 있다. 왜냐하면 주체는 이 의식과의 어떤 관계를 가져야 하기 때문이다. 그러나 주체 자체는 결코 객체가 될 수 없으며 그리고 그 이상의 어떤 전개를 통해서도 객체가 될 수 없다고 이미 진술했기 때문에, 그리고 오히려 모든 것을 지배하면서 정지하여 있다고 이미 진술했기 때문에, 인간 의식과의 단순한 선언 이상의 어떤 관계도 생각할 수 없게 된다. 왜냐하면 주체는 더 이상 스스로 객체가 되거나 혹은 객체가 될 수 없기 때문에, 우리는 주체는 자신을 선언한다고만 말할 수 있다. 따라서 이런 질문이 제기된다. 인간 의식에서 그런 선언들이 혹은 여기에 적합한 적용으로 보이는 라이프니츠 표현을 사용하면 앞서 최상의 것의 그런 섬전Fulgurationen이 인간 의식에서 모든 숭고한 것을 증명할 것인지? 혹은 인간 자기가 앞서 최상의 것의 도구로서 혹은 기관으로서 나타나는 현상들을 증명할 것인지? 왜냐하면 자신을 선언하는 무언가는 직접적으로가 아니라, 오히려 다른 것을 통해서만 작용하기 때문이다. (이렇게 전개의 전체 방향에서) 이제 우리는 앞서 최상의 주체는 그 자체로 하나일 뿐이지만, 지금 우리 앞에 완전하게 서 있는 우주의 두 가지 측면들과 관계해서는 세 형태들로 생각될 수 있다는 사실을 상기해야 한다. 왜냐하면 주체는 바로 최상의 존재이며, 그리고 모든 것이 주체 아래 존재하기 때문이다. 마찬가지로 주체는 최후의 존재이며, 자연의 최종 산출자, 실재 세계의 최종 산출자이기 때문이다. 그리고 또한 주체는 정신적 세계의 주인, 관념적 세계의 주인이기 때문이다. 다시 주체는 양자의 매개자이며, 자기 아래 하나로 포섭하는 파악자이기 때문이다. 이제 산출자로서 주체는 바로 산출을 통해서, 실재 생산을 통해서 인간에게서 자신을 선언할 것이다. 주체는 ① 소재에 대한, 물질에 대한 위력을 가지고 있는 것으로 나타난다. 물론 최상의 이념 자체인 정신의 표출이 이 위력을 극복할 수 있으며, 강요할 수 있다. ― 조형예술은 단순히 이런 정도의 것으로 진행하지만, 그러나 조형예술에 의해 전제되었으며 그리고 앞서 조형예술이 다시 도구적 관계를 맺는 ② 시Poesie에서 주체는 소재 자체를 산출하거나 혹은 창조할 폭력을 가진 정신으로 자신을 선언한다.

조형예술의 최상의 진실성와 탁월성은 피조물과의 혹은 창조된 본보기와의 단순한 일치에 있는 것이 아니라, 오히려 자연 자체의 정신이 피조물을 산출한 것처럼 보이도록 하는 데 있다. 따라서 피조물에는 더 이상 창조의 방식이 아니라, 오히려 우리가 창조자를 안다고 믿고 있는 활동성이 현현한다. 최상의 작품에서, 즉 예술과 통일된 시에서 ― 최상의 시문학 작품에서, 비극에서 나타나며, 즉 맹목적으로 상대방을 향해 분노하는 열정의 폭풍 속에서, 행위자 자체에게는 이성의 소리가 침묵하고 그리고 자의와 무법이 보다 깊이 얽혀 들어가 결국 무서운 필연성으로 변하는 곳에서 ― 이런 모든 운동 가운데에서 시인의 정신은 고요한, 여전히 홀로 찬란히 빛나는 빛으로 나타나며, 홀로 위에 머물러, 격렬한 운동 속에서도 운동하지 않는 주체로, 결국 모순 덩어리의 상태를 만족스

러운 출발로 이끌 수 있는 현명한 예언으로 나타난다.[87]

따라서 앞서 최상의 존재는 자기를 예술의 정령Genius으로 선언한다. 이제 예술이 인간 활동성의 가장 객관적인 측면이라면, 종교는 그와 같은 인간 활동성의 주관적 측면이다. 전자와 마찬가지로 후자가 존재를 향해 나아가는 것이 아니라, 오히려 앞서 최상의 주체와 관계해서 모든 존재자를 비존재자로 정립하기 때문이다. 따라서 앞서 최상의 주체는 바로 전체의 무로의 침몰을 막는 것으로 출현하며, 그러한 것으로서 주체는 인류가 찬미하는 그리고 신적이라고 묘사하는 앞서 인류적이며 종교적인 영웅들의 탈자아에서 현현한다.

예술의 객체와 종교의 주체(혹은 종속)를 자신 안에서 통일하는 제삼의 인간 활동성 ─ 철학이 있다. 철학은 예술처럼 객관적이다. 왜냐하면 철학은 산출하는, 단계적으로 변화하는, 모든 것을 관통하는, 그러나 그 어디에도 머물지 않는 창조자의 과정을 나타내기 때문이다. 또한 철학은 종교처럼 주관적이다. 왜냐하면 철학은 모든 것을 현실화하기 때문이다. 결국 그 자체로 최상의 정신인 최상의 주체에 모든 것을 양도하기 위

---

87   역주: 절대자를 구체화하여 묘사하는 정신활동의 영역이 예술이다. 하나의 예술세계는 한편으로 조형예술의 실재성과 다른 한편으로 언어예술의 관념성으로 구분된다. 이것을 도식화하면, 아래와 같다.

예술세계	
실재적 측면 혹은 조형예술	관념적 측면 혹은 언어예술
음악	서정시
회화	서사시
조각	극시
(건축, 부조, 조각)	(비극, 근대극)

Wolfdietrich Schmied-Kowarzik, *Existenz denken*, S. 154.

해 존재자로 등장하고 혹은 정립하기 때문이다.

예술, 종교 그리고 철학, 이것은 최상의 정신 자체가 자신을 표출하는 인간 활동성의 세 영역이다. 정신은 예술의 정령, 종교의 정령, 철학의 정령이다. 이 세 영역들에 유일하게 신성이 그리고 근원적 탈자아가 속한다. (그 외 모든 탈자아는 이미 산출된 탈자아이다. 그래서 호머[88]가 모든 시대의 동의로 인해서 신적 인물로 불렸던 것처럼 플라톤 또한 그의 후세에 의해 신적 인물로 불리게 되었다) 만약 우리가 앞서 최상의 주체를 특별한 관계에서가 아니라, 절대적이며 그리고 일반적으로 탐색해 본다면, 우리에게는 그와 같은 주체를 위한 다른 이름이 없으며, 모든 민족이 구별 없이 이 주체를 부르는 그 이름, 즉 신이라는 이름만이 남는다는 사실을 알 수 있다. ― 단순한 신이 아니라, θεου theou가 아니라, 규정된 신의 이름, τοu θεουtou theou,[89] 존재하는 신이라는 그런 신의 이름이 있다. 따라서 이 개

---

88 역주: 호메로스(Homeros). 영어식 호머(Homer)는 우리에게 가장 잘 알려져 있는 고대 그리스의 서사시인, 극작가이다. 그의 정확한 출생과 사망연도는 불확실하며, 고대인들 사이에 시인 오르페우스 가계라고 알려져 있지만, 아마도 오르페우스의 시적 영감을 물려받았다는 찬사일 것이다. 왜냐하면 호메로스는 출생연도만이 아니라, 작품 활동까지 명확하게 증명할 수 없어서, 그가 실존인물인지까지 의심받고 있기 때문이다. 그리고 그는 방랑시인이었으며, 맹인시인으로 알려져 있는데, 이런 점이 더더욱 그의 실존을 의심하게 한다. 그의 작품은 기원전 8세기 무렵 발표된 것으로 알려져 있는 『일리아스』와 『오디세이아』가 있다. 기원전 5세기 무렵이 소크라테스와 플라톤의 주요활동 시기라는 점을 가만히면, 이보다 300년 전 활동한 서정시인이라고 볼 수 있으며, 특히 작품 『일리아스』가 트로이전쟁을 소재로 하고 있다는 사실을 고려하면, 트로이전쟁은 이보다 이른 시기 적어도 기원전 8세기 보다는 이른 시기인 기원전 10세기 혹은 기원전 9세기에 발발했던 것으로 추정할 수 있다. 그렇다면 일반적으로 지금의 그리스 지역에 문명이 자리 잡기 시작한 시점을 기원전 10세기로 보아 왔지만, 추측컨대 기원전 10세기에 그리스 연합군과 트로이 사이의 대규모 전쟁이 가능하였다는 점을 보면, 지금 그리스 지역의 문명시작은 기원전 10세기보다는 훨씬 이전 시기라고 추정할 수 있다. Antonios Rengakos, *Homer-Handbuch, Leben-Werk-Wirkung*. Hrsg. v. Bernhard Zimmermann(Stuttgart: J. B. Metzler, 2011). S. 1-3, ⟨https://de.wikipedia.org/wiki/Homer⟩.

89 역주: 앞서 theou는 그리스 말로 '신'이다. 후자의 tou theou는 '그 어떤 신', 그러니까 규정을 지닌 신, 무엇이라 이름 불린 신이다. 전자의 신이 그 어떤 규정도 지니지 않은, 명명될 수 없는 신이라고

념에서 철학은 끝난다. 실재 세계와 관념 세계의 세 역량들이, 마찬가지로 연쇄적 지배자가 사라지고 그리고 몰락한 후에, 이 개념은 철학이 그의 노동을 통해 다룬 동시에 그의 안식일을 즐기는 최종 개념, 유일하게 생존한 개념이 된다.

따라서 이런 방식으로 우리에게 서술된 가장 심층의 것으로부터 인간 본성이 할 수 있는 최상의 존재에 이르기까지 하나의 직선, 하나의 지속적인 그리고 필연적인 진보가 묘사되었다.

오늘날 그의 진정한 그리고 근원적 형태에서 이 체계를 익히 잘 알고 있는 사람들은 마지막으로 제시된 체계와 더불어 각자 자신만의 상태에 처해 있다. 한편으로 그의 입장에서 이 체계가 오류이라고 말하는 것은 불가능한 것처럼 보일 것이며, 다른 한편으로 그가 이 체계를 최종적인 참된 체계라고 진술하기에는 적어도 그를 가로막는 어떤 장애물이 존재한다는 것을 느낄 것이다. 그는 이 체계를 확실한 한계 안에서 참으로 인식할 것이지만, 무제약적이며 그리고 절대적인 것은 아니다. 따라서 그에 대한 근거 있는 판단을 내리기 위해서는 특히 그의 한계를 의식하는 것이 중요하다.

우리는 ① 체계의 외연과 관계하여 체계는 모든 인식 가능한 것을, 그 어떤 방식으로든 인식 대상이 될 수 있는 모든 것을 포괄한다는 사실을 부인할 수 없으며, 체계는 무를 배제했다는 사실을 부인할 수 없고 그리고 그 외에 체계는 그의 파악의 완전성을 보장하는 방법을 점유하고 있다는 사실을 부인할 수 없다. 우리는 체계가 그 이전에 이미 인간 인식

한다면, 후자의 신은 자신의 이름을 가진 신, 무엇이라 불린 신이다.

의 미래적 확장을 위한 장소와 위치를 보유하고 있다고 주장할 수 있다. ② 방법과 관계해서 말하면, 이 방법으로 인해 철학자의 주체성에 그 어떤 영향도 작용해서는 안 된다는 점이 고려되어야 한다. 대상에 내재하는 원리에 따라 규정되는 대상이 있었으며, 내적 법칙에 따라서 전개하는, 자신에게 내용을 부여하는 사상이 있었다. ③ 형식에 따라서 보면 우선 과정이라는 개념과 이 과정의 계기라는 개념이 이 체계를 통해서 철학에 도입되었다. 이 개념의 내용은 필연적으로 유한자가 되는, 그러나 각자의 유한화로부터 다시 승리하여 등장하는 주체의 역사였다. 결국 주체는 모든 객체성과 맹목성을 넘어서는 숭고한, 최상의 의미에서 자기를 의식하는 주체로서, 예언으로 정지하여 있었다. 그밖에 우리가 피히테의 주관적 관념론에 의해 모든 자연적 표상에 어떤 폭력이 자행되었는지를, 의식이 어떻게 자연과 정신의 앞서 절대적 대립에 의해 파괴되었는지를 숙고해 본다면, 더욱이 그 당시 나머지 유럽 전역에 (독일을 제외한) 퍼져 있던 극단적인 유물론과 감각주의에 의해 의식이 얼마나 손상되었다고 느꼈는지를 숙고해 본다면, 우리가 처음에 이 체계를 그 어떤 선행 체계도 자극하지 않았으면서도, 후대의 체계를 다시 자극했다는 환희에 휩싸여서 수용했었다는 사실을 알 수 있을 것이다. 왜냐하면 현재 우리는 어떻게 많은 사람들이 그 당시에 자극받았었는지를 알지 못하며, 오늘날 무엇이 공동재산이 되었으며 그리고 동시에 독일에서 보다 상위에서 사유하고 느끼는 모든 인간의 교리가 되었는지를 알지 못한다. 여기에는 소위 우리가 인식한 그것은 인식된 것과 동일하다는 확신이 있다.

앞서 철학은 ─ 자연, 역사, 예술 ─ 전체 현실을, 하위의 모든 것과 상위의 모든 것을 포괄했었기 때문에, 또한 인간에게 전체 앎을 분명하게 제시했었기 때문에, 이 앎은 다소 다른 학문의 정신에 영향력을 행사해야 했었다. 그리고 우리는 이 앎이 철학에서는 단순히 사물 일반에 대한 관점과 고찰방식에서 변화를 산출하는 그러한 것은 아니라고 말할 수 있다. 사유와 앎의 새로운 기관을 갖추었다고 느끼는 새로운 종족이 등장했으며, 자연과학에 대해 전적으로 다른 요구를 하는, 역사에 대해 다른 요구를 하는 새로운 종족이[90] 등장했다.

자연학Physik에서의 기계론적이며 원자론적인 선행 가정들은 자연현상들에 호기심이 거의 마술사의 기술에 기대어 찾는 그런 정도의 관심만을 두게 했었다. 그들은 우리가 그런 이론가들에게 말할 수 있는 정도를 설명한다. 물론 그들은 우리가 그들에게 뚜껑이 덮힌 수로의 이 방향에서 혹은 저 방향에서 이 사소한 물체들을, 그와 같은 물체들의 이 형태들을, 한번은 이렇게 태어나고, 다른 한번은 다르게 태어난 이 세밀한 물질들을 언제 시인하는지를 설명할 필요가 있지만, 그들에서 하나는 설명되지 않은 채 남는다aber Eins laßt ihr unerklärt.[91] 이런 모든 준비가 무엇을 위해서 만들어졌는지? 자연이 어떻게 그런 마술로 떨어지게 되었는지?

다행히 철학을 통해 획득한 앞서 심오한 자연에 대한 관점에 이르러, 또한 그 관점에 따라 자연은 자율적인 것, 자기 자신을 정립하는 자 그리고 활동하는 자가 되었다. 여기서 철학의 전제를 충족하면서도 그리고 부분적으로는 극복한 새로운 실험 자연학의 발견이 덧붙여졌다. 지금까지 죽어 있는 것으로 생각된 자연은 가장 은밀한 과정의 비밀을 분명히

---

90 역주: "새로운 종족"은 근대인이며, 이 종족의 등장은 근대의 시작이다.
91 역주: 초월적 존재로서 신조차도 논리적 반성의 사유 테두리에 가두려고 하는 모든 종류의 반성철학, 특히 신을 논리적 사유의 감옥 속으로 지양하려 하는 헤겔 철학에 대한 비판적 경구이다.

개시하는 보다 심오한 삶의 기호를 주었다. 우리는 감히 사유하려 시도조차 해서는 안 되는 그 무엇이 경험의 사태인 것처럼 등장했다.

우리가 앞서 자연을 모든 내적 삶이 없는, 참된 삶의 이해가 없는 단순한 외면성으로, 놀이로 바꿔 놓았던 것처럼, 우리는 역사를 법칙 없는 자의 우연적 놀이로, 의미와 목적 없는 충동의 가장 우연적인 놀이로 현상하도록 내버려 두었다. 물론 그런 학자는 대부분 역사의 무의미와 불합리를 강조하는 학식이 풍부한 학자로 간주되었다. 그리고 사건이 크면 클수록, 역사적 현상이 숭고하면 할수록, 작고, 우연적이며 그리고 관심을 가질 만한 가치가 없는 원인들이 그 사건을 설명한다는 사실을 아는 학자들이었다. 특히 이것이 대학의 지배적 정신이었다. 물론 각 시대마다 예외는 있다. 이 방식의 가장 큰 예외는 뮐러Johnnes v. Müller[92]였다. 대체로 모든 신분들이 스스로를 전복했었다지만, 특히 학자들 대부분은 자주 실증 학문 분야에서 상위 정신의 모든 길을 설명함으로써 앞다퉈 자신의 학문을 폄하하고 경멸하려 노력했었다. 그러나 내 생각으로는 그런 시기에 학자들은 이 조류에 동의함으로써 역사 앞에 자기 본연의 명예를 유지했었다지만, 적어도 그들의 학식은 남아 인정받았으며, 그의 정신이 지닌 가치는 후대로 계승되었다.

우리가 학문이 모든 학문들의 최상의 학문, 철학과의 깊고 실제적인

---

92 역주: 뮐러(Johannes von Müller)는 1752년 1월 3일 샤프하우젠(Schaffhausen)의 목사집안에서 태어나서, 1809년 5월 29일 카셀에서 사망하였다. 그는 레오폴드 2세(Leopold II.)에 의해 귀족신분이 되었다. 스위스의 역사가이며, 작가이고 정치인이었다. 특히 청년기에 야코비와 친구였으며, 괴팅겐에서 신학을 공부하였다. 독일 민족사와 정치사 서술에 있어 몇몇 중요 개념을 역사학에 남겼지만, 뮐러는 보수적 우익적 정치성향으로 자유주의적이며 사회적인 역사학 경향을 비판하는 데 몰두하였다. 특히 19세기 역사학에게 뮐러는 아류로 간주되었으며, 역사학 논의영역에서 배제되었다 〈https://de.wikipedia.org/wiki/Johannes_von_Müller〉.

관계를 맺을 수 있다고 보는 상태에서 학문의 가치와 관심은 높아진다. 그리고 지속적 오해로부터 비롯된 것이지만 특수학문을 가능한 한 철학으로부터 분리하려는 노력을 기울이는 그런 사람들은 그들이 무엇을 하는지를 알지 못한다. 왜냐하면 그들이 그들의 학문을 고찰하고, 그들이 여전히 그렇게 존재하고 있는 상태에 대한 집중은 결과적으로 다음과 같을 것이기 때문이다. 진술하고 있지는 않더라도 그들에게서 상위 학문과의 관계는 선행 철학 전개의 결과로서 이미 현재하고 있는 사태로 보이도록 하기 때문이다. 문학에서의 변화의 발걸음이 임박했다고 한다면, 그 발걸음은 우선 보다 상위의, 보다 더 예민한 기관들에서 (시와 철학에서) 분명하게 나타나야만 한다. 마치 이것은 자연 속의 섬세하며 그리고 정신적인 유기체가 물질적인 유기체보다 일찍 날씨변화, 즉 임박한 폭풍우와 다른 자연적 사건들을 느끼는 것과 같다. 괴테[93]는 근대의 최초 선포자이지만, 그는 자신의 시대를 파악하지 못한 고립된 현상이었을 뿐만 아니라, 부분적으로는 자기 자신조차도 제대로 파악하지 못한 상태였다. 그를 비춘 참된 빛은 괴테 자신에게는 칸트에 의해 일어난 큰 변

---

93 역주: 괴테(Johann Wolfgang von Goethe)는 1749년 8월 28일 프랑크푸르트(Frankfurt am Main)에서 태어나 1832년 3월 22일 바이마르(Weimar)에서 사망한 독일의 정신이다. 괴테는 문학가이자 자연과학자였으며, 철학자였고, 독일의 시문학을 연 사람이다. 특히 세계기원의 문제와 관련하여 그는 광물학과 지질학 영역을 탐구하였고, 당시 지배적 관점이었던 광물학자 베르너(Abraham Gottlob Werner)의 수성론(Neptunismus)에 대해 비판적 입장이었던 화성론(Vulkanismus) 지지자 였다. 태초에 근원적인 물이 존재하였고 이로부터 세계가 기원하였다고 본 수성론에 대하여 괴테는 이탈리아로의 여행 중 화산 덩어리를 발견하고 고찰하던 중 세계가 마그마의 분출로 이루어졌다고 주장하는 화성론의 입장이 더 타당하다는 사실을 발견하였다고 한다. 이렇게 괴테에게 학문의 경계가 장애가 되지 않던 것처럼, 그에게 문학사조 또한 그의 문학세계를 한정지을 수 있는 경향성이 아니었다. 괴테는 고전주의시대로부터 낭만주의시대까지 자신의 문학세계를 스스로 열어 간 문학가이다. 이 때문에 괴테를 고전주의의 어떤 한 시기 혹은 낭만주의의 어떤 한 시기의 작가로 규정하기보다는 차라리 괴테의 문학세계는 괴테시대라고 별칭하기도 한다.

화였다. 그 변화로부터 깨어난 정신에서 연쇄적으로 이어진 모든 학문과 전체 문학이 파악되어야 했다. 헤르더[94] 또한 이 새로운 정신 운동을 알지 못하고 원치도 않았으면서도 준비한 천재들 중 하나로 언급되어야 한다.

우선 철학은 일반적인 매력을 발산했었지만, 얼마 지나지 않아 그의 영향이 억제되어 있었다는 사실을 알아챈 철학으로서 이 철학이 처음에는 거의 인지할 수 없었던 자극을 명백히 제시했었다는 사실을 이제 어떻게 이해해야 하는가? 철학이 많은 부분에서 행한 공격들, 예를 들어 스피노자주의라거나 범신론이라거나 하는 일상적이며, 사소한 그런 공격들은 대부분 무의미하거나 부당한 공격이 아니다. ― 이 공격들이 본래 철학을 억압하는 것이 아니다. 오히려 이것은 철학이 자기 자신에 대해 오랫동안 지니고 있었던 오해였다. 왜냐하면 철학은 존재하지 않았던 무

---

94 역주: 헤르더(Johann Gottfried von Herder, 1744-1803)는 18세기 독일 낭만주의시대를 이끈 문인이며, 역사학자이고, 사상가이다. 그는 칸트의 도시인 쾨니히스베르크에서 칸트에게 철학을 배웠으며, 의학과 신학을 공부했다. 그 후 헤르더는 유럽 전역을 유람하였는데, 나중에 이 여행기를 남기기도 했다. 알려진 바로는 초기에 헤르더는 열렬한 칸트철학 지지자였지만, 이 여행 중에 '삶'의 의미를 깨닫고 칸트철학에 대한 의문이 생겼다고 한다. 즉, 헤르더는 배를 타고 여행하는 중 항해하는 배 앞에 분명히 존재하고 있는 섬이 완벽하고 분명하게 드러나는 것이 아니라, 안개가 자욱하게 낀 채로 자신의 시야에 들어온 것을 보고, 인간의 삶 또한 칸트가 말하듯이 오성의 능력으로 명료하게 설명되는 어떤 존재가 아니라, 오히려 설명의 범위를 언제나 벗어나 있는 그러나 분명하게 존재하는 존재사실이라는 것을 깨달았다고 한다. 마치 화가 카스파르 프리드리히(Caspar David Friedrich, 1774-1840)의 그림 〈안개 바다 위의 방랑자〉처럼 인간 오성은 맑은 날 산 정상에서 산 아래의 풍경을 굽어보듯이 세상만물을 논리적이며 명료하게 설명하고 인식하고자 하지만 세계와 삶은 오성능력으로 완전하게 밝힐 수 있는 그런 존재사실이 아니다. 오히려 삶은 존재하지만 이론적으로 해명되지 않는 규정할 수 없는 실존이다. 따라서 헤르더는 칸트의 『순수이성비판』을 "공허한 말들의 집합"이라고 비난하며, 창조적 힘을 상실한 비생산적 활동이라 비판한다. 헤르더는 헤겔과 니체에 앞서 칸트의 방법론을 오류에 대한 두려움도 오류라고 평가했다. 뤼디거 자프란스키, 『낭만주의. 판타지의 뿌리』, 임우영 외 역(서울: 한국외국어대학교 출판부, 2012), 3쪽 이하 참조; Matthias Schmitz, artl. Herder, in: *Metzler Philosophen Lexikon*, hrsg. v. Bernd Lutz(Stuttgart: J. B. Metzler, 2015), S. 303-305 참조.

엇을, 근원적 사상에 비춰 존재해서는 안 되는 그런 무엇을 어떤 것이라고 시인했으며 혹은 (더욱이 말하자면) 그런 어떤 것으로 간주하였기 때문이다.

이것을 설명하기 위해서 나는 다른 어떤 것을 추가하여 이야기해야 한다.

각 철학이 인간의 보편적 의식과 항상 일치하거나 혹은 대립하거나 하는 그런 지점이 철학이 최상의 존재에 대해, 신에 대해 설명하는 방식이다. 마지막으로 제시된 철학에서 신은 이제 어떤 위치를 차지하는가? 우선 단순한 결과의, 최상의 그리고 마지막의, 모든 것을 매듭 짓는 사상의 위치 ― 신이 앞서 형이상학에서 지녔던 그런 위치에 합당하게 그리고 칸트가 신에게 두었던 위치에 합당하게 신은 인간 인식의 형식적 추론을 위한 필연적인 사상이었다. 마지막으로 제시된 체계에서 신은 최종 주체로서 앞서 주체, 모든 것에 대해 승리하여 정지한 채로 존재하는 주체로서 주체이며, 이 주체는 더 이상 객체로 침몰할 수 없는 주체였다. 바로 이런 주체가 전체 자연을, 전체 역사를, 모든 계기들의 연쇄를 관통하여 갔다. 이를 통해 주체는 최종 결과로만 나타났으며 그리고 이런 관통이 (단순한 사유에서 진보가 아니라) 현실 운동이 되었고, 그래서 실재적 과정으로 생각되었다. 이제 나는 마치 고대 형이상학에서 신이 그러했듯이 신을 나의 사유의 끝으로 그리고 단순한 결과로 사유할 수 있지만, 그러나 나는 신을 객관적 과정의 결과로 생각할 수는 없다. 더 나아가 결과로 받아들여진 이 신은 그가 신이라고 할 때, 자기 외부의praeter se 어떤 것일 수는 없을 것이다. 이 신은 적어도 자기 자신을 전제로 지닐 것이다. 그러나 이제 신은 앞서 서술에서 전개의 선행 계기들을 전제로 가진다. 이로부터 — 마지막으로부터 — 결과적으로 이 신은 끝에 규정되어야 한다는 사실이 도출되며, 또한 그 신은 이미 시작에 존재했었다는 사실이 도출된다. 따라서 전체 과정을 관통하는 앞서 주체는 결과에서 신으로 정립되기도 이전에 시작에서 그리고 전개과정에서 이미 신이라고 하는 사실이 도출된다. — 물론 이런 의미에서 모든 것은 신이며, 자연을 관통하는 주체 또한 신이다. 신으로서만이 아니라 — 그의 신성 외부에서 혹은 그의 외화에서 신이며, 혹은 그의 타자성에서, 자기 자신의 타자로서 신이며, 마지막에서야 비로소 존재하는 그런 어떤 것으로 신이다. 그러나 이제 이것이 전제된다고 한다면, 다음의 난점들이 나타난다. 부분적으로 신은 과정에서 분명하게 파악된다. 그리고 적어도 신으로 존재하기 위해서는 일반적 견해에 따라 생각해 봤을 때, 앞서 전제한 개념들이 심하게 비난하는 생성에 복종한다. 그러나 철학은 일반적 소통, 설득 그리고 또한 일반적 동의를 구하기 위한 철학일 뿐이며, 그리고 철학이론을 구축하는 각자는 이런 요구를 한다. 물론 우리는 다음과 같이 말할 수 있다. 신은 바로 자신을 그런 것으로 정립하기 위해서 이런 생성으로 나아가며 그리고 우리는 물론 이것을 말해야 한다. 그러나 진술했던 것처럼 우리는 일단 신이 그러한 것으로 존재하지 않았던 시기를 전제해야 한다는 점을 통찰하거나 (그러나 이것은 다시 일반적인 종교 의식에 배치된다), 우리는 그러한 각 시기가 있었다는 사실을 부인한다. 다시 말해서 앞서 운동, 앞서 사건발생은 영원한 사건발생이라고 설명한다. 그러나 영원한 사건발생은 그 어떤 사건발생도 아니다. 그러므로 앞서 과정과 앞서 운동에 대한 전체 표상은 자체로 허구적 표상이 된다. 본래 아무것도 발생하지 않았다. 모든 것은 단지 사상에서만 일어났던 것이며, 이런 전체 운동은 본래 사유의 운동일 뿐이다. 이것을 앞서 철학은 파악했어야 했다. 그와 함께 철학은 모든 모순을 벗어나 자신을 정립했지만, 철학은 바로 객관성을 스스로 요구했다. 다시 말해서 철학은 스스로 학문이라고 고백해야만 한다. 여기서 철학은 실존에 대해, 현실적으로 실존하는 것에 대해 그리고 이런 의미에서 인식에 대해 말하는 것이 아니라, 오히려 단순한 사유 안에서 대상들이 취하는 관계들에 대해서만 말한다. 그리고 실존은 어디서든 긍정자이기 때문에, 다시 말해서 정립된 것, 확증된 것, 주장된 것이기 때문에, 철학은 스스로 순수 부정철학이라고 고백해야 한다. 그러나 철학은 바로 실존과 관계하는 철학을 위한 공간, 다시 말해서 긍정철학을 위한 공간을 자기 외부에 비워 두어야 한다. 철학은 결코 자신을 절대 철학으로 자처해서는 안 되며, 자기 외부에 그 어떤 것도 남겨 두지 않는 철학이라 자처해서는 안 된다. 철학이 이에 대해 스스로 명료해지기까지는 시간이 필요하다. 왜냐하면 철학에서 모든 진보는 매우 천천히 일어나기 때문이다. 그 밖에 앞서 시간이 보기보다 더 길어진 것은 이 마지막 전개를 향한 삽화Episode였으며 그리고 이제 그로부터 적어도 필연적인 것이 진술될 수 있게 되었다.

혜겔 Hegel ⁹⁵

95 역주: 헤겔(Georg Wilhelm Friedrich Hegel)은 1770년 8월 27일 슈투트가르트에서 태어났으며, 당시 그의 아버지는 뷔르템베르크(Würtemberg) 영주의 재무담당관이었다. 19세에 셸링, 횔덜린과 같이 튀빙겐 신학대학에 입학하였고, 여기서 헤겔은 이들과 더불어 플라톤철학을 읽고, 소포클레스 비극을 함께 강독했다. 튀빙겐 대학이 목사양성을 위한 학교였기 때문에 헤겔은 이 대학을 졸업한 후 목사자격시험을 응시했었어야 하지만, 그는 이 시험을 포기하고 스위스의 베른(Bern)으로 이주하여, 여기서 가정교사 생활을 했다. 스위스 베른 시기에 헤겔은 주로 칸트철학을 연구하였으며, 이를 토대로 국가법 철학에 대한 자신의 초기 구상을 피력했다. 1794년 예나의 피히테 강의에 참여한 횔덜린을 통해 헤겔은 당시 독일사상의 흐름을 전해 들었으며, 1795년 무렵부터는 횔덜린은 헤겔에게 베른을 떠나 그가 머물고 있었던 프랑크푸르트로의 이주를 권고했다. 헤겔 자신의 철학적 관심이 헤겔을 횔덜린이 가정교사로 있던 프랑크푸르트로 이끌었지만, 당시 독일의 정치 상황에서는 그가 최초 소속되어 있던 튀빙겐 신학대학의 뷔르템베르크 행정관 허가가 없이는 헤센주로의 이주는 불가능하였다. 이 때문에 헤겔은 1797년이 되어서야 뷔르템베르크로부터 허가를 받아 프랑크푸르트로 이주할 수 있었다. 이 시기 헤겔의 작품으로 알려져 있는 「독일 관념론의 가장 오래된 체계기획」이 써졌는데, 헤겔의 작품이라고 주장하는 사람들은 이 작품이 1796년 말부터 1797년 초 무렵에 헤겔이 썼다고 주장하고, 셸링의 작품이라고 주장하는 사람들은 이보다 조금 빠른 1795년 말과 1796년 초에 이 작품이 집필되었다고 주장하며, 횔덜린의 작품이라고 주장하는 사람들은 1796년 횔덜린의 기획이라고 말한다. 한 가지 분명한 사실은 헤겔의 손으로 쓴 작품이 남아 있다는 것이다. 문제는 이 작품에 들어 있는 사상의 단초들이 누구의 것이냐이다. 왜냐하면 '체계기획'은 새로운 실천철학으로서 윤리학 기획을 위한 당시 기계론자들의 공동체이론을 비판하고 있는 부분과 고대의 이상인 진, 선, 미의 일체성을 토대로 새로운 예술철학을 기획하는 부분 그리고 마지막으로 신화와 철학의 통일을 기획한 부분으로 이루어져 있기 때문이다. 특히 이 작품이 헤겔의 작품이 아니라, 셸링의 작품이라고 주장하는 사람들의 근거는 바로 여기서 기획되고 있는 예술철학과 신화철학이 셸링 후기철학에 대한 초기적 기획이라는 사실이다. 1797년 헤겔은 프랑크푸르트로 이주하여 여기서 횔덜린 그리고 그의 지인과 함께 당시 철학, 문학, 예술의 다양한 관점들에 대해 논의하고 자신의 초기 사상을 다졌다. 이후 횔덜린이 프랑스 보르도지역으로 떠나면서 헤겔도 또한 1800년 셸링이 있던 예나로 거주지를 옮겼다. 헤겔은 예나로 이주하기 전에 셸링을 만나 자신의 박사학위 논문을 지도할 수 있는지를 문의하였으며, 셸링이 이를 받아들여 예나로 이주하였다. 헤겔이 이제 막 철학이라는 학문의 전문영역으로 입문하고자 할 때, 자신보다 다섯 살이 어린 셸링은 이미 독일 지성계의 주목을 받는 신성이었다. 헤겔은 예나로 옮긴 직후 셸링이 당시 편집장을 맡고 있던 철학잡지 《Kritisches Journal der Philosophie》에 '믿음과 지식', '자연법 논문'이나 '피히테와 셸링 철학의 차이' 등을 집필하여 발표하였다. 이후 「행성궤도론」으로 교수자격 논문을 통과하여 헤겔은 동시에 예나대학의 강단에 섰다. 헤겔은 1803-1804년에 "사변철학의 체계", 1804-1805년에는 "논리학과 형이상학", 1805-1806년에 "자연철학과 정신철학"을 강의하였으며, 자신의 체계기획으로 남겼다. 예나에서의 강의가 끝날 무렵 오늘날 우리가 헤겔의 주저라고 부르는 「정신현상학」을 1806년 나폴레옹의 예나침공이 있던 시간에 탈고하여, 1807년 출판하였다. 이후 헤겔은 뉘른베르크 인문계고등학교 교장을 거쳐 1816년에 하이델베르크대학의 교수가 되었으며, 1818년에 다시 베를린대학으로 옮겨 여기서 자신의 철학을 꽃피웠다. 베를린대학에서 헤겔은 법철학, 역사철학, 종교철학, 예술철학 등을 강의하였으며, 1812년에 소위 대논리학의 '존재논리학'을 출판하였고, 이어서 '본질논리학', '개념논리학'을 출판하였다. 헤겔은 1831년 베를린에서 그의 아들로부터 일종의 말라리아가 전염되어 사망하기 직전까지 출판된 '정신현상학'과 '대논리학'의 수정보완을 기획했던 것으로 알려져 있다. 게르하르트 감, 「독일관념론」, 이경배 역, 85-94쪽 참조.

일반적으로 우리가 동의하는 철학은 이렇게 묘사되어 왔다. 즉, 철학은 자신을 사유학문 혹은 이성학문으로 그리고 철학이 끝에서야 비로소 도달했었던 신으로 묘사했으며, 선행 매개들의 단순한 논리적 결과로 서술하였다. 그러나 이런 철학은 자신만의 대립적 가상을 전제하고 있기 때문에, 전체적으로 잘못된 외양을, 자신의 근원적 사상에 모순된 외관을 보유하고 있었다. (따라서 철학을 언표하는 판단들이 다양하게 변화하고 매우 상이한 것은 자연스러운 일이다) 그러나 헤겔이 바로 철학이 스스로 순수 사유로 되돌아가기를 그리고 철학이 순수 개념을 유일한 직접적 대상으로 삼는 것을 철학의 첫 번째 요구로 제기했을 때, 우리는 이제 철학이 실제로 이 한계로 되돌아가기를, 자신을 부정철학이라고, 단순한 논리적 철학일 뿐이라고 공표하기를 바랄 수 있을 것이다. 우리는 헤겔이 연구하기로 기획하고 그리고 완전한 형태를 달성하기로 약속한 앞서 철학의 단순한 논리적 본성을 헤겔이 충분히 통찰하고 있었다는 사실을 부인할 수 없다. 만약 그가 여기에만 천착하여 머물러 있고, 그가 모든 긍정자에 대한 엄격하고도 결정적인 포기를 매개로 이 사상을 상술한다면, 그는 긍정철학으로의 결정적 이행을 함께 이끌어 갔을 것이다. 왜냐하면 부정자, 부정적 극단은 그의 순수성에서 바로 긍정적 극단을 요구하지 않고는 결코 현존할 수 없기 때문이다. 그러나 헤겔 논리학 1쪽의 진술에서 발견할 수 있는 것처럼, 앞서 단순한 사유로의, 순수 개념으로의 복귀는 개념이 모든 것이며 그리고 자신 이외에 아무것도 남겨 두지 않는다는 요구와 결합되어 있다.[96] 헤겔 자신의 말은 다음과 같다. "방법은 단지 개

---

96 역주: 셸링이 헤겔철학을 부정철학이라고 규정하고 비판하듯이, 헤겔은 청년기에 횔덜린, 셸링과 함께 피히테철학을 반성철학이라고 규정하고 비판하였다. 프랑크푸르트 시기 헤겔은 횔덜린과 셸링의 영향을 받아 피히테의 절대자아를 반성적 사유활동의 주체로 이해했다. 피히테는 자신의 『전체지식학의 기초』 첫 부분에서 "절대적으로 첫 번째인 근본명제"는 스스로를 "증명하거나", "규정하게" 두지 않는다고 말하며, 이어서 "모든 의식의 토대에 놓여 있으며, 그리고 의식을 가능하게 만드는" "그와 같은 사행(Tathandlung)"이라고 규정한다. 그러니까 피히테에게 '사행'은 모든 판단명제를 가능하게 하고, 이 때문에 이 판단명제의 근원으로 자리하고 있으므로 증명을 필요로 하지 않는 그 자체로 확실한 진리인 실체다. 피히테가 직접적으로 '절대자아'라고 부르는 '사행'은 따라서 전통적으로는 신을 가리키는 의미망이던 진리(aletheia), 선(agarthon), 미(kalon) 자체이다. 전통철학에서 신이 진리의 보증자이며, 윤리 도덕적 명령권자이자 고귀함과 아름다움 자체였다면, 피히테에게서는 절대자아가 신의 자리를 찬탈하고 신의 권좌에 스스로 앉았다. 이렇게 피히테의 자아개념을 통해 프랑스 혁명이 기획하였던 근대 인간의 절대적 자유가 철학적으로 해명되었다고 하더라도, 여전히 근대인들 앞에 놓여 있는 문제는 신은 인식가능한가 혹은 신 존재는 논리적으로 증명가능한가였다. 이 물음에 대해 피히테 이후 낭만주의자들 특히 야코비는 신은 인간의 이론적 인식대상이 아니며, 그러므로 신은 논리적 증명을 통해 자신의 존재가를 획득하는 실체도 아니라고 생각한다. 그리고 야코비가 제시한 인간의 신에 대한 인식 가능성은 오직 '감정(Gefühl)'과 '믿음(Glaube)'에만 존재한다. 이런 야코비의 신존재에 대한 철학적 관점의 영향을 받은 낭만주의자들은 신 존재는 부정할 수 없는 확실성이라고 주장한다. 왜냐하면 우리가 신에 대한 신앙을 가지고 있는 한, 신 존재는 논리적 증명이 필요 없이 그 자체로 확실하기 때문이다. 이렇게 보면 신은 인간의 사유에 의해 개념적으로 파악되는 실체가 아니며, 또한 인간의 사유 활동이 부여하는 그 어떤 규정도 가지지 않는 초월자라는 사실이 분명해진다. 여기에서 우리는 신적 실체에 대한 전통 형이상학이 가지고 있었던 하나의 원칙, "모든 규정은 부정이다(omnis determinatio est negatio)"를 발견할 수 있다. 이런 맥락에서 헤겔은 피히테철학을 반성적 사유, 즉 삶 전체의 사태를 구별하여 배치하는 반성철학이라 간주하며, 이 철학에는 삶 전체의 조화가 결여되어 있다고 본다. 프랑크푸르트 시기 헤겔은 반성개념을 단지 구별하는 사유능력, 개념화하여 정렬하고 구분하는 사유 활동으로만 이해했다. 이 때문에 헤겔은 "철학은 바로 종교와 함께 지양되어야 한다"고 주장한다. 바로 헤겔은 반성철학에서 파괴된 삶 전체의 조화를 종교만이 회복할 수 있다고 생각했기 때문이다. Johann Gottlieb Fichte, *Grundlage der gesammten Wissenschaftslehre(1794, 1802)*, in: *Zur theoretischen Philosophie I, Fichtes Werke*, hrsg. v. Immanuel Hermann Fichte(Berlin: Walter de Gruyter, 1971), S. 91; G. W. F. Hegel, *Frühe Schriften*, in: *Werke in 20 Bde*, Bd. I, hrsg. v. Eva Moldenhauer und Karl Markus Michel(Frankfurt a. M: Suhrkamp, 1986), S. 420; Kyeong-Bae Lee, *Anerkennung durch Dialog. Zur ethischen Grundlage des Verstehens in Gadamers Hermeneutik*(Kassel: Uni press, 2009), S. 37 이하 참조.

넘 자체의 운동일 뿐이다. 그러나 개념이 모든 것이며 그리고 개념의 운동은 보편적이며 절대적인 활동성이라는 의미에서만 그러하다. 따라서 방법은 무한한 힘으로 인식될 수 있다. (여기까지 단순히 사유에 대해서 그리고 단순히 개념에 대해서 말한 이후에 한번쯤 인식활동에 대한 요구가 등장한다. 그러나 인식활동은 긍정자이며 그리고 인식활동은 단지 존재자만을 대상으로 하며, 마치 사유가 단순히 가능적인 것을, 그리고 또한 인식된 것이 아니라, 인식 가능한 것을 대상으로 하듯이 현실적인 것을 대상으로 한다) — 따라서 방법은 객체가 자신을 외적인 객체로서, 이성과는 먼 객체로서 그리고 이성과는 독립적인 객체로서 서술하는 한에서 결코 객체가 대항할 수 없는 무한 위력으로 인식될 수 있다.”

개념 운동이 보편적이며 절대적인 활동성이라는 명제는 바로 신에게 개념 운동만을, 다시 말해서 개념만을 남겨 둔다. 여기서 개념은 단순한 개념의 의미가 아니며 (이에 대해 헤겔은 열정적으로 반대한다), 사태 자체의 의미이다.[97] 그리고 고대 페르시아 문헌[98]에서 말하는 것처럼 참된 창조

---

97 역주: 사태 자체(Sache selbst)의 ‘사태’는 본래 법률용어이다. 물권법에서 주인 없는 물건(herrnlose Sache)이라고 부른다. 따라서 사태는 법정에서 고소인, 피고소인, 판사가 관여하고 있는 물건, 주제, 대상이다. 예를 들어 고소인 A는 피고소인 B를 자기 소유의 땅을 부당하게 점유하고 사용한 일로 고소하였다. 이때 재판의 대상은 고소인 A가 피고소인 B를 상대로 고소한 땅이다. 그러니까 여기서 사태는 땅인 셈이다. 고소인 A는 재판의 대상인 땅이 우선 자신의 땅이라는 사실을 증명하여야 할 것이며, 이 증명이 지난 후에는 이 땅의 어느 부분을 피고소인 B가 불법적으로 점유하여 자신의 땅인 것처럼 사용했는지를 증명하여야 한다. 물론 피고소인 B는 고소인 A와는 다른 방식으로 자신의 정당성을 증명해야 할 것이다. 재판이 진행되어 가는 도중에 고소인 A와 피고소인 B 그리고 판사가 시종일관 관여하고 있는 사태는 지금 문제가 되고 있는 땅이다. 그러므로 말과 말, 증명과 증명이 부딪히는 장소인 재판과정을 이끌어 가는 것은 고소인 A도, 피고소인 B도 판사도 아닌 바로 재판의 사태이다. 따라서 사태는 말과 말을 이끌고, 증명과 증명을 이끌어 가는 변증법적 운동 자체라고 할 수 있다.

98 역주: Phalvi 언어로 기록된 조로아스터교의 전통 성서인 Avesta를 말한다. Phalvi어는 페르시아인들이 지금의 이란을 정복한 이후 사용한 아랍고어이다. 8세기 무렵 확산되기 시작한 조로아스터교의 교리는 9세기에서 10세기까지 이 언어로 기록되었다〈https://de.wikipedia.org/wiki/Avesta〉.

자는 시간이다. 그래서 우리는 신은 단순한 개념일 뿐이라는 헤겔의 견해로 헤겔을 비난할 수는 없다. 오히려 그의 생각으로 참된 창조자는 개념이다. 우리는 개념과 함께 창조자를 가지며 그리고 이외에 그 어떤 다른 것도 필요로 하지 않는다.

이것은 논리적 철학에서도 다르지 않은데, 신은 단순히 개념에만 정립되어 있다고 하는 주장을 헤겔 또한 회피하려 했다. 헤겔에게 신은 단순한 개념이 아니었던 것과 마찬가지로 그에게 신 개념, 즉 이런 개념은 개념이 곧 신이라는 것을 의미하지도 않았다. 그의 생각에 따르면 신은 단계적으로 자기 의식의 이념이 된 개념이며, 자기 의식의 이념으로서 스스로 자연으로 떠났다가, 이 자연으로부터 자기 자신으로 되돌아와 절대정신이 된 그런 개념이다.[99]

---

99 역주: 셸링의 헤겔 철학비판은 크게 두 가지 형태로 이루어진다. 첫째, 자신의 긍정철학(Positive Philosophie)에 대해 헤겔철학을 부정철학(Negative Philosophie)으로 규정한다. 셸링의 긍정철학은 단순 존재, 순수 존재사실, 모든 사유 이전의 존재, 선사유 불가능한 존재를 주제로 한다. 따라서 긍정철학은 이성, 반성적 사유 외부에 존재하는 존재사실을 자신의 출발점으로 삼는다. 존재사실은 이성을 넘어서 존재하며, 순수 사유의 배후에, 개념이 도달하지 못하는 곳에 존재한다. 이 때문에 존재사실은 '초월적'이다. 그래서 긍정철학은 자신의 출발점에서 개념을 배제하여 두며, 단지 무엇임(Was-Sein)이 없는, 본질이 제거된 순수 존재만을 지니려 한다. 그러나 긍정철학은 단순 존재로부터 철학적 사유를 출발하기 위해 개념을 배제하여 두는 것뿐이다. 즉, 긍정철학은 단순 존재로부터 신 개념에 도달하기 위해 개념을 배제하여 두는, 다시 말해서 이성을 은폐하여 두는 행위를 한다. 이에 반해 부정철학은 각주 96에서 말한 것처럼 존재사실을 언제나 무엇임, 본질로 지양하는 반성운동이다. 여기서 절대자는 반성적 부정운동 전체와 일치하며, 유한자를 지양하는 부정운동의 끝에서 절대자는 절대적 중지에 이른다. 그러나 셸링에게 절대자는 유한자 스스로의 자기 부정운동에서 도달되어야 하는 존재다. 따라서 절대자에게서 유한자는 부정적으로 소멸되는 것이 아니라, 오히려 유한자는 절대자의 존재에 참여하여 있다. 셸링의 긍정철학에서 유한자는 단지 절대자의 절대성을 결여한 존재, 박탈당한 존재일 뿐이다. 또한 각각의 유한자는 다른 모든 존재자에 대해 부정적 관계를 맺기 때문에, 유한자는 특수자다. 그러므로 유한자의 비존재는 절대자의 존재 확신의 시금석이다. 즉, 유한자의 비존재가 절대자의 자기인식의 매개자로서의 역할을 수행한다.
둘째, 셸링은 헤겔 철학체계를 비판한다. 우선 철학은 자신만의 체계를 필요로 한다. 철학이 세계를 사유의 형태로 파악하는 것이라면, 철학은 사유로 세계 전체를 해명하려는 시도이다. 그리고 세계 전

헤겔은 자신의 철학을 단순히 부정철학으로만 인식하려 하지 않았으며, 오히려 자신의 철학은 절대적으로 자기 외부에 그 어떤 것도 남겨 두지 않는 철학이라 확증하였다. 헤겔의 철학은 신에 대한 그리고 신적 사물에 대한 가장 객관적인 해석, 특히 전체적으로 완전한 인식을 갖고 있

체에 대한 철학적 해명은 다시 사상의 형태로서 '체계'를 요구한다. 왜냐하면 세계에 대한 인간 사유의 해명방식은 언제나 언어이며, 언어는 각각의 진술명제로 이루어져 있기 때문이다. 그러므로 철학은 체계라는 형식에 기대어 세계를 설명하는 각각의 명제를 하나의 통일적 관점에서 모으고 질서짓는다. 여기 통일적 관점이 각각의 철학자들이 세계를 이해하는 자신만의 방식이다. 철학자들은 자신만의 핵심 관념들 위에 자신이 이해하는 세계를 통일적이며, 설명 가능한 세계로 배치하려 한다. 그러므로 한 철학자의 철학적 특성은 그 철학자가 구축한 체계로부터 이해되어야 한다. 셸링이 보기에 헤겔은 자신과 마찬가지로 이성의 자기인식의 체계, 정신의 자기의식의 체계를 건설하려 시도한 철학자이다. 헤겔은 자신의 『대논리학』 마지막 장인 "절대 이념"에서 이렇게 말한다. "절대 이념은 […] 이론적 이념과 실천적 이념의 동일성"이다. 그리고 얼마 지나지 않아 다시 "절대 이념만이 존재, 스쳐 지나가지 않는 삶, 자기를 아는 진리이며 그리고 모든 진리"라고 말한다. 셸링의 시각에서 보았을 때 헤겔 철학체계의 완성은 이미 『대논리학』의 "절대 이념"에서 이루어졌다. 다시 말해서 이 변증법적 운동의 체계에서 이성은 자기 자신에 대한 완전한 인식에 도달하였으며, 정신은 자기 자신에 대한 명료한 의식을 획득하였다. 그리고 헤겔은 스스로 이 체계의 완성인 "절대 이념"을 "이론적 이념과 실천적 이념"의 통일이라고 부른다. 이제 셸링의 관점에서 헤겔체계에서 정신의 변증법적 운동은 『대논리학』의 이 마지막에서 이미 완성되었으므로 더 이상의 칠학체계의 진행은 불필요하다. 그리고 헤겔 스스로 명시하고 있듯이 이 체계의 완성은 이론과 실천의 통일이다. 이 때문에 이론철학으로부터 실천철학으로의 철학체계의 진행이나 실천철학으로부터 이론철학으로의 체계진행은 이 체계가 미완의 체계라는 사실을 스스로 증명하는 일이다. 이점에서 셸링은 헤겔 철학체계가 『대논리학』의 체계 완성에도 불구하고 다시 실천철학을 서술하고, 실천철학을 철학체계로 요구하고 있다는 사실에 주목한다. 사실 헤겔은 『대논리학』을 저술하고 나서 다시 『법철학』과 『역사철학』을 강의하였다. 그리고 헤겔 체계 전체를 일반적으로 묘사하자면 헤겔 체계는 주관정신으로부터 객관정신으로 그리고 마지막으로 절대정신으로의 이행을 통한 정신의 자기완성이다. 이때 주관정신에 논리학이, 객관정신에 법철학과 역사철학이, 절대정신에 예술철학, 종교철학, 철학사가 해당한다. 이렇게 보면 헤겔 체계에서 논리학은 체계의 완성이 아니라, 여전히 전개되어야 할 정신의 계기일 뿐이다. 셸링의 시각에서 자기 자신에 대한 의식에 도달한 정신. 그러므로 이론과 실천을 자기 안에 통일한 정신이 다시 자신을 전개해야 한다는 사실은 체계의 모순이다. G. W. F. Hegel, *Wissenschaft der Logik, Die Lehre vom Begriff(1816)*, hrsg. v. Hans-Jürgen Gawoll(Hamburg: Felix Meiner, 2003), S. 283, 284; Hasan Givsan, *Nach Hegel. Kritische Untersuchungen zu Hegels Logik. Schellings "positiver" Philosophie und Blochs Ontologie*(Würzburg: Königshausen u. Neumann, 2011), S. 64 이하; Manfred Frank, *Eine Einführung in Schellings Philosophie*, 2. Aufl.(Frankfurt a. M.: Suhrkamp, 1995), S. 91 이하 참조.

다. — 칸트가 이성에게서 빼앗은 인식이 헤겔 철학을 통해서 달성된다. 물론 헤겔은 한발 더 나아가 기독교 교리에 대한 인식조차 자신의 철학에 해당한다고 생각한다. 이 관점에서 그의 삼위일체론에 대한 묘사는 거론해 볼 만한 것이다. 간단히 말해서 창조 이전의 아버지 신은 존재의 순수 범주들에서 진행되는 순수 논리적 개념이다. 그러나 신의 본질이 필연적 과정에 존립하기 때문에, 이 신은 자신을 계시해야 한다. 그리고 신 자신의 계시 혹은 외화가 세계이며, 아들 신이다. 또한 신은 이런 외화여야 하는데 (이 외화는 단순한 논리적인 것으로부터의 출현이다. — 헤겔은 이 철학 전체의 단순한 논리적 특징을 잘 알지 못했다. 그래서 그는 이 철학으로부터 출현한 것을 자연철학으로 설명한다) — 신은 단순한 논리적 존재의 이런 외화, 이런 부정을 다시 지양해야 하며 그리고 자기 자신으로 복귀해야 한다. 이 논리적 존재는 인간 정신을 매개로 예술, 종교에서 발생하며 그리고 철학에서 완성된다. 동시에 인간 정신은 신이 자기 자신에 대한 완전한 의식에 도달하는 신성한 정신이다.

여기서 여러분은 선행 철학이 이끈 앞서 과정이 어떻게 이해되어 왔으며 그리고 이 과정이 결정적으로 어떻게 객관적 그리고 실재적 과정으로 수용되었는지를 안다. 따라서 우리는 헤겔이 앞서 발견한 학문의 단순한 논리적 본성과 의미를 통찰했었다고 하는 그런 갑작스러운 기분에 사로잡혀 헤겔의 공적이 있다고들 떠든다. 특히 헤겔은 선행 철학이 실재에 은닉하고 있었던 논리적 관계 자체를 명료하게 드러낸 공적이 있다고들 말한다. 또한 우리는 헤겔 철학이 현실적 상술에서 (객관적이며, 실제적인 해명을 요구함으로써) 선행 철학의 그것보다 훨씬 더 괴물이 되었다는 사실을 시인해야 한다. 따라서 내가 이 철학을 — 하나의 삽화Episode라고 불렀다고 해서, 내가 이 철학에 특별하게 부당한 일을 한 것은 아니라는 사실을 시인해야 한다.

이제 나는 일반적 의미에서 헤겔 체계의 위치를 규정하고자 한다. 그러나 이것을 명확하게 증명하기 위해 나는 또한 그의 체계 전개의 중요 과정을 보다 상세히 서술하고자 한다.

운동으로 들어서기 위해 헤겔은 개념과 더불어 그 어떤 시작으로 되돌아가야 한다. 그러나 이 시작은 그가 운동을 통해서 비로소 도달하여야 하는 지점과는 상당히 멀리 떨어져 있다. 이제 논리적인 것 혹은 부정자 내부에 다시 다소간의 단순한 논리적인 것 혹은 부정자가 존재한다. 왜냐하면 개념은 다소간 채워져 있는 개념이며, 다소간 자기 아래 포섭할 수 있기 때문이다. 따라서 헤겔은 자기를 사유하게 하는 최상의 부정자로 되돌아가며, 개념으로 복귀한다. 헤겔에 따르면 개념은 적어도 인식하는 개념이며, 각각의 주관적 규정으로부터 가능한 한 벗어나 있다. 그런 한에서 개념은 가장 객관적인 개념이다. 그리고 이 개념이 헤겔에게는 순수 존재의 개념이다.

헤겔이 어떻게 시작의 이런 규정에 도달하는지는 아마도 이렇게 설명될 수 있다.

선행 철학이 그의 출발점으로 삼았던 주체는 단지 우리 의식의 주체, 인간 의식의 주체 혹은 근본적으로 각자에게 고유한 의식의 주체였을 뿐인 피히테의 자아를 향하여 있었다. ― 이런 단순히 주관적인 주체에 대립하여 피히테 이후 철학에서의 주체는 객관적 (우리 외부에 정립된, 우리와는 독립적인) 주체로 설명되었다. 그리고 이제 이런 객관적 주체로부터 주관적 주체로의 (우리 안에 정립된 주체로의) 전개가 설명되었던 한에서, 물론 과정은 일반적으로 객관적인 것으로부터 주관적인 것으로의 진행으로 규정되었다. 출발점은 그의 완전한 객관성에서 주관적인 것이었으며, 따라서 출발점은 헤겔이 그의 최초 개념을 순수 존재로 규정하는 것처럼 단순한 객관적인 것이 아니라, 항상 주관적인 것이었다. ― 앞서 체계에서 (선행 체계에서) 운동자는 이미 그렇게 정립된 주체로서만 존재하는 것이 아니라, 오히려 앞서 해명한 것처럼 주체에게 또한 객체일 수 있는 그런 주체일 뿐이다. 그런 한에서 결정적 주체도 결정적 객체도 아닌, 오히려 주관적인 것과 객관적인 것의 무차별로 표현되는 양자 사이의 무관심적 동등성Gleichgültigkeit이 존재한다. 왜냐하면 과정에 앞서 혹은 그 자체로 그리고 동시에 자기 자신에 앞서 미리 생각해 봤을 때, 주체는 자기 스스로 객체는 아니기 때문이다. 그러나 그 때문에 주체는 자기 자신에 대립하는 주체도 아니다. (물론 주체가 자기를 더 이상 상대적 개념이 아닌 자기 자신의 주체로 만드는 만큼 주체는 자기를 비로소 자기 자신의 객체로 만든다) 따라서 주체는 (여전히 주체와 객체는 아닌) 자기 자신과 관계하는 주체와 객체의 무차별Indifferenz이다.[100] 그러나 바로 주체가 자기 자신의 주체 그리

---

100 역주: 『초월적 관념론의 체계』는 예술에서 끝난다. 셸링은 필연성과 자유, 의식과 무의식적 활동의 대립을 결합하는 것이 예술이라 생각한다. 그러나 예술은 이 양자 대립의 결합일 뿐이다. 다시 말해서 '지적 직관'과 같은 예술은 대립을 결합하는 하나의 능력이다. 이 때문에 '객관적 주체-객체(자연)'와 '주관적 주체-객체(정신)' 사이의 근원적 대립을 해소하지는 못한다. 따라서 셸링은 이 근원적 대립을 해소할 또 하나의 다른 체계, 즉 대립적 양자로부터의 직접적으로 가능한 제삼자를 필요로 하며, 이 제삼자를 '동일철학'이라 부른다. 여기 핵심은 모든 상이한 사물의 결합만이 아니라, 낭만주의의 이상이라고 할 포괄자로서 절대적 '하나임'이다. 동일철학의 출발점은 자연철학과 초월철학의 구별, 즉 객관적 주체-객체(자연)와 주관적 주체-객체(정신) 사이의 구별이다. 이 양 세계는 상호 구별된 이웃이 아니다. 이 양 세계는 그 자체로 결합된 무제약적 절대자이다. 즉, 최초의 근원에는 유한과 무한의 관계, 다시 말해 양자가 동일하다는 상호관계가 있다. 이 동일성의 관계가 절대자다. 따라서 절대자는 "모든 것이 하나다(hen kai pan)"로 표현된다. 셸링의 동일자는 한편으로는 절대적 하나임, 주체와 객체, 자연과 정신의 무차별이다. 다른 한편으로 절대적 동일자는 자기인식이다. 즉, 이 동일자는 자

고 객체가 아니기 때문에, 또한 주체는 독자적으로 그런 무차별이 아니며, 그래서 그 후 단순히 객관적이며, 단순히 그 자체이다. 여러분이 알고 있는 것처럼 이제 과정으로의 이행은 바로 주체가 자기 자신을 자기 자신으로 원하고 있다는 것이다. 그리고 그 후 과정에서 최초의 것은 현재의 자기 입기로 있는 앞서 무관심적인(무차별적인) 주체이다. 이런 자기 입기에서 이미 입고 있는 것은 (우리는 이것을 'B'라고 부르고자 한다), 다시 말해서 주체가 자신의 객체인 한에서, 주체는 필연적으로 제한된 것이며, 제약된 것이지만, (입기 자체가 바로 제약자이다) 그러나 입는 자는 (우리는 이것을 'A'라고 부르고자 한다) 바로 주체가 존재를 입음으로써 스스로를 자기 외부에 정립하며, 이런 존재에 사로잡혀 있음으로써 주체는 최초 객체이다. 그러나 이런 최초 객체, 이런 "제일 실존primum Existens"은 단지 동기일 뿐이며 그리고 내면성 혹은 정신성의 상위 역량을 향한 최초 단계이다. 주체는 이 역량과의 관계에서 자신을 고양하며, 주체는 각자 자신의 형식들에서 항상 자기를 객체로 만들고, 객체로 등장한다. (왜냐하면 주체에게는 바로 앞서 최초 존재를 자신에게 합당한 존재로 고양하는 것이 중요하기 때문이다. 그리고 주체는 항상 상위의 정신적 속성을 갖추어, 주체 자신이 자

기 자신만이 아니라, 자신에게 해당하는 모든 사물을 직관하는 존재다. 즉, 플로티누스의 정신(Nous)에 해당된다. 모든 것은 하나의 절대자에 존재한다. 유한한 사물, 다양한 존재자는 이런 하나의 절대자의 구체적 서술이며, 근원적으로 이 존재자들, 사물들은 하나의 절대자와 동일하다. 이점에서 신은 세계의 창조자가 아니다. 오히려 신은 세계 자체이다. 신은 세계의 원인이 아니라, 신은 세계, 존재자 전체이다. 신이 원인이며, 창조자라고 한다면, 신과 세계는 다른 존재가 된다. 이렇게 보면 세계는 신 외부에 존재하게 된다. 따라서 세계는 신에 의해 산출된 것도 신과 구별된 존재층위도 아니다. 신으로부터 세계창조, 창조론을 서양 전통에 내재하는 유대교적이며 기독교적인 사유양태의 근원적 오류라고 셸링은 생각한다. 오히려 신은 시작도 끝도 없는 존재이며, 항상 자기 자신과 동등한 존재이기 때문에, 발생하지도 소멸하지도 않는 존재이다. 절대적 동일자가 곧 신이며, 신은 곧 모든 존재자이다.

기를 인식하고 그리고 나서 중지할 수 있는 그러한 주체로 스스로를 변화시키는 것이 중요하기 때문이다) 그러나 후속 단계는 항상 선행 단계를 확고하게 유지하고 있기 때문에, 이것은 형식의 총체를 산출하지 않은 채로는 일어날 수 없다. 따라서 운동은 객체 전체가 주체와 동일하게 될 때까지는 중단하지 않는다. 또한 과정에서 제일 실존이 주관적인 것의 최소이며 그리고 객관적인 것의 최대인 한에서, 그리고 항상 주관적인 것의 상위 역량으로 진행하여 가는 한에서, 이제 (과정에서 최초의 것으로부터) 객체의 주체로의 진행이 있다.

따라서 헤겔은 어쨌든 전체적으로 그리고 핵심적으로 그와 같은 체계를 제시하고자 했기 때문에, 가능한 한 가장 객관적인 시작을 전제하려 시도해야 한다. 그러나 그는 이런 가장 객관적인 것을 모든 주체적인 것의 부정으로, 순수 존재로 규정하며, 다시 말해서 (우리는 이것을 달리 어떻게 이해할 수 있겠는가?) 전혀 주체적이지는 않은 존재로 규정한다. 그밖에 헤겔이 이런 순수 존재에 운동을, 다른 개념으로의 이행을, 더욱이 내적 동요를, 존재를 그 이상의 규정으로 이끌어가는 동요를 부가한다는 사실이 헤겔이 순수 존재에서 주체를 사유한다는 것을 증명하지는 않기 때문이다. 그리고 헤겔이 대략 스스로 말을 하는 그러한 주체만을 사유한다는 것을 증명하지는 않고, 주체는 비존재가 아니며 혹은 전적으로 무인 것도 아니지만, 어떤 경우에도 주체는 이미 어떤 것은 아니라는 사실을 증명하는 것도 아니기 때문이다. — 이것이 그의 사상이라면, 진행과정은 전적으로 다른 진행과정이어야 한다. 그럼에도 불구하고 헤겔이 순수 존재에 내재적 운동을 부가하고 있다는 사실은 바로 순수 존재로부터 시작하는 사상이 헤겔 자신이 순수 존재라고 설명하는 이런 모든 추상성과 모든 공허에 정지하여 머물러 있을 수 없다는 점을 지각하고 있다는 것을 의미한다. 이 순수 존재로부터 진행의 필요는 그 근거를 사상이 보다 구체적이고, 보다 내용이 풍부한 존재에 이미 익숙해져 있다는 점에서 찾으며, 따라서 규정적 내용이 아니라, 오직 하나의 내용만 사유되는 순수 존재의 앞서 빈약한 식사Kost로는 도대체 만족할 수가 없다는 점에 있다. 따라서 최종 심급에 사실상 보다 풍부하고 그리고 내용적으로 충만한 존재가 존재한다는 정황만이 있다. 그리고 사유하는 정신 자체는 이미 그런 존재라는 정황만이 있다. 그러므로 이 존재는 공허한 개념 자체에 있는 필연성이 아니라, 오히려 철학하는 자에게 있는 그리고 그의 상기를 통해서 그에게 쇄도해 들어가는 필연성이며, 철학하는 자를 앞서 공허한 추상에 내버려 두지 않는 필연성이다. 따라서 존재는 본래 내용의 가능한 한 최소로 회귀하는 사상이지만, 그 후 다시 연쇄적으로 채워지며, 내용을 획득하려는 그리고 마지막으로 세계와 의식의 총체적 내용에 도달하려고 시도하는 사상이다. ― 물론 헤겔이 제시하는 것처럼 자의적 진행과정에서가 아니라, 오히려 필연적 진행과정에서 일어난다. 그러나 이 진행과정의 암묵적 진행자는 항상 마지막 시점에terminus ad quem 학문이 결국 다루어야 하는 현실 세계이다. 그러나 우리는 현실 세계를 매순간 우리가 이 세계에 대해 파악했던 그 무엇이라 부른다. 그리고 헤겔 자신의 철학은 예를 들어 헤겔이 이 현실 세계의 얼마나 많은 측면들을 파악하지 못했는지를 표시하여 드러낸다. 따라서 우연Zufall은 앞서 진행과정으로부터 배제될 수 없다. 다시 말해서 철학하는 주체의 협소하거나 혹은 폭넓은 개인적 세계관의 우연적 사건은 배제될 수 없다. 따라서 이렇게 진술된 필연적 운동에는 이중의 기만이 있다. ① 만약 개념이 사유하는 주체의 개념이 아닌, 다시 말해서 개념이 사상이 아니라고 한다면, 이 경우 개념은 사상을 대체할 것이기 때문이다. 그리고 이 개념은 자기 스스로 운동하는 어떤 것으로 표상될 것이지만, 독자적으로는 전혀 운동하지 않는 것으로 있을 것이기 때문이다. ② 우리는 사상이 자신에게 있는 필연성을 통해서만 지속적으로 추동되는 것이라고 알고 있기 때문이다. 그에 반해 사상은 그가 추구하는 분명한 목적을 가지며 그리고 그 목적은 철학하는 자가 자신의 의식을 은폐하려 시도할 때, 그때보다 더 결정적으로 철학하기의 과정에 무의식적으로 작용하기 때문이다.

그러나 절대적인 최초의 사상은 순수 존재라고들 하는데, 이것은 그의 순수성과 완전한 추상성에서 고려해 봤을 때 이 개념으로부터 그 어떤 것도 배제될 수 없다는 사실로부터 증명된다. ─ 최초 사상은 가장 순수하고 그리고 가장 직접적인 확실성이며 혹은 그 이상의 내용이 필요 없는 순수 확실성 자체이며, 모든 확실성의 전제이다. 처음에 존재 일반이, 그 후로 존재에서 모든 존재가 사유된다고 하는 것은 자의적 행위가 아니라, 오히려 가장 완전한 필연성이다. 헤겔은 그와 같은 주해를 통속적이라 부르지만, 이에 대해서는 여러분의 양해를 구한다. 최초 시작들은 수학의 시작들이 통속적이듯이 통속적이어야만 한다. 그러나 수학의 시작들이 통속적이라면 (나는 무엇을 이렇게 이해한 것인지 알지 못한다) ─ 그러니까 시작들이 통속적이라 불릴 수 있다면, 이것은 시작들이 일반적으로 분명하게 밝혀져 있기 때문일 것이다. 그러나 언표된 명제는 앞서 언급한 필연성을, 존재 일반을 그리고 존재에서 모든 존재를 사유한다는 의미에서 통속적이라는 것을 말하는 것은 아니다. ─ 존재 일반을 사유하는 것이 불가능하기 때문에, 이 필연성은 그 자체로 단순한 사칭이다. 왜냐하면 그 어떤 존재 일반도 존재하지 않기 때문이며, 주체 없이는 그 어떤 존재도 존재하지 않기 때문이다. 오히려 존재는 필연적이며 그리고 항상 규정된 존재이고, 다시 말해서 단순히 본질적인 존재, 본질로 되돌아가는 존재, 이 존재와 동일한 존재이거나 혹은 대상적 존재이기 때문이다. — 이것이 헤겔이 철저히 무시한 구별이다. 그러나 대상적 존재는 이미 그의 본성에 의해서 절대적인 최초의 사상으로부터 배제되어 있다. 대상적 존재는 대상Gegenstand이라는 말에 이미 들어있는 것처럼 다른 존재를 향하여 존재할 수 있으며, 혹은 대상인 존재를 위해서만 정립될 수 있다. 따라서 이런 방식의 존재는 오직 두 번째 존재일 수밖에 없다. 이 사실로부터 절대적인 최초 사상의 존재는 대상적이지 않은 존재, 단순히 본질적인 존재라는, 즉 단순한 주체로 정립되어 있는 순수 근원 상태의 존재일 뿐이라는 사실이 도출된다. 따라서 최초 사상의 존재는 존재 일반이 아니라, 오히려 이미 규정된 존재이다. 본질적인 존재도, 대상적인 존재도 아닌 그와 같은 존재만이 헤겔이 출발하고 있다고 말하는 존재 일반, 완전히 무규정적인 존재로 이해될 수 있다. 그러나 그 후 존재에서 진정으로 무가 사유되고 (바로 스콜라철학의 영역으로부터 기인한 존재의 유개념) 있다는 점이 분명하게 드러난다. 우리는 이렇게 대답할 수 있다. 헤겔은 순수 존재 개념 다음에 곧바로 순수 존재는 무라는 명제가 따라오게 함으로써 이것을 인정하고 있다. 그러나 헤겔은 또한 이 명제와 어떤 의미를 결합하고 있는가? 여하튼 그의 의도는 순수 존재를 절대적인 최초의 사상이라고 설명한 후에 이 순수 존재를 비사상Ungedanken이라고 해명하는 것이다. 예를 들어 앞서 명제와 함께 헤겔은 생성Werden으로 나아가려 시도한다. 명제는 정확하게 다음과 같다. "순수 존재는 무이다."[101] 그러나 이미 해명한 것처럼 참된 의미는 이것이다. 나는 순수 존재를 정립한 후에, 나는 그 존재에서 어떤 것을 찾고 그리고 무를 발견한다. 왜냐하면 나는 어떤 것을 순수 존재로, 단순한 존재 일반으로 정립했기 때문에, 바로 나는 나 자신에게 순수 존재에서 어떤 것을 발견하는 것을 금지한다. 따라서 존재 자체가 스스로를 발견하는 것이 아니라, 오히려 나는 존재를 무로 발견하며 그리고 이것을 명제로 이렇게 진술한다. 순수 존재는 무다. — 이제 우리는 이 명제의 특별한 의미를 탐구할 것이다. 최소한의 정도에서 계사 '이다, 있다ist'의 의미에 대해 설명하기도 전에, 헤겔은 깊은 숙고 없이 명제의 형식, 계사, '이다, 있다'를 사용한다. 마찬가지로 헤겔은 무 개념을 그 어떤 설명도 필요로 하지 않는 개념으로, 그 자체로 자명한 개념으로 사용한다. 이제 앞서 명제(순수 존재는 무다)는 단순히 동어반복이거나, 다시 말해서 순수 존재와 무는 동일한 하나의 사태에 대한 두 개의 상이한 표현일 뿐이다. 그래서 동어반복의 명제로서 명제는 아무것도 진술하지 않는 명제이며, 이 명제는 단순한 단어의 결합일 뿐이다. 따라서 이 명제로부터는 그 어떤 것도 도출될 수 없다. 혹은 명제는 판단의 의미를 지닌다. 그래서 명제는 판단에서 계사의 의미에 의거해서 이렇게 말한다. 순수 존재는 주어이며, 무의 담지자다. 이런 방식으로 순수 존재와 무, 양자는 그 후 적어도 역량인potentia 어떤 것일 것이며, 전자는 품는 담지자이며, 후자는 품어진 것이다. 그래서 우

---

101 역주: 헤겔은 1812년 『존재 논리학』의 제1장 "규정성(질)"의 제1절 "존재"의 A.[존재]에서 다음과 같이 말한다. "존재, 순수 존재, ~" 그리고 이어진 판단명제의 형식으로 이루어진 명제들을 통한 순수 존재에 대한 규정 과정 마지막에 다시 "존재, 무규정적인 직접적인 것은 사실 무(Nichts)이며 그리고 무 이상도 무 이하도 아니다." G. W. F. Hegel, *Wissenschaft der Logik. Das Sein(1812)*, hrsg. v. Hans–Jürgen Gawoll(Hamburg: Felix Meiner, 1999), S. 47.

리가 어떤 것이 있다는 요구를 하면서 주체존재의 앞서 관계로부터 (자문 자답의 방식, Subjektion) 순수 존재를 출현하도록 하게 하기 때문에, 우리는 이 명제를 넘어 다다를 수 있었다. 그렇기 때문에 순수 존재는 이제 무와 는 부등하다. 그리고 순수 존재는 스스로로부터 배제되며, 이를 통해 순 수 존재는 존재로부터 배제된 존재로서 또한 어떤 것이 된다. 그러나 그 렇지만은 않다. 따라서 명제는 단순히 동어반복일 뿐이다. 순수 존재는 존재 일반이기 때문에, 순수 존재는 직접적으로 (그 어떤 매개도 없는) 비 존재이며 그리고 이런 의미에서 무다. 우리는 이 명제에 대해 놀라는 것 이 아니라, 오히려 이 명제가 수단 혹은 이행으로 기여해야 한다는 사실 에 대해 놀란다. 즉, 존재와 무의 이런 결합으로부터 생성이 도출되어야 한다. 그렇지만 나는 앞서 다음과 같이 진술하려 했다. 헤겔은 순수 존재 와 무의 앞서 동등한 정립을 시작 개념의 예를 통해 설명하려 한다. 헤겔 이 표현하는 것처럼 "사태는 여전히 그의 시작에 존재하지 않는다."[102] 여 기 단어, 여전히noch가 삽입되어 있다. 우리가 이 단어의 도움을 빌린다 면, 순수 존재는 무라는 명제는 단지 이 정도 의미일 뿐이다. 존재는 여 기 ― 현재적 관점에서 ― 여전히 무다. 그러나 시작에는 시작이 시작이 기 위한 사태의 비존재, 사태의 여전히 현실적이지 않은 존재가 존재하 지만, 그러나 사태의 완전한 비존재는 아니지만, 또한 사태의 존재인 존 재가 존재한다. 헤겔의 표현에 따르면 무규정적 방식의 사태의 존재는 아니라고 하더라도, 그러나 가능성에서, 역량에서 사태의 존재는 존재한 다. 그래서 순수 존재는 여전히 무라는 명제는 단지 이런 의미일 뿐이다.

---

102 『철학적 학문의 백과사전』, 두 번째 판. S. 103(초판. S. 39).

순수 존재는 여전히 현실적 존재가 아니다. 그러나 순수 존재는 자체로 규정될 것이며, 더 이상 존재 일반이 아니게 될 것이다. 오히려 순수 존재는 규정된 존재, 즉 역량potentia에서 존재이다. 그 때문에 앞서 삽입된 단어, 여전히와 함께 여전히 존재하지 않는 미래의 존재가 조망된다. 그리고 이 여전히의 도움을 빌려 헤겔은 생성에 이른다. 마찬가지로 헤겔은 가장 무규정적인 형태로 생성에 대해 이렇게 언급한다. 생성은 무와 존재의 통일 혹은 합일이다. — (오히려 우리는 생성은 무의, 아직 존재이지 않은 것의 현실적 존재로의 이행이라고 말해야 한다. 그래서 생성에서 무와 존재는 본래 통일되는 것이 아니라, 오히려 무가 이탈한다고 말해야 한다. 그러나 헤겔은 이런 방식의 표현을 선호한다. 그래서 비일상적인 것의 가상이 가장 통속적인 것에 주어지게 된다.)

우리는 이 명제를 부인할 수 없으며 혹은 이 명제를 잘못된 것이라고 설명할 수 없다. 왜냐하면 무를 전혀 갖지 않는 명제들이 존재하기 때문이다. 우리가 빈손에 물을 담으려할 때처럼 우리는 또한 무언가의 무를 갖는다. 무가 존재하기 때문에 확고하게 포착되지 않은 어떤 것을 확고하게 포착하는 단순한 노동은 여기서 철학하기의 대체물로서 타당하게 된다. 우리는 헤겔 철학 전체에 대해 이와 같이 말할 수 있다. 우리는 근본적으로는 이 철학에 대해 언술해서는 안 된다. 왜냐하면 많은 경우에 이 철학의 고유성은 완성되지 않은 사상으로 남아 있기 때문이다. 다시 말해서 판단이 가능할 그런 정도로 사상이 확고하게 완결되어 있지 않기 때문이다. 때문에 제시된 방식에서 헤겔은 일정 정도 규정된 생성에 도달하는 것이 아니라, 오히려 무가 반복적으로 존재하는 생성 일반의 보편적 개념에 이른다. 그러나 헤겔에게 생성은 곧바로 상호 간의 계기가 되며, 그래서 헤겔은 이와 같은 방식으로 양 범주로 그리고 그와 함께 칸트적 범주표로[103] 넘어간다.

지금까지 서술된 계기들, 순수존재, 무, 생성은 우선 사유에서 이념이 혹은 절대자가 그의 영원성에 포함된다고 하는 규정을 가진 순수 사변 철학이라고 헤겔이 설명하는 논리학의 시작들이다.[104] (그 후 이념과 절대

---

103 역주: 헤겔은 칸트가 『순수이성비판』의 범주를 양, 질, 관계, 양상으로 서술하는 방식을 비판한다. 헤겔의 비판에 따르면 한편으로 범주들이 존재를 가리키는 개념인 한 상호관계 안에서 개념과 개념의 운동을 통해 자신의 규정성을 강화하여 나아가야 함에도 불구하고, 칸트의 범주는 범주표에 자신의 자리만을 차지하고 있을 뿐이라는 것이다. 다른 한편으로 존재를 규정하는 범주는 규정성인 질로부터 출발하여야 함에도 불구하고, 칸트는 별다른 해명 없이 양으로부터 시작한다는 것이다. 즉, 헤겔은 "I. 규정성 자체로서; 질;", "II. 지양된 규정성으로서; 크기, 양;", "III. 질적으로 규정된 양으로서; 정량"으로 개념과 개념의 운동인 논리학을 질로부터 시작한다. 이와 더불어 헤겔은 다음과 같이 명료하게 '양'에 대해 진술한다. "질과 양의 비교로부터 쉽게 다음이 명료해진다. 전자가 본성에 따라 최초 질이다. 왜냐하면 양은 이미 부정적으로 생성된 질이기 때문이다. 크기는 규정성이며, [...] 오히려 존재와 구별된 질, 지양된 질, 무관심적으로 생성된 질이다." 이렇게 볼 때, 헤겔은 양은 이미 규정성을 지닌 개념이기 때문에, 양보다 질이 먼저 시작해야 한다고 주장한다. 그러나 서양 형이상학의 역사를 고려하여 보면, 최초 원인인 존재는 무엇인가에 대한 질문, 원인의 원인은 무엇이어야 하는가의 문제에 대해 형이상학은 양 개념인 '하나'라고 대답해 왔다. 다시 말해서 세계의 모든 존재자들의 원인, 여럿의 존재근거는 '하나'여야 한다. 왜냐하면 세계의 절대적 시작이 둘이거나 혹은 여럿일 수는 없기 때문이다. 둘이라거나 여럿이라면, 다시 이것들을 가능하게 하는 원인이 물어져야 할 것이기 때문이다. 이제 세계의 근원존재가 '하나'라면, 곧 바로 하나는 '있다' 혹은 하나는 '없다'라는 질 개념이 발생한다. 왜냐하면 세계의 근원이 '하나'라고 규정하자마자 자연스럽게 발생하는 질문은 하나의 존재에 대한 물음이기 때문이다. 이렇게 양과 질의 범주가 생겨난 후에 관계 범주가 등장한다. 즉, 하나와 존재 혹은 하나와 무의 관계 그리고 존재와 무의 관계가 출현한다. 이렇게 서양 형이상학이 발생하던 시기에 존재를 가리키는 범주는 양, 질, 관계의 순서로 발생하였다. G. W. F. Hegel, *Wissenschaft der Logik. Die Lehre vom Sein(1832)*, hrsg. v. Hans-Jürgen Gawoll(Hamburg: Felix Meiner, 2008), S. 69-70.

104 역주: 헤겔은 철학사 전체에서의 학의 시원, 학문의 시작을 "객체적 시작"으로는 "물, 하나, 누스, 이념, 실체, 모나드 등"으로 규정하였으며, "인식 본성과 관계해서는" "사유, 직관, 감각, 자아, 주체성"으로 규정하였다. 헤겔에 따르면 철학사에서 학문의 시작은 고대 자연철학자들에게는 '물, 불, 공기 혹은 흙' 등의 객체적 실체로 이해되었고, 근대의 주체철학자에게는 '자아, 주체, 이성, 사유' 등의 주체적 실체로 이해되었다. 혹은 헤겔과 같은 동시대 낭만주의자들, 특히 셸링에게 학문의 시작은 "마치 권총에서 총이 발사되듯이" "내적 계시", "믿음", "지적 직관"이다. 헤겔의 관점에서 이런 학문의 시작들, 객체적 시작 혹은 주체적 시작 그리고 낭만주의의 시작은 모두 이미 규정되어 있는 근원적 실체이다. 이 때문에 헤겔에게 이미 규정된 실체는 학문의 시작으로서 근거일 수 없다. 이런 맥락에

자는 사유와 같은 동일한 의미로 다루어진다. 왜냐하면 사유는 완전히 무시간적 것이기 때문이며, 영원성과 동일하게 받아들여지기 때문이다) 왜냐하면 논리학은 순수 신적 이념을 서술해야 하기 때문이다. 어떻게 논리학은 시간 이전에 존재하는가? 혹은 어느 정도로 논리학은 여전히 사유에만 존재하는가? 이 물음에 대답해야 하기 때문이다. 이런 관점에서 논리학은 주관적 학문이며, 이념은 현실성과 객관성으로서가 아니라, 단순히 이념으로만 정립된다. 그러나 논리학은 논리학이 실재 세계를 배제한다는 의미에서 주관적 학문이 아니며, 오히려 모든 실재의 절대적 근거를 증명함으로써 논리학은 바로 실재적 그리고 객관적 학문이다. 논리학은 자기 외부에 감각적 세계 및 정신적 세계로서 구체적 세계의 풍요를 갖는다. 그 때문에 이런 풍요는 바로 이어서 따라 나오는 실재 부분에서 인식되며 그리고 그와 같은 부분에서 스스로를 논리적 이념으로 되돌아가는 것으로 증명한다. 그리고 이 풍요는 이념에서 진리를 가지고서 자신의 근거를 증

서 헤겔은 다음과 같이 말한다. "시작은 이렇게 **무**를 **전제**할 수 있으며, 무를 통해서 매개되어 있는 근거를 가지고 있어야 한다. 오히려 시작은 전체 학문의 근거여야만 한다. 따라서 시작은 절대적으로 **어떤 직접적인 것이어야만** 하며 혹은 오히려 직접적인 것 자체이어야만 한다. […] 따라서 시작은 순수 존재이다." 여기서 헤겔이 말하고 있는 "무를 전제한다"는 그 어떤 것도 전제하지 않는다는 것을 의미한다. 왜냐하면 학문의 시작은 그 어떤 규정성도 지니지 않는 '직접성'이어야 하기 때문이다. 이점에서 시작은 무전제이다. 그러면서 동시에 시작은 "무를 통해서 매개되어 있는 근거"를 지녀야 한다. 즉, 학문의 시작은 매개된 근거를 가지고 있어야 한다. 이점에서 시작은 전제를 갖는다. 이렇게 헤겔은 학문의 시작을 '무전제의 전제'여야 한다고 보았다. 따라서 무전제의 전제로서 개념의 변증법적 운동은 최초 출발점으로부터 마지막 종착역까지의 직선운동이 아니라, 원환운동이다. 헤겔이 개념의 변증법적 운동을 원환운동이라 생각한 이유는 아마도 아리스토텔레스로부터의 영향일 것이다. 아리스토텔레스는 천체의 신성한 운동을 정원운동이라고 보았다. G. W. F. Hegel, *Wissenschaft der Logik. Die Lehre vom Sein(1832)*, hrsg. v. Hans-Jürgen Gawoll(Hamburg: Felix Meiner, 2008), S. 55-59; G. W. F. Hegel, *Phänomenologie des Geistes*, hrsg. v. Hans-Friedrich Wessels u. Heinrich Clairmont(Hamburg: Felix Meiner, 1988), S. 27 이하; Rüdiger Bubner, *Zur Sache der Dialektik*(Stuttgart: Reclam, 1980), S. 40-47.

명한다. 그래서 논리적 보편성은 더 이상 앞서 실재적 풍요에 대립하는 특수성으로서가 아니라, 오히려 이와 같은 풍요를 보유하고 있는 참다운wahrhafte 보편성으로 현상한다.[105] 여기서 여러분은 철학의 한 부분, 즉 관념적 부분으로서 논리학은 철학의 실재적 부분으로서 다른 한 부분에 대립되어 있다는 사실을 알 수 있다. 다시 이 실재적 부분은 a) 자연철학, b) 정신세계의 철학으로 파악된다. 논리학은 완전한 이념의 산물이다. 이념 혹은 시작에서 이념이라 지칭되는 개념 — 그 자신에 내재하여 운동하는 힘을 통한 개념 — 바로 단순한 개념의 힘이기 때문에 변증법적이라 불리는 그런 어떤 힘 — 그 개념은 자신만의 고유한 변증법적 운동을 통해 앞서 최초 공허한 그리고 내용 없는 규정들로부터 내용이 가득한 규정들로 전개되었다고 가정함으로써 완전한 이념의 산물은 출현한다. 나중 규정들의 내용 충만은 바로 나중의 규정들이 선행 규정들을, 이 규정들에 선행하는 계기들을 자기 아래 포섭하고 혹은 자기로 지양하여 보존함으로써 생겨난다. 각각의 후속 계기는 선행 계기의 지양자이다. 그러나 이것은 단지 후속 계기에서 개념 자체가 이미 긍정성의 보다 상위 단계에 도달했다고 하는 한에서만 그렇다. 최종 계기에서 계기는 완

---

105 철학적 학문의 백과사전 § 17, 초판.
역주: 헤겔에 따르면, "이런 방식에서 철학은 다른 학문에서의 그 어떤 시작도 지니지 않는 자기로 복귀하는 원환으로 나타난다. 그래서 시작은 오로지 철학하기로 결단을 내린 주체와만 관계하며, 학문 자체와는 관계하지 않는다. 혹은 다시 말해서 학문의 개념 그리고 최초 개념은 —그리고 학문의 개념이 최초 개념이기 때문에, 그 개념은 구분을 보유하며, 사유가 철학하는 주체, (동일하게 외면적인) 주체라는 구분을 보유한다— 학문 자체에 의해 파악되어야 한다. 바로 이것이 학문 개념의 개념에 그리고 이렇게 학문의 복귀와 만족에 도달하려는 학문의 유일한 목적, 활동 그리고 목표이다." G. W. F. Hegel, *Enzyklopädie der philosophischen Wissenschaften I*, in: *Werke in zwanzig Bde*, Bd. 8, hrsg. v. Eva Moldenhauer u. Karl Markus Michel(Frankfurt a. M.: Suhrkamp, 1986), § 17 S. 63.

전한 이념 혹은 이미 언급한 것처럼 자기 자신을 파악한 이념이며, 앞서 모든 것을 관통하는 존재방식들을, 그 존재의 모든 계기들을 지양된 계기들로 자기 안에 지니는 이념이다.

우리는 여기 논리학으로 전이된 것이 선행 철학의 방법이라는 사실을 안다. 저기 선행철학에서 절대 주체가 주체성, 정신성 혹은 내면성의 보다 상위의 역량에 정립되는데, 즉 최종적으로는 순수한, 다시 말해서 더 이상 객관적이 될 수 없는, 따라서 완전히 자기와 같이 머무는 주체로 중지할 때까지 절대 주체는 그의 존재의 각 단계를 넘어간다. 여기 논리학에서 개념은 최종적으로 모든 것을 자기 아래에 수용하기 때문에, 상이한 계기 혹은 규정을 관통하는 개념은 자기 자신을 파악하는 개념이어야한다. 헤겔은 개념의 이런 전진운동을 과정이라 부른다. 단지 모사와 원본 사이의 구별만이 있다. 여기서 주체가 보다 상위의 주체성으로 상승하고 혹은 고무되는 시작점은 현실적 대립, 현실적 불협화음이다. 그리고 우리는 이런 방식으로 상승을 파악한다. 저기 (헤겔 철학에서) 시작점은 그의 후속자에 대립하여 단순한 빼기, 결함 상태이며, 채워지는 공허 상태이다. 그리고 그런 한에서 공허로서 시작점은 지양되지만, 여기에는 어떤 것의 극복이 있는 것이 아니라, 공허한 용기Gefäß를 채웠을 때의 극복만이 있다. 물론 여기서는 모든 것이 일어난다.[106] — 존재와 무 사이

---

106 역주: 헤겔 스스로가 '철학하기의 시작', 원리를 이렇게 말한다. "이와 함께 존재에 대해 절대자 혹은 신에 대한 보다 풍부한 표상형식들에서 진술해야 하며 혹은 보존해야 한다는 것, 이것은 시작에서는 단지 공허한 말일 뿐이며 그리고 존재일 뿐이다. 그 이상의 어떤 의미도 더 지니지 않는 이런 단순자, 이런 공허가 절대적으로 철학의 시작이다." G. W. F. Hegel, *Wissenschaft der Logik I*, in: *Werke in zwanzig Bde*, Bd. 5, hrsg. v. Eva Moldenhauer u. Karl Markus Michel(Frankfurt a. M.: Suhrkamp, 1986), S. 79.

에는 그 어떤 대립도 없으며, 그것들은 상호 아무것도 행하지 않는다. 과정이라는 개념의 변증법적 전진운동으로의 전이, 그 어떤 투쟁이 아니라, 오히려 단조로운, 거의 잠자고 있는 진보만이 가능한 그런 전이는 따라서 단어의 오용에 해당한다. 그러나 이 오용은 헤겔에게서 참된 삶의 결함을 감추는 매우 중요한 수단이다. 나는 여기서 반복하는 사상과 개념의 혼동에 대해 말하고자 하는 것이 아니다. 다시 말해서 사상이 이런 과정으로 들어선다고 했을 때 우리는 — 사상에 대해서 이렇게 말할 수 있다. 사상은 이 계기들을 관통하여 진행하고 혹은 운동한다고들 말한다. 그러나 개념에 대해서 말할 때는 대략 사려 깊은 은유가 아니라, 경직된 은유일 뿐이라고들 말한다. 주체에 대해서 말할 때는 주체는 중지하여 머무는 것이 아니라, 내적 필요를 가지고 있으며, 객체로 이행할 수 있고, 그렇게 동시에 그의 주체성에서 자신을 강화하여야 한다고 파악한다. 그러나 헤겔이 존재라고 언표하는 공허한 개념은 그것이 공허한 개념이라는 이유로 자기를 채워야 할 그 어떤 필요도 지니지 않는다. 개념은 자신을 채우지 않으며, 사상, 다시 말해서 나는, 철학하는 자는 공허로부터 충만으로의 전진 욕구를 느낄 수 있다. 그러나 사상이 여전히 이런 운동에 활력을 불어넣는 원리라고 할 때, 자의에 대항하는 그런 시민정신은 존재하는가? 개념을 보관할 목적으로, 또한 필연성의 단순한 가상에 혹은 역으로 개념의 단순한 가상에[107] 자족하는 철학자를 방해하는 것은 무엇인가?

---

107 역주: 전자는 자연 필연성의 허상이고, 후자는 정신이나 관념의 허상이다. 따라서 전자는 자연철학체계이며, 후자는 정신철학체계, 관념론이다.

첫 번째 단계에서 동일철학은 자연에 있었으며, 따라서 경험과 직관의 영역에 있었다. 헤겔은 자연철학 위에 그의 추상적 논리학을 건축하고자 했다. 그러나 그는 거기에서 자연철학의 방법을 함께 취했다. 철저하게 자연을 내용으로 삼고 자연의 직관을 동반자로 삼았던 방법을 헤겔은 단순히 논리적인 것으로 고양하려 했기 때문에, 어떤 강압이 여기서 발생하게 되는지가 쉽게 파악될 수 있다. 헤겔이 직관의 이런 형식들을 거부하고 그리고 이 형식들을 지속적으로 바꿔치기 하기 때문에 강압이 발생한다. 따라서 헤겔이 이미 그의 논리학의 첫 단계에서 직관을 전제하고 있었다고 말하고 그리고 직관을 바꿔치기 하지 않고서는 그 어떤 단계진행도 행할 수 없었을 것이라고 말하는 것은 전체적으로 합당한 진술이며, 헤겔에게서 어렵지 않게 발견되는 사실이다.

상이한 학문들로부터 축조된 고대 형이상학은 개념으로서 개념만을 내용으로 지니는 학문인, 즉 존재론을 보편 토대로 삼는다. 헤겔 논리학에서 헤겔의 눈앞에는 이 존재론만이 어른거린다. 그러므로 헤겔은 예를 들어 상이한 범주들을 다소 우연적이고 그리고 다소 무관심적이며 병렬적으로 그렇게 연이어서 제시하고 다루는 볼프철학에 내재한 존재론의 좋지 않은 형식을 넘어서려 한다. 헤겔은 전적으로 다른 목적을 위해, 실재적 역량을 위해 발명된 방법을 단순 개념에 적용함으로써 이런 고양을 달성하려 한다. 왜냐하면 헤겔은 생명을, 전진운동을 향한 내적 필요를 이 개념에 헛되이 불어넣으려 시도하기 때문이다. 우리는 여기서 무가 근원이라는 사실을 안다. 이런 목적을 위한 방법은 결코 발명할 수 없을 것이다. 여기서 방법은 인공적이며 폭력적으로 적용된 어떤 것일 뿐이다. 그러므로 대체로 존재론으로의 귀환은 퇴행이다.

우리는 헤겔의 시대에 통용된 그리고 한번 정도 현재한 모든 개념들 각각이 일정한 위치에 절대이념의 계기로서 헤겔 논리학에 수용되어 있다는 사실을 발견한다. 여기에는 완전한 체계화의 요구가, 다시 말해서 모든 개념들을 포괄하며 그리고 포괄된 개념의 범위 밖에는 그 어떤 다른 개념도 있을 수 없다고 하는 요구가 결합되어 있다. 그러나 이제 선행 체계를 전혀 알지 못하는 개념들은 혹은 체계가 진정한 의미와는 전적으로 다른 의미에서 자기 안에 수용하여 알고 있는 개념들은 언제 제시되는가? 따라서 부분적이지 않은 체계, 모든 것을 동등한 권리로 수용하는 체계 대신에 우리는 앞으로 부분적 체계만을 가질 것이다. 이 부분적 체계는 그런 개념만을 수용하거나 혹은 개념들이 예전에 이미 전제된 체계와 융화되었다는 의미에서만 수용된 개념들을 수용한다. 적어도 체계가 보다 상위의 개념들에, 바로 그 때문에 인간에게 좀 더 가까이 있는 개념들에, 인류적인 그리고 종교적인 개념에 다가가는 그곳에서만 이 개념에 대한 자의적인 왜곡이라고 하는 비난을 체계에 보낼 수 있다.

아마도 우리는 이렇게 물을 것이다. 도대체 선행 철학은 개념으로서 개념을 위한 장소 혹은 자리를 어디에 두었는가? 우리는 다음과 같이 말할 수 있다. 이 철학은 논리학을 위한, 보편 범주를 위한, 개념 자체를 위한 자리를 전혀 소유하고 있지 않았다는 사실을 분명히 제시했다. 실재가 자기 외부에 가지고 있는 개념을 위한 자리를 철학은 물론 소유하고 있지 않다. 왜냐하면 이미 말했듯이 철학은 그의 최초 단계에서 자연에 존재했었기 때문이다. 그러나 자연에서 철학은 전체 자연을 관통한, 이제 자기에 이른, 자기 자신을 소유하는 주체가 (자아) 자연에 남겨져 있는 선행 계기를 더 이상 발견하지 않는, 그러나 또한 그와 같은 자연의 개념을 발견하는 그리고 이 개념을 개념으로 발견하는 지점에 이르기까지 나아갔다. 이제 의식은 전적으로 사물로부터는 독립적인 점유라고 할 이 개념들을 마음대로 사용하며 그리고 곳곳에 이 개념들을 적용한다. 적어도 헤겔은 이런 방식으로 개념 세계가 그의 전체적인 다양성과 체계적으로 완전한 논쟁 속에서 체계의 어떤 위치에 완벽하게 진입하는지를 인지할 수 있다. 헤겔은 자연형식들과 마찬가지로 소위 논리학의 형식들을 다룰 수 있었는데 — 예를 들어 이것은 헤겔 자신이 추론의 양식들에 대해 말하는 곳에서 사용한 유비추론이다. 자연을 관통하여 나아간 무한 역량이 우선 자기 자신을 대상으로 삼는 곳, 이 역량이 지금까지 그의 객관적으로 분리된 유기체를 의식에서 주관적으로 이성의 유기체로 전개하는 곳, 바로 그곳에 자연적으로 진행하는, 앞서 자의적으로 시작한 철학에 있는 개념 자체를 위한 유일한 장소가 있다. 철학에게 이 개념들은 바로 물체세계 혹은 식물들이며 혹은 자연에서 등장한 그 어떤 것이며, 순수 선천적 도출의 대상들이다. 그리고 철학에게는 개념들이 현실성으로 들어서기 (의식과 함께) 이전에는 현존하지 않으며, 그래서 이 개념들은 자연철학의 끝부분에 그리고 정신철학의 시작부분에 존재한다. 이곳에서 개념 자체는 다시 현실적이며 객관적인 어떤 것이다. 그에 반하여 헤겔이 논의하고 있는 개념들은 주관적인 어떤 것이며, 인공적이며 객관적으로 생산된 것일 뿐이다. 사실 개념들 자체는 의식에 있는 어떤 것으로 실존하지 않는다. 따라서 개념들은 자연 이전이 아니라, 자연 이후에 객관적으로 전제되었다. 헤겔은 개념들을 그것의 자연적 위치로부터 제거했다. 왜냐하면 헤겔은 개념들을 철학의 시작부분에 정립했기 때문이다. 여기에 헤겔은 가장 추상적 개념들, 생성, 현존재 등등을 놓아둔다.

그러나 추상물은 여전히 자연적 방식으로 현존재할 수 없으며, 현실성으로 간주될 수도 없다. 오히려 추상물은 현실성이 사상된 바로 그것이다. 생성은 더 이상 생성자로 존재할 수 없으며, 현존재는 더 이상 현존재자로 존재할 수 없다. 만약 헤겔이 우리가 전적으로 순수 사유로 소환하는 거기에서 철학을 시작한다고 말한다면, 헤겔은 참으로 부정적인 혹은 순수 합리적 철학의 본질을 합당하게 표현하고 있는 것이다. 그리고 우리는 앞서 언급한 표현에 대해 헤겔에게 감사해 할 수 있다. 그러나 이런 순수 사유로의 소환이 헤겔에게 전체 철학에 대한 생각이나 혹은 언급은 아니다. 이와 함께 헤겔은 그의 논리학을 위해서만 우리의 마음을 얻으려고 한다. 왜냐하면 헤겔은 단순히 현실적인 자연 이전이 아니라, 오히려 모든 자연 이전에 존재하는 무엇을 다루기 때문이다. 대상 혹은 사태가 선천적으로 순수 사유에서, 즉 개념에서 서술되는 것처럼 대상들 혹은 사태들이 존재하는 것은 아니며, 오히려 개념은 다시 개념을 내용으로 가져야 한다. 단순한 개념을 내용으로 가지는 사유만을 헤겔과 그의 지지자들은 순수 사유라 부른다. 헤겔에게 사유로의 소환은 바로 사유에 대한 사유하기만을 결정한다는 것을 의미한다. 그러나 우리는 이것을 적어도 현실적 사유라고 부르지는 않는다. 현실적 사유는 사유에 대립하는 것이 극복되는 곳이다. 우리가 다시 사유를 그리고 추상적 사유를 내용으로 가지는 곳에서 사유는 무를 극복해야만 한다. (헤겔 자신은 존재, 생성 등등과 같은 단순한 추상을 통한 이 운동을 순수, 다시 말해서 모순 없는 에테르 Aether에서의 운동으로 묘사한다. 관계는 대략 다음과 같다. 예를 들어 시Poesie는 시적 마음을 현실과의 관계에서 그리고 현실과의 투쟁에서 서술할 수 있으며, 여기서 시는 현실적이며 객관적인 내용을 지닌다. 그러나 시는 또한 시 일반을 가지며 그리고 추상적으로 시 일반을 대상으로 지닌다. — 시에 대한 시이다. 소위 낭만주의 시인들 중 많은 사람이 시에 대한 시라는 생각을 시를 통한 시의 지배 이상으로 이끌어 가지는 못했다. 그리고 어느 누구도 시에 대한 시를 현실적 시라고 간주하지 않았다.)

개념이 유일한 실재라는 그의 주장과는 대립하여 헤겔은 진리는 감각적 실재성과 관계한다는 생각을 제시한다. 그러나 이것은 개념이 초감성적 실재성, 즉 유일하게 초감성적인 실재성일 때, 그때만 가능할 것이다. 분명 헤겔은 이것을 가정한다. 이런 가정은 곧 바로 칸트적 가정으로부터 기인한다. 이에 따르면 신은 이성개념, 즉 이성이념일 뿐이다. 그러나 감각적 실재만이 아니라, 실재 일반이, 감각적 실재 및 초감성적 실재가 개념을 향해 서 있다. — 헤겔은 사상은 단지 사상일 뿐이라는 명제를 그의 논리학의 이념에 대한 유일한 부정 혹은 비난이라고 생각한다. 왜냐하면 참된 내용은 감각 지각에만 존재할 뿐이기 때문이다. 그러나 여기서는 그에 대해서 (감각 지각에 대해) 언급하지 않는다. 바로 최상의 학문, 철학의 내용은 사실 사상일 뿐이며 그리고 철학 자체는 사유를 통해서만 실현되는 학문이라고 말할 수 있다. 그러므로 이것은 철학의 내용이 사상일 뿐이라고 비난하는 것은 아니며, 오히려 이 사상의 대상이 개념 혹은 개념들일 뿐이라고 비난하는 것이다. 헤겔은 여전히 개념 외부에 존재하는 감각적 실재성을, 분명하게 원리들에 대한 요구petitio principii인 무엇을 생각한다. 예를 들어 신은 단순한 개념이 아니며 그리고 또한 감각적 실재성도 아니기 때문이다. 특히 우리가 예전부터 사유 혹은 숙고가 철학에 속한다고 말해 온 것을 헤겔은 자주 거론한다. 물론 이로부터 이 사유의 대상이 다시 사유 자체 혹은 개념일 뿐이라는 것이 도출되지는 않는다. 마찬가지로 "인간의 동물과의 구별은 단지 사유에 있다."[108] 만약 이것이 옳다고 한다면, 이 사유의 내용은 전혀 규정되어 있지 않다. 왜냐하면 감각적으로 표상될 수 있는 도형들을 고찰하는 기하학자, 감각적 대상들 혹은 주어져 있는 것들을 탐구하는 자연 연구자, 신을 초감성적 실재성으로 고찰하는 신학자가 자신의 사유 내용이 순수 개념이 아니라는 이유로 그는 사유하지 않는다고 시인하지는 않을 것이기 때문이다.

우리의 의도는 헤겔 논리학의 개별사안마다 속속들이 관여하는 것이 아니다. 우리 관심을 자극하는 것은 전체로서 체계이다. 근거에 놓여 있는 체계와 관계해서 헤겔 논리학은 체계가 매우 느슨한 방식에서만 논리학과 연관되어 있는 한에서 전적으로 우연적인 어떤 것이다. 단순히 논리학만을 평가하는 사람은 체계 자체를 평가하지 않는다. 그리고 철저하게 이 논리학의 개별사항만을 비판적으로 다루는 사람은 물론 부당한 일을 하는 것은 아니며, 오히려 많은 명민한 생각과 올바른 통찰을 드러

---

108 역주: 아리스토텔레스의 인간학은 인간존재를 '사이존재'로 이해한다. 인간은 신보다는 덜한 존재이고, 동물보다는 나은 존재이다. 때문에 인간은 동물로의 추락으로부터 벗어나기 위해 부단히 노력해야 하는 존재이며, 이를 위해 신존재를 향해 끝없이 가까이 접근하려 시도해야 하는 존재다. 그러나 고대 그리스인들에게 인간은 결코 신이 될 수 없는 영원한 신성의 결여이다. 따라서 신들 중에 '가장 신성이 미약한 신(Untergöttliches)'도 인간들 중 '가장 위대한 인간(Übermenschliches)'보다 탁월한 존재이다. 이렇게 인간은 신이 될 수 없는 존재이면서 또한 동물보다는 탁월한 사이존재이기 때문에, 그리스인들은 인간을 "로고스를 가진 동물(zoon logon ekon)"이라 불렀으며, 이것을 중세 라틴어 문화권에서 "이성적 동물(animal rationale)"이라 번역하였다. 특히 아리스토텔레스는 『니코마코스윤리학』에서 인간, 동물, 식물을 구분하여, 식물은 성장과 생장을, 동물은 식물혼인 성장과 생장 및 욕구와 운동을, 인간은 식물혼과 동물혼을 포함하면서 그들에게는 없는 지성을 지니고 있다고 말한다. 그러니까 인간혼은 지성적인 부분과 비지성적인 부분의 전체다. 아리스토텔레스, 『니코마코스윤리학』, 강상진·김재홍 등 역(서울: 길, 2011), 1101b2 이하 참조; 아리스토텔레스, 『정치학』, 천병희 역(경기도: 숲, 2002), 1253a1-1253a29; Martin Heidegger, *Sein und Zeit*, 18. Aufl.(Tübingen: Max Niemeyer, 2001), S. 25.

낼 것이지만, 전체와 관계해서는 그 어떤 것도 획득할 수 없다. 내 생각으로 우리는 이런 실재 논리학을 쉽게 열 가지 상이한 종류로 만들 수 있다. 여하튼 나는 헤겔 논리학에서 발견되는 많은 특별하며 영리한, 특히 방법론적인 진술들의 가치를 오해하고 있는 것은 아니다. 그러나 헤겔은 논리학 외부에 놓여 있는 질문들을 전적으로 망각함으로써 방법론적 설명에만 매몰되어 있었다.

따라서 나는 이제 체계 자체에 집중할 것이며, 그리고 헤겔의 입장에서 선행 체계에 행해진 비난에 대해 대답할 것이다.

다시 말해서 개념이 사유의 유일한 내용이 아니라고 하더라도, 적어도 헤겔의 이런 주장은 참일 수 있다. 즉, 논리학은 그가 논리학에 부여하는 형이상학적 의미에서 모든 철학의 실재 토대여야만 한다는 주장 말이다. 헤겔이 자주 강조하는 것처럼 모든 무엇임은 이념에 혹은 논리적 개념에 존재하며, 따라서 모든 것이 그의 시작과 그의 끝에서 진입하는 진리, 바로 모든 것의 진리가 이념이라는 사실 또한 참일 수 있다. 따라서 이런 지속적인 반복과 관계해서 모든 것은 논리적 이념에 존재한다는 사실을 시인할 수 있을 것이며, 그래서 모든 것은 논리적 이념 밖에서는 존재할 수 없다는 사실을 시인할 수 있다. 왜냐하면 무의미한 것은 결코 실존할 수 없기 때문이다. 그러나 논리적인 것은 바로 실존의 단순한 부정자로 묘사된다. 그리고 부정자 없이는 무만이 실존할 수 있다. 그러나 이로부터 모든 것이 이 부정자에 의해서만 실존한다는 사실 또한 도출되는 것도 아니다. 모든 것은 논리적 이념에 존재할 수 있다. 그러나 예를 들어 모든 것이 감각 세계에서 어떻게 수와 정량으로 파악되는지를 설명하고 있는 것은 아니다. 그 때문에 기하학 혹은 대수학은 감각 세계를 설명하지 않는다. 전체 세계는 오성 혹은 이성의 그물망에 놓여 있다. 그러나 문제는 바로 이 전체 세계가 어떻게 이 그물망 속으로 들어오게 되었는 가이다. 왜냐하면 세계에는 분명 여전히 단순한 이성과는 다른 어떤 것이 그리고 단순한 이성 이상의 어떤 것이 존재하기 때문이다. 그러니까 이 한계를 넘어설 것을 요구하는 어떤 것이 존재한다.

헤겔 논리학의 핵심 의도, 즉 헤겔 논리학의 탁월성은 이 논리학이 그의 최종 결과에서 사변적 신학spekulative Theologie[109]의 의미를 가진다는 점이다. 다시 말해서 논리학은 신적 이념의 본래적 구축이며 그리고 그 후 논리학에서의 이런 이념 혹은 절대자는 바로 선행 체계에서와 같이 단순한 전제가 아니라, 본질적으로 결과라는 사실이다. 이와 함께 선행 철학에 대한 이중의 비판이 행해진다. ① 선행 철학은 절대자를 근거지어진 결과로서가 아니라 단순히 근거지어지지 않은 전제로서 지닌다. ② 선행 철학 일반이 전제를 가지고 있다. 이에 반해 헤겔 철학은 무를, 절대적으로 무를 전제하는 철학으로 잘 알려져 있다. 그러나 후자, 즉 무를 전제

---

109 역주: 사변(Spekulation)은 일상어의 의미에서는 '탁상공론'과 같은 무의미한 논증을 의미한다. 본래 사변이란 말은 라틴어 speculum, 즉 거울에서 유래된 말이다. 아우구스티누스는 인간이 신을 직접 대면하기 이전에는 신을 "거울에 비친 모습처럼 어렴풋이" 볼 수밖에 없다고 말한다. 즉, "이 거울이 어떤 거울이고 무슨 거울인지 우리가 따진다면 적어도 거울에서는 영상 말고는 보이는 것이 없다는 점은 확실해진다. 그래서 우리는 갖은 노력을 다하면서 힘써 왔다. 우리가 바로 우리를 지으신 분의 모상인데 우리로서는 이 모상을 통해서, 마치 '거울을 통해서' 보듯이 우리를 지으신 바로 그분을 어떻게 해서든지 뵙겠다고 노력한 것이다." 제약된 존재(Bedingte)로서 인간은 언제나 무제약인 (Unbedingte) 신을 찾는 존재이다. 이 제약자가 거울을 매개로 무제약자를 들여다보려고 자신의 능력을 최대한 발휘한다고 하더라도 무제약자는 사진처럼 제약자의 시야에 맺힌 초상화일 수는 없다. 마치 고대의 청동거울을 아무리 매끈하게 닦아 자신의 얼굴을 청동거울에 비춰 보아도 자기 얼굴의 형태가 이지러지는 것과 같다. 따라서 사변적 사유는 무제약자를 비추는 모상이며, 사변적 사유에 맺힌 모상은 무제약자 자체일 수는 없기 때문에 언제나 그리고 이미 무제약자를 향해 있음이라고 해야 한다. 아우구스티누스, 『삼위일체론』, 성염 역주(경북: 분도출판사, 2015), XV,8,14; 『성경』, 한국 천주교 주교회의 편, 1코린 13, 12.

하는 철학에 대해서 진술한다면, 헤겔이 우선 논리학을 앞서 숭고한 의미에서 최초 철학적 학문으로 확립하기 때문에, 헤겔은 정당하지는 않지만 일반 논리 형식[110]을 사용한다. 다시 말해서 헤겔은 다음과 같은 의미에서 일반 논리 형식을 전제한다. 예를 들어 순수 존재는 무라고 말할 때 그러하다. 여기에서 계사 이다, 있다ist의 의미가 전혀 증명되지 않은 채로 사용되고 있기 때문이다. 그러나 분명 논리적 형식들만이 아니라, 오히려 우리가 일상생활에서 숙고 없이 사용하는 모든 개념들은 대부분 이와 같다. 그리고 우리는 헤겔이 시작부터 사용하고 있는, 따라서 헤겔이 전제하고 있는 이런 방식의 개념들이 상당히 많이 있다는 이유로 이와 같은 개념들을 정당화할 필요가 있다고 생각하지는 않는다. 물론 헤겔은 시작 부분에서 거의 언급할 가치조차 없는 것만을 요구하며, 그래서

---

110 역주: 여기 "일반 논리 형식(die gemeinen logischen Formen)"은 판단명제의 형식을 말한다. 헤겔은 판단명제와 사변적 명제를 구분한다. 그에게 사변적 명제는 "진리는 전체이다"와 같은 명제이다. 이 명제를 판단명제의 진리기준으로 판단한다면, 사변적 명제는 거짓이거나 무의미하다. 왜냐하면 판단명제의 진리판단 기준은 '지성과 사물의 일치'라는 동일율의 원칙이기 때문이다. 판단명제에서 주어부와 술어부가 일치하면 진리로, 불일치이면 거짓으로 판단된다. 이렇게 보면 사변적 명제, "진리는 전체이다"는 판단명제의 판단형식을 빌려 분석하면 주어부 '진리'와 술어부 '전체'가 일치하는지 혹은 불일치하는지를 판단하여야 한다. 그러나 '진리'와 '전체'는 일치한다고도 그렇다고 불일치한다고도 판단할 수 없다. 헤겔에 따르면 "진술된 것은 형식적으로 이렇게 표현될 수 있다. 주어와 술어의 구분을 자신 안에 포함하고 있는 판단 혹은 명제 일반의 본성은 사변적 명제에 의해 파괴된다. 그리고 최초의 명제가 도달하는 동일성 명제는 앞서 관계에 대한 저항을 포함한다." 헤겔에게 판단명제의 형식은 사변적 명제를 통해 극복되어야 한다. 그리고 사변적 명제만이 우리가 참으로 진술해야 하는 자아, 신, 진리, 아름다움 등을 언어화할 수 있는 유일한 양식이라고 헤겔은 생각한다. 또한 사변적 명제는 판단명제와 같이 일치 혹은 불일치로 판단되지 않기 때문에, 주어의 개념과 술어의 개념사이의 지속적인 변증법적 운동을 요구하는 명제이다. 즉, '진리는 전체이다'는 주어의 진리가 술어의 전체를 향한 지난한 운동을 통해서 매순간 매단계마다 자신이 진리임을 드러내는 전체과정이다. 이 때문에 헤겔은 사변적 명제는 필연적으로 판단명제의 형식을 빌려서 표현된다고 말한다. 이 순간 여기의 진리는 판단명제의 형식으로 출현하며, 다시 이 판단명제의 형식에서 드러난 진리는 자신의 한계를 넘어선 진리로의 이행운동을 통해 도달한 다음 단계에서 그 단계에 합당한 진리를 판단명제로 표현해야 한다. G. W. F. Hegel, *Phänomenologie des Geistes*, S. 15, S. 46.

존재 일반과 같은 내용 없는inhaltslos것을 언급한다. 따라서 우리는 그에게 옳지 않은 일을 했다고 말할 수밖에 없다. 헤겔의 개념은 거대한 암흑영주(동시에 무지의 정신으로서)로 불리는 마하칼라[111]에 대립하여 존재하는 세 개의 모든 세계에서 통치권을 획득한 신인 세 번째 육화로서 인도신 비슈누에 비유된다. 헤겔의 개념은 우선 이 신에게는 작고, 난쟁이 같은 브라만Brahminen의 형태로 나타나며 그리고 거인에게는 결코 허락되지 않을 세 걸음의 땅을 (존재, 무, 생성의 세 개념을) 신에게 간청하고, 그렇게 난쟁이가 엄청난 형태로 확장하여, 한걸음에 대지를 가르고, 다른 걸음에 그 자체로 하늘을 가르며, 바로 개념에서 세 번째 걸음으로 지옥을 파악할 수 있으며, 거인은 난쟁이에게 엎드려, 굴종하여 최상의 신의 위력을 인지한다. 이 신은 이제 그의 입장에서 자비를 베풀어 암흑왕국에서 (자신의 통치권으로 이해되는) 지배권을 이 난쟁이에게 양도한다. 이제 우리는 세 개의 개념인 존재, 무, 생성이 더 이상 자기 외부에 그 어떤 것도 전제하지 않는다는 것을 시인하고자 하며 그리고 이 개념들이 최초 순수 사상이라는 것을 시인하고자 한다. 그러나 이 개념들은 또한 그 자체로 규정을 갖는다. 하나는 첫 번째 개념이며, 하나는 두 번째 개념이고, 전체적으로는 세 개이다. 그리고 이런 삼위가 보다 큰 공간을 획득한 곳인 다음 단계에서, 즉 언제나 보다 거대한 차원들에서 반복된다. 헤겔 자신은 자주 반복하여 세 마디로의 구분에 대해 혹은 개념의 삼분법Trichotomie

---

111　역주: 셸링은 여기서 'Mahabala'라고 쓰고 있는데, 'Mahakala'를 말하는 것 같다. 인도신화에서 주요 삼신은 창조신의 브라만, 보존의 신 비슈누, 파괴와 생성의 신 시바이다. 여기 마하칼라는 비슈누보다는 시바신의 동행자로 이야기되는 칼리(Kali)와 가까운 신이다. 칼리는 검은신, 죽음의 신으로 신화에서 그려지며, 여기 마하칼라는 분노의 신이며, 또한 암흑군주다.

에 대해 진술한다. 도대체 나는 어떻게 철학의 가장 외면의 가장자리에 도달하는가? 철학이 결코 입을 열어서는 안 되는 곳, 수 개념을 사용하려는 노력으로만 말을 하는 그곳에 나는 어떻게 도달하는가?[112]

그러나 무를 전제한다고 하는 이런 일반적 명성 외에도 앞서 철학은 또한 선행 체계를 극복했다고 하는 특별한 명성을 얻는다. 즉, 선행 체계에서 절대자는 단순한 전제이지만, 이 철학에서는 결과, 산출된 것, 근거지어진 것이라고 한다. 이제 내가 간단하게 논쟁하려 하는 오해가 여기에 있다. 여러분이 알고 있는 것처럼, 앞서 체계에서 절대자는 출발점으로서 (시작 시점으로서, terminus a quo) 순수 주체이다. 헤겔이 말하는 것처럼 절대자에 대한 참된 최초 정의는 바로 그렇다. 절대자는 순수 존재이며, 그래서 나는 이렇게 말할 수 있다. 절대자에 대한 참된 최초 정의는 주체임이다. 이 주체가 바로 객체가 (=탈자기적 주체) 될 가능성으로 사유되는 한에서만 나는 절대자를 주체와 객체의 무관심성(동등가능성,

---

112 2Abth. Bd. I. S. 312 참조.
　　　역주: 셸링은 여기 열다섯 번째 강의에서 삼위일체론에 대해 논의한다. 셸링에 따르면 신의 자유는 "해소할 수 없는 전일성(All-Einigkeit)에서만" 존재한다. 절대적 자유인 신은 또한 "절대적 인격성"이며, 바로 "모든 것을 시작할 수 있는" 인격이다. 따라서 이 신은 "철학적으로 아버지"라 불린다. "두 번째 형태는 모든 할 수 있음으로 고양된 것, 그런 한에서 무한한 존재자이다. 왜냐하면 두 번째 형태에게 첫 번째 형태는 할 수 있음, 역량, 주체이기 때문이다." 절대적 인격인 신의 행위는 "산출"이다. 아버지로서 신의 산출은 "다른 형태"를 낳는 일이며, 따라서 아버지에 의해 산출된 형태를 "아들"이라 부른다. 이렇게 첫 번째 형태인 산출자, 신과 두 번째 형태인 산출된 자, 아들이 존재한다. 그런데 셸링은 성경의 근본 교리로서 삼위일체론을 기독교만의 산물이라고 보지 않는다. 즉, "만약 내가 (=셸링) 신화철학에서 이미 신의 삼위일체론은 그것의 근거, 뿌리에서 보자면 특별하게 기독교의 이론이라고 하지 않는다는 사실에 주목해 본다면, 이것은 지금 현재의 강의에서도 마찬가지이다. 왜냐하면 삼위일체론에 놓여 있는 씨앗은 이제 우리에게 그 씨앗의 능력이 전체 전개되어서야 유지되기 때문이다." 그래서 셸링은 삼위일체론의 이념은 모든 종교의 근원에 이미 존재해 왔다고 본다. Fr. W. J. Schelling, *Philosophie der Offenbarug I*, in: *Schelling Ausgewählte Werke*(Darmstadt: Wissenschaftliche Buchgesellschaft, 1983), S. 310–313.

Gleichmöglichkeit, 무차별)이라 불렀다. 그래서 나는 이것을 나중에 살아 있는, 영원히 운동하는 그리고 무로 지양되는 주체적인 것과 객체적인 것의 동일성이라 불렀다. 왜냐하면 이것이 이미 현실적으로 생각되고 있기 때문이다. 따라서 절대자는 헤겔의 체계에서 순수 존재가 전제인 것처럼 선행 체계에서는 그렇게 전제일 뿐이다. 그래서 헤겔은 이 순수 존재에 대해 이렇게 말한다. 순수 존재는 절대자의 최초 개념이다. 그러나 절대자는 단순히 시작 혹은 단순한 전제가 아니며, 절대자는 끝이며, 마찬가지로 이런 의미에서 결과이다. ─ 다시 말해서 그의 완성에서 절대자이다. 그러나 그렇게 규정된 절대자, 이미 절대자가 존재의 모든 계기들을 자기 아래 그리고 상대적으로 자기 외부에 지니는 한에서 그리고 절대자가 더 이상 존재로, 생성으로 퇴락할 수 없는 정신으로, 다시 말해서 존재하는 그리고 머무는 정신으로 정립되는 한에서 ─ 이 절대자는 선행 체계에서와 마찬가지로 끝 혹은 결과이다. 헤겔 체계와 선행 체계 사이의 구분을 절대자와 관계해서 말하면 바로 다음과 같다. 선행 체계는 이중의 생성을, 즉 논리적 생성과 실재적 생성을 인지하지 못했으며, 오히려 추상적 주체로부터, 즉 자신의 추상적 개념에만 머물고 있는 주체로부터 출발하며, 이 체계는 최초 단계에서 자연에 존재한다. 그리고 그 후 이 체계는 논리적인 것으로부터 실재로의 이행에 대한 그 어떤 상세한 설명도 필요로 하지 않는다. 그에 반해 헤겔은 그의 논리학을 신적 이념이 논리적으로, 다시 말해서 모든 현실성, 자연과 시간 이전에 단순한 사유에서 완성되는 그런 학문이라고 설명한다. 따라서 헤겔은 완전한 신적 이념을 이미 논리적 결과로 지니고 있지만, 그는 이 이념을 그 후로 (다시 말해서 이념이 자연과 정신적 세계를 관통한 이후에) 다시 실재 결과로 가지고자 한다. 그래서 헤겔은 선행 체계에 비해 어떤 점에서는 탁월하다. 다시 말해서 이미 언급한 것처럼 이중의 생성에서는 선행 체계에 비해 우월하다. 그러나 신적 이념이 단순한 사유에서 자신을 완성하는 그런 학문이 논리학이라고 한다면, 우리는 이제 철학이 완전하게 완성되었다고 기대할 수 있을 것이다. 혹은 철학이 보다 더 진보한다면, 진행과정은 또한 전적으로 다른 학문에서만 이루어질 수 있을 것이다. 이 학문에서는 최초의 학문에서와는 달리 더 이상 이념이 언급되지 않는다. 그러나 헤겔에게 논리학은 철학의 일부일 뿐이다. 이념은 논리적으로 완성되었으며, 그와 같은 이념은 실재로 완성되어야 한다. 왜냐하면 자연으로의 이행을 감행하는 이념이 존재하기 때문이다. 내가 이런 이행에 대해 진술하기 이전에 나는 다른 비난 하나를 언급하고자 한다. 즉, 헤겔의 입장에 선 동일성 체계를 향한 비난이다. 다시 말해서 이미 언급한 비판은 (선행 철학에서 절대자는 단순한 전제였다) 또한 이렇게 표현된다. 절대자와 관계하여 이 철학은 학문의 길에서 절대자를 증명하는 대신에, 지적 직관이 무엇인지도 전혀 알지 못하는 그런 지적 직관을 소환한다. 그러나 지적 직관은 학문적인 것은 아니며, 주체적인 어떤 것, 결국 개체적인 것인 어떤 것이라는 사실은 확실하다. 몇 사람의 후원자만이 찬양하는 신비로운 직관인 것은 확실하다. 그러나 그런 직관을 빌려서 우리는 학문에서 편안할 수 있었다.[113]

---

113 역주: 피히테의 주관적 관념론은 자연과 인간의 관계 문제가 아니라, 인간의 윤리적 자기관계 문제에서 시작하기 때문에, 피히테는 "이런 자연은 이성 그리고 무한한 발전능력이 있는 살아 있는 것이 아니라, 오히려 죽어 있으며, 경화된 그리고 자기 안에 폐쇄된 현존재"라고 말한다. 피히테에게 자연은 단순한 인식대상일 뿐이기 때문에, 피히테는 자기의식과 대상인식의 통일을 주체의식인 '나는 나다'에서 확정하려 한다. 이에 반해 셸링과 헤겔의 객관적 관념론은 사유와 존재, 이성과 현실, 세계와

특히 여기서 다음과 같은 사실이 지적되어야 한다. 동일철학의 최초 공표되지 않은 서술에서, 즉 필자가 예전부터 엄밀한 학문적 철학으로 인정한[114] 유일한 철학에 대한 서술에서 지적 직관이라는 단어는 전혀 등장하지 않았다. 그리고 우리는 지적 직관에서 절대자를 발견하는 사람에게 사례금을 걸 수도 있다. 이에 반해 앞서 언급한 선행 논문에서 처음으로 지적 직관에 대해 언급한다.[115] 그러나 거기에서는 지적 직관에 대해

역사의 절대적 통일을 자신들의 체계에서 구축하려 한다. 그러나 셸링은 현실에 대한 개념적 파악을 강조하더라도, 현실존재를 개념으로 완전히 사상하지 않는다. 셸링은 현실존재를 자연, 관념적 세계 혹은 예술이라는 각각의 실현형식들에서 구체화하려 시도한다. 이에 반해 헤겔이 현실에 대한 개념적 파악을 강조할 때, 헤겔은 현실존재가 아닌 개념에 주목한다. 헤겔에게는 현실존재가 논리학, 자연 그리고 정신이라는 단계를 관통하여 개념적으로 파악되는 과정과 형식이 중요하다. 즉, 현실의 개념화가 중요하다. 셸링은 지적 직관을 감정이 아니라, 모든 사유의 존재와의 관계로 이해한다. 이 경우 사유의 존재와의 존재론적 관계는 사유의 개념화가 아니다. 그러나 헤겔은 사유의 존재와의 관계는 사유의 개념화를 포함한다고 주장한다. 이런 점에서 헤겔은 셸링을 개념 없는 직관이라 비난하며, 셸링은 헤겔을 직관 없는 공허한 형식일 뿐이라고 비난한다. 여기에 헤겔의 유명한 셸링철학비판인 "모든 소가 검게 보이는 밤"이라는 은유가 자리한다. 이 은유는 본래 슐레겔(Friedrich Schlegel)이 셸링의 절대적 동일성 철학에 대해 표현한 은유와 유사하다. 당시에 슐레겔은 셸링의 동일철학에 대해 "어둠 속에 모든 고양이는 회색"이라고 말했다고 전해진다. 헤겔의 이 비판적 은유에는 셸링이 사유와 존재, 이성과 현실, 세계와 역사의 통일을 단지 주장만 하고 있을 뿐이고, 상술 없이 시작에만 놓아 두었을 뿐이라는 헤겔의 철학적 비판이 숨어 있다. 즉, 헤겔은 사유가 어떻게 절대지의 상위단계까지 변증법적 운동을 거쳐 전개되는지를 상술해야함에도 불구하고 셸링은 이 상술의 과제를 방기했다고 비판한다. 셸링은 사유는 이미 사유와 존재의 절대적 동일성의 지적 직관에 토대를 두고 있다고 본다. 때문에 셸링은 헤겔이 직관을 제거하고 그리고 존재를 사유로 수용함으로써 사유의 타자로서 존재를 상실했으며, 순수하게 사유에만 머물러 있다고 비판한다. J. G. Fichte, *Zur Politik und Moral*, in: *Fichtes Werke*, Bd. VI, hrsg. v. I. H. Fichte(Berlin: Walter de Gruyter, 1971), S. 363; G. W. F. Hegel, *Phänomenologie des Geistes*, S. 13. 그리고 이 『정신현상학』 판본의 편집자 주 S. 561-562 참조. 헤겔은 1807년 5월 1일 셸링에게 편지를 보내면서 갓 출판된 『정신현상학』을 함께 보냈다. 셸링은 『정신현상학』 서문에 분명하게 서술되어 있는 헤겔의 사상적 결별선언을 보고 헤겔에게 충격을 받았다고 한다. Wolfdietrich Schmied-Kowarzik, *Existenz denken*, S. 174 이하 참조.

114 사변적 자연학 잡지 II, Bd. 2,(1. Abth., Bd. IV. S. 105 ff.)
    역주: 이 전집판본의 8권, 1801-1804년의 저술들에 들어 있는 "나의 철학체계의 서술(Darstellung meines Systems der Philosophie)"을 가리킨다.
115 "자연철학의 참된 개념에 대해서", 사변적 자연학 잡지 II. Bd., 1, 1801(1. Abth., Bd. IV. S. 79 ff.) 이 논문은 또한 필자가 그 방법에 대한 의식 및 최초 개념에 정립되어 있는 모순, 즉 진행과정을 추동하는

어떻게 언급하고 있는가? 이것을 설명하기 위해 나는 피히테의 지적 직관에 대한 해명으로 되돌아간다. 왜냐하면 이 말은 이미 칸트로부터 쓰이고 있지만, 철학의 시작문제에 이 말이 적용된 것은 피히테부터이기 때문이다. 피히테는 시작에 관한 직접적 확신을 요구했다. 이 확신이 그에게는 자아이며, 피히테는 이것을 지적 직관을 통해서 직접적 확신으로, 다시 말해서 하나의 의심할 수 없는 실존으로 확증하고자 했다. 지적 직관이라는 표현은 바로 직접적 확실성을 가지고 진술했을 때 "나는 있다"이다. 지적 직관은 행위라 불린다. 왜냐하면 감각적 직관에서와 같이 주체와 객체가 다른 어떤 것이 아니라, 동일한 것이기 때문이다. 이제 나는 언급한 논문에서 지적 직관에서 직접적 확신으로 존재하는 그런 자아가 아니라, 오히려 지적 직관에서 주체로부터 추상을 통해 획득한 것, 지적 직관으로부터 도출한, 다시 말해서 보편적인, 규정이 없는 주체-객체를 말한다. 그런 한에서 주체-객체는 더 이상 직접적 확신이 아니라, 오히려 지적 직관으로부터 도출한 순수 사상의 사태이다. 이것이 비로소 객관 철학의 시작이며, 모든 주체성으로부터 해방된 철학의 시작이다. ― 피히테는 자아의 실존을 증명하기 위해서 지적 직관을 소환했다. 이제 그의 계승자는 그와 같은 지적 직관을 가지고서 더 이상 자아가 아니라, 오히려 절대적 주체-객체인 무엇임의 실존을 어떻게 증명할 수 있는가? 자아와 관계해서 지적 직관의 증명자는 단순히 그의 직접성에 있

모순에 대한 의식을 가지고 있었다는 사실을 잘 드러내고 있다. 우리는 필자에게서 이 의식을 박탈할 것이다. 앞의 책, S. 98 참조.
역주: 이 전집판본의 7권, 1799-1801년의 저술들에 들어 있는 "자연철학 체계에 대한 첫 번째 기획(Erster Entwurf des Systems der Naturphilosophie)"을 말한다.

다. "나는 있다"에 직접적 확실성이 있다. 그러나 "있다es ist"에 보편적인 주체-객체의 계사 이다, 있다Ist는 있는가? 여기서 직접성의 모든 위력은 사라진다. 여기에서는 더 이상 실존은 중요하지 않다. 오히려 순수 내용이, 지적 직관에서 보존하고 있는 그와 같은 것의 본질이 중요하다. 자아는 단지 규정된 개념, 주체-객체의 규정된 형식일 뿐이다. 주체-객체 일반이 모든 존재의 보편적 내용으로 등장하기 위해서 이 형식은 제거되어야 한다. 우리는 지적 직관으로부터 주체-객체의 보편적 개념을 얻어야 한다는 설명문은 실존이 아니라, 사태가, 내용이 중요하다는 것을 충분히 증명하고 있다. 피히테에게서처럼 존재, 현존재는 더 이상 중요하지 않다고[116] 분명하고 충분히 진술했음에도 불구하고, 헤겔은 내가 그것을 분명하고 명확하게 진술하지 않았다고 비난한다. 그 대신에 헤겔은 이렇게 전제한다. 즉, 피히테는 지적 직관을 가지고서 자아의 실존을 증명하기 때문에, 나는 그와 같은 지적 직관에서 보편적 주체-객체의 실존을 증명하고자 한다고 말이다. 의도와는 달리 헤겔은 아무것도 달성하지 못하며, 헤겔은 단지 증명의 불충분한 방식만을 비난하고 있을 뿐이다. 물론 무엇임인 그것이 중요하다. 그러나 이것이 우선 찾아져야 한다. 우리는 이것을 현실적으로 사유된 것으로, 다시 말해서 논리적으로 실현된 것으로 소유한 적이 한 번도 없었다. 무엇임인 그것은 처음에는 오히려 단순히 원했던 것이다. "그것이 발사되는 권총"은[117] 그와 같은 무엇임

---

116 현실적 실존에 대해 진술하지 않은 채로 동일철학은 사물의 순수 무엇에 집중하기 때문에, 이런 의미에서 동일철학은 외적 사물의 실존을 부정하는 단순한 상대적 관념론과 구별하여 절대 관념론이라 불릴 수 있다. (왜냐하면 상대적 관념론은 항상 실존과의 관계를 유지하기 때문이다.) 이성학문이 실존에 대한 물음을 전혀 수용하지 않는 한에서 이성학문은 절대적 관념론이다.

117 역주: 각주 104 참조. 셸링의 지적 직관에 대한 헤겔의 비판. G. W. F. Hegel, *Wissenschaft der*

의 단순한 의지Wollen이지만, 소유할 수 없는 생성과의 모순에서 무엇임의 의지이며, 중단할 수 없는 무엇임의 의지다. 직접적으로 존재자가 끝까지 결코 실현되지 않는, 단지 실현되어야 하는 존재자로 관계 맺고 있는 전진하고 그리고 진행하는 운동으로 함께 나아가서 파악되는 그런 무엇임의 의지다.

문제는 이것이다. 무엇임, 따라서 무엇으로부터 출발한 그것이 어떻게 스스로 존재하며 ― 실존자일 수 있는가? 왜냐하면 존재자, 실존자가 우선 발견되어야 하기 때문이다. 물론 헤겔은 절대자가 아니라, 실존하는 절대자를 원한다. 그리고 선행 철학이 절대자를 원했다는 것을 전제한다. 그리고 헤겔은 선행 철학에서 절대자의 실존을 증명할 그 어떤 준비도 발견하지 못하기 때문에 (그가 절대자의 실존을 자신의 논리학을 통해 증명하려 하는 것처럼), 그는 증명은 단순하게 이미 지적 직관[118]에 놓여 있어

Logik, Die Lehre vom Sein(1832), hrsg. v. Hans–Jürgen Gawoll(Hamburg: Felix Meiner, 2008), S. 55.

118 역주: 데카르트 편의 각주 7 참조. 칸트는 직관의 형식을 감각적·경험적 직관과 순수·선천적 직관인 지적 직관(intellektuelle Anschauung)으로 구분한다. 우선 전자의 직관은 자신의 순수 형식으로 공간과 시간을 지니며, 직관활동의 주체는 이 형식적 틀을 통해 사물과 대면한다. 이 직관이 직관활동의 주체를 주체 외부의 사물과 결합시킬 때, 이것은 외적 감각이라 불리며, 직관활동의 주체를 주체 내부로 이끌어 가면, 이것은 내적 감각이라고 한다. 그러므로 칸트에서 직관활동의 주체는 감각적·경험적 직관을 통해서만 직관의 내용을 획득한다고 할 수 있다. 이렇게 보면 주체의 가장 직접적인 인식활동인 직관활동이 감각적·경험적 직관에 의존하는 것이 됨으로 주체의 직관활동은 자기로부터 촉발되는 자립적 순수 활동이 아니라, 언제나 파생적이며 이차적이다. 감각적 직관에 반해 칸트는 주체는 "자아의 단순한 표상이다. 그리고 만약 주체 안에 모든 다양이 오직 그를 통해서만 자립적으로 주어진다고 한다면, 내적 직관은 지적"이라고 말한다. 그러면서 동시에 칸트는 또한 이런 지적 직관은 "우리의 인식능력 밖에 놓여" 있다고 본다. 일단 초월적 인식능력으로서 지적 직관은 칸트에 따르면 자기로부터 촉발되는 자립적 순수 활동이다. 왜냐하면 칸트의 관점에서 자기 자신으로부터 자신의 대상을 산출하는 순수 자립적 활동의 주체는 결코 "의존적 존재"일 수 없는 "근원존재(Urwesen)"이기 때문이다. 칸트가 지적 직관의 근본구조를 자기 대상과 자기 관계하는 주체의 활동으로 이해한 사실로부터 피히테는 지적 직관을 자기 자신을 스스로 정립하는 자아의 원칙으

야 한다고 생각한다.

나는 동일성 체계에 대한 앞서 (최초) 서술에서는 절대자라는 단어는 전혀 등장하지 않았을 뿐만 아니라, 지적 직관이라는 단어도 거의 등장

로서 "자아성(Ichheit)"이라고 한다. 피히테에게서 비로소 지적 직관은 자기 정립 활동하는 자아의 인식능력이 된다. 이제 피히테의 자아에게 존재와 사유의 해소되지 않는 대립은 더 이상 존재하지 않는다. 왜냐하면 자아는 사유이며, 곧 존재이기 때문이다. 이에 반해 횔덜린은 지적 직관(intellektuale Anschauung)은 구별과 통일의 동시적 통일로서 절대존재의 매개 없는 직접적 '사실성(Faktizität)'이라고 간주한다. 횔덜린은 그의 단편글 「판단과 존재」(1795)의 첫 문장을 이렇게 시작한다. "존재-, 주체와 객체의 결합을 표현한다." 여기서 존재는 '하나'의 존재, 그러니까 근원존재이다. 근원존재로서 존재는 "판단(Ur-Teilung)"의 대상이면서, 동시에 판단의 대상일 수 없다. 근원존재가 발화되어야 하는 한, 근원존재는 판단의 대상이다. 그러나 근원존재가 판단의 형식을 빌려 표현되는 순간 근원존재는 자신의 근원성을 상실하여 더 이상 근원존재가 아니게 된다. 따라서 횔덜린은 판단 이전의 근원존재의 표현은 구별과 통일의 동시적 통일인 지적 직관에서만 가능하다고 본다. 지적 직관의 문제는 여전히 해소되지 않고 남아 있는 주체철학의 근본문제이다. 칸트가 비록 지적 직관의 능력을 '우리' 밖에 두고자 했지만, 그가 지적 직관을 인식 활동하는 초월적 통각의 자기관계, 사유주체의 반성적 자기관계로 이해하는 한, 피히테의 자기 정립적 자아개념은 철학적 정당성을 갖는다. 단지 칸트와 피히테의 지적 직관에 대한 이해의 차이는 칸트는 초월적 인식능력이라고 본 데 반해, 피히테는 자아의 근본 인식능력이라고 간주한 것뿐이다. 여기서 자아는 모든 지적 활동의 최종심급으로서 실체가 된다. 그러나 '나'의 발화현상만 놓고 보면, '나'는 결코 실체가 아니라는 사실을 알 수 있다. 지금 현관문을 두드리는 낯선 사람이 있다. 나는 현관을 향해 "누구세요"라고 외친다. 그런데 현관문 앞에 서 있는 그 사람이 "나야"라고 대답한다. 혹은 누군가에게서 나에게 전화가 왔다. 나는 "누구세요"라고 묻는다. 전화기 저편의 그 사람은 약간의 짜증스러운 목소리로 "나라니까"라고 말한다. '나'라는 발화 가능성은 분명은 나를 의식하고 난 후에 가능하다. 그러나 '나'의 이 발화는 '나'의 존재를 전제조건으로 하지 않고는 불가능하다. 그렇지만 발화현상에서의 '나'는 자기의식의 형이상학적 실체는 아니라는 사실이 앞서 예시에서 분명하게 나타난다. 여기 발화되는 '나'는 하나의 근원실체가 아니라, 발화하고 있는 '나', 지금 여기서 누군가의 부름에 대답하고 있는 '나'이며, 이 '나'는 지금 여기 현존재하고 있는 '나'라는 사실을 그 어떤 증명의 요구 없이도 명료하게 밝히고 있다. 또한 인칭 대명사 '나'는 자기의식의 형이상학적 개별자가 아니라, 모든 나에게 개방되어 있는 '나'이다. 발화 속의 '나'는 보편적 인칭 대명사이며, 이 때문에 곧 바로 '우리'이다. Immanuel Kant, *Kritik der reinen Vernunft*, in: *Kant Werke in sechs Bde*, Bd. Ⅱ, hrsg. v. Wilhelm Weischedel(Darmstadt: Wissenschaftliche Buchgesellschaft, 1983), B 69, B 72, B 309; J. G. Fichte, "Versuch einer neuen Darstellung der Wissenschaftslehre(1797)", in: *Fichtes Werke I, Zur theoretischen Philosophie I*, hrsg. v. Immanuel Hermann Fichte(Berlin: Walter de Gruyter, 1971), S. 530; Fr. Hölderlin, "Seyn Urtheil Möglichkeit," in: *Friedrich Hölderlin Sämmtliche Werke, Briefe und Dokumente*, Bd. 5, hrsg. v. D. E. Sattler(München: Luchterhand, 2004), S. 163 이하; 이경배, "판단 이전의 근원적 존재 지평 — 횔덜린의 1795년 「판단과 존재」", 「범한철학」, 59집(범한철학회, 2010), 257-283쪽.

하지 않았다고 명확하게 언술했다. 이런 단어는 그 서술에는 등장할 수 없었다. 왜냐하면 서술이 완결되지 않았기 때문이다. 왜냐하면 앞서 철학은 절대자를 단지 자기와 같이 머무는, 존재하는 역량, 각 진행과정으로부터 그리고 더 나아가 다르게 됨으로부터 벗어나 있다고 진술하는 역량이라 불렀다. 이 역량은 최종적인 것, 순수 결과였다. 그러나 앞서 철학은 전체를 관통하고 있는 것을 절대자라 부르지 않으며, 오히려 기체에 대한 사상, 실체에 대한 사상을 제거하기 위한 절대적 동일성이라 불렀다. 바로 이 관통하고 있는 것은 최종 순간에 비로소 실체가 되며, 존재자가 된다. 왜냐하면 전체 운동은 (무엇임) 존재자를 존재자로 지니려는 의도를 가지며, 바로 그 때문에 무차별로 표기되는 시작에서는 불가능했던 그런 존재자로 지니려는 의도를 가지고 있기 때문이다. 이전에 나는 그에 대한 개념을 가지고 있지 않았었고, 오히려 도출된 것으로서 모든 존재자의 개념만을 가지고 있었다. 존재하지 않았던 무엇임은 이미 사유했던 것처럼 사라졌으며 그리고 항상 다음 것에서 있음Ist이다. 그러나 확실한 방식으로만 현존하며, 따라서 끝에서야 비로소 본래적으로 있음이다. 여기서 이 무엇임은 또한 절대자란 이름과 같이 비로소 존재자란 이름을 갖는다. 이 때문에 다분히 의도적으로 (최초) 서술은 절대적 무차별, 절대적 동일성과 같은 그런 추상적 표현을 명시적으로 사용했다. 우리는 후기 서술에서야 비로소 처음으로 절대자라는 표현을 사용할 것을 요구했던 절대적 기체와 같은 그런 표현들을 마지못해 허용했다.[119]

119 2. Abth., Bd. III, S. 85 참조.

그러나 나는 헤겔이 나에게 덧씌우고자 하는 그런 의미의 지적 직관에 대해 반박하기 때문에, 그로부터 결과적으로 나에게 지적 직관은 다른 의미를 가진 적이 없었다는 사실이 도출되는 것도 아니고, 이런 의미에서 지적 직관은 나에 의해서 또한 고착된 적이 없었다는 사실도 도출되지 않는다.

내가 언급했었던 앞서 절대적 운동자, 점진적으로 타자이며, 그 어떤 계기에도 고착되어 있지 않으며, 최종 계기에서야 비로소 (여러분은 이 표현을 충분히 알고 있다!), 현실적으로 사유되는 이 절대적 운동자가 어떻게 사유와 관계 맺고 있는가? 우리는 한 번도 대상을 이와 같은 운동자의 본래적 대상으로 이해해 본적이 없다. 왜냐하면 우리는 대상을 정지하여 있는 어떤 것, 가만히 서 있는 어떤 것, 머무르는 어떤 것으로 이해하기 때문이다. 이것은 본래 대상이 아니며, 오히려 전체 학문을 통틀어 사유의 단순한 재료Materie이다. 왜냐하면 현실 사유는 바로 이런 자체적으로 무규정적인 것, 이런 자기 자신과 동등하지 않은 것, 항상 타자가 되는 것의 점진적 규정과 형태에서만 표현되기 때문이다. 따라서 모든 사유의 최초 수단, 참된 제일질료prima materia는 본래적으로 사유된 것도, 개별적 형태와 같은 의미에서 사유된 것도 아니다. 만약 사유가 이런 물질 규정에 매달린다면, 사유는 수단 자체를 사유하는 것이 아니라, 오히려 사유가 수단으로 정립되어 있는 그런 개념규정만을 사유한다. ― (조각가-음색) ― 따라서 수단은 사유에서 본래적으로 사유된 것이 아니다. 그러나 사유하지 않는 사유는 직관적 사유와 그리 멀리 떨어져 있지 않다. 그리고 그런 한에서 지적 직관이 근거에 두고 있는 사유는 이런 전체 철학을 관통하여 간다. 이것은 기하학에서도 같은 데, 기하학에서 칠판에 혹은 그 밖에 표시하는 도형에 대한 외적 직관은 항상 내적 직관과 정신적 직관의 담지자이다. 따라서 이것은 직관이 없는 철학에 대한 반대이다.[120]

(헤겔 자신에게로 다시 돌아가서) 헤겔은 절대자를 원리로 취하기 이전에 학문의 결과로서 절대자를 원한다. 그리고 이 학문이 바로 논리학이다. 따라서 이 전체 학문을 관통하는 이념은 생성에 있다. 또한 헤겔은 실현될 수 있는 것, 전체 과정에서 생성하는 것 그리고 원했던 것을 "이념"으로 이해한다. 이것은 시작에서 순수 존재로부터 배제된 이념이며, 동시에 존재가 쇠약해지는 이념이며, 바로 정립된 개념규정을 통해서 발생하는 이념이다. 이념이 존재를 완전히 집어삼키고 그리고 자기로 변형시킨 다음에 이념 자체는 물론 실현된verwirklichte 이념이 된다. 논리학의 끝에서 실현된 이념은 절대자가 동일철학의 끝에서 규정되었던 것과 같이, 즉 주체-객체, 사유와 존재의 통일, 관념과 실재의 통일 등등으로 규정되었다.[121] 그러나 그렇게 실현된 이념으로서 이념은 단순한 논리적인 것의 한계에 이르며, 따라서 이 이념은 논리학과 더불어서는 더 진

---

120 Bd. IV. S. 369 각주 참조. 그리고 대학의 연구 방법(Methode des akademnischen Studiums). S. 98(Bd. V, S. 255).

121 『철학백과사전』, § 162, 초판(§ 214, 2판)

역주: 헤겔은 『철학백과사전』의 소위 "소논리학"의 "C. 이념"의 § 214에서 이렇게 말한다. "이념은 이성으로서 (이것은 이성에 대한 본래 철학적 해석이다), 더 나아가 주체-객체로서, 이념적인 것과 실재적인 것의 통일로서, 유한자와 무한자의 통일로서, 영혼과 육체의 통일로서, 현실성을 그 자체에 지니는 가능성으로서, 그것의 본성이 오로지 실존하는 것으로 파악될 수 있는 것으로서 등등으로 파악될 수 있다. 왜냐하면 오성의 모든 관계들이 이념에서, 그러나 무한한 복귀에서 그리고 자기 안에 동일성에서 보존되어 있기 때문이다." G. W. F. Hegel, *Enzyklopädie der philosophischen Wissenschaften I*, in: *Werke in zwanzig Bde*, Bd. 8, hrsg. v. Eva Moldernhauer und Karl Markus Michel(Frankfurt a. M.: Suhrkamp, 1986), § 214, S. 370.

행할 수 없다. 이 이념은 오직 이 한계 밖에서만 더 진행할 수 있다. 그래서 이념은 논리학에서 여전히 논리적 학문의 단순한 결과로서 차지하고 있던 위치를 완전히 떠나야 하며 그리고 비논리적 세계로, 바로 논리적인 것에 대립된 세계로 이행해야 한다. 이런 논리적인 것에 대립된 세계가 자연이다. 그러나 이 자연은 더 이상 선천적 자연이 아니다. 왜냐하면 이 자연은 논리학에 존재했어야 하기 때문이다. 그러나 헤겔에 따르면 논리학은 자연을 철저하게 자기 외부에 둔다. 그에게서 자연은 논리적인 것이 중단되는 그곳에서 시작한다. 따라서 헤겔에게 자연 일반은 단지 개념의 비명일 뿐이다. ─ 헤겔은 『철학백과사전』 초판[122]에서 정당하게 다음과 같이 말한다. 자연은 이념이 스스로 벗어던진 폐기물로 규정된다. (그의 『철학백과사전』 2판[123]에서 헤겔은 "정당하게"라는 말을 뺀다. 그리고 간략하게 이렇게 말한다. 자연은 이념의 폐기물로 규정된다. 따라서 명제는 역사적 인용의 의미를 여전히 가지고 있다) 특히 자연에 대한 진술은 이 "폐기물"이란 말에서 완전히 일치한다. 자연에서 개념은 자신의 지배권을 상실하며, 무기력해지고, 자기 스스로 믿을 수 없게 되며 그리고 더 이상 주장할 수 없게 된다. 헤겔이 자연을 논리적인 것에 대립시킨 것보다 야코비가 자연을 더 평가절하한 것은 아니다. 헤겔은 논리적인 것으로부터 자연을 배제했으며 그리고 바로 자연을 논리적인 것에 대립하게 만들었기 때문이다. 그러나 이념 일반에 그 어떤 운동으로의 필연성이 있는 것은 아니다. 이념이 이런 운동과 더불어 자기 자신으로 점진적으로 진행

122 S. 128.
123 S. 219.

하여 가는 것이 아니라 (왜냐하면 이념이 자신의 완성을 이미 지니고 있기 때문에, 이것은 불가능하다), 오히려 돌연 중단되어야 했다. 논리학의 끝에서 이념은 주체와 객체이며, 자기 자신을 더 이상의 욕구를 가지지 않는 관념이자 또한 실재로 의식하며, 그리고 더 나아가 다른 방식으로 이념이 이미 실재가 되어 있는 것을 의식한다. 따라서 그런 방식으로 어떤 것이 발생한다고 가정한다면, 그것은 이념 자체의 필연성으로 인해 가정된 것이 아니라, 오히려 자연이 바로 실존하기 때문에 그렇게 가정된 것이다. 우리는 이념의 그 이상의 진행을 위한 어떤 근거를 발견하기 위해 도움을 바란다. 그래서 우리는 다음과 같이 말했다. 이념은 논리학의 끝에 실존하지만, 그럼에도 불구하고 이념은 여전히 증명된 것은 아니며, 따라서 이념은 자기를 증명하기 위해 자기를 벗어나야 한다. 그러나 이것은 우리가 사상의 부재로 기만당할 수 있는 수많은 속임수 중 하나이다. 도대체 누구를 위해 이념이 증명되어야 한단 말인가? 자기 자신을 위해서 인가? 그러나 이념은 이념 자신을 확증하고 그리고 확신하는 이념이며, 이념은 자신이 타자존재에서 몰락하지 않는다는 사실을 미리 알고 있다. 이념에게 이 투쟁은 그 어떤 목적도 없다. 그렇다면 이념은 제삼자를 위해서, 관람자를 위해서 증명되어야 하는가? 그럼 이 관람자는 어디 있는가? 결국 이념은 철학자를 위해서만 증명되어야 하며, 다시 말해서 철학자는 이념에게 자연과 정신세계, 역사세계를 설명하는 과업을 부여하기 위해서 이념으로 하여금 자신을 외화하도록 한다. 왜냐하면 철학이 헤겔에서처럼 단순한 논리학일 뿐이라고 한다면 그리고 현실 세계에 대해 전혀 알지 못한다면 우리는 철학을 비웃을 것이기 때문이다. 즉, 현실세계에 대한 앎은 논리학이 아니라, 오히려 이 논리학에 앞서 발견되는, 헤겔

철학이 발견하여 유일하게 우리를 집중하도록 만든 자연철학과 정신철학의 이념이었다. 논리학에는 그 어떤 세계변화도 없다. 헤겔은 현실성을 가져야만 한다. 그러나 이념 자체에는 철저하게 더 이상의 운동 혹은 타자화의 그 어떤 필연성도 없다. 헤겔에 따르면[124] "이념, 이념이 깃들어 있는 무한 자유에서 이념, (따라서 완전한 이념, 자유는 완전성, 단지 절대자가 각자 필연적인 전개과정에 대해 자유롭게 진술하는 그곳에만 있다) ― 무한 자유에서, 자기 자신의 진리에서 이념은 자연으로서 자기 방면을 혹은 타자존재의 형식에서 자기로부터 방면을 결정한다." "방면하다entlassen"라는 표현은 ― 이념이 자연을 방면하다 ― 드물고 모호한 표현이기 때문에 논쟁적인 표현이다. 이 철학은 이 표현의 배후에 난점들을 감춘다. 야콥 뵈메Jokob Böhme[125]는 다음과 같이 말한다. 신적 자유는 결과적으로 자

---

124 『철학백과사전』§ 191, 초판 (§ 244, 2판)

역주: § 244는 "소논리학"의 마지막 단락이다. "독자적으로 존재하는 이념은 자기와의 이런 통일에서 고찰하였을 때 직관이다. 그리고 직관하는 이념은 자연이다. 그러나 직관으로서 이념은 외면적 반성을 통한 직접성 혹은 부정의 일면적 규정에 정립되어 있다. 그러나 이념의 절대적 자유는 이와 같다. 이념은 삶으로 이행하지 않으며, 유한한 인식으로서 그와 같은 삶을 자기 안에서 드러나게 하지도 않는다. 오히려 이념은 이념 자신의 절대적 진리에서 자신의 특수성 혹은 최초 규정 그리고 타자존재의 계기를, 직접적 이념을 자신의 반영(Widerschein)으로, 자기를 자연으로서 자유롭게 자기로부터 방면할 것을 스스로 결단한다." G. W. F. Hegel, *Enzyklopödie der philosophischen Wissenschaften I*, § 244 S. 393.

125 역주: 뵈메(1575-1624)는 괴를리츠(Göritz) 근교의 알트 자이덴베르크(Alt Seidenberg)의 농부의 아들로 태어났다. 뵈메의 아버지는 독실한 루터주의 개신교 교도였으며, 지역의 작은 교회에 다녔다. 뵈메는 구두 수선공으로 일하면서 1599년 괴를리츠의 시민이 되었으며, 여기서 카타리나 쿤츠만(Catharina Kuntschmann)과 결혼하여 4명의 아들을 두었다. 결혼 이후 뵈메는 무역업자로 변신하여 여러 지역을 돌아다니며 상업 활동을 하였고, 1624년 자신의 고향으로 돌아와 사망했다. 뵈메가 주로 활동하던 시기 독일은 곳곳에서 종교전쟁인 30년 전쟁의 참화가 발생하던 시기이다. 대표적으로 마그데부르크(Magdeburg)는 당시 인구의 절반이 구교의 황제 군대에 의해 학살되었고, 곳곳에서 군인들에 의한 강간과 강도, 방화가 자행되던 시기이다. 이 시기를 뵈메는 경건한 개신교도로 독일 전역을 돌아다니며 활동하였고, 이 참혹한 전쟁을 경험하였다. 말로는 형언할 수 없는 전쟁의 참화를 경험해서였는지 뵈메는 신비주의 철학자로서 구원자를 향한 종교적 실천을 강조하는 초월주의자가 되었다.

연에 이른다. 헤겔은 말한다. 신적 이념은 자연을 방면한다. 이제 우리는 이 방면하다를 어떻게 이해해야 하는가? 우리가 자연에 대한 이런 설명을 신지학적theosophisch[126]이라 부른다면, 자연에 대한 이 설명은 가장 큰 영예를 얻는 것이라는 점은 분명하다. 그밖에 논리학의 끝에서 이념은 현실적으로 실존하는 이념으로 생각된다는 사실을 의심하는 사람은 이제 이에 대한 확신을 가져야 한다. 왜냐하면 스스로 자유롭게 결정하는 것은 현실적 실존자여야 하기 때문이며, 단순한 개념은 결코 스스로 결정할 수 없기 때문이다. 이것이 헤겔 철학이 도달한 나쁜 점이며 그리고 논리학의 시작에서는 전혀 예견하지 못한 나쁜 점이고, 무례하게 넓기만 한 묘지다. 그 묘지에 새겨진 기록은 (서문에서 쿠쟁Victor Cousin을 다루면서[127] 몇 마디 말로 그에 대해 언급했다) 나쁜 혈통을 지녔음에도 불구하고, 결국 그 어떤 사용할 만한 정보도 그리고 기만적이지 않은 정보도 포함하고 있지 않았다

우리는 이념이 최상의 주체로 고양되고 난 후, 그리고 존재를 삼킨 후에도 스스로 다시 주체적이지 않게 되고, 단순한 존재로 퇴락하며, 스스

뵈메는 개신교적인 영성가, 신비주의자, 자연철학자, 초월주의자 그리고 독일의 철학자로 다양하게 불린다. 일단 그의 사상의 토대에는 루터의 성서 번역과 그의 설교가 있고, 이를 바탕으로 뵈메는 독일신학으로서 신비주의와 유대교 카발라(Kabbala) 사상을 결합한다. 이 때문에 뵈메는 신학적으로는 루터의 계승자이지만, 한편으로 루터의 이단자로 혹은 신비주의 유대 사상가로 간주되기도 한다. 뵈메의 사상은 17세기 경건주의와 자연철학에, 19세기 독일 관념론자들인 셸링, 헤겔, 낭만주의자와 포이어바흐에까지 영향을 미쳤다. Reinold Weiner, artl. Jakom Böhme, in: Metzler Philosophen Lexikon, hrsg.v. Bernd Lutz(Stuttgart: J. B. Metzler, 2015), S. 102-104 참조; 이준섭, "야곱 뵈메(Jakob Böhme)의 『그리스도께 이르는 여정(Der Weg zu Christo)』에 관한 연구", 『韓國敎會史學會誌』, 제29집(지역: 출판사, 2011), 73-102쪽 참조.

126 역주: 각주 137 참조.
127 아래 S. 213 참조.
　　역주: 쿠쟁에 관해서는 각주 159 참조.

로 공간과 시간의 좋지 않은 외면성으로 붕괴된 그런 후에도 이념은 무슨 운동을 해야 하는지를 완전히 파악할 수 없다. 이제 이념은 자연으로 던져짐에도 불구하고, 물질에 머무는 것이 아니라, 물질을 통해서 다시 정신이, 그다음으로 인간정신이 된다. 그러나 인간정신은 정신 일반이 자신의 활동성을 통해 인간정신에서 가정한 주체성을 다시 제거하는 무대일 뿐이며, 그렇게 스스로 절대정신이 되는 무대일 뿐이다. 결국 절대정신은 운동의 모든 계기를 자기 아래 자기 자신의 계기로 수용한 정신이다. 즉, 절대정신은 신이다.

우리가 이런 최종의 것 그리고 최상의 것과 관련하여 직접적으로 선행 철학과 어떤 관계인지를 안다면, 우리는 또한 체계의 고유성을 가장 잘 다루고 있는 것이다. 이 선행 철학에 대해 우리는 신이 여기서 정신으로서가 아니라, 오히려 실체로서만 규정되었다고 비판한다. 기독교와 기독교 예비신앙교육Katechismus[128]을 통해서 우리 모두는 물론 신을 정신으

---

[128] 역주: 기독교 예비신앙교육(Katechese, Katechismus)은 기독교 수업, 특히 어린아이들을 위한 신앙수업이다. 카테케인(κατηχειν)에 뿌리를 둔 예비신앙교육이란 개념은 사도 바울이 성서교육을 위한 지침을 성서에 말한 것이 토대가 되어 나중에 개념으로 굳어진 것이다. 바울은 첫 번째 코린도 전서에서 이렇게 말한다. "그러나 나는 교회에서 신령한 언어로 만 마디 말을 하기보다, 다른 이들을 가르칠 수 있게 내 이성으로 다섯 마디 말을 하고 싶습니다."(1코린 14, 19) 이 개념이 특별한 개념이 되면서 유대교의 개념이나 철학의 개념과는 구별되기 시작했다. 예비신앙교육이란 말은 주로 증인의 사실증언과 관계하며, 특히 보고의 권위와 관계 맺는 개념이다. 그리고 기독교 예비교육 혹은 세례 예비교육이란 개념이 되었다. 알렉산드리아의 예비신앙교육 학교는 클레멘스(Clemens)에게는 보다 더 자유로운 기독교 교양기관이었고, 오리게네스(Origenes)에게는 교회 학문의 중심지였다. 아우구스티누스는 아프리카 목회라는 목적 아래 예비신앙교육을 수용하였고, 이것을 신학, 목회, 교육을 아우르는 교회 교수법으로 그리고 종교교육학으로 만들었다. 그는 "들어서 믿고, 믿어서 희망하며, 희망함으로써 배움을 사랑하라"고 말한다. 중세에는 잠시 종교적 교육이 폄하되었다가 종교개혁(1525년)을 거치면서 루터(Luther)에 의해 다시 예비신앙교육이 강조되었다. 루터는 기계주의에 대항하여 직관원리의 엄숙주의를 개진했다. 페스탈로치(Pestalozzi)는 윤리적 종교적 기본교육을 위한 교육개혁을 생각했고, 이에 반해 칸트는 종교적 예비신앙교육과는 별개로 순수 교육학적 필요를 주장한다. 즉, 칸트에 따르면 종교교육과는 별개로 일반적인 인간이성교육을 위한 예비교육학이 필요하다. 계몽주의 시대

로 사유할 뿐만 아니라, 원하고 그리고 생각하도록 가르침을 받았다. 그래서 우리들 중 누구도 신은 정신이다를 헤겔의 발견으로 간주하지 않는다. 또는 그렇게 생각할 수도 없다. 사실 나는 동일철학이 절대자의 본성을 진술하기 위해서 정신이라는 표현을 사용하는지에 대해 논쟁하고 싶지 않다. 다시 말해서 최종 결과인지에 대해 논쟁하고 싶지 않다. (정신) 그 단어는 물론 교화적인 울림을 가진다. 이 때문에 나는 신은 존재하는, 머무는 자기객체(주체-객체)로 규정되었다는 점을 충분히 사태로 간주할 수 있었다. 왜냐하면 신은 아리스토텔레스의 표현을 빌리면 자기 자신을 사유하는 자ὁ ἑαυτόν νοων이기 때문이다. 그리고 정신이라 불리지 않는다고 하더라도, 본질적으로 신은 정신이며 그리고 이런 의미에서 실체가 맹목적 존재자를 의미한다고 하더라도 실체는 아니다. 그리고 신이 정신이라 불리지 않았다는 사실은 합당한 이유를 가지고 있다. 왜냐하면 우리는 철학에서 말을 사치스럽게 낭비할 이유가 없기 때문이며, 따라서 끝일 뿐인 절대자를 정신이라는 말로 표시하는 것을 숙고해야 하기 때문이다. 엄밀하게 말해서 이것은 신이라는 말에도 타당하다. 왜냐하면 신이 순수 합리적 철학에서 끝일 수 있는 것과 같이 신이 끝일 뿐 인한, 신은 그 어떤 미래를 가지지 않으며, 결코 시작할 수도 없고, 단순히 목적인으로서만 있을 수 있으며, 결코 원리로서 시작하는, 산출하는 근원일 수 없기 때문이다. 그러한 신은 또한 분명히 본성에 따라 그리고 본질에

와 혁명시대에 예비신앙교육은 다시 정치교육과 민족이나 국가교육에 기여하는 시민양성교육이 된다. 시민예비교육은 이제 애국과 민족교육의 목적에서 수행되었다. 예를 들어 시민예비교육은 시민들에게 시민으로서 윤리와 경제 그리고 개인위생 교육을 실시하고, 이것들을 시민의 의무로 교육했다. E. Lichterstein, artl. Katechese, Katechismus, in: *Historisches Wörterbuch der Philosophie*, hrsg. v. Joachim Ritter u. Karlfried Gründer(Basel/Stuttgart: Schwabe, 1976), S. 710–712.

따라 정신이다. 따라서 사실상 신은 실체적 정신일 뿐, 경건함 혹은 일상적 언어사용에서 말하는 그런 의미에서 정신은 아니다. 여기서 사용되고 있는 말은 단지 기만적인 표현일 뿐이다. 헤겔에게서 정신이라는 말 일반은 긍정적 의미보다는 부정적 의미를 가지는 것이어서 절대자는 실체적 정신일 수 있다. 왜냐하면 이 최후의 개념은 또한 모든 다른 개념에 대한 연쇄적 부정을 통해서만 발생하기 때문이다. 이 최종적인 것에 대한 이름 짓기, 다시 말해서 그의 본질에 대한 표시는 그 어떤 물체적인 것으로부터 획득될 수 있는 것이 아니다. 단지 정신이라는 일반적 이름만이 남는다. 그리고 이 최종적인 것은 인간정신, 유한 정신이 아니기 때문에 (왜냐하면 이 정신은 앞서 단계에서 이미 정립되었기 때문이다), 최종적인 것은 필연적으로 무한 정신, 절대 정신이지만, 단순히 본질에 따라서만 그렇다. 왜냐하면 현실적 정신이 어떻게 존재해야 하는지, 최후의 것이 정립되는 끝으로부터 제거될 수 없는 것은 무엇인지가 산출하는 모든 계기를 모든 것을 포괄하는 포괄자로서 자기 아래 수용하는 기능을, 그러나 자체로 어떤 것의 시작과 원리인 것은 아닌 그런 기능을 가질 뿐이다.

헤겔은 시작에서 이런 끝의 부정성에 대한 의식으로부터 떠나 있지 않았으며, 마찬가지로 긍정자의 쇄도하는 위력에 대한 의식으로부터도 벗어나 있지 않았다. 오히려 헤겔은 이런 철학에 만족할 것을 요구했으며, 그는 단지 동일성 체계로부터 점차적으로 그의 부정성에 대한 의식을 탈취하기에 이르렀다. 최초 발생에서 이 의식은 현재해야만 한다. 왜냐하면 이 철학은 그 외에는 발생할 수 없을 것이기 때문이다. 최초 헤겔의 『철학백과사전』에서 그가 최종적인 것에 도달하였을 때조차 여전히 현실적 발생 혹은 발생한 것에 대한 철저한 사유가 존재하지 않는다는 인상이 남아 있다. 여기서 나는 헤겔의『철학백과사전』의 초판에 있는[129] 한 단락을 말하고 있으며,『철학백과사전』2판에서는 이미 왜곡되었다. 이 단락에서 헤겔은 최종 사상에서 자기의식에 이른 이념은 발생의 모든 가상, 우연성의 그리고 계기들의 외적 나열과 병렬적 나열의 모든 가상으로부터 정화된다고 말한다. (이념의 내용은 종교에서 어떤 가상을 가지는데, 종교가 내용을 단순한 표상을 위해 시간적인 그리고 외적인 연쇄물로 나누어 놓기 때문이다.)

마지막 시기에 헤겔은 보다 상위의 것으로의 상승을 시도하며 그리고 스스로 자유로운 세계 창조의 이념에 도달하려 시도한다. 이런 시도가 감행되는 두드러진 위치는 헤겔『논리학』의 2판에서 발견된다. ― 이곳은『논리학』의 초판에서와는 다르게 언술되고 있으며 그곳에서는 초판과는 분명하게 다른 의미를 지녔다. 2판에서의 이 해당부분의 내용은 이러하다.[130] 모든 것이 자신의 근거로 진입하는 곳인 최종적인 것은 우선 직접적인 것으로 구축되었던 최초의 것이 산출되는 그와 같은 것이다. 그래서 "모든 존재의 구체적인 그리고 최종적인, 가장 최상의 진리로

---

129 § 472.
130 S. 43, 1832년 판.
　역주: 헤겔은 이 부분에서 이렇게 말하고 있다. "논리학의 체계는 그림자(Schatten)의 왕국이며, 단순한 본질성의 세계이고, 모든 감각적 구체로부터 해방되어 있다." 이어서 헤겔은 "[…] 혹은 다시 말해서 이전에 연구를 통해서 획득한 논리적인 것의 추상적 기초는 모든 진리의 내용으로 채워져 있고 그리고 논리적인 것에 보편자의 가치를 부여하며, 이것은 더 이상 다른 특수자 곁에 나란히 특수자로서 있지 않으며, 오히려 이런 모든 것을 포섭하며 그리고 본질, 절대적 진리이다." G. W. F. Hegel, *Wissenschaft der Logik, Die Lehre vom Sein*(1832), S. 44. "그러나 그분 곧 진리의 영께서 오시면 너희를 모든 진리 안으로 이끌어 주실 것이다. 그분께서는 스스로 이야기하지 않으시고 들으시는 것만 이야기하시며, 또 앞으로 올 일들을 너희에게 알려 주실 것이다."(요한 16. 13)

서 등장하는 절대 정신은 자신을 자유롭게 외화하면서 그리고 직접적 존재의 형태를 향해 방면하면서 전개의 끝에서 보다 더 잘 자신을 인식한다. — 세계 창조를 결정하면서 전개의 끝에서 보다 더 잘 자신을 인식한다. 이런 것(세계)은 전개에 해당하는 그 모든 것을 지니고 있으며, 앞서 결과에 선행하여 있었다. 그래서 이 모든 것은 (전개에서 선행하는 모든 것) 이런 전도된 위치를 통과하면서 그의 시작과 함께 동시에 원리로서 결과에 의존적인 것으로 변화된다."[131] 다시 말해서 비로소 결과였던 그 무엇은 최초 전개에서 시작이었던 것, 결과에 이르게 되는 시작이었던 것, 즉 원리가 되며, 거꾸로 원리가 되었던 결과에 의존적인 것, 따라서 논쟁의 여지없이 도출된 것이 된다. — 이제 헤겔이 원하는 것과 같은 방식의 이런 전도Umkehrung가 가능하다고 하면 그리고 헤겔이 이런 전도에 대해 진술만하는 것이 아니라, 전도를 시도하고 그리고 현실적으로 구현하였다고 한다면, 헤겔은 이미 그의 최초 철학의 자리에 두 번째 철학을 정립하는 것이다. 즉, 우리가 긍정철학이라는 이름으로 원한 그러한 것이 존재하였던 최초 철학을 전도한 철학을 정립하는 것이다. 그러나 그로부터 필연적 결과는 (두 철학들이 동일한 의미와 존엄성을 가질 수 없기 때문에) 헤겔의 최초 철학을 단순히 논리철학 그리고 부정철학으로 인식하는 것이다. (이 부정철학에서 자연철학으로의 이행은 단지 가언적으로만 발생할 수 있으며, 그와 더불어 자연은 단순한 가능성으로만 유지된다) 그러나 헤겔이 이 표현을 원 텍스트의 변형을 통해 일시적으로 그리고 지나가는 정도에서 삽입하려

131 1812년 『논리학』의 초판(S. 9), "그렇게 또한 정신은 순수 앎의 전개의 끝에서 자유롭게 외화하며 그리고 직접적 의식의 형태로 방면하고, 타자로서 대립하고 있는 존재에 대한 의식으로 방면한다."

시도하는 것과 같은 방식은 헤겔이 앞서 전도를 현실적으로 감행하려한 진정한 시도를 행하지 않았다는 것을 의미한다. 그래서 헤겔이 이 전도를 서술하고 있는 것과 같은 전도는 단순히 우리가 최초 철학에서 상승하여 올라간 단계들을 다시 하강하여 가는 데에 존립할 것이다. 우리는 그와 더불어 무엇이 발생할 수 있는지를 안다.

물론 동일철학에서도 매순간 선행자는 후행자에서 비로소, 상대적으로 보다 상위의 것에서 비로소 그의 진리를 가지며, 결국 모든 것은 신에서 자신의 진리를 가졌다고 한다. 그렇지만 이것은 모든 것은 그의 근거로서 최종적인 것으로 진입한다는 헤겔의 표현과 같은 것은 아니다. 그렇게 상세하지는 않지만, 우리는 이렇게 말할 수 있다. 각 선행자는 후행자의 근거로 퇴락해 감으로써, 다시 말해서 더 이상 존재자가 아니라, 오히려 존재의 다른 근거인 것으로 퇴락해 감으로써 자기 자신을 근거지었다. 선행자는 근거를 향해 감을 통해서 근거지어진다. 따라서 후행자가 아니라, 선행자 자체가 여기서는 근거이다. 이렇게 천체는 그의 본성에서 낙하하는 것이다. 따라서 천체의 낙하는 — 왜냐하면 모든 것이 사물의 본성에 따라 후행자를 무한히 뒤따르기 때문이다 — 무한 낙하이다. 천체는 보다 상위의 것에 근거를 마련함으로써 자신의 근거를 발견한다. 그리고 이런 방식으로 천체는 일반적으로 자신의 위치에 (중심으로부터 대략 평균적 거리에서) 정지해 있다. 그렇게 모든 것은 결국 그것이 근거로서 절대자에, 최종적인 것에 종속됨으로써 자신을 근거짓는다. (우리는 표현에 대한 이런 교정 이후에 사태 자체에 이른다) 헤겔에 따르면 끝인 무엇은 그것이 끝이 난 이후에 비로소 스스로를 시작으로 삼기 때문에, 그것은 최초 운동에서 (그리고 그것이 결과인 그런 철학에서) 작용하는 원인이 아니라,

오히려 모든 것이 자신을 향한 열정적 운동인 한에서만 원인, 궁극원인으로서 있다. 그러나 이제 최종적인 것이 최상의 그리고 최종적인 궁극원인이라면, 오직 최초 구성원만 제외하고 전체적인 일련의 나열이 존재한다. ― 전체적인 일련의 나열은 바로 궁극원인으로부터 단절되지 않는 그리고 지속적인 결과이다. 자신의 위치에서 각각은 최종적인 것이 모든 것을 위한 궁극원인이듯이 자신의 선행자를 위한 좋은 궁극원인이다. 우리가 비형식적으로만 사유할 수 있는 물질Materie, 즉 모든 것에 근거로 놓여 있는 물질에 이르기까지 되돌아간다면, 비유기적 자연은 물질의 궁극원인이며, 유기적 자연은 비유기적 자연의 궁극원인이고, 유기적 자연에서 식물의 궁극원인은 동물이며, 인간은 동물계의 궁극원인이다. 따라서 창조에 이르기 위해 우리가 상승하여 온 동일한 단계로 다시 하강하여야 할 필요가 더 이상 없다고 한다면, 그리고 만약 절대자가 이런 전도로 인해서 작용하는 원인이 된다면, 이런 전도로 인해 인간은 동물계에 작용하는 원인 혹은 동물계를 산출하는 원인이어야 하며, 동물의 왕국은 식물의 왕국을 산출하는 원인이고, 유기체 일반은 비유기적 자연의 원인이어야만 한다 등등. 왜냐하면 우리는 헤겔의 생각에 맞춰 이것을 어느 정도까지 진행해야 하는지를 알지 못하기 때문이다. 우리가 대개 무인 순수 존재das=Nichts에 이르기까지 되돌아가는 논리학으로 진입해야 하는지 혹은 그렇지 않아도 되는지를 알지 못하기 때문이다. 우리는 이렇게 이해된 전도가 어떤 불합리에 이르는지를 충분히 알고 있으며 그리고 이런 단순한 전도만으로 철학이 자유로운 세계창조를 파악하는 그런 철학으로 변화할 수 있을 것이라는 생각을 갖는 것이 얼마나 환상적인지를 알고 있다.

그밖에 절대정신의 외화가 기술되고 있는 논리학의 인용된 곳에서 "절대정신은 자유롭게 직접적 존재의 형태로 자신을 방면한다"는 표현은 논리학으로부터 자연철학으로 이행할 때 사용되는 표현과 완전히 일치한다. 따라서 가장 중요하게 전체 전개의 끝에서만, 자연철학과 정신철학 이후에서만 정립되게 되는 절대정신은 자연으로 이미 자신을 외화하는 정신이다. 그러나 우리가 이제 이 모순을 무시한다면, 자유로운 세계창조의 이론으로의 형식적 접근을 통해서는 그 어떤 것도 획득하지 못했다. 사태에 따라 보면 우리는 그와 같은 이론으로부터 멀어져 있으며, 끝에서는 이전보다 더 멀리 떨어져 있다. 왜냐하면 절대 정신은 자기 자신을 세계로 외화하며, 절대정신은 자연에서 고통스러워하기 때문이다. 왜냐하면 절대 정신은 그가 더 이상 벗어날 수 없는, 그에 반해서 그가 그 어떤 자유도 지니지 못하는, 그가 구조할 수 없을 정도로 얽혀 들어가는 과정에 자신을 내맡기기 때문이다. 신은 결코 세계로부터 자유롭지 않으며, 오히려 세계라는 짐을 지고 있다. 이런 정도에서 이 이론은 범신론이지만, 사물이 신적 본성의 순수 논리적 유출이라고 하는 스피노자의 순수하고, 정지된 범신론은 아니다. 이런 범신론은 신적 활동성과 작용의 체계를 도입하기 위해서 포기된다. 그러나 이 체계에서 신적 자유는 우리가 이 자유를 구조하고 그리고 정당하게 유지하려 한다는 가상을 자신에게 부여하는 것보다 더 치욕적으로 상실되었다. 순수 합리적 학문의 영역을 떠나 있다. 왜냐하면 앞서 외화는 자유롭게 결정된 행위이며, 단순한 논리적 결과는 절대적으로 단절된 행위이기 때문이다. 그럼에도 불구하고 이 자유는 다시 환상으로 나타난다. 왜냐하면 우리는 결국 필연적으로 발생한 모든 것을, 역사적인 모든 것을 지양하는 사상으로 떠밀려 들어간다는 것을 알기 때문이다. 왜냐하면 자신을 자각하면서 우리는 다시 순수 합리적인 것으로 되돌아가야 하기 때문이다.

만약 우리가 이 철학의 지지자에게 절대정신은 그 어떤 특정 계기에 세계로 외화하는지 혹은 그렇지 않은지를 묻는다면, 그는 신은 자연으로 던져져 있지 않으며, 오히려 스스로 최상의 자리에 앉기 위해서 신은 반복하여 자연으로 스스로를 던진다고 대답해야 한다. 발생은 영원한, 다시 말해서 지속적인 발생이지만, 바로 그 때문에 그 어떤 본래적인, 다시 말해서 현실적인 발생은 아니다. 더 나아가 신은 당연히 자유롭게 자신을 자연으로 외화하며, 신은 자유롭게 자신의 자유를 희생한다. 왜냐하면 자유로운 외화의 이 행위가 동시에 그의 자유의 무덤이기 때문이다. 이제 신은 과정 속에 있으며 혹은 스스로 과정이다. 물론 신은 그 무엇도 행하지 않는 신이 아니다. (만약 신이 현실적으로 단순한 끝으로서만 존재한다면, 신은 그런 신일 것이다) 오히려 신은 영원한 행위의 신, 지속적 행위의 신이며, 결코 안식일을 발견하지 못하는 부단한 동요의 신이다. 신은 그가 항상 행위했던 것을 부단히 행하는 신이며, 따라서 그 어떤 새로운 것을 창조할 수 없는 신이다. 신의 삶은 형태들의 순환이다. 왜냐하면 신은 다시 자신으로 되돌아가기 위해서 자기를 지속적으로 외화하며 그리고 새로운 것으로 자신을 외화하기 위해서 항상 자기로 되돌아가기 때문이다.[132]

132 2te Abth., Band III, S. 106 Anm. 참조.
　　역주: 셸링은 각주의 전반부를 고대 그리스의 역사가, 철학자, 문학자와 당대 독일의 지성들을 비교하고 이어서 "이 철학은 신적 삶의 순환에 대해 언급했다. 왜냐하면 소위 신은 가장 심오한, 가장 무의식적인 존재로 내려가기 때문이다." 그리고 신은 "절대자이지만, 눈이 먼 그리고 귀가 먹은 절대자"이다. 신의 이런 하강은 결국 "인간적 의식으로 상승"하기 위해서이다. 신은 가장 구체적 존재로

가장 대중적으로 그리고 많은 대중이 생각하는 견해에 따라 외화라는 이 주제는 이렇게 표현될 수 있다. "신은 이미 그 자체로 (다시 말해서 독자적으로 존재하지 않는) 절대자이며, 신은 이미 그 전에 (이 '그 전에Zuvor'는 순수 합리적 전개에서 무엇이어야 하는가?) 최초의 것, 절대자이다. 그러나 자기 자신을 의식하기 위해서 신은 자신을 외화하며, 외화의 가장 심층 단계로부터 항상 의식과 무의식 사이를 배회하면서 인간으로 상승하기 위해 신은 타자로서 세계를 자신에 대립하여 놓으며, 인간의 신에 대한 의식에서 신은 자신의 의식을 갖는다. 왜냐하면 인간의 앎, 인간이 신에 대해 가지는 앎은 신이 자기 자신에 대해 가지는 유일한 앎이기 때문이다." 이런 서술과 함께 이 체계에 대한 일반 사람들의 가장 낮은 학점이 결정된다. 그리고 그 후로 공동체의 어떤 층위에서 이 체계가 오랫동안 주장되어 왔는지가 측정된다. 왜냐하면 이 체계는 어떻게 확실한 이념들이 항상 보다 높은 신분, 다시 말해서 학자 신분 혹은 일반적으로 보다 높은 교양을 갖춘 신분에서 우선 유행하기 시작했는지를 쉽게 고찰할 수 있게 하기 때문이다. 만약 이 이념이 이 신분들에게서 자신의 타당성을 상실한다면, 이 이념은 그 사이에 공동체의 보다 낮은 층으로 내려가 거기에서 또한 자신을 보존할 것이며, 앞서 신분들에게서는 더 이상 언급되지 않을 것이다. 이렇게 헤겔 철학으로부터 등장한 새로운 종교는 그의 주된 지지자들을 소위 다수의 대중에서 발견했다. 그들 중에는 공업인들, 상인들이 있으며 그리고 그 밖의 다른 관계에서 공동체의 존경을 받

하강하여 다시 인간 의식으로 상승하고 더 나아가 "절대 정신"에까지 상승해 간다고 셸링은 말한다. Fr. W. J. Schelling, *Philosophie der Offenbarung I*, S. 106의 각주.

을 만한 계층의 다른 구성원들이 존재한다는 사실을 쉽게 알 수 있다. 계몽주의 이후 욕망하는 대중들 중에서 이 종교는 자신의 마지막 종착역을 영위한다. 우리는 충분히 헤겔 자신에게는 적어도 그의 사상의 이런 확장이 만족스러운 일이었을 것이라고 간주할 수 있다. 이 때문에 이 모든 것은 하나의 실수로 인해 쓴 것인데, 그 자체로 참다운, 즉 단순히 논리적으로만 받아들였을 때 참인 관계들이 현실적 관계들로 변형되었으며, 즉 모든 필연성이 그 관계들로부터는 빗겨나 있는 그런 현실적 관계들로 변형되었다.

<hr>

보다 오래전의 (에를랑겐의) 수고로부터 부록[133]

헤겔의 일반적 진술은 다음과 같다. 철학을 통해서 인간은 단순한 표상을 넘어서야 한다. 만약 우리가 표상을 우리 안에서 현재하는 대상으로서 현재하는 대상과 관계하는 그와 같은 것으로 이해한다면, 누구도 이 진술에 대해서 반대하지 않을 것이다. 왜냐하면 철학은 현재하는 것만을 전제해야 하기 때문이며 ─ 그리고 반성을 주어져 있는 것에 기대어 놓아서는 안 되기 때문이다. 그러나 이런 "넘어섬"이 절대적이라고 한다면, 진술은 단지 원리에 대한 요구일 뿐이다. 즉, 세계가 개념적으로 파악되는 보다 상위의 관계들은 표상에 가까운 것이 아니며 그리고 표상

<hr>

133 역주: 1822년 여름학기. 에를랑겐에서의 근대 철학사강의.

에서 밝혀질 수 있는 것도 아니다. 오히려 표상을 넘어서 존재한다는 것이 자명한 사실로 전제된다. 혹은 거꾸로 표상 영역 안에서 이 관계들에 대해 전제하고 있는 것은 그 자체로 그리고 이미 그 때문에 이성에 모순적이다. 만약 우리가 앞서 보다 상위의 관계들은 모든 표상을 넘어서야 한다고 전제한다면 (대부분의 사람들이 철학에 근접하여 올 때, 대부분 사로잡혀 있는 전제), 우리는 비자연적인 철학을 찾아야 한다. 그러나 학문의 최상의 승리는 바로 이런 승리일 텐데, 우리가 스스로를 표상으로 고양하기 때문에, 자기를 인식하게 되는 그것이며, 따라서 독자적으로 표상에 접근하는 것이 아니라, 단지 순수 사유에만 접근하여 표상의 영역에 이르기까지 하강하여 가는 것이다. 그래서 코페르니쿠스의 천체는 세계를 단순한 표상을 넘어 추동하지 않고는 그리고 단순한 표상을 모욕하지 않고서는 제시될 수 없다. 그리고 그 천체는 최초 시도에서는 가장 대중적이지 않은, 모든 표상들에 대립하는 체계였다. 그러나 그와 같은 체계가 자세하게 상술되고 그리고 이 체계를 매개로 지구의 주위를 도는 태양의 운동에 대한 표상이 개념적으로 파악되게 되었을 때, 이와 같은 체계는 다시 단순한 표상을 받아들이고 그리고 바로 이 표상에는 그 전에 대립된 표상이었던 것이 분명해지며 그리고 반대로 이 표상에 대립된 표상은 모호하고 불분명한 것이 된다. ― 이런 철학은 무를 전제하는 것으로 알려져 있지만, 무는 이렇게 존재하는 것이 아니다. 우리가 표상에서 근거를, 표상이 진술하는 것이 아니라, 오히려 암묵적으로 전제하고 있어서 인식하기 어려운 근거를 발견한다면, 우리는 모든 것에 침투하여 작용하는 토대를 관통한 최종적인 표상을 합당한 합리주의의 준칙으로 간주할 것이다. 이 준칙은 표상에게는 결코 누구도 의심하지 않으면서 또한 의심할 수도 없는 자명한 근거명제로 간주된다. 바로 칸트가 독단론으로 증명하고 있는 것을 헤겔은 무제약적이며 보편적이라고 증명하여 받아들인다. 그러나 단순히 유한한 오성규정들은 모든 자연적 개념을 넘어 자신을 고양하려고 한다는 점을 핑계 삼는 사람은 바로 오성성의 모든 기관을 강탈한다. 왜냐하면 이런 형식들에서만 모든 것이 우리에게 오성적으로 이해될 수 있기 때문이다. 칸트가 오성의 이런 형식들을 적용하면서 증명하고 있는 오류는 개념들에 독립하여 전제된 대상들로의 개념의 단순한 적용이었으며 ― 그리고 이 대상들은 본래적 대상들, 다시 말해서 오성에 대립하는 사물들이었다는 것이다. 개념들과 대상들은 상호 발생하지 않았다는 것이다. 그 때문에 단순한 반성철학이 발생해야 하며 그리고 모든 살아 있는 학문의 산출은 불가능하게 되었다. 그러나 이것은 이 개념들의 교차적용에 대한 비난과 동시에 모든 오성적 논쟁을 불가능하게 만드는 그와 같은 개념들의 완전한 배제 사이의 확연한 구별이다. 따라서 이런 종류 철학의 두드러진 호흡곤란 증상은 바로 그 철학이 솔직하게 말하지 않는다는 것이며, 동시에 철학에게서 생명을 빼앗는다는 것이다. 다시 말해서 철학이 이해할 수 없는 말만 주절거리고 있다는 것이다. 우리는 이런 철학의 이해할 수 없음에 대해 비난하며, 그 이유를 개인적 결함에서 찾으려 시도한다. 그러나 우리가 예를 들어 그런 결함을 헤겔에게서 찾는 것은 부당하다. 헤겔은 그가 협소함으로부터 벗어나 있는 그곳에서 삶에 가까이 있는 대상들에 대해 진술하며, 자기를 잘 규정하며, 잘 이해하고, 학문적으로 표현하고 이해한다. 이해할 수 없음은 사태 자체에 있으며, 절대적으로 이해할 수 없는 것은 결코 이해될 수 없다. 이것이 이해되어야 한다면, 이것은 우선 자신의 본성을 바꾸어야만 한다. 이해하지 못한다고 말하는 것은 그 철학자에 대한 좋지 않은 비난이다. 이해할 수 없음은 상대적 개념이다. 그래서 자주 칭송되는 카유스Cajus[134] 혹은 티티우스Titius[135]가 이해하지 못하는 것 때문에 이해할 수 없는 것이 아니다. 또한 철학은 그의 본성에 따라 어마어마할 정도로 이해되지 않은 채 남아 있는 몇 가지 사실을 지니고 있다. 그러나 이해할 수 없는 것이 사태 자체에 있을 때는 이와는 전혀 다른 것이다.[136] ─ 엄청난 훈련과 숙련도를 가지고 있지만, 기계적 과제와 관련해서는 전혀 발명능력이 없는 사람들, 예를 들어 아마방적기계를 발명한 사람들에게 자주 일어나는 일이다. ─ 그들은 충분히 하나의 기계를 조립할 수 있지만, 기계론은 그만큼 어렵고 난해하며 혹은 톱니바퀴들은 우리가 차라리 다시 예전방식인 손으로 아마를 방적할 정도로 삐걱댄다. 또한 이런 일은 철학에서도 다분히 일어날 수 있다. 최초의 것에 대한 무지, 가장 위대한 대상들에 대한 무지는 민감하게 느끼거나 혹은 자족하지 못하는 각 인간에게는 더 이상 견딜 수 없을 정도까지 고통이 커질 수 있다. 그러나 비자연적 체계가 주는 고문의 고통이 무지의 앞서 짐보다

---

134 역주: 헤겔은 '대논리학'의 '개념논리학' "현존재의 추론"장에서 "모든 인간은 죽는다. 카유스 (Cajus)는 사람이다. 그러므로 카유스는 죽는다."고 삼단논법의 추론을 예시한다. G. W. F. Hegel, *Wissenschaft der Logik, Die Lehre vom Begriff(1816)*(Hamburg: Felix Meiner, 2003), S. 110.

135 역주: 아마도 태양계 행성들의 위치를 태양 중심의 수학적 관계식을 발견한 18세기 수학자 티티우스 (J. D. Titius)를 가리키는 듯하다.

136 계시철학 입문에서의 표현. 2te Abtheilung, Band III, S. 18 ff. 참조.
   역주: 계시철학의 두 번째 강의에서의 셸링의 표현을 옮기면, "사람들이 생각하기에 죄는 명료하게 표현할 개인적 능력에 있다고 하며, 명료한 논쟁의 재능이 그에게 결여되어 있다고 한다. 그에 반해 죄는 오히려 사태에 있다. 왜냐하면 사태 자체가 이해되지 않게 얽혀 있는 곳에서 강의의 모든 기교는 사태를 이해할 수 있도록 만들지 못하기 때문이다." Fr. W. J. Schelling, *Philosophie der Offenbarung I*, S. 18.

더 크다면, 우리는 차라리 이 무지의 짐을 질 것이다. 우리는 철학이 일반적으로 해결할 수 있는 철학의 과제는 결국 그렇게 엄청나지 않고 그리고 단순하기까지한 특성들에 의해 해명된다는 사실을 받아들여야 한다. 그리고 가장 위대한 인간의 과제에서가 아니라, 사소한 모든 과제들에서 인정한 발명을 우리는 정당화해서는 안 된다는 사실도 받아들여야 한다.

야코비Jacobi · 신지론Der Theosophismus

137 역주: 신지론(Theosophismus)은 신을 가리키는 thea라는 말과 지혜 혹은 철학적 통찰을 가리키는 sophia의 결합어다. 따라서 번역어 신지론은 神과 知로 thea+sophia의 직역어라고 볼 수 있다. 신지론은 고대 그리스 신비주의 인식론의 영향을 받은 신에 대한 종교적 사변을 의미하며, 신적 신비, 신적 비밀을 고지하는 이론이다. 그러므로 이 이론은 밀교적이고 신비주의적이며, 신에 대한 직접적 직관과 경험을 주장한다. 이 때문에 신지론은 신에 대한 합리적인 설명과 논리적 증명의 결과는 아니다. 신지론은 신정론과 유사하게 세계의 모든 사건들을 신의 자기 완성과정으로 해석한다. 넓은 의미에서 신지론은 유대교 전통에서 신과 인간의 직접적 대화와 경험을 구전으로 전승하는 유대경전인 카발라(Kabbalah)가 여기 해당하며, 좁은 의미에서는 1875년 "신지론자 동맹"을 결성한 블라바츠키(Helena Petrovna Blavatsky, 1831~1891)가 대표적이다. 그녀는 존재, 비존재, 존재에 대한 의식으로의 전개를 논리적으로 밝혔으며, 지혜로운 현자들의 영적 교류를 주장했다. Peter Prechtl u. Franz-Peter Burkard(Hrsg.), artl. Theosophie, in: *Metzler Philosophie Lexikon*(Stuttgart: J. B. Metzler Verlag, 1999), S. 596 참조. 칸트에게 신은 우리의 인식대상 밖에 존재하는 알 수 없는 초월자이지만, 피히테에게 절대자아는 진리의 절대적 근거로 자리매김함으로써 신을 진리의 영역으로부터 추방하였다. 이 때문에 『전체지식학의 기초』가 강의된 후 피히테는 1799년 무렵 '무신론 논쟁'에 휩싸인다. 야코비에게 신은 분명 학문적 인식대상도, 논리적 증명의 대상도 아니다. 그러나 야코비는 칸트처럼 신을 알 수 없는 초월자의 영역으로 이전시키려 하지 않으며 또한 피히테처럼 신의 완전성을 박탈하여 자아로 하여금 이 자리를 대신하게 하려 하지 않는다. 피히테의 자아는 이성의 주체이며, 이성의 주체는 신적 완전성을 자신의 반성적 사유영역으로 옮겨 논리적으로 해명하는 절대자아다. 이에 반해 야코비는 신은 이성적 사유의 대상일 수 없다는 사실에 동의하지만, 신을 무지의 영역이 아니라 앎의 영역으로 다시 불러들이고자 한다. 이때 야코비가 주장하는 신을 알 수 있는 인간의 앎의 능력은 오성도, 지성도 아닌 '감정(Gefühl)'과 '믿음(Glaube)'이다. 야코비에 따르면 우리는 신을 느끼고, 신을 믿음으로써 신을 안다.

경험론이 철학의 유일한 필요충분이라고 한다면, 최상의 개념, 다시 말해서 최상의 존재 개념은 단순한 경험을 통해 개념의 실존을 갖추고서 우리에게 주어졌어야 했다. 여기서는 이제 보다 많은 가능성이 서술된다. 우리는 개념이 우리에게 그리고 최상의 존재의 실존이 직접적 경험을 통해 개념으로 우리에게 주어진다는 사실을 가능하다고 간주해도 되는가? 직접적 경험은 외적 경험이거나 혹은 내적 경험이다.[138] 그러나 오성의 사태인 개념이 어떻게 외적 경험을 통해 주어질 수 있는가? 그럼에도 우리의 오성을 촉발하는 사실 혹은 작용을 통해서라는 사실은 분명하다. 그러나 직접적으로 우리의 오성을 요구하고, 이 오성에 작용하는 외적 작용은 단지 이론, 수업만이 존재할 수 있을 뿐이다. 따라서 최상의 개념은 외부로부터 우리에게 도달한 이론을 통해 우리에게 주어졌어야 하며 그리고 잘못 물었을 수 있는 저항 불가능한 권위의 이론을 통해 우리에게 주어졌어야 한다. 그리고 그런 저항 불가능한 권위가 최상의 존재 자체로부터 이론에 부가될 것이기 때문에 (왜냐하면 이 존재만이 그 자신의 관점에서 저항 불가능한 권위이기 때문이다), 그렇게 최상의 개념은

---

138 역주: 외적 경험은 우리의 감각기관이 외적 대상과의 직접적 대면을 통해 획득하는 경험이며, 내적 경험은 외적 경험의 내용을 내면화하여 발생하는 경험이다.

최종 원천에서 최상의 존재 자체로 소급되어 가는 이론을 통해 우리에게 주어졌어야 한다. 이 소급 자체는 역사적으로만 (역사적 과정에서) 발생할 수 있다. 그 외에 외적 권위가 철학의 최고 원리로서 간주된다면, 두 가지 종류만이 사유될 수 있다. 완전히 맹목적인 종속이거나 우리는 이 권위가 자체로 다시 근거지어지기를 원하며, 권위가 이제 있을 수 있는 방식으로서 이성의 근거Vernunftgründe에 의해 토대지어지길 바란다. 우리가 첫 번째 것을 원한다면, 이 전제는 동시에 철학의 완전한 지양으로 평가될 수 있다. 만약 우리가 두 번째 것을 원한다면, (순환이 아니라면) 다시 이 권위와는 독립적인 철학이 권위를 근거지어야 할 필요가 있게 될 것이며, 그리고 이 철학의 범위는 자유롭고 독립적인 철학의 범위만큼이나 광범위하고, 포괄적으로 그려져야 한다.[139]

그러나 이제 직접적이며 외적인 경험에 기대는 대신에 철학은 이제 직접적으로 내적 경험을, 내면의 빛을, 내적 감정을 소환한다. 이제 이것은 다시 두 가지 방식에서 발생할 수 있다. 한편으로 우리는 이 (참된 혹은 진술된) 감정Gefühl을 단순히 합리적인 체계에 대립하는 논쟁적 수단으로 사용하기 때문에, 스스로 앎을, 다시 말해서 이 감정으로부터 혹은 이 정신적 직관으로부터 창조되어야 하는 학문을 요구하지 않는다. 혹은 다른 한편으로 이런 (참된 혹은 진술된) 내적 경험은 동시에 학문으로 형성되기

---

139 역주: 가다머 해석학에서 역사적 전승의 권위(Autorität)에 대한 논의가 셸링의 권위에 대한 두 가지 형태의 구분과 유사하다. 해석학적 경험의 가능조건으로서 역사적으로 전승된 것의 권위를 인정한다는 사실은 역사적 유물에 대한 맹목적 신뢰를 의미하는 것도 전통에 대한 보수주의적 입장도 아니다. 오히려 이런 맹목적 신뢰는 전제적이며, 역사성에 대한 독재적 왜곡을 낳는다. 이에 반해 해석학적 의식은 이해의 역사적 맥락성을 인정하며, 이런 관점에서 역사적 전승은 현재적 경험지평과의 교섭을 통해 끝없이 자신의 권위를 승인받기를 요구한다. 역사적 전승의 권위는 해석학적 의식에 의한 인정을 통해서만 자신의 자격을 부여받는다.

를 시도하며, 자신을 학문으로 정당화하려 시도한다. 우리는 우선 첫 번째 가능성에 한정한다. 학문을 포기함으로써 감정은 이미 단순히 주관적이고 개인적인 감정으로 설명된다. 왜냐하면 감정이 객관적인 감정 그리고 보편적이고 타당한 감정이라고 한다면, 이 감정은 자기를 또한 학문의 형태로 만들 수 있어야 한다. 그렇지만 이 감정의 표현은 합리적 체계에 대립하는 개인적 설명의 가치만을 가진다. "나는 나에게 대항하는, 나의 감정에 저항하는 그런 결과를 원하지 않는다." 우리는 이런 표현을 허용 가능하다고 말할 수 있다. 왜냐하면 우리 자신은 의지Wollen에 철학의 선행 개념규정을 위한 상당한 의미를 허용했기 때문이다. (철학 자체에 선행하는) 철학에 대한 첫 번째 설명은 그래서 의지의 표현일 수 있다. 그런 한에서 사유방식이 충분히 나열되고 혹은 설명되고 난 후에 실행되어야 한다. 말하자면, 나는 사유방식을 좋아하지 않으며, 나는 사유방식을 원하지 않고, 사유방식이 나와 일치하지 않을 수 있다. 야코비가 말한 것처럼 그럴 수 있겠다. 나는 인격신을, 인격적 관계가 가능한 최상의 존재를, 나의 자아에 응답하는 영원의 너를 요구하며, 단순히 나의 사유 안에 있는, 나의 사유에 완전하게 등장하는 그리고 이 사유와 완전히 동일한 그런 존재를 요구하는 것이 아니다. ─ 나는 나의 사유 외부에는 아무것도 존재하지 않는다는 그런 의미에서 단순한 내재적 존재를 요구하지 않는다. 나는 나의 사유 외부에 나를 위해 있는 어떤 것인 초월적인 존재를 요구하지 않는다. ─ 이렇게 말하는 것은 칭찬할 만하다. 그러나 이 표현은 그 자체로는 그 어떤 사실에도 부합하지 않는 좋은 말일 뿐이다. 우리의 감정과 우리의 보다 나은 의지와 모순되면서도 대략 필연적인 그리고 피할 수 없는 앎의 외양을 가지는 것으로 알고 있는 그런 앎이 있다면, 우리에게는 이성적 방식으로서 선택만이 남는다. 즉, 필연성에 순응하는 우리의 감정에게 침묵하도록 하거나 혹은 앞서 앎을 현실적 사실을 통해 극복하거나 이 둘 중의 선택만이 남는다. 그러나 우리가 이제 경험 철학의 다음 단계로 고찰하는 그리고 우리가 그 철학의 대표자로 야코비Fr. H. Jacobi[140]를 꼽을 수 있는 그런 철학의 앞서 방식은 이 철학에 해당하지 않는 앎을 현실적으로 공격하는 대신에 앎으로부터 앎의 장을 철저하게 박탈한다. 왜냐하면 이 철학은 무지로 되돌아가기 때문에, 확신에 차서 무지에서만 구원이 있다고 말한다. 따라서 결과적으로 이 철학은 합리주의에서 지배적인 앞서 실체적인 앎, 현실을 배제한 앎을 유일하게 가능한 앎으로 생각하고, 참된 앎으로 간주한다. 왜냐하면 이 철학

---

140 역주: 야코비(Friedrich Heinrich Jacobi, 1743–1819)는 독일낭만주의를 이끈 철학자이며, 저술가이고, 법률가이다. 특히 그는 *Über die Lehre des Spinoza in Briefen an den Herrn Moses Mendelssohn*에서 1785년, 1789년 그리고 1819년 세 번에 거쳐 스피노자철학에 대해 멘델스존과 논쟁하였다. 야코비의 "스피노자에 관한 편지"로 알려져 있는 이 글의 핵심관점은 1780년 레싱(Gotthold Ephiraim Lessing)과 나눈 스피노자철학에 대한 대화에서 형성되었다. 야코비와의 이 대화를 통해서 레싱은 스피노자의 범신론철학을 알게 되었고, 이것이 이후 야코비와 멘델스존 사이의 범신론 논쟁의 촉발점이 되었다. 야코비는 1789년의 2판에서 "제일의 가장 최상의 지성에 대한 믿음, 이성적인 자연의 입법자이며, 창조자에 대한 믿음, 정신인 신에 대한 믿음"을 강조한다. 여기서 지성, 자연의 입법자, 창조자, 정신, 신에 대한 직접적 믿음은 믿음의 대상인 지성, 입법자, 창조자, 정신, 신을 논리적 증명의 대상도 이성적 인식의 대상도 아니라고 확신한다. 적어도 믿음은 믿음의 대상이 존재하는가 혹은 존재하지 않는가에 대해 의심하지 않는다. 믿음은 직접적으로 믿음의 대상의 존재를 확신하기 때문이다. Friedrich Heinrich Jacobi, *Über die Lehre des Spinoza in Briefen an den Herrn Moses Mendelssohn*, hrsg. v. Klaus Hammacher u. Irmgard–Maria Piske(Hamburg: Felix Meiner, 2000), S. 177. 바이에른의 왕이었던 막시밀리안 1세(Maximilian I)가 사망하고 왕위 계승자였던 그의 아들 루드비히 1세(Ludwig I)가 1825년 왕위를 계승하면서, 셸링의 지지자이자 후원자였던 루드비히는 셸링을 다시 뮌헨으로 불러 바이에른 학술원의 원장으로 임명했다. 셸링의 이 자리는 1812년 퇴임하여 1819년에 사망한 야코비의 자리였다. 따라서 셸링은 야코비의 후임으로 원장에 취임한 것이다. 이런 점에서 보면 왜 셸링이 「근대 철학사」의 마지막 부분을 야코비철학에 할애하였는지를 짐작할 수 있다. Wolfdietrich Schmied–Kowarzik, *Existenz denken*, S. 282 이하 참조. Friedrich Vollhardt, artl. Jacobi, Friedrich Heinrich, in: *Metzler Philosophen–Lexikon*, hrsg. v. Bernd Lutz(Stuttgart: J. B. Metzler, 2015), S. 338–340.

은 앎에 대한 다른 앎이 아니라, 단순한 무지만을 대조하여 놓기 때문이다. 본래 이 합리적 앎 자체가 바로 앎이 아니기(=nicht Wissen) 때문이다. 앞서 실체적 앎이 유일하게 가능한 앎이라고 하는 자신의 생각에 따르면 야코비는 그 어떤 비밀도 가지고 있지 않다. 그의 초기 주장에 따르면 모든 학문적 철학은 필연적으로 숙명론, 다시 말해서 단순한 필연성의 체계에 도달하게 된다고 한다. 야코비는 칸트, 피히테 그리고 피히테의 계승자와 대립하여 있었다. 야코비는 이성의 진리가 아니라, 이 진리체계의 결과를 공격했다. 그러나 그는 이 체계들에서 이성의 진리를 인정했으며, 더 나아가 환호하여 이제 본래적인 앎, 부분으로부터의 앎이 어디를 향하는지, 즉 필연적으로 스피노자주의, 숙명론 등등을 향한다는 것은 분명하다고 말한다. 따라서 야코비는 스스로 순수 합리적 체계들에서 인정한 앞서 압도적인 앎에 대립하여 그에게는 감정에 대한 호소 이외에 아무것도 남아 있지 않다는 사실을 시인했다. 그리고 그는 이 감정을 학문적으로 극복할 수 없다는 것을 알고 있다고 시인했다. 야코비는 앎 자체의 관점에서 보다 더 나은 어떤 것도 알지 못한다는 것을 그리고 예를 들어 자신의 학문적 통찰에 의하면 스스로 스피노자주의자가 될 것이라는 사실을 인정했다. 그 어떤 다른 철학자들도 야코비보다 순수 합리주의에 (여러분이 알고 있듯이 이것으로 나는 특별히 신학적 사유방식이 아니라, 철학적 사유방식을 표기하려 한다) 그렇게 많은 것을 허용한 철학자는 없다. 야코비는 이 합리주의에 근본적으로 항복한다. 따라서 내가 야코비를 합리주의로부터 경험주의로의 이행의 위치에 두는 이유가 정당하다는 사실이 여러분 각자에게 분명해질 것이다. 오성의 측면에서 야코비는 전적으로 그리고 완전히 합리주의에 속하지만 감정의 측면에서 야코비는 헛되

이 합리주의를 넘어서려 노력한다. 아마도 이런 한에서 야코비는 근대 철학의 전체 역사에서 가장 학문적인 인물이지만, 그러나 나는 그가 모두를 위한 그런 인물 — 대략 초보자를 위한 그런 인물이라고 말하고 싶지는 않다. 왜냐하면 전문가에게는 많은 가치가 있는 야코비의 저작들은 바로 저자의 애매한 입장으로 인해 이 초보자를 거의 혼돈에 빠지게 할 수 있기 때문이다. 그리고 이 저작들은 부지불식 간에 초보자를 인간 오성의 최상의 과제들과 관련하여 정신의 확실한 무기력에 익숙해지도록 하며, 탈자적 감정의 표현을 통해서도 좋아지지 않는 무기력에 익숙해지도록 한다. 이 때문에 나는 야코비가 더 이상 정당성 문제와 마주하게 하지 않을 것이다. 오히려 나는 모든 근대 철학자 중 야코비가 역사 철학의 필요를 (우리의 의미에서) 가장 절실하게 느끼고 있었다는 사실을 인정한다. 이것은 그에게 이미 청년기부터 모든 것을 단순한 이성관계로 환원하는 체계, 자유와 인격을 배제하는 체계에 강하게 대항하는 어떤 것이었다. 그의 초기 저작들 중 몇몇이 이를 증명한다. 예를 들어 슐로서Schlosser[141]에게 보낸 유신론Theismus에 대한 그의 편지가 있다. 여기서 야코비는 절대적으로 비역사적인 유신론의 공허함, 소위 순수 이성종교의 공허함을 완벽하게 파악하고 있었다. 이 과정을 진행해가면 야코비는 특히 역사 철학의 개념에 도달해 갔을 것이다. 야코비는 모든 근대 체계의 참된 특성을 인지했다. 다시 말해서 그 체계들은 우리가 본래 알고자 요구하는 그런 것 대신에, 그리고 우리가 숨김 없이 솔직하고자 할 때 노력

---

141 역주: 슐로서(Johann Ludwig Schlosser, 1738-1815)는 계몽주의 신학자이자, 희극연구의 일원으로 극작품을 저술한 극작가이다〈https://de.wikipedia.org/wiki/Johann_Ludwig_Schlosser_(Theologe,_1738)〉.

을 기울여 알아야 할 가치가 있는 것 대신에, 불쾌한 대체물을 제공하며, 사유가 자기 자신을 넘어서지 못하는 그리고 자기 자신 내부에서만 진행하는 앎을 제공한다. 이에 반해 우리는 사유보다 상위의 어떤 무엇을 통해 그와 같은 사유의 고통으로부터 벗어나기 위해 사유를 넘어설 것을 요구한다. 초기 야코비가 이렇다. 그의 초기 저작들에서 야코비는 바로 "역사 철학Geschichtliche Philosophie"이라는 표현을 사용했다. 정황이 말하고 있는 것처럼 야코비는 이 표현과 더불어 내적으로 역사 철학이 아니라, 오히려 계시와 역사를 외적인 근본 토대로 가지는 그런 철학을 이해하고 있었다. 이런 한에서 야코비의 철학은 경험 철학의 첫 번째 방식에 해당하는 것으로 보인다. 그 당시 야코비는 본래적인 계시를 믿는 자, 소위 초합리주의자Superrationalisten 혹은 초자연주의자들, 예를 들어 라바터[142], 슐로서와 완전히 일치하는 것처럼 보인다. 이것이 야코비를 한동안 비난의 대상이 되게 했는데, 왜냐하면 그 당시는 일반적으로 소위 계몽주의가 유지하던 주관적 이성성의 목적을 강력하게 요구하던 시대였기 때문이다. 그리고 이 이성성에 반해서 야코비는 마음의 요구들을 그리고 시적 본성의 요구들을 정당화하려 시도했다. 오늘날 관습적이며 진실한 그리고 기독교적인 지각을 가진 저자가 그를 진리의 증인으로 내세울 때, 그는 그 당시 비난에 대해 감사해야 한다. 그러나 야코비는 이런 비난에도 불구하고 결국 세계를 정화하려 했으며 그리고 세계를 자신이 추측하

---

142 역주: 라바터(Johann Caspar Lavater, 1741-1801)는 골상학자이자 계몽주의자이며, 개신교 목사이자 철학자이다. 그는 얼굴 형상과 신체 형태를 골상학적 특성들로 나누어 고찰하였고, 이런 그의 골상학 연구는 당시에 많은 사람들에 의해 상이한 관점에서 다루어졌다. 이외에 라바터는 신학, 교육학 등의 저작을 남겼다〈https://de.wikipedia.org/wiki/Johann_Caspar_Lavater〉.

고 있는 초-합리주의에서 완전히 중지시키려 시도했다. 그럼에도 불구하고 그의 마지막 지지자 중 한 사람은 우리가 야코비의 믿음이 (그는 이것을 확증할 수 있다) 순수 이성신앙이라는 일반적 의미에서 야코비를 계시를 믿는 자로 간주했을 때, 이 사람에게 얼마나 부당한 일이 발생하였는지를 고려하면서 그를 다룰 필요가 있으며, 야코비 사후에 다시 그를 설명할 필요가 있다고 주장한다. 그러나 이것은 필요하지 않다. 왜냐하면 야코비는 그의 삶의 마지막쯤에는 참으로 비탄에 빠져 있어서, 그의 신봉자 중 누가 보다 더 나은 사람인지 혹은 야코비가 공격하고 그리고 추방한 사람 중 누가 더 나은 사람인지 그리고 이런 이유로 그 중에서 자유롭고 독립적인 마음을 가지고 있는 탁월한 한사람이 누구인지를 구별하여 알아야 할 필요가 없었다. ― 내 생각에 야코비는 나중에 철학에서 그토록 높은 교양을 요구했던 그런 앞서 합리주의가 아닌 가장 공허한 합리주의에 헌신했다. 그리고 그는 이성 자신이 자기를 인지한다고 찬양하는 앞서 합리주의가 아니라, 보통 계몽주의라 불렸던 그와 같은 것의 주된 내용을 형성한 앞서 결핍된, 단순히 주관적인 합리주의에 헌신했다. 이 합리주의를 통해서 야코비는 자신보다 이른 시기의 스피노자, 라이프니츠 그리고 다른 위대한 인물들과 동일한 등급에서 어울렸으며 그리고 철학적으로는 낮은 수준의 집단으로 퇴락하였다. 야코비 후기 저작에서 그리스도와 기독교에 대한 그의 표현은 광기 어린 신학적 합리주의의 관점과 완전히 일치한다.

야코비는 그의 철학의 이런 출발점으로 인해 그의 교육과정에 큰 영향을 미친 두 사람과는 전혀 유사하지 않다. 그리고 내가 이 역사적 전개의 이행과정을 부당하다고 생각하는 그 두 사람과는 전혀 다르다.

이 두 사람 중 한사람은 파스칼Pascal[143]이다.

여전히 개념파악을 추구하는 사람, 참으로 역사 철학이 도달해야 하는 오성성과 개념성의 지점을 위한 척도를 요구하는 사람, 그런 사람은 파스칼의 『팡세Pensées』를 읽는다. 어떤 다른 철학의 반자연성으로 인하여 자연적 상태 그리고 건강한 상태란 모든 의미를 회복할 수 없을 정도로 상실한 사람이 파스칼의 사상을 주의하여 읽는다면, 역사 체계 이념이 상당 부분에서 그를 사로잡을 것이다.

이런 사람 중 다른 한 사람이 하만Johann Georg Hamann이며, 초기 예언서처럼 불가해한 종이뭉치로 흩어져 있어서 쉽게 소유할 수 없는 그의 전집은[144] 의심의 여지없이 지난 시기 문학이 지니는 매우 중요한 성과라고 할 수 있다. 나는 여러분에게 이 저작을 직접 추천하려는 의도에서 이

---

143 역주: 파스칼(Blaise Pascal, 1623-1662)은 프랑스 자연학자, 수학자이며, 신학자다. 그의 주저로 알려져 있는 『팡세(Pensées)』는 일종의 유고로 그가 생전에 단편어로 기록하여 놓은 노트를 모아 출판한 책이다. 1842년 쿠쟁(Victor Cousin)이 프랑스 학술원 보고에서 파스칼의 사후에 출판된 유고에 대해 비판적 태도를 취하면서, 그리고 현실적으로 이 유고에 접근할 수단이 사라지면서 1844년 새로운 판본의 『팡세』가 출판되었다. 기독교에 대한 명증적 논증을 담고 있는 『팡세』는 크게 두 부분, 1. "신이 없는 인간의 빈곤", 2. "신과 함께하는 인간의 행운"으로 이루어져 있다. 첫 번째 부분에서 파스칼은 인간 상태를 극적으로 묘사하며, 역설적 형식을 지닌 실존으로 묘사한다. 그 후 기독교에서 인간실존의 최상의 좋음에 대한 추구와 인간실존의 모호성에 대한 해소가 서술된다. 이를 통한 파스칼의 목적은 무신론자의 회개이다. Wilhelm Schmidt-Biggemann, artl. Pascal, Blaise, 앞의 책, S. 536-541.

144 Herausgegeben von Fr. Roth. Berlin 1821-1825.
역주: 로스(Klaus Friedrich Roth)가 하만 전집(Hammans Schriften)을 베를린에서 출판하였다. 하만(Johann Georg Hamann, 1730-1788)은 괴테의 『이탈리아 기행』에서 독일의 "고인"이라 불렸으며, 야코비와 오랜기간 친구였던 독일 철학자이며, 종교적 계시를 경험한 후에 계몽주의에 대한 비판적 태도를 가진 인물이다. 그 결과 그는 소크라테스의 무지로부터 출발하여 기독교 신앙을 평가한다. 그는 최상의 통일은 분석적 사유능력인 오성에 의해서는 불가능하다고 주장하며, 계몽주의사상에 대립한다. 바로 이어서 그는 언어와 역사 이전의 이성은 존재할 수 없다고 주장한다. 이점에서 사유능력은 언어와 직접적으로 관계 맺고 있다. 계몽주의 사유양식에 대한 비판과 언어와 역사의 우위에 대한 강조가 하만을 낭만주의의 선구자로 평가하도록 한다. Reiner Wild, artl. Hamann, Johann Georg, 같은 책, S. 275-276.

것을 말하고 있는 것은 아니다. 그 저작의 많은 암시를 이해하고, 깊은 경험을, 전체적 의미에서 이 경험을 파악하고 있는 많은 다양한 학문이 존재한다. 그러나 이 저작들은 젊은 사람들이 읽기에 적당한 책은 아니며, 단지 저작을 손에서 놓지 않고, 지속적으로 자신의 이해 척도로 고찰하는 그런 사람들을 위한 저작이다. — 야코비가 평가한 하만은 운율을 갖춘 말과 무질서한 말, 빛과 어둠, 관념론과 유물론의 참다운 전체$\pi\alpha\nu$이다.

하만은 그 어떤 체계도 가지지 않았으며 그 어떤 체계도 구축하지 않았다. 그러나 전체를 의식하는 사람, 즉 하만의 이 모든 상이한 그리고 분리된 진술들을, 운율을 갖춘 표현과 겉보기에 무질서한 표현 그리고 매우 자유로우면서도 한편으로 다시 극단적으로 정통주의적인 표현을 하나로 요약하여 파악하는 사람, 그 사람은 인간이 일반적으로 이해한다고 생각하는 그런 범위에서 어떤 것을 이해할 수 있으며, 또한 그는 하만이 몇 가지 통찰에 도달했다고 자신있게 말할 수 있다. 철학은 실제 심오한 학문이며, 많은 경험의 저작이다. 만약 정신적 경험이 없는 사람, 단순한 기계론자들 모두가 동일하게 자유라면, 그들은 여기서 하만을 평가할 때 자신들의 본성을 들여다보는 지점에 이를 수 없다. 그리고 그들은 하만의 사유방식의 핵심으로 파고들어갈 수 없으며, 하만의 개인적 오류와 약점에 머무를 수 없기 때문이다. 이 오류와 약점이 없다면, 하만은 바로 그 하만이 되기 어려울 것이기 때문이다. 그리고 기계론자들은 하만 정신의 덕성과 탁월성과 결합되어 있어서, 기계론자들은 하만의 정신과 구별되지 않는다. 야코비는 자신의 친구인 하만의 무질서한 표현을 비판한다. 물론 야코비는 하만의 많은 표현들에 결코 관여하지 않는다.

쉽게 말해서 모든 것은 단순히 이성과 결합되어 있지만, 이 모든 것은 확실한 체계들이 형성해야 하는 가장 맹목적인 전제이다. 그러나 언제 달라진단 말인가! 그리고 그것은 다르게 존재한다. 물론 이것은 선천적으로 통찰되지 않는다. 왜냐하면 무엇임은 후천적으로 통찰될 수 있기 때문이다. 다르게 존재할 수 없는 것만이 선천적이다.

이것은 우리가 생각하는 만큼 그렇게 계획적이며, 그렇게 단순하지 않다. 오히려 경이로우며 그런 한에서 우리가 원한다면 무질서하게 결합되어 있다. 구약성서에서 신은 바로 경이의 신이며, 다시 말해서 우리는 그에 대해 경외해야 한다. 그리고 하만은 재치 있게 이런 의미에서 시라쿠사이의 전제군주 시모니데스Simonides의 유명한 말을 이해한다. 즉, 내가 신에 대해 오랫동안 숙고하면 할수록 나는 신을 파악할 수 없게 된다. (하만은 이 말을 바로 우리가 경이로운 혹은 역설적인 인간의 말을 이해하는 것과 같이 이해한다) 우리는 한동안 그와 같은 일을 원저자를 대신해 수행해야 하며 그리고 우리는 선천적으로 파악할 수 있는 것 이상으로 평범한 인간이 된다.

이제 우리는 다시 야코비로 돌아간다. 우리가 이제까지의 야코비를 두 시기로 구별한다면, 하나는 그의 철학이 초자연적 철학으로 등장하는 시기이고, 다른 하나는 그가 초자연주의, 계시에 대한 (역사적인 것에 대한) 의존성에 대립하는 시기이다. 다시 말해서 주관적 감정에만 머물러 있었으며, 그가 이전에 공격했던 그와 같은 공허한 유신론에 만족해 있었다. 그러나 후기의 야코비는 일반적이며 주관적인 합리주의와의 화해를 시도하지 않았으며, 그리고 또한 야코비는 시작할 때 사용한 감정이라는 단어의 자리에 이성이라는 말을 대체하여 놓는 자신만의 독특한 발명을 통해 객관적인 합리주의, 즉 학문적인 합리주의에 보다 가까이 접근하려고 시도하지도 않았다. 그리고 이것은 야코비가 이 이성에 신에 대한 직접적이며 맹목적인 앎을 부여하고, 이성을 신과 신적 사물을 위한 직접적 기관Organ으로 소개할 때도 마찬가지다. 이것은 야코비가 철학에 선사했던 가장 좋지 않은 선물이었다. 왜냐하면 우리가 한마디 말로 모든 난점들을 제거하는 이런 편리한 직접적 앎이 재능이 없는 사람들에 의해 파악되었기 때문이다. 또한 야코비의 영향으로 형성된 수준이 높은 학파든, 수준이 낮은 학파든, 더욱이 우리에게서도 젊은이들의 학문적 교양을 배척하는 다양한 손실이 발생했었기 때문이다. 우리는 이성에 부여된 이런 규정에서 동시대 철학에 대한 오해를 혹은 이런 편의를 수단으로 철학에 대립하려는 시도를 인지할 수 있다. 여기에서의 불합리는 다음과 같았다. 직접적인 이성적 앎의 이 신은 보편 실체가 아니라, 오히려 일반적 믿음이 신을 일상적으로 사유할 수 있는 정신적이며 그리고 도덕적인 속성들로 가득 차 있는 인격신이어야 한다. 그러나 인격적 존재와의 직접적 관계는 역시 인격적 존재여야만 한다. 나는 이 존재와 교섭해야 하고, 이 존재와의 참다운 경험적 관계를 맺어야 한다. 그러나 그런 경험적 관계는 모든 인격적인 것이 이성으로부터 배제되어 있다. 이성은 비인격적인 것이어야 한다. 이성이 직접적으로 인지하고 있는 무엇은 바로 이성 자체와 마찬가지로 모든 경험적 규정들로부터, 즉 모든 인격적 규정들로부터 벗어나 있어야 한다. 만약 신이 직접적으로 이성과 함께 정립되어 있고 의식되어 있다면, 이것은 물론 그 어떤 매개적 앎을 필요로 하지 않으며, 다시 말해서 학문을 필요로 하지 않는다. 그리고 이것은 신 개념에 이르기 위해서도 아니고, 신의 현존을 확신하려는 것도 아니다. 왜 야코비가 그의 초기 저작들에서 그리고 보다 성숙한 시기에도 모든 경험적인 것을 배제하는 이성을 오성의 하위에 정립하려 했었는지는 논쟁의 여지없이 이성으로부터 모든 인격적 관계를 배제하려 하였기 때문이었다. 야코비가 그의 첫 번째 의도를 시작할 때의 목적으로부터 어떻게 완전히 벗어나게 되었는지는 다음 정황에서 증명된다. 야코비는 자신의 삶의 마지막쯤에 수행했던 저작의 전집 판본에서 자신이 초기에 이성이라 부르고 이성의 부정적 특성을 암시했던 그 모든 자리에 등장하는 이성은 오성으로, 그리고 오성은 이성으로 읽어야 한다고 그의 독자들에게 공포했었다. — 그리고 동시에 초기의 양호한 시도의 모든 흔적을 지우려 했다. 왜냐하면 야코비가 초기에 인정했던 것처럼 철학에서는 오성이 마땅히 첫 번째 자리를 차지하고 있으며, 이성은 두 번째 자리를 차지해야 하기 때문이다. 바로 이것은 모든 것이 개념적으로 파악되어야 한다는 철학에의 요구로부터 밝혀진다. 그로부터 다음의 사실이 분명해진다. 철학은 근원적인 개념 파악자가 아니다. 그리고 철학이 근원적으로 개념파악하지 못한 많은 것이 존재한다. 철학에서 그 자신의 직접적 내용을 넘어선 모든 것을 개념적으로 파악하는 그 무엇을 우리가 오성이라 부르려 하지 않는다고 할 때, 우리는 도대체 이것을 무엇이라 불러야만 하는가? 신은 오성적으로만 인식된다. 그리고 사유의 목적에 이른 최상의, 최고의 교양에 다다른 오성만이 비로소 신을 인식한다. 이성은 직접적인 것만을, 존재할 수 없는 것을 인식한다. 이성은 가정에 있는 여성처럼 실체에, 우시아ούσία[145]에 의존하며, 가정에서의 평안과 질서를 유지

---

145 역주: 우시아(Ousia)는 본질(Wesen) 혹은 실체(Substanz)로 번역된다. 이 점에서 우리는 우시아를 삶의

하기 위해 이성은 실체에 천착해야 한다. 이성은 바로 결합자, 제약자이다. 그에 반해 오성은 확장자, 진보를 이끄는 자, 활동자이다. 이성은 부동자이며, 그 위에 모든 것이 건설되어야 하는 토대이지만, 그러나 바로 그 때문에 이성 자신이 건설자일 수는 없다. 이성은 직접적으로 순수 실체와 관계하며, 이 실체는 이성에게는 직접적 확신이다. 그리고 그 외에 이성이 개념 파악해야 하는 모든 것은 이성의 입장에서는 오성에 의해 매개되어 있어야 한다. 이성의 기능은 부정자에 고착되어 있다. 바로 그 때문에 오성은 긍정자를 갈구할 필요가 있는데, 앞서 오성만이 유일하게 이 긍정자에 복종하기 때문이다. 이성은 긍정자를 위한 직접적 기관이 아니다. 오히려 이성의 모순을 접하고서야 비로소 오성은 긍정자의 개념

공간이 맺는 연관관계들이라고 이해할 수 있다. 예를 들어 한 지역에서 오랫동안 농사를 지어 온 농부는 자신이 경작하는 대지와 하늘의 변화를 체현하고 있는 사람이며, 자신을 둘러싸고 있는 주변 세계에 익숙해져 있는 사람이다. 따라서 농부는 자신이 딛고 서 있는 대지와 이고 있는 하늘 그리고 자신을 둘러싼 주변 세계의 변화를 알고 있으며, 변화에 맞춰 자신이 무엇을 해야 하는 지를 익히고 있는 사람이다. 그러므로 우시아는 우리가 삶을 살아낸 곳이며, 따라서 우리가 살아갈 수 있는 장소라고 할 수 있다. 이점에서 우시아는 "존재해 옴(Gewesen)"이라고 할 수 있을 것이다. 우시아에 대한 철학적 논의는 플라톤부터 시작한다. 여기서 우시아는 다른 존재자들에 대해 제일인 존재로 파악된다. 왜냐하면 다른 모든 존재자들의 존재가 우시아에 의존하기 때문이며, 또한 우시아로부터 모든 존재가 해명되기 때문이다. 플라톤은 이데아론에서 상이한 방식으로 존재하는 우시아들을 말한다. 이에 반해 아리스토텔레스는 『형이상학』의 Z권에서 우시아를 다룬다. 그에게 우시아는 ① 모든 사물들의 제일의 근원존재이며, ② 일련의 제약자들 가운데 어떤 무제약자이다. 그래서 우시아는 그 어떤 주어의 술어가 될 수 없는 존재이며, 다른 존재의 속성이 될 수도 없는 존재이다. 오히려 우시아는 그와 관계 맺는 모든 속성들을 자신 안에 내속하는 존재이다. ③ 우시아는 존재사실의 본질이다. ④ 우시아는 어떤 개별자이다. ⑤ 우시아는 일정한 관점에서 구분가능하다. 여기서 아리스토텔레스는 플라톤 이데아론과 같은 우시아의 분할을 말하고자 하는 것이 아니라, 우시아의 관념적 관점에서의 구분가능성을 말한다. ⑥ 우시아는 직접적 단일체이다. 즉, 우시아는 사물들에 내속하는 개별 형식이다. 예를 들어 생명체에게 영혼이다. 여기서 우시아는 다시 어떤 보편자다. 그래서 우시아는 개별인지 혹은 그렇지 않은지의 물음은 해소되지 않는 문제로 남아 있다. Peter Prechtl u. Franz-Peter Burkard, artl. Ousia, in: *Metzler Philosophie Lexikon*, 2. Aufl.(Stuttgart/Weimar: J. B. Metzler, 1999), S. 422-423.

으로 상승하여 간다.

야코비의 초기 이성에 대한 관계 혹은 이성에 대립적인 태도는 다음과 같았다. 야코비는 이성을 거의 시인하지 않았으며, 신적인 것, 긍정자에 직접적으로, 다시 말해서 부정자의 배제와 더불어 그리고 그와 같은 부정자를 극복하지 않은 채로 도달하고자 하였다. 그러나 야코비가 후기에 취한 태도는 완전히 전도되어 있었다. 다시 말해서 야코비가 초기에 이성의 배제와 더불어 주장하려 시도했던 앞서 직접적 앎이 이성 자체에 부여되어 있다.

이성의 직접적 앎이 신에 대한 앎이라고 한다면, 신은 직접적 존재자일 뿐이며, 다시 말해서 신은 실체일 뿐이다. 이에 대항해 야코비는 열정적으로 맞서 싸운다. 왜냐하면 그는 인격적이며 경험적인 신을 원하기 때문이다. 신에 대한 직접적인 앎은 맹목적인 앎일 뿐이며, 다시 말해서 무지의 지일 뿐이다. 그러나 여기서 신은 단지 존재하지 않는 존재자τό μή ὄντως όν일 뿐이며, 그래서 존재하는 존재자όντως όν일 뿐이다. 또한 신은 긍정적이며, 분명하며, 앎의 방식만이 의식될 수 있을 뿐이다. 이 경우 전적으로 신은 존재하지 않는 존재자(부정자)일 것이다. 잘 알려져 있는 야코비의 진술은 다음과 같다. 의식할 수 있는 신은 결코 신이 아닐 것이다. 다시 말해서 (우리는 원래 명제를 이렇게 이해해야 했다) 신이 의식될 수 있다면, 신이 앎의 빛으로 끌려 들어갈 수 있다면, 신은 부정자이며, 그래서 신은 신이기를 그만둔다. 야코비의 명제는 동일하게 이렇게 말한다. 보이게 될 것인 암흑은 더 이상 암흑이 아니다. (고대인들에 따르면 암흑은 빛과 함께하는 존재자도 아니고, 빛 없는 존재자도 아니다) 물론 우리는 이 해석을 야코비에게 적용할 수는 없다. 한편으로 야코비는 절제력이 있는 사람, 즉 극단적인 어떤 것을 주장하지 않는 사람이기 때문이며, 다른 한편으로 이것은 그의 다른 곳에서의 의도와 모순되기 때문이다. 그 외에 그는 인격적 혹은 인간적 관계가 가능한 인격신, 인간적인 신을 원했기 때문이다. 오히려 야코비가 그의 근원적 사유방식 혹은 자각에 따라 말하고자 하는 것을 정당하게 표현하자면 다음과 같다. 어떤 것이 수학에서 의식되는 것처럼, 즉 본래 알지 못하는 앎에서 의식되는 것과 같은 그런 방식에서 신이 의식되거나 혹은 의식될 수 있다고 한다면, 그런 신은 결코 신이 아닐 것이다. 그러나 이것이 그의 참된 생각이라면, 그로부터 바로 다음이 도출된다. 신은 직접적으로 의식될 수 없다. 왜냐하면 직접적인 앎은 맹목적 앎일 뿐이며, 무지의 지는 곧 운동을 통한 앎이 아니기 (=das nicht durch Bewegung weiß) 때문이다. (왜냐하면 각 운동에는 매개가 있기 때문이다) 오히려 앎은 운동하지 않기 때문에 단지 아는 것일 뿐인 그런 앎이기 때문이다. ― 바람이 부는 데로 여기저기 따라 움직이는 진짜 갈대와 같이 ― 야코비가 얼마나 동요하는지를 우리는 이제 (최종 해석에 따라서) 이런 전적으로 옳은 명제(신 등등)와 그 후 신에 대한 직접적인 이성적 앎을 제기하는 주장으로부터 알 수 있다.

　나중에 야코비는 합리주의와 화해하기 위해 감정을 이성으로 대체했기 때문에, 그의 철학은 그 이전에 지녔던 진리를 상실했다. 감정은 인격적 관계를 표현한다. 그러나 그 이전에는 생각할 수도 없었던 비인격적 이성에 인격신과의 직접적 관계가 부여되어야 한다. 야코비는 최종 심급에서 합리적 체계들은 결코 아무것도 설명하지 않는다는 확실한 통찰을 가지고 있다. (기하학은 그렇게 존재하고 있는es Ist so 어떤 것을 거의 설명하지 않으며 혹은 말하지 않는다) 마땅히 우리가 야코비의 모든 언어사용법을 충분히 알기 전까지는 우리가 오랫동안 싫증내지 않고 즐긴 뉘른베르크식 그릴파티와 모든 이성체계의 학문적 비교가 야코비에게서 이루어졌다는 사실이다. 그럼에도 불구하고 ― 자신의 불운으로 인해서 ― 야코비는 앞서 부정자 이외에 앎의 다른 가능성을 전혀 발견하지 못했다. 이런 실체적 앎에 대립하여 그에게 남아 있는 유일한 앎은 이 앎 앞에서 눈을 감는 것이었으며, 이 앎에 대하여 전혀 알려고 하지 않았다. 이와 함께 야코비는 보다 상위의 학문에 이를 모든 수단을 자신에게서 박탈했다. 부정자에서 자신의 토대를 보존하지 않는 모든 철학은 그리고 부정자 없이, 직접적으로 긍정자를, 신적인 것을 획득하고자 하는 모든 철학은 결국 필연적인 정신적 쇠약으로 죽는다. 이런 학문적 쇠약이 야코비 철학의 참된 특성이다. 왜냐하면 야코비가 신을 향한 길 혹은 신적 사물을 향한 길에서 도달한 것조차도 거의 환원되지 않았기 때문이며, 진정한 종교적 인식의 충만과 풍요에 비해서 실체적 앎은 너무 부족하고 그리고 너무나 빈약하기 때문이다. 그래서 야코비가 더 이상 통찰할 능력이 없을 때, 우리는 인간 정신의 운명을 한탄해야 한다. 야코비 철학의 끝은 그 철학이 신에 대해 그리고 신적 사물에 대해서가 아니라, 오히려 신적이지 않은 것에 대해서, 신적인 것에 대립하여 있는 것에 대해 그 어떤 본래적인, 다시 말해서 학문적인 앎도 가지고 있지 않다는 사실을 분명히 밝히고 있다.

야코비는 초기에 정신적인 것을 향한 높은 열정, 말하자면 초감성적인 것에 대한 높은 열정을 보였다. 그러나 단지 그의 본성에는 필연적인 균형이 결여되어 있었을 뿐이다. 왜냐하면 정신적인 것은 참으로 비정신적인 것과의 관계에서만 그리고 그런 비정신적인 것의 극복을 통해서만 획득될 수 있을 것이기 때문이다. 모든 예외를 보다 나은 측면이라고 선호하며 정립하는 일은 철학에서는 악의적인 것이다. 처음부터 야코비는 그의 철학적 고찰 영역에서 자연을 배제했다. 여기서 야코비는 소위 자신의 저작 전반에 걸쳐 자연을 향한 사랑을 그리고 그런 자연에 대한 풍부한 지식을 표현한 칸트와 구분된다. 그에 반해 야코비는 항상 자연에 대한 격렬한 공포에 사로잡혀 있는 것처럼 보인다. 그리고 야코비가 자연에 대한 지식을 얻는 경우에는 철저하게 자연에서의 부자유, 비신성 Ungöttlichkeit 그리고 비정신성의 측면만을 인지했다. 아마도 그가 이러는 데에는 우연적 상황이 한몫했을 것이다. 즉, 야코비는 자연학과 철학에서 탁월한 사람인 제네바의 르 사쥬[146] 교수를 선생으로 만났다. 르 사쥬는 뛰어난 데카르트주의자였으며 18세기 중반이 지나서도 데카르트적 척추체계와 유사하게 원자적이며 기계적인 중력체계를 깊이 탐구했다. 아마도 야코비의 특이한 특성은 이 선생으로부터 기인했을 것이다. 그래서 야코비는 나에게 자주 다음과 같이 말했다. 물질은 결코 살아 있는 것이라 생각할 수 없다. 그에 반해 괴테는 언젠가 이렇게 말한 적이 있었다. 나는 물질이 살아 있지 않는 것이라 생각하는 것을 어떻게 받아들여야 하는지를 알지 못한다. 이런 사유의 고유한 특성이 후기 야코비에

---

146 역주: 르 사쥬(Georges-Louis Le Sage, 1724-1803)는 자연학자이며 수학자이다. 뉴턴의 만유인력법칙을 기계론적 중력이론으로 설명하고자 시도했으며, 이를 기반으로 전보를 최초 발명했고, 기체분자운동론의 선구자였다. 그의 중력이론의 핵심내용은 기계론적 운동론의 근본요소인 압력, 반발력 그리고 마찰력으로 중력을 설명한다는 점이다. 한 공간 안에 물체 A는 빗살모양처럼 사방으로 자신의 힘을 발산하며 존재하고, 물체 B는 또한 A와 같이 같은 힘으로 자신의 힘을 발산하며 존재한다. 물체 A와 물체 B는 서로에게 동일한 힘의 압력, 동일한 힘의 반발력, 동일한 힘의 마찰력으로 서로를 마치 우산과 우산처럼 마주하여 존재한다. 이 책의 에피쿠로스 각주 155 참조〈https://de.wikipedia.org/wiki/Georges-Louis_Le_Sage〉.

게 유지되고 있다. 이것은 칸트의 자연학에 대한 형이상학적 시작근거도 아니며, 바로 판단력에 대한 그의 비판도 아니다. — 칸트가 여기서 끝을 맺듯이 만약 그가 여기서 시작했다고 한다면 아마도 그의 전체 철학은 전혀 다른 방향으로 진행되었을 것이다. 이 칸트의 가장 심오한 저작은 여기서 약간 변형되었다. 야코비가 본질적 근본요소로서 자연을 자연으로 완전히 수용한다고 했을 때, 여기에는 가장 일반적이며 그리고 가장 거친 의미에서 이 체계를 범신론이라 책망하고 그리고 어떤 방식으로든 이 체계를 추적할 다른 무기가 그에게는 남아 있지 않다. 그러나 철학은 단순히 최상의 것만을 제시해서는 안 되며, 실제로 모든 것을 파악하는 학문이기 위해서 철학은 최상의 것을 가장 심층에 존재하는 것과 현실적으로 결합해야 한다. 자연을 절대적으로 비정신적인 것이라고 미리 앞서서 폐기한 사람은 소재를 자신에게서 박탈한 것이다. 이 소재에서 그리고 이 소재로부터 그는 정신적인 것을 개진할 수 있기 때문이다. 창공을 나는 독수리의 힘은 독수리가 바닥으로 당기는 힘을 느끼지 않기 때문이 아니라, 오히려 독수리가 이 당기는 힘을 극복함으로써 이 힘을 자신의 상승의 수단으로 삼기 때문이라는 사실이 입증된다. 자신의 뿌리를 대지에 깊이 박고 있는 나무는 꽃을 단 꼭대기를 하늘을 향해 뻗기를 바랄 수 있다. 그러나 근본적으로 자연과 분리된 사상은 뿌리 없는 식물과 같고, 혹은 적어도 하늘에 다다를 수 없는 그리고 자신의 무게로는 대지와 접촉할 수도 없는 늦은 여름 공중에 흔들리는 여린 거미줄과 같다. 이념의 이런 고대적이며 순진무구한 초여름이 특히 학자풍으로 그리고 우아하게 표현된 야코비의 사상들에서 발견된다.

따라서 야코비 철학의 끝은 보편적 무지다. 만약 야코비가 철학은 자신이 가장 열정적으로 갈망한 것, 즉 일반적 경험의 한계 저편에 놓여 있는 것에 대한 해명을 입증할 수 없다고 주장할 때, 여기서 야코비는 합리주의에 완전히 동조하고 있으며, 동의하고 있다. 단지 이런 점에서만 야코비는 합리주의와 다르다. 그는 본래 철학의 최상의 보상이어야만 하는 그 모든 것으로 인해서 비철학Nicht-Philosophie, 무지를 환기시킨다. ─ 감정, 확실한 예견을 혹은 그의 초기 저작에서 말한 믿음을, 그가 나중에는 (왜냐하면 합리주의의 시대에 믿음은 어떤 통제 불가능한 것이었기 때문에) 직접적인 이성적 앎으로 대체하는 믿음을 환기시킨다. 그리고 이성적 앎은 그 때문에 감정으로서가 아니라 스스로 학문으로 형성될 수 있어야 한다(모순). 참으로 그리고 본래적인 의미에서 모든 긍정자로 인해 인간에게 믿음을 환기시키는 이런 교시는 특히 야코비 철학에만 고유한 교시가 아니다. 이런 교시는 이전부터 관습적으로 사용되어 왔다. 왜냐하면 이전에는 관습적 철학의 무내용성이 계시의 풍부한 내용에 대립하여 눈에 띄었기 때문이다. 여기서는 앎과 믿음의 관계가 중요하기 때문에 나는 이에 대해 설명하고자 한다. 우리는 다음과 같이 나눌 수 있다. ① 철학에 대해 관심이 없는 그런 사람들 혹은 결함이 있는 것으로 보이는 그들의 관심은 바로 그들이 역사적 믿음, 기독교적 믿음이라고 이해하는 믿음은 철학이 포괄하지 않는 것과 포괄할 수 없는 것을 담지하고 있다 것을 증거로 제시한다. 따라서 여기서는 앎과 믿음, 혹은 철학과 믿음은 두 개의 상이한 영역처럼 상호 외면적으로 존재한다. 그리고 우리는 이 대립을 충분히 파악하고 있으며 데카르트에 의한 철학의 해방 이래로 믿음은 어떻게 발생해야 하는가를 잘 통찰하고 있다. 왜냐하면 여기서 철학은 긍정 종교positive Religion의 내용을 자기 외부에 두기 때문이다. (데카르트는 그의 모든 저작에서 교회의 가르침에 대립하는 그 어떤 주장도 하려 하지 않았다고 항의한다. 이에 반해 데카르트는 자신의 철학의 소재를 자신의 힘으로 마련하는 것을 목적으로 한다. 그러나 ― 이미 스콜라학파로부터 긍정적 내용을 전제하는 것이 관습적이기 때문에 ― 이제 철학은 전적으로 이 긍정적 내용으로부터 독립하여 있기 때문에, 철학은 자연스럽게 부정자로 빠져들어야 한다) 그러나 이제 거의 개념적으로 파악되지 않는다. ② 만약 믿음과 앎 사이의 이런 구별이 앎으로, 철학 자체로 이전된다고 한다면, 앎 및 믿음 ― 이 양자는 철학적이어야 하며, 따라서 한편에 철학적 앎이, 다른 한편에 철학적 믿음이 주장되어야 한다. 그러나 이것은 항상 두 가지 방식으로 발생할 수 있다. 즉, 믿음과 앎은 여기서 통일적으로 (적어도 자신에게 대항하지 않는 것으로) 생각되며, 혹은 양자는 상호 대립하는 것으로 생각된다. 후자가 야코비의 경우다. 따라서 그는 앎이 필연적으로 숙명론 그리고 무신론에 이른다고 앎에 첨언하며, 믿음만이 예언, 자유와 의지인 신으로 이끌어 간다고 믿음에 첨언한다. 그러나 이제 그렇게 대립할 때 믿음과 앎, 철학에서 이 양자가 철학적이어야 한다면 (그리고 확신에 차서 야코비는 무지에 대한 자신의 이론에도 불구하고 여전히 철학적 이론을 구축해야 한다는 결정적 요구를 한다), 믿음 및 앎은 철학적으로 설명되어야 한다. 그러나 철학적 앎과 전체적으로 이런 앎에 대립하고 있는 체계, 또는 철학적 믿음을 주장하는 체계는 형식적으로만 존립하는 철학적인 체계, 즉 철학적으로 개념 파악된 이분법 체계여야 한다. 우리는 이런 체계를 다음 방식으로 생각할 수 있다. 한편으로 합리적인 혹은 단순히 실체적인 앎은 완벽한 것으로 간주될 것이다. 다시 말해서 이성은 사실 자신을 모든 존재로 인식했다. ― 소위 모든 유한 존재로 인식했다. (왜냐하면 이성이 자신을 무제약적인 모든 존재로 인식했다면, 이성은 자신을 신으로 인식해야만 하며 그리고 신은 바로 이성일 것이기 때문이다) 만약 앎이 자신을 그의 순수 주체성에서 인식한다면, 앎은 자신을 모든 유한 존재로 혹은 보다 규정적으로 말해서 모든 유한 존재의 원리로 인식할 것이다. 그리고 이런 주체성은 (자신의 방식에서 무한하게) 그 후 무한한 객체성과의 관계를 자기 안에 포함할 것이다. 여기까지가 이성으로부터 다시 되짚어 간 길이며, 이성이 보편 실체로서 자기 자신에 대한 인식에 이르는 길이며, 이 길이 바로 완전한 앎의 길일 것이다. 그러나 앎은 이런 목적에서, 이런 완성에서 또한 자기를 단순한 실체Substanz로 인식한다. 그래서 필연적으로 앎은 실체인 혹은 종속되는 앎이며 혹은 단순히 비존재자로서 자신에 대립 관계하는 앎이다. 이런 앎은 자기와 구별된다. 그리고 앎은 자신을 단순히 실체적이거나 주체적인 존재자로 규정하는 것이 아니라, 오히려 순수 무한 객체성에서 존재하는 앎으로 ― 모든 주체성으로부터의 무한 자유에 존재하는 앎으로 규정한다. 이런 후자의 행위에서 앎은 ― 모든 것이 아니라, 다시 말해서 참으로 객관적인 존재자로 자신을 인식하는 것이 아니다. 오히려 자기 자신에 대한 이런 폐기에서 모든 존재자로서의, 바로 앞서 무한히 긍정적이며 ― 혹은 객관적인 ― 존재자로서의 자기를 신으로 정립할 것이다. 신 정립Gottsetzens이라는 이런 후자의 행위는 바로 앎이 앞서 자기 객관성(자기 객관존재)으로부터 완전한 주체성으로 퇴각하여 갈 것이라는 사실에 근거하고 있다. 이 행위는 어떤 상위의 것을 향한 그런 자기 폐기에 근거하고 있는 기도Andacht의 행위와 비교했을 때 필요한 주관적 행위이다. 이런 상위의 것에 대립하여 우리는 우리 자신을 완전한 주관존재의, 다시 말해서 자기이지 않은 존재의 상태로 정립한다. 이런 순수 주관적 행위는 그 후 앎에 대립하여 믿음의 행위로 혹은 믿음 자체로 표기될 수 있다. ― 그리고 이것은 다음의 이유로 그러하다. 앎은 자기 폐기를 통해 과도하게 존재자를 확증한다. 그러나 앎은 객관성의 나머지가 여전히 자신 안에 남아 있는 한에서, 앎이 자기를 폐기하지 않는 한에서, 앎은 과도한 존재자를 인지하지 못한다. 따라서 앎은 믿음에서 자기를 폐기한다. 이 믿음에서의 자기폐기를 통해서 ― 마찬가지로 포기된 자기성의 보상으로 ― 앎은 과도한 것Überschwengliche이 된다. 그럼에도 불구하고 앎은 주체적인 것으로서가 아니라 스스로 객체적인 것으로 자기를 폐기하고 있기 때문에 그리고 앎은 오히려 주체성에서 비로소 완성된 앎이기 때문에 (이전에는 앎이 객관적이고자 하는 한에서 앎은 자연의 산출자였다), 앎은 곧바로 앎으로 정지하여 있다. 그리고 후자는 동시에 결과이며 ― 완전한 앎 그리고 믿음에서 자기 자신을 폐기하는, 그러나 바로 참으로 긍정자를 그리고 신적인 것을 정립하는 앎일 것이다. 따라서 철학 내부에서는 이런 방식으로 앎에서 믿음으로의 이행이 발생할 것이다. 그 때문에 야코비는 그런 설명으로부터 멀리 떨어져 있었다. 그의 철학의 끝은 무를 통해서도, 보다 상위의 이념을 통해서도 해소되지 않는 순수 불협화음이다.

아무튼 예시된 것과 같은 설명은 필연적으로 제기되는 질문에 대한 대답을 지니고 있는 체계에서만 생각될 수 있다. 만약 그렇다면, 순수 앎은 그의 내면성에서 무엇이어야 하는가 그리고 원래 확실한 것인가? ― 비존재자인 한에서 그러한가 ― (왜냐하면 아는 자는 필연적으로 존재자에 대해서 스스로 비존재자이기 때문이다) ― 따라서 이런 것이라면, 순수 앎은 그의 내면성에서 무엇이어야 하며 그리고 비존재자이어야 하는가, 그의 자기 외적 존재에서 객관적 존재의 산출물이어야 하는가, 순수 앎이 비존재자임에도 불구하고 이런 원리에서 자기를 객관적으로 그리고 존재자로 정립할 위력은 어디에서 오는가? — 순수 앎의 실존Ex-sistenz[147]이, 다시 말해서 자기 외부의 존재는 어디로부터 기인하는가? 순수 앎이 존재해야만 하는 그 장소를 벗어난 존재, 다시 말해서 내면에서 벗어난 존재는 어디에서 기인하는가? 만약 순수 앎이 이런 외면성에서 세계를 산출하는 원리라고 한다면, 순수 앎은 어떻게 외면적이 되었었는가? 왜냐하면 순수 앎은 당위적으로 외면적이 되어야만 하기 때문이다. 끝에서 나타나는 것처럼 순수 앎은 당위적으로 외면적이어서는 안 되기 때문에, 순수 앎은 또한 본래 가능적으로 외면적일 수는 없다. 그리고 순수 앎이 도대체 본래 내면적이며 혹은 내면적이었다면, 순수 앎은 어떻게 내면적으로 정립되었겠는가? 왜냐하면 이것이 설명되어야 하기 때문이다. 간략하게 말해서 앞서 설명은 이미 역사적 체계인 혹은 역사적 체계에 가까이 접근해 있는 그런 체계에서만 가능할 것이다. 그러나 그런 체계를 야코비는 그 어떤 경우에도 불가능하다고 설명한다. 왜냐하면 앎과 관계해서 야코비는 전적으로 합리주의의 편에 서 있기 때문이다. 만약 우리가 그에게 체계를 부여하려 한다면, 우리는 그의 철학을 오직 이원론적 철학

---

147 역주: 하이데거에게 Ex-sistenz는 탈존을 의미한다. 맥락상 보기에는 탈존의 의미가 더 부합하지만, 본래 개념의 의미를 고려하여 실존으로 옮긴다. 하이데거에게 존재는 탈은폐성(Ent-borgenheit)이다. 존재가 여기 지금 현존하여 자신을 드러내는 진리를 하이데거는 aletheia의 합당한 독일어 번역어로서 '비은폐성(Unverborgenheit)'이라 불렀다. 따라서 진리는 하이데거에게 존재를 탈은폐하는 행위이다. 즉, 진리는 존재를 지금 여기(dasein)로부터 떼어내어 드러나게 하는 일이다. 만약 진리가 이런 존재의 탈은폐라고 한다면, 존재를 향한 물음을 이미 그리고 언제나 묻고 있는 인간 현존재는 존재의 탈은폐를 따라 자신의 지금 여기로부터 벗어나야 한다. 현존재가 존재를 향해 있는 한, 현존재는 탈존으로 존재한다.

으로만 간주해야 할 것이다. 그러나 우리는 다음과 같은 것을 첨언하여야 한다. 철학은 완전히 해소되지는 않는 이원론이며 그로 인해 자체로는 설명되지 않는 이원론이다. 한편으로 자유가 있고, 다른 한편으로 필연성이 있다. 그러나 ― 자유가 있다고 한다면 ― 또한 필연성이 있는 것처럼, 혹은 필연성이 있다고 한다면, 또한 자유가 존재한다. 그리고 야코비에 의하면 이 양자가 어떻게 함께 관계 맺고 있는가에 대해서는 전혀 알 수 없을 뿐만 아니라, 또한 결코 사유될 수도 없다. 야코비는 앞서 대립을 화해되지 않는 대립이라고 설명했다. 그래서 통일 자체는 사유 불가능하다고 말한다.

우리가 야코비의 모든 면을 따라 파악할 수 있는 가장 합당한 관점은 야코비를 양 시기의 경계에 서 있는 사람으로 고찰하는 것이다. 그 중 한 시기는 야코비 이전의 황량하고 불쾌한 사막으로 있었던 그리고 야코비가 그런 사막으로 느낀 시기이다. 다른 시기는 야코비가 까마득하게 먼 곳에서 찾아 헤멘 약속의 땅을 통찰한 시기이다. 야코비와 사막을 횡단하여 자신의 민족을 이끌어 간 이스라엘의 법제정자 사이에는 큰 차이가 있다. 즉, 모세 자신은 이 약속의 땅에 들어갈 수 없었으나, 그럼에도 불구하고 그의 민족은 이곳으로 들어가 이 땅에서 언젠가는 살아갈 것이라는 것을 확신과 낙관에 가득 차 예언하였다. 그러나 야코비는 스스로 들어가지 않을 뿐만 아니라, 다른 사람이 들어가는 것도 불가능하다고 주장했다. 그래서 우리는 야코비를 앞선 시대에 대항한 살아 있는 저항자로 그리고 보다 나은 시대에 대한 비자발적 예언가로 칭송하고 인정해야 한다. 야코비는 그의 생각으로는 결코 도래할 수 없는 이 시기를 예언하고자 하지 않았기 때문에, 그는 비자발적 예언가이다. 그러나 이스라엘을 저주하러 온 예언자 빌레암Bileam[148]이 예루살렘을 축복해야 했던 것처럼, 야코비는 그의 의지에 반해 이 시기를 예언했기 때문에 예언가로 칭송받아야 하고 인정해야 한다.

야코비가 인식하려 하지 않은 그런 앎이 있다. 그리고 앎은 한편으로 합리적인 앎이기 때문에 다른 한편으로 믿음을 물질적으로, 자신의 대상들에 따라서 자기 안에 포괄하기 때문에 ― 앎이다. 앎은 자유와 예언을 세계의 근원으로 파악하고, 인간 의지의 자유를, 죽음 이후 개인적 지속을 그리고 특히 믿음이 요구하는 무엇을 현실적으로 파악한다 ― 그러나 앎은 믿음을 이런 의미에서 배제하지 않는 것만이 아니라, 오히려 믿음을 형식적이고 본질적으로 자기 자신 안에 지닌다.

특히 여기서 나는 일반적이며 그리고 지속적인 언어사용을 상기해 보려 한다. 어떤 믿음에 따르면 절대적으로 그리고 각 의미에서 앎에 대립하는 것이 아니라, 오히려 직접적 앎에, 지켜보기Schauen[149]에 대립한다.

---

148 역주: 히브리어로는 발라암(Balaam)이라고 한다. 발라암은 자신의 임무를 회피하기 위해 다른 길로의 여행을 감행했지만 신의 천사가 다시 신적 임무의 길로 인도한다. 이 천사의 안내에 따라 발라암은 발락을 만나며, 발락은 예언자 발라암에게 야콥과 이스라엘에 대한 저주를 요구한다. 발락의 요구에 따라 발라암은 네 번에 거쳐 재단을 쌓고 신에게 제사를 지내며, 신의 신탁을 받았다. 발라암의 입을 빌려 인간에게 전달된 신의 신탁은 네 번 모두 발락의 의도와는 달리 야콥과 이스라엘에 대한 축복이었다. 구약성경, 민수기, 22-24, 한국천주교중앙협의회편.

149 역주: 본래 이론(Theorie)을 가리키는 말인 'theoria'는 관조, 어떤 것을 보고 있음, 어떤 것에 머물러 있음을 의미한다. 관조는 진리를 향한 우리의 눈길이며, 진리를 바라보고 같이 머물러 있음이고, 진리에서 눈을 떼지 않음이다. 파르메니데스는 자신의 교훈시에서 꿈에 여신(thea)이 나타나 자신을 마차에 태우고, 하나는 존재의 문이고, 다른 하나는 무의 문인 곳으로 이끌어 갔다고 한다. 무의 문에서는 그 어떤 경험도 있을 수 없기 때문에, 무의 문에는 진리가 머물러 있지 않지만, 그에 반해 존재의 문에서는 모든 경험이 발생하며, 이 때문에 진리는 존재의 문에만 머문다. 그러니까 우리를 진리로 이끌어가는 초월자는 여신, 'thea'이며, 또는 진리 자체는 여신과 마주하고 앉아 있음이라고 해야 할 것이다. 이때부터 진리는 직접적으로 존재의 문제였다. 파르메니데스, 『소크라테스 이전 철학자들의 단편선집』, 김인곤·강철웅·김재홍 등 역(서울: 아카넷, 2013), 270쪽 이하(DK28B1 이하) 참조. 그리고 플라톤은 "동굴의 비유"에서 동굴 속에 죄수로 묶여 가상의 가상만을 지켜보며, 진리로 인지하던 상

이것은 다음과 같은 진술로부터 밝혀질 것이다. 보지 않고도 믿는 사람들이 은총을 받는다. 따라서 믿음은 매개적 앎, 매개를 통해서만 가능한 앎에 철저하게 대립하여 있는 것은 아니며, 오히려 본질적으로 이 앎과 결합하여 있다. 그래서 매개적 앎이 있는 곳에는 필연적으로 믿음이 존재하며 그리고 믿음은 매개적 앎에서 주로 나타나며 그리고 다루어진다. 일상 삶에서 믿음은 직접적으로는 불가능한, 그러나 상황과 행위의 결과와 연쇄 고리 덕분에만 가능한, 간단히 말해서 다소 많은 매개를 통해서만 가능한 그와 같은 것을 확신에 차서 가능하다고 간주하는 것이다. 그런 한에서 우리는 모든 것은 믿음에서 발생한다고 말할 수 있다. 예술작품을 산출하기 위해 대리석을 자기 앞에 가지고 있는 예술가는 이 예술작품을 보지 않는다. 그러나 예술가가 지금 보이지 않는 그것이 자신의 노력을 통해서, 그가 대리석을 가지고 구상하고 있는 행위의 결과를 통해서 보여질 수 있다고 하는 믿음을 가지지 않고서는, 다시 말해서 확신에 차 있지 않고서는, 예술가는 어떤 것도 손댈 수 없을 것이다. 믿음은 항상 목표를 전제하며 본질적으로 어떤 규정된 것을 달성하려는 각각의 행위와 같이 있다. 콜럼버스는 그의 시대에는 아직 미지였던 세계

태로부터 동굴 밖의 사물들의 각 현상경험을 넘어 신과 마주하는 "신적인 관상"에 이르기까지 진리로의 등정과정을 기술한다. 인간영혼이 도달할 수 있는 최상의 단계인 신과 마주한 상태가 진리인지는 또한 신만이 아는 사실이다. 플라톤, 『국가』, 박종현 역주(서울: 서광사, 1997), 514 a 이하 참조. 이런 의미에서 진리로 나아가는 동력도 진리에 대한 판단도 여신의 몫이며, 인간의 몫은 아니다. 이처럼 여신과 함께 마주보고 있음인 진리의 상태, 관조는 근대 이후 자연과학의 진리개념인 실험과 관찰과는 상이한 진리개념이다. 근대 과학의 진리는 인식대상에 대한 인식주체의 적절한 처리방법이다. 근대는 진리를 얻기 위해 인식주체의 대상을 죽어 있는 사물로 발가벗겨 놓는다. 이렇게 진리를 얻어야 하는 대상존재를 주관의 위력으로 조작하여 획득한 진리는 더 이상 진리가 아니다. 오히려 과학적 방법을 통해 얻는 진리는 훼손되고 왜곡된 진리일 뿐이다. 존재의 진리는 오직 여신과의 마주보고 앉아 있기일 뿐이다.

의 일부분의 현존에 대해 믿었으며, 용감하게 서쪽을 향해 나아갔다. 만약 콜럼버스가 스페인 해변을 결코 떠나지 않았다면, 우리는 콜럼버스가 이 세계의 일부분에 대해 믿었다고 말할 수 있을까? 따라서 믿음은 의지와 행위가 동시에 존재하지 않는 곳에서는 없다. 믿기만 하고 움직이지 않는다는 것은 모순이다. 이것은 우리가 목적에 대한 믿음을 표시하고는 목적을 도달하기 위해 전혀 움직이지 않는 모순과 같다. 따라서 야코비가 믿음을 찬양만 하고는 수수방관 하고 있다면 이것은 모순이다. 여기서 참된 믿음은 믿음이 믿고 있는 그 무엇이 또한 이성과 엄밀한 학문에서 밝혀지게 되는 앞서 매개를 발견하기 위해 온갖 노력을 다함으로써만 증명될 것이다. 만약 믿음이 각자 목적을 향한 행위의 필연적 구성요소라고 한다면, 믿음은 또한 참된 철학의 본질적 근본요소이다. 모든 학문은 오직 믿음에서만 발생한다. 유클리드의 첫 번째 법칙들을[150] 이제

---

150 역주: 유클리드의 『기하학원론』은 '평면기하'에 대한 논의로부터 시작하며, 23개의 뜻매김과 다섯 가지의 공리를 제시한다. 23개의 뜻매김은 매우 단순하고 명백하다. 즉, "1. 점은 쪼갤 수 없는 것이다." "2. 선은 폭이 없이 길이만 있는 것이다." "3. 선의 양 끝은 점들이다." "4. 직선은 점들이 쭉 곧게 있는 것이다." "5. 면은 길이와 폭만이 있는 것이다." 등등이다. 공리는 평면기하의 논증을 시작하기 위해 필요한 최초 원리이며, 따라서 그 이상의 논증이나 논리적 이론적 증명을 필요로 하지 않는 자명한 근본명제를 말한다. 다섯 개의 공리는 다음과 같다. 첫 번째 공리는 "모든 점에서 다른 모든 점으로 직선을 그을 수 있다." 두 번째 공리는 "유한한 직선이 있으면, 그것을 얼마든지 길게 늘일 수 있다." 세 번째 공리는 "모든 점에서 모든 거리를 반지름으로 해서 원을 그릴 수 있다." 네 번째 공리는 "직각은 모두 서로 같다." 다섯 번째 공리는 "두 개의 직선이 있고, 다른 한 직선이 이 두 개의 직선과 만나는데, 어느 한쪽의 두 내각을 더한 것이 두 개의 직각보다 작다고 하자. 그러면 두 직선을 얼마든지 길게 늘였을 때, 두 직선은 내각을 더한 것이 두 개의 직각보다 작은 쪽에서 만난다." 이어서 첫 번째 법칙은 "유한한 길이의 직선을 주었을 때, 그것을 써서 정삼각형을 만드시오." 이 법칙에 대한 작도를 통한 증명은 다음과 같다. 첫 번째 공리에 따라 한 점 A와 다른 점 B를 잇는 직선을 그을 수 있다. 그 후 세 번째 공리에 따라 점 A를 중심점으로, 점 A와 점 B를 이은 직선 AB를 반지름으로 한 원을 그릴 수 있다. 그리고 또한 세 번째 공리를 따라 점 B를 중심점으로 점 B와 점 A를 이은 직선 BA를 반지름으로 하는 또 다른 원을 그릴 수 있다. 두 원이 만나는 점을 C라고 하면, 첫 번째 공리에 따라 CA라는 직선과 CB라는 직선을 그을 수 있다. 이제 뜻매김 15에 따라 점 A를 중심점으로

막 배운 사람은 기하학의 최상의 과업이 불가능하다고 간주할 뿐만 아니라, 그는 이 과업을 단번에 이해하지는 못할 것이다. ─ 그러나 만약 그가 모든 매개들을 관통하고 난 후라면 그는 쉽게 이와 같은 과업들을 파악할 것이다. 모든 학문, 특히 철학은 믿음을 지속적이며, 또한 내재적인 방식으로 그리고 본질적으로 철학에서 스스로를 증명하는 증명자로 자신 안에 포괄하고 있다. 따라서 앎과 믿음을 나누고, 대립시키는 사람들은 유감스럽게도 오늘날 그들이 무엇을 원하는지를 알지 못하는 무수히 많은 사람들의 부류에 속한다. 가장 비통한 일은 그 어떤 이성적 재능을 가진 존재가 여기에 해당한다는 사실이다. 즉, 그런 믿음이 있는 사람들이 믿음을 결코 지켜보기로 간주하지 않는다고 할 때, 그 사람들은 앎 일반, 또한 매개할 수 있는 앎을 비판하는 것이 아니라, 오히려 적극적으로 이 앎을 인정해야 한다. 혹은 그 사람들이 믿음을 무매개적 인식, 참다운 지켜보기로 이해할 때, 그들은 이성 신봉자라 불러서는 안 되며, 오히려 그들은 직접적으로 신에 열광하는 사람들이라고 낙인찍힌 사람들과 동일하며, 따라서 그들은 철학자라 불릴 것이 아니라, 신지학자Theosophen라 불러야 한다.

무지의 철학자와 관계해서 신지학자는 비학문적인 아는 자로 알려져

하는 원 CDB에서 직선 AC와 직선 AB는 길이가 같다. 뜻매김 15는 이러하다. "어떤 선으로 둘러싼 도형이 있어서, 한 점에서 직선들을 그었을 때 그 도형에 놓이는 부분이 모두 서로 같으면 그 도형을 원이라 부른다." 직선 CA와 직선 AB의 길이가 같다면, 두 직선 CA와 CB의 길이 또한 같다. 따라서 직선 CA와 직선 CB 그리고 직선 AB는 길이가 같다. 이제 상식 1에 따라서 어떤 것 둘이 어떤 것과 같으면, 그 둘도 서로 같다. 그러므로 직선 CA와 직선 CB는 길이가 같다. 결과적으로 세직선 CA, AB, BC는 길이가 같다. 그러므로 삼각형 ABC는 정삼각형이다. 이것은 직선 AB를 써서 작도한 것이며, 작도를 통해 증명한 사실이다. 유클리드, 『기하학 원론 ─ 평면기하』, 이무현 역(서울: 교우사, 1997), 3–7쪽 참조.

있지만, 그러나 그 때문에 앞서 완전한 무지자가 아니라, 오히려 상급의 무지자nicht Wissende라고 불러야 한다. 물론 우리는 탁월하게 혹은 최상의 정도에서 아는 자라고 말해야 한다. 무지의 이론은 상당히 빈한하며, 내용이 없는 것으로 보인다. 그에 반해 전체적으로 지켜보기에 혹은 직접적 경험에 존재하는 것으로 찬양받는 신지학은 상당히 풍요로우며 그리고 내용이 가득 찬 것으로 보인다. 그리고 황홀한 상태에서 모든 사물을 보는 것처럼, 모든 사물들은 신 안에 있고, 사물들의 참된 근원적 상태 안에 존재한다.

따라서 경험론의 이런 형식은 단순한 감정이 아니며, 그밖에 그 어떤 것도 진술하지 않는 감정, 적어도 극단적으로, 다시 말해서 부정적으로 자기를 표출하는 감정도, 직접적인 이성의 앎도 아니다. 이런 이성의 앎은 또한 자기를 앎으로 형성할 수도 없다. 오히려 이 형식은 신적 본성에 대한 직접적인 지켜보기Schauen를 그리고 사물의 신적 발생에 대한 직접적인 지켜보기를 갖는다. (따라서 신지학은 직접적으로 내적인 경험에 토대를 두고 있다고 하는 그런 철학의 두 번째 하위분과다.) 이 지켜보기는 자신을 표출하지 않으며 어떤 은밀한 것, 신비한 것이기 때문에, 신지학은 그런 한에서 일종의 신비주의다. 즉, ① 학문을 요구하지 않는 단순히 실천적인 혹은 주체적인 신비주의가 있다. 그러나 ② 객관적 인식을 요구하는 객관적 신비주의가 있다. 이 신비주의가 사변적 혹은 이론적 신비주의인 신지학이며 그리고 학문적 (합리적) 형식에 내맡겨져 있음에도 불구하고 사변적 내용을 요구하는 신지학이다.

이제 신적인 것에 대한 앞서 직접적 지켜보기만이 아니라, 오히려 창조의 과정 혹은 신지학자가 주장하는 유출설, 신으로부터 사물의 생성에 대한 직접적 지켜보기가 어떻게 정당화될 것인가? 여러분이 자연철학을 다룰 때 해명했었던 것을 기억한다면, 인간에게 의식된 것 그리고 자신에 도달한 것 — 이것은 전체 자연을 관통한 것이며, 동시에 모든 것을 품고, 모든 것을 경험한 것이며, 자기 소외로부터 다시 자기로, 자신의 본질로 되돌아간 것이다. 그러나 의식된 것이 회귀한 시작이라면, 인간의 본질은 다시 창조의 시작에 존재했었던 그 무엇이다. 이 인간의 본질은 더 이상 창조된 것과 동등한 것이 아니라, 오히려 이것은 다시 창조의 원천과 동등하다. — 따라서 인간 의식은 끝이기 때문에, 인간 의식은 동시에 창조의 시작이다. 그래서 시작부터 끝까지의 전체 운동이 인간 의식에게 명료하게 파악되어야 한다. 인간 의식은 본연의 학문이며, 동시에 태생적이고, 자신의 생성 과정 전체를 관통하는 보편적 인식자이다. 그러나 인간 의식은 이런 상태에 있지 않다. 그리고 그런 학문이 인간의 본질에서 실체적으로 사유된다면, 적어도 이 학문은 인간 의식에서 활동하는 것이 아니라, 오히려 은닉되며 그리고 가장 심오한 역량으로 침몰한다. 이제 앞서 이론은 (인간에게서 의식된 것은 전체 창조를 관통하여 있다) 옳은 것이라는 전제로부터 이러한 것이 설명될 수 있다. 즉, 인간 본질은 근원적 창조를 통해서 정립되었던 곳에 존재하지 않는다. 그리고 인간은 사물에 대한 자신의 보편적 혹은 중심적 위치를 상실하며, 스스로 다시 사물이 되었다. 왜냐하면 인간은 모든 사물로부터 자신의 자유에 그리고 사물에 대한 원리로서, 원천으로서 자신을 인식하면서 보편성에 머무르지 않는다는 사실을 알고 있으며, 오히려 스스로 특수성이기를 원했기 때문이다. 그리고 인간은 자신만의 존재를 요구했고 그리고 이렇게 사물과 같아졌기 때문이다. 인간은 부분적으로는 물론 사물들의 토대에 도달했으며, 인간이 근원적으로 존재했던 중심 직관으로부터 정립되어 있었으며, 그리고 지엽적인 앎에 귀속해 있었기 때문이다. 여기서 사물들은 상호 대립적으로만이 아니라, 오히려 인간 자신에 대해서 ─ 외적이며, 자기 자신에 상호 종속되는 것만이 아니라, 오히려 인간을 배제하는 사물이다. 인간 본질의 이런 파국은 모든 종교에서 이런 저런 형태로 받아들여졌으며, 기독교에서는 타락이라는 이름으로 받아들여졌다. 따라서 인간은 앞서 중심적 앎을 상실하기에 이르렀다. 신지학자는 이것을 시인한다. ─ 그러나 이런 파국을 받아들인다고 하더라도, 또한 인간 앎의 실체는 실체적이며 혹은 물질적으로 항상 전지자이기를 그만둘 수 없다. 이 실체는 모든 앎의 물질이 보존되고 있는 그런 것이기를 중단하지 않는다. 이제 인간 외부에서 단순히 앎을 욕망하는 것으로서 (오성으로서) 존재하는 현실의 전지자는 더 이상 실체가 아니다. 따라서 인간은 더 이상 그가 ─ 창조 자체를 통해서 ─ 자리 잡고 있던 그런 장소에 존재하지는 않는다. 잘못된 탈자아 상태에 빠져 인간은 자신이 모든 사물에 대해 아는 자였던 중심부로부터 빗겨나 있다. 이제 인간은 전도된 탈자아를 통해서 다시 사물의 중심으로 그리고 그와 함께 신성 자체로의 황홀경에 빠져드는 그곳으로 자신을 옮겨 놓아야 하는가? ─ 신지학은 설명해야만 한다.

여기서 우리는 인간 본질의 비정상적 상태가 지닐 수 있는 가능성에 대한 문제를(심리학) 다룰 수는 없다. 그러나 개별 인간에게서 근원적 본질로의, 중심으로의 그런 재이전의 가능성이, 신성으로의 침잠에 이르기까지의 내면성의 상승 가능성이 인정되어야만 한다고 규정한다면, 이 상태는 사도가 말하는(1코린 14)[151] 것과 비교될 수 있을 것이다. 즉, 인간에게 언어와 인식은, 다시 말해서 언어를 매개로 논쟁하는, 논증적인, 구별과 결합된 인식은 중단된다고 사도는 말한다. 그러나 그런 상태는 모든 인식 전달을 불가능하게 할 것이다. 그런 황홀한 상태에 빠져 있는 자가 스스로 인지하는 것은 사도가(2코린 12, 4) 말하는 것처럼 진술될 수 없는 말ἄρρητα ῥήματα[152]일 것이다. 더 나아가 그는 누구에게 이 인식을 전달해야 하는가? 논쟁의 여지없이 이 상태를 벗어나 있는 사람에게이며, 따라서 그는 그에게 이해하지 못하는 말을 할 것이다. 그의 말은 앞서 가장 수수께끼 같은 것을 말하는 것과 같으며, 사도는 이에 대해서 진술하고 있으며, 그밖에(1코린 14, 19)[153] 사도는 다음과 같이 설명한다. 나는 교

---

151 역주: 신적 언어와 인간 언어 사이의 근원적 차이가 다루어지고 있다. 신적 언어는 신의 언어로 인간이 직접적으로 이해하거나, 인간에게 직접적으로 전달되는 언어가 아니다. 이 때문에 참으로 알아야 하는 신적 언어는 해석되어 전달되어야 하는 언어이다. "세상에는 물론 수많은 종류의 언어가 있지만 의미가 없는 언어는 하나도 없습니다. 그런데 내가 어떤 언어의 뜻을 알지 못하면, 나는 그 언어를 말하는 이에게 외국인이 되고 그 언어를 말하는 이는 나에게 외국인이 됩니다."(1코린 14, 10-12) 고대 그리스의 신탁은 신의 의지를 듣는 장소이다. 신은 자신의 뜻을 헤르메스라는 전령신을 통해 신탁의 장소에 전달하고, 헤르메스가 전한 신의 말은 최초로 신전의 무녀들이 듣고 인간에게 전달 가능한 인간의 언어로 번역할 신관에게 전했다. 즉, 신의 신탁은 신의 입을 떠나 헤르메스에게, 헤르메스의 입을 빌려 신전의 무녀에게, 분절되지 않은 무의미한 말들인 방언의 언어를 구사하는 신전의 무녀로부터 신관에게, 마지막으로 신관에 의한 인간의 언어로의 번역을 통한 전달로 이루어진다. 이 모든 과정이 이해를 넘어서 있는, 이해할 수 없는 신적 언어로부터 이해할 수 있는, 이해된 인간 언어로의 번역의 전이과정이다. 본래 야만을 가리키는 'Barbar'가 이해할 수 없는 말을 구사하는 자들을 의미했다는 점에 주목할 필요가 있다.

152 역주: 성서에 따르면 "낙원까지 들어 올려진 그는 발설할 수 없는 말씀을 들었는데, 그 말씀은 어떠한 인간도 누설해서는 안 되는 것이었습니다."(2코린 12, 4) "발설할 수 없는 말씀"은 인간의 언어로 진술될 수 없는 말, 논리적 판단명제의 형식으로 해명될 수 없는 신의 언어를 가리킨다.

153 역주: "하느님께 감사하게도, 나는 여러분 가운데 누구보다도 더 많이 신령한 언어로 말할 수 있습니다. 그러나 나는 교회에서 신령한 언어로 만 마디 말을 하기보다, 다른 이들을 가르칠 수 있게 내 이성으로 다섯 마디 말을 하고 싶습니다."(1코린 14, 18, 19) 해석학이 말하는 이해의 근본요소는 이해, 해석, 적용이다. 이해되어야 하는 텍스트 요소를 대면 한 나는 가장 먼저 이 해석대상을 이해해야 한다. 그리고 이 해석대상에 대한 이해를 나는 나의 언어로 해석할 수 있어야 한다. 그리고 마지막으로 나는 나의 언어로 해석된 이해대상의 의미지평을 타인에게 전달하여야 한다. 이렇게 하나의 해석대상에 대한 이해과정은 수행된다. 여기 코린도 전서에서 사도 바울의 "만 마디 말"이 아닌 "다섯 마디

회 공동체에서 나의 해석을 따라 (다시 말해서 나 스스로가 의미를 의식하고 있는 그런 의미에서) 다섯 마디 말을 하려 한다. 나는 또한 대립이 나타나는 곳에서 만 마디 말을 하기보다, 다른 사람에게 이해되지 않는 그런 수많은 말을 하기 보다는 다른 사람에게 이 다섯 마디 말을 하고자 한다. 상위 수준에서 이론적 신비주의들, 본래적인 신지학자들의 말들은 대부분 이해할 수 없다. 그리고 우리는 자신을 스스로 황홀한 상태에 빠져 있는 자라고 생각하는 그런 은총의 휴지 상태에서 이 말들을 아는 것이 아니라, 오히려 애를 쓰는 폭력적인 다툼 속에서, 대단히 큰 투쟁 속에서 이 말들을 안다. 이 말들의 표현은 의도한 것과 다르며, 따라서 우리는 이 말들을 하나의 과정에서 파악하는 것으로 이해해야 한다. 이 말들이 현실적으로 중심에 있다고 한다면, 이 말들은 침묵해야만 한다. 그러나 — 이 말들은 동시에 말하고자 하고, 자기를 진술하고자 한다. 그리고 중심으로부터 벗어나 있는 사람들을 위해 자기를 진술하고자 한다. 여기에 신지학의 모순이 있다. 만약 앞서 원리가 표현을, 그럼에도 불구하고 또한 지워진 표현을, 선행한 모든 계기들의 혼돈을 감정으로 발견한다면, 이 원리가 독자적으로, 따라서 자유로운 정신의 반작용과 함께 (지금 상태에서 원리에게는 사회자로, 산파로서 덧붙여지는 그런 정신) 작용하고자 한다면, 원리는 자기 자신을 강화하지 않는 본성으로만 현상할 수 있다. 원리가 이런 방식으로 작용하고 있는 개인 정신은 모든 척도를 상실한다. 그리고 이 정신은 자신의 사상의 주인이 아니라, 오히려 진술할 수단을 가지고 있지 않은 것을 그럼에도 불구하고 진술하려는 헛된 다툼 속

말"은 자신의 언어로 해석된 신의 언어이며, 타인에게 자신의 입을 통해 전달될 신의 언어이다.

에 있다. 따라서 이 정신은 그 어떤 확실성도 가지고 있지 않다. (야콥 뵈메Jakob Böhme가 스스로 자신의 정신에 대해 말하듯이) "정신과 관계하는 그것은 정신이다." 그러니까 정신에 대한 그 어떤 확신도 없이, 정신을 자기 앞에 확고하게 세우지 않으면서도, 그리고 (반성에서) 거울에서처럼 오성에서 정신을 주시할 수 있다. 대상의 지배와 대상에 대한 지배 대신에 신지학자는 오히려 스스로 대상이 되며, 설명을 하는 대신에 신지학자는 스스로 설명을 요구하는 현상이 된다. 나는 참으로 근원적으로 그리고 참된 고유성을 관통하고 있는 신지학자들을 말하고 있다. 나는 길 잃은 기사처럼 학문적 모험을 떠나는 혹은 보다 심오한 통찰이라는 명성을 얻기 위해 신지학인 척 꾸미는 그런 신지학자를 말하고 있는 것은 아니다. 왜냐하면 신지학자들은 이렇게 해서 성실한 학문적 연구보다 훨씬 쉽고 빨리 주목을 끌 수 있을 것이라 생각하기 때문이다. 신지학은 전적으로 지금의 삶의 규정에 대해 반대한다. 신지학자는 자신에게서 현재 상태의 최상의 장점을 구분하고, 나누며, 모든 것을 분리하고 그리고 모든 것을 구별하는 인식활동의 장점을 박탈한다. 물론 이 인식활동은 이행이지만, 전체적인 현재적 삶과 마찬가지의 이행이다. 우리의 규정은 지켜보기에서 살아 있는 것이 아니며, 오히려 믿음에, 다시 말해서 매개된 앎에 살아있다. 우리의 앎은 불완전하다. 다시 말해서 우리의 앎은 조각조각, 연쇄적으로 단계와 구별에 따라 산출되어야 한다. 자기 사상에 대한 논쟁, 앎과 인식의 연쇄적 산출을 행복하다고 느끼는 사람은 소위 그 어떤 대가도 치르지 않은 채로 앞서 지각된 이중성을 포기할 것이다. 지켜보기 자체에는 그 어떤 오성도 없다. 외적 세계에서 각자는 다소 동일한 것을 보지만, 그럼에도 모두가 그것을 진술할 수는 없다. 완성에 도달하기 위해 각 사물은 확실한 계기들을 관통하여 간다. 연쇄적으로 뒤따르는 일련의 과정들이, 후속의 각각이 선행한 것을 파악하는 과정들이 사물을 그의 완전성으로 이끈다. 이런 과정을 예를 들어 농부는 식물에 관해서 학자만큼 잘 알지만, 그럼에도 불구하고 이 과정을 본래적으로 인지하지는 못한다. 왜냐하면 농부는 계기들을 분별하지 못하고, 구별하지 못하며, 그 계기들의 대립을 진술할 수 없기 때문이다. — 신지학자가 칭송하는 것과 같이 인간은 모든 것이 생성되는 앞서 초월적 과정을 자기 자신 안에서 경험할 수 있으나, 이것이 곧바로 현실적 학문에 도달하지는 않는다. 왜냐하면 모든 것을 경험하기, 느끼기, 지켜보기는 그 자체로 침묵하며 진술을 위해 매개하는 기관을 필요로 하기 때문이다. 이것이 지켜보는 자에게는 결여되어 있으며 혹은 그는 직접적으로 지켜보기로부터 말하기 위해 의도적으로 이것과 단절한다. 말한 것처럼 그는 대상과 하나이며, 각각의 제삼자에게는 대상 자체와 마찬가지로 이해되지 않는 어떤 것이다. 우리가 영혼의 본래적 실체라고 부를 수 있는 앞서 원리에서 역량potentia을 유지하는 그 모든 것은 최상의 서술에 도달하기 위해 비로소 현실적 반성으로 (오성에서 혹은 정신에서) 나아가야 한다. 따라서 여기서 신지학과 철학 사이의 경계, 학문을 사랑하는 자가 순결하게 보존하려 시도하는 경계에 이르러, 신지학의 체계에 있는 소재의 그럴듯한 완성이라는 꾐에 빠지지 않는다. 물론 무지에 대한 선행 철학은 그의 절대적 몰실체성으로 인해 신지학과 근본적으로 구별되기 때문이다. 이 양자의 형식들은 곧바로 두 개의 원리들로 구분되며, 이 원리들의 공동작용으로부터만 현실적 학문이 발생한다. 야코비 철학에서 우리가 말할 수 있는 앞서 원리는 바로 실체적으로 무지이지만, 바로 그 때문에 앎을 열망하고, 굶주려하는 오성이다. 야코비의 감정은 본래 앎에 대한 굶주림이다. 오성, 앎의 긍정적 원리는 이 철학에서는 오성이 추방한 감정을 감정으로 지양할 힘을 지니지 않은 일종의 반토막 의지이다. 이것은 굶주림의 느낌이 양식을 가져오고 혹은 자기 것으로 취하여 지양하는 것과 같다. 야코비는 실체를 공격하지 않는다. 그는 실체와 단절하며, 따라서 자연을 완전히 자기 외부에 둔다. 야코비의 철학은 모든 자연철학에 대한 대립이다. 그러나 신지학자는 관계 맺음에서 사변적이기는 하지만, 그 또한 본질적으로 그리고 핵심적으로는 자연철학자이다. 그러나 무지의 철학이 결함이라는 고통을 가지고 있듯이 야코비는 앎의 단순한 소재 과다에 고통스러워한다. 나는 지금까지의 신지학에 대한 일반적 서술과 함께 이 분야에서 가장 유명한 야콥 뵈메Jakob Böhme를 기술하고자 한다.[154]

---

154 이 이상의 야콥 뵈메에 대해서, 2. Abth., Bd. III, S. 123.
역주: 셸링에 따르면 뵈메[1575-1624, 슐레지엔 지방 괴리츠(Görölitz)]는 데카르트보다 약 20년 전에 태어난 독일정신사 및 인류사의 위대한 사상가 중 한사람이다. 독일민족이 지닌 "자연적 정신의 보물"이 무엇인가 묻는다면, 셸링은 "일반 심리학적 해명"이라고 말한다. 여기서 일반 심리학은 전통 형이상학의 의미에서는 '영혼론'을 말한다. 셸링은 특히 뵈메의 사상적 기여를 다음과 같이 보았다. "일반 심리학으로부터 신화학의 해명"이 불가능하다고 사람들이 말할 때, 뵈메는 "어떻게 민족의 신화학과 신의 계보학(Theogonien)이 학문에 선행하는지"를 "신의 탄생"과 함께 기술하여, 신화학과 신의 계보학이 "근대 철학의 모든 학적 체계들"에 선행한다는 사실을 보여주었다. 또한 셸링의 평가에 따르면 뵈메는 스피노자보다 100년 전에 합리주의의 토대 위에서 자연을 고찰하였다. "야콥 뵈메에게 실제로 신의 계보학적 자연이며, 그러나 바로 이것이 그를 자유로운 세계창조와 더불어 긍정철학의 자유로 자신을 고양하는 데 방해가 되었다." 그리고 이어서 셸링에 따르면 "잘 알려져 있듯이 야콥 뵈메는 자주 자연의 수레바퀴 혹은 탄생의 수레바퀴, 가장 심오한 통각의 수레바퀴를 말하며, 이를 통해 뵈메는 자기 자신을 낳고자 하지만, 결코 낳을 수 없는 자연, 자기 자신과 함께 돌아가는 자연에서의 힘들의 이원론을 표현한다." 셸링은 뵈메의 이원론적 순환의 원인을 그가 실체로부터 탈피하려 부단히 시도했지만, 자유로운 학문으로는 결코 고양되지 못한 데서 찾는다. Fr. W. J. Schelling, *Philosophie der Offenbarung I*, S. 123; Reinold Werner, artl. Jakob Böhme, 앞의 책, S. 102-104.

우리는 모든 것이 분명하고 근원적인 야콥 뵈메를 다른 부류의 신비주의자들과 확실히 구별하여야 한다. 이들 신비주의자에게서는 그 어떤 살아 있는 것도 그리고 근원적인 것도 더 이상 나타나지 않으며, 모든 것이 이미 타락해 있다. 이 부류에는 특히 잘 알려져 있는 성 마틴St. Martin이 해당한다. 우리는 그에게서 더 이상 뵈메가 근원적으로 파악했던 것과 같은 것을 들을 수 없으며, 오히려 이미 다른 종류의 목적을 위해 준비되어 있는 낯선 이념들의 저자 혹은 조력자만을 듣는다. 뵈메에게서 여전히 살아 숨 쉬는 그것은 그에게는 이미 죽어있으며, 단지 사체, 부패한 시체, 비밀스러운, 동시에 불가사의하며, 신비한 요술적 목적을 추구하는 집단에서 나타나는 것과 같은 원래 살아 있는 것의 미라일 뿐이다. 우리가 쉽게 알 수 있는 것처럼 이런 신비주의는 자신의 지지자를 일반 공동체에서가 아니라, 공동체의 가장 부패한 부류에서 찾는다는 사실을 알 수 있다. 때문에 우리는 그런 신비주의적 종교의식에 대해 경고할 의무를 갖는다. 좋지 않은 구성성분으로 주조된 포도주가 있는 곳이 아니라, 양념이 적절하게 잘 배합된 그런 포도주가 오랫동안 무뎌진 입맛을 또한 자극한다는 것이 괴테가 파우스트에서 지적하는 마녀의 부엌에 해당한다. 그러나 독일 청년들은 그런 악마의 양조장 또는 그와 유사한 양조장 앞에서도 지금 그리고 항상 신을 보존하려 한다!

오늘날 신비주의자, 신비주의라는 개념은 잘 알지도 못하는 사람들에 의해서 이 용어가 특이하게 사용되고 있다. 예를 들어 그들은 계시를 믿는 사람만을 신비주의자로 부르기 때문이다. 그밖에 이것은 역사적 의미에서도 나타날 것이다. 즉, 이런 사람들에게 요한 뮐러Johann Müller 또한 신비주의자이다. 그러나 이것은 모든 것이 혼재된 시기, 개념도 단어도 구별하지 않았던 시기의 오용이다. 단어의 잘못된 사용. 신비한, 신비주의, 그러나 여기에는 이 단어들에 대한 일반적인 오해에서 비롯된 이유가 있다. 왜냐하면 우리는 바로 이론 혹은 주장의 확실한 실질적materielle 상태를 예시하기 위해서 그 단어들을 사용하기 때문이다. 많은 것을 만들어내는 신비한mystisch이라는 짧은 개념이 이런 개념인데, 내가 신비한이라고 부를 때 — 여기에는 나의 개인적 개념파악 능력을 넘어서는 모든 것이 자체로 정립되어 있다. 이것은 순수 학문적 그리고 완전히 방법론적 전개를 통해 획득될 명제일 것이다. 왜냐하면 이것은 언제나 우리의 개념파악능력을 넘어서지 않는 것이며, 우리가 어떤 경우에도 달성하지 못한다고 설명하는 것을 달성했다고 주장해서는 안 되기 때문이다. 특히 검토되어야 하는 주장에 대립된, 선입견이라는 단순한 말을 통해 근거지어지는 이 비결은 물론 학문적 탐구보다는 쉽다. 신비한 것Τό μυστιχόν은 바로 은폐된, 비밀스러운 모든 것이다. 그러나 실질적으로 고찰했을 때, 모든 것은 은폐되어 있으며, 모든 것은 신비하다. 그리고 "그 어떤 창조적 정신도 자연의 내부로 들어서지 못한다"고 하는 대부분 사용하는 말로 알고 있는 그런 것이다. 바로 이점에서 자연 자체는 신비적이라고 설명한다. 사실 가장 탁월한 신비는 자연이다. 그리고 자연에는 다시 대부분 물질적인 것이 있으며 그리고 모든 신비주의의 적대자가 적어도 신비로운 것이라고 생각하는 것은, 예를 들어 적대자의 감정이 좋은 먹거리와 마실 거리로 여기는 것은 — 감성 일반과 감각의 작용방식, 이것은 자연에서 등장하는 모든 것 중에 가장 은폐되어 있는 것이다. 그밖에 우리가 앞서 확실한 개념과 주장을 배제하려고 혹은 침묵하게 하려는 수단으로 사용한 말들은 자유롭다고liberal 칭송하는 시대에 잘 어울리지만, 그러나 참으로 최상의 정도에서 부자유스런 시대에도 잘 어울린다. 즉, 정신의 제약성, 천박함과 확실한 무지가 그 자체로 사유의 자유를 갈망하는 그런 부자유스런 시대에도 잘 어울린다. 그러나 사유의 자유는 유일하게 통찰과 천재에 복종하지 않는 자유로운 시대에 잘 어울린다.

"신비한"이라는 말은 우선 문학에서는 항상 형식적 구별로만 표시된다. 우리가 이 개념을 물질적인 것으로 확장한다면, 예를 들어 합리주의는 최상의 객관적 형태에서 신비주의라 불린다. 왜냐하면 양자는 물질, 내용의 측면에서 일치하기 때문이며, 양자는 실체적 운동만을 인지하기 때문이다.[155] 그럼에도 불구하고 신비주의는 예전에 이미 합리주의의 대립으로 규정되었다. 따라서 신비주의자는 그가 주장하는 무엇으로는 그 누구도 아니며, 오히려 그가 주장하는 어떤 방식으로 인해서 누군가가 된다. 신비주의는 형식적으로 학문적인 인식에 대한 대립만을 표현한다. 그 어떤 주장도 단순히 내용으로 인해서 신비하다고 불릴 수 없으며, 그밖에 신비주의자는 또한 그가 원하는 상태로 있다. 그리고 이 주장이 우연히 이 내용의 측면에서 그 어떤 신비주의자의 주장과 일치한다고 하

---

155 2te Abth., Bd. III, S. 124, 참조.
  역주: 앞서 각주 154에서 언급했듯이, 셸링의 관점에서 뵈메는 이원론자이다. 따라서 뵈메에게 세계의 시작은 '하나'가 아니라, '여럿'이며, 즉, 세계는 하나의 시작을 갖는 것이 아니라, "시작들"을 갖고 있다. 그래서 "자기 자신과 함께 돌아가는, 자유와 자각을 요구하는 자연의 참된 무대"는 뵈메에게 이 "시작들"에 있다. 자연은 "동일한 지점에서 자기 자신을 맴돌아 순환하는" 운동을 한다. 셸링의 관점에서 이런 뵈메의 자연의 실체적 원리를 칸트, 피히테, 자연철학(=셸링 자신의 초기 자연철학), 헤겔의 개념을 적용하여 기술하려는 시도는 "헛된 노력"일 뿐이다. 사람들은 '신지학'을 '합리주의 철학'의 대립이라고 본다. 그러나 셸링이 보기에 "절대 정신의 자유로운 외화를 통해 세계의 발생을 설명하는" "잘못된 합리주의"는 신지학과 동일하다. 왜냐하면 합리주의의 요체라고 할 수 있는 앎이 현실을 벗어난 실체적 앎일 뿐일 때, 이 합리주의 앎은 모든 실재를 배제하기 때문이다. 그래서 "합리주의에서 행위, 예를 들어 자유로운 창조를 통해서는 그 어떤 것도 발생하지 않는다"고 말해야 한다. Fr. W. J. Schelling, *Philosophie der Offenbarung I*, S. 124.

더라도 신비하다고 불릴 수 없다. 왜냐하면 우리는 언젠가 신비주의자가 주장했던 그 모든 것을 주장해서는 안 된다고 한다면, 결국 우리는 그 어떤 것도 주장해서는 안 될 것이기 때문이다. — 신비주의는 모든 학문적 근거지음 혹은 논쟁을 거부하는 그런 정신의 상태라고 불릴 수 있으며, 이 정신의 상태는 모든 참된 앎을 소위 내적인 빛으로부터만, 즉 보편적으로 빛나는 빛이 아니라, 오히려 개인에게 포함되어 있는 빛으로부터, 직접적 계시로부터, 단순한 탈자아적 직관 혹은 단순한 감정으로부터 도출하려 한다. 우리가 표현을 이렇게 이해할 때 그러하다. 예를 들어 야코비 감정철학Gefühlsphilosophie은 신비적이라고 불릴 수 있으며 그리고 다분히 그렇게 불렸다. 야코비의 이 철학에는 전적으로 본래 사변적인 신비주의의 실체적 내용이 결여되어 있을 뿐이다. 따라서 이와 같은 진리는 누군가에게는 신비할 수 있으며, 다른 누군가에게는 학문적이며 또한 그 역도 동일하다. 왜냐하면 진리를 단순히 주관적 느낌으로부터 혹은 소위 계시로부터 진술하는 사람에게 진리는 신비하기 때문이다. 진리를 학문의 심층부로부터 도출하고, 따라서 학문을 유일하게 참으로 이해하는 사람에게 진리는 학문적이다.

신비주의에 대한 참된 징표는 명료한 통찰에 대한 혐오이며 — 우리 시대에 기대를 한 몸에 다 받은 오성에 대한 혐오 — 학문 일반에 대한 혐오이다. 그러나 이제 단순한 신비주의자가 아니라, 오히려 신비주의를 규탄하고 비판하는 사람들 중 많은 사람이 그 어떤 신비주의자와 같이 학문의 적대자이기 때문에, 우리는 이들을 신비주의자라 불러야 한다. 이것이 마음에 들지 않는다면, 이들을 참된 그리고 본래적인 반계몽주의자Obscuranten라고 규정해야 한다.

철학에서의 민족적 대립에 대하여

지금까지 우리의 역사적 전개를 추적한 사람은 이 전개가 점진적인 발전을 거쳐 점점 더 독일철학으로 수렴된다는 사실을 쉽게 알 수 있을 것이다. 더 나아가 그 사람이 이제 이 강의들로부터 독일철학을, 그리고 독일의 철학에서 무엇이 중요한가를 인지하게 되었다면 그리고 나머지 유럽 지역에서 철학의 상태에 대해 관심을 기울이고자 한다면, 그는 다음 판단을 회피할 수 없다. 즉, 이런 의미의 철학은 독일에 실존하지만, 그럼에도 불구하고 세계에 실존하는 것은 아니라는 것이다. 그러나 이것은 우리가 첫눈에 생각하는 것보다 더 깊이 숙고한 것이다. 왜냐하면 우리가 앞서 의미를 단순히 우연적인 의미가 아니라, 오히려 본질적인 의미라고 간주한다면, 우리는 도대체 독일에만 철학이 있고, 나머지 세계에는 철학이 없다고 말해야 할 것이기 때문이다. 따라서 이 전개의 마지막에 독일민족과 다른 유럽민족 사이의 이런 차이가 현실적으로 존재하는지 그리고 이런 차이가 어느 정도인지 질문을 던지려는 노력을 할 가치가 있다. 그리고 이 경우에 이 차이가 어떻게 파악될 수 있으며 그리고 어떻게 설명될 수 있는지의 질문을 던지려는 노력을 할 가치가 있다. 그러나 이제 구별 자체는 부인할 수 없는 것으로 보인다. 즉, 독일인들이 여전히 마음과 정신에 대한 많은 관심을 가지고서 철학에 접근하는 데 반해, 나머지 유럽 민족들, 특히 영국인과 프랑스인들은 사변에 대해 심하게 거부하는 경향이 있으며 그리고 한동안 학문적 철학 탐구를 완전히 포기했기 때문이다. 우선 이 구별 이유에 대해 위와 같이 말할 수 있을 것으로 보인다. 그러나 일반적으로 타당한 이유를 발견하기란 쉽지 않을 것으로 보인다. 즉, 프랑스인과 마찬가지로 독일인이 인정할 만한 그리고 거꾸로 독일인과 마찬가지로 영국인이 인정할 만한 그런 대답을 발견하기란 쉽지 않을 것으로 보인다. 프랑스인은 어떻게 사변과 철학에 대한 우리들의 편애를 설명하는가를 우리가 잘 알지 못한다고 하더라도 우리는 대략 이 편애를 생각해 볼 수는 있기 때문이다. 그리고 독일인이 자기 민족의 보다 심층의 마음상태와 정신상태로부터 철학과 관련된 독일인의 장점을 설명할 때, 이에 대해 영국인은 어떻게 보고 있는가를 우리는 또한 생각해 볼 수 있기 때문이다. 만약 독일인이 자신의 언어가 가진 장점들을 정당화한다면, 다시 말해서 라이프니츠가 사변은 독일어에서는 태생적인 것이라고 주장한 것과 같이 이 장점을 정당화한다면, 물론 이것은 일정부분 영어에도 타당해야 한다. 영국인은 다음과 같이 대답할 것이다. 바로 언어의 뿌리에서 찾아야 하는 근본개념의 표현들에서 영국어는 상당 부분 독일어와 유사하다. 그러나 그밖에 구조의 심층부는 언어의 철학적 상태 및 결과의 구별로 충분히 설명될 것이다. 그러나 이것이 프랑스인과 영국인이 독일적 의미에서 철학을 전혀 인정하지 않는다는 것을 말하는 것은 아니다.

오히려 독일인들의 철학에 대한 지속적이며 항상 호기심에 가득 찬 관심은 신앙의 분열로부터, 동일한 권리를 가진 종교교리들의 독일 내 공존으로부터 도출된다는 역사적 설명을 들을 수 있을 것이다. 그리고 독일에서 철학의 진행과정을 고찰하려는 사람은 현실적인 종교적 진정성에서, 철학이 부분적으로 독일에서 추구했던 열광적 방식에서 다음과 같은 필요를 깨닫지 못한다. 즉, 이 사람은 모든 독일 민족이 예외 없이 참여했던 해방의 앞서 사건을 진정시키고, 학문 영역 내에서 그리고 학문 영역에서 외적으로 상실된 통일을 재산출할 필요를 인지하지 못한다. 물론 이런 역사적 암시는 독일에서의 철학에 대한 관심이 어떻게 그리고 무엇 때문에 언제나 원기 왕성하게 유지되는지를, 그러면서도 또한 그토록 자주 중단되는지를, 그리고 다시 소환되고, 각성하게 되었는지를 설명할 것이다. 그러나 대강이 아니라, 사태 자체에서 대립에 대해 언급한다. 왜냐하면 다른 민족들은 속속들이 철학을 비판하지 않기 때문이다. (물론 프랑스인들은 지난 세기에 철학의 명예로운 이름을 소유하고 있었다. 그리고 철학은 프랑스에서 오랫동안 가장 의미 있는 저술가와 정치인의 함성이었다) — 그러므로 다른 민족들은 철학 일반을 비판한 것이 아니라, 오히려 독일적 의미에서의 철학만을 비판했다. 그들은 이제 무엇을 철학이라고 간주하는지를 우리에게 답해야 한다. 그렇다고 우리만이 철학이 무엇인지 안다고 말하는 것은 아니다. 그러나 한편으로는 철학이 무엇인지에 대해 얼핏봐서는 그렇게 많은 것을 말할 수 없다. 왜냐하면 많은 사람들이 이미 우리에게 이렇게 말하고 있기 때문이다. 그들이 철학으로 간주한 것은 독일인들이 공손한 말투로 그들을 혼동하게 만드는 그런 것이다. 다른 한편으로 탁월한 재능을 지닌 민족이 특별히 철학에 대해서만 무능하다고 말하는 것은 모든 이성에 반하는 것으로 보인다. 설명이란 특별하면 할수록, 여하튼 설명은 의미가 없어지기 때문이다. 왜냐하면 우리는 데카르트, 말브랑슈 그리고 파스칼을 길러낸 민족에게서 철학을 향한 마음상태와 정신상태를 완전히 제거하는 것이 정당하다고 주장하려 하지는 않을 것이기 때문이다. 그리고 이렇게 봤을 때 우리가 다른 민족들에게서 지각하는 독일적 의미에서의 철학과의 결별이 참된 어떤 것과 옳은 어떤 것을 토대에 지니고 있을 가능성이 있다고 마지막으로 우리는 간주할 필요가 있다. 그리고 이렇게 우리는 다른 민족이 지금까지 독일적 의미에서의 철학에 대해 거부하는 경향에는 확실히 정당성이 있을 수 있다는 가정과는 다른 방식에서의 두 번째 질문에 대한 대답을 발견할 수 없다. 이것이 우리를 첫 번째 질문으로, 여기에는 엄연히 구별이 존재하는 그 질문으로 다시 이끌어 간다. 그리고 이 구별은 철학의 방식에만 있을 수 있다. 즉, 철학의 어떤 종류가 오직 다른 민족들에게만 허용되는 것인지 그리고 우리가 선호하는 그런 방식은 앞서 방식과 어떻게 관계하는지.

그러나 이에 대해 오랫동안 심사숙고할 필요는 없다. 다시 말해서 앞서 다른 민족들은 철학은 경험과학이라고 주장하며, 그들은 철학을 단지 그런 학문으로만 원한다. 그러나 독일인은 지금까지는 적어도 철학은 순수 이성학문이라고 주장하며, 철학을 바로 그런 학문으로만 원한다. 이제 우리가 경험 이외에 다른 앎은 없으며, 경험에 적합한 것만 의식할 수 있다는 주장을 경험론으로 이해한다고 하더라도, 우리가 경험에 적합한erfahrungsgemäßig이란 말과 다른 의미를 결합한 후에는 앞서 주장의 의미는 또한 상이한 다른 의미가 될 것이다.

우리가 일상적으로 그리고 일단 경험이라고 이해하는 것은 우리가 외적 사물에 대한 그리고 그 사물의 상태에 대한 감각을 통해서 얻는 확실성이다. 그 후 우리는 내적 감각의 경험에 대해서, 자기관찰, 자신의 내면에서의 과정과 변화에 대한 관찰을 통해서 획득한 경험에 대해 진술한다. 만약 우리가 무엇이 직접적으로 외적 감각과 내적 감각의 대상이 될 수 있는가라는 물음에만 머물러 있다면 그리고 이것을 경험에 적합한 것으로 생각한다면, 외적 감각경험은 경험적 자연과학에 의해 독점될 것이다. 따라서 철학에게는 단지 내적 감각 경험만이 남는다. 그 후 철학은 적어도 내적 현상과 의식 과정의 결합에 대한 분석에서만 존재할 것이다. 한마디로 철학은 우리가 좋은 (완전한) 경험적 심리학이라 부르는 그런 것으로만 존재할 것이다. 이제 이것은 프랑스인들이 철학에 대해 형성한 관념과 상당히 유사하다. 그러나 이 관념은 예를 들어 우리가 지금까지 철학을 주시하여 온 개념들의 측면에서 보면 본질과 거리가 먼 관념이다. 그러나 우리가 철학의 보다 상위의 개념에 익숙하지 않은 우리들 중 많은 사람들이 철학은 의식의 사실을, 다시 말해서 일반적으로 심리학 혹은 주관적 인간학의 범위를 넘어 설 수 없다라고 말하고 있다는 사실을 숙고한다면, 우리는 독일에서 철학이라 불리는 그런 것의 두드러진 부분과 프랑스에서 철학이라 불리는 그와 같은 것의 두드러진 부분 사이의 구별이 어디에 존재하는지를 알지 못한다.

물론 우리는 칸트라는 이름에 찬사를 보낸다. 우리가 그 결과만을 놓고 본다면, 선행하는 로크와 콩디약[156]보다 칸트에게 남아 있는 그와 같은 것이 얼마나 더 좋은지를 밝히고자 하는 것은 아니라는 사실은 분명하다. 왜냐하면 로크는 『인간 오성에 대한 한 시도Versuch über den menschlichen Verstand』[157]를 그리고 칸트는 『순수이성비판』을 썼기 때문이며, 이 『순수이성비판』이 보다 더 방법론적이며 또한 부분적으로 어렵지 않지만, 그러나 핵심은 더 이해되지 않기 때문이다. 로크는 모든 인간 표상만이 아니라, 오히려 우리의 모든 개념들을, 즉 학문적 개념들조차도 예

---

156 역주: 콩디약(Etienne Bonnot de Condillac, 1714-1780)은 프랑스 계몽주의 철학자이자, 논리학자이다. Bettina Rommel, artl. Condillac, Etienne Bonnot de, 앞의 책, S. 149-151.
157 역주: 로크의 『인간 오성론』을 가리킨다. 독일어 이탤릭체 강조는 이 책의 독일어 제목이다.

외 없이 경험을 매개로 도출한다. 칸트는 우리에게 경험으로부터 독립된 확실한 개념을 허용한다. 그러나 개념들은 또한 경험 대상에 적용될 수 있기 때문에, 우리는 개념에 의해서 경험에 의존하게 된다. ― 우리에게 결과는 동일하다. 왜냐하면 칸트가 그의 도덕철학에서 발견한 초감성적인 것으로의 특수한 길을 확실히 경험론도 받아들일 수 있을 것이기 때문이다. 또한 칸트가 우리 안에 무제약적으로 명령하는 윤리 법칙을 신의 실존의 증거로 삼은 것과 같이, 로크 또한 우리 의식 안에 존재하는 이 실존에 대한 보증을 명시하려 하기 때문이다. 그럼에도 불구하고 두 사람 사이에는 큰 차이가 있다. 왜냐하면 칸트는 이론 철학에서 신을 이성 이념의 대상으로 삼기 때문이다. 그러나 이것은 바로 근대 철학의 기만적 매수πρατον ψευδος이다. 이성 외부에 있는 여전히 실재적인 것을 그리고 보다 더 실재적인 것을 그의 인식으로 요구하지 않는 그런 하찮은 인격은 언제, 어떻게 사라지는가, 최상의 완전한 인격은 어떻게 우리에게 순수 이성이념을 매개로 완벽하게 공포되어야 하는가를 통찰할 수 없다. 따라서 칸트에 의해서 철학에서의 합리주의가 선언되었다. (이전에 우리는 신의 이념과 관계해서 그렇게 명료하지 않았다) 칸트는 이 이념의 모든 이론적 사용을 막고 금지한다. 그러나 신이 이성 이념이라고 하더라도, 이성은 이 이념 자체의 실현을 전제하지 않는다고 하여 칸트는 방어한다. 당연히 이것은 단순한 이성 체계에서만 일어날 수 있다. ― 그리고 이것은 바로 이후의 철학의 과제였다. 경험론은 다른 인격의 현존과 마찬가지로 신의 현존을 경험적, 경험에 적합한 흔적, 표시, 발자취 혹은 기호로부터 추론하기 때문에, 경험론은 합리론이 지양한 앞서 편안하고 자유로운 신과의 관계를 근거짓는다. 그리고 오늘날 우리는 여전히 그리스와 로마 붕괴 이후의 시기에 스토아주의와 에피쿠로스주의 사이에 문제가 된 것처럼, 에피쿠로스 체계는 자신에게 모호하게 보이는 것을 통해서 우연을 일정 정도 최상의 원리로 도입하는 소위 원자의 경미한 편차clinamen atomorum[158]를 찾았다는 점을 시인해야 한다. 마찬가지로 내 생

---

[158] 역주: 에피쿠로스(Epikouros)는 기원전 341년 사모스에서 태어나 270년 혹은 271년 아테네에서 사망한 것으로 알려져 있으며, 디오게네스 라에르티오스의 전승에 따르면 그는 네오클레스와 카이레스트라테 사이에서 태어난 아들이며, 그 외 세 명의 형제, 네오클레스, 카레이데모스, 아리스토불로스가 있었으며, 가르게토스구에 소속된 아테네 시민이었다. 에피쿠로스는 이미 14세에 철학을 접하였으며, 18세에 아테네에서 철학을 공부하였고, 데모크리토스의 원자론과 아리스티포스의 쾌락주의를 자신의 철학으로 주장하였으며, 혹자는 그를 사기꾼이라 부르기도 했다. 에피쿠로스는 32세에 미티레네와 람프사코스에 학교를 세우고 그곳에서 5년 간 강의했으며, 그 후 아테네로 옮겨와 피타라토스가 아르콘의 직에 있었던 해에 72세의 나이로 세상을 떠났다. 에피쿠로스의 주요 이론은 "동종의 감각이 (다른) 동종의 감각을 반박하는 것은 그것들이 동등한 (진리인식의) 힘을 지니고 있는 것이기 때문에 불가능"하다고 주장한다. 그리고 그에게 원자(Atom)는 "끊임없이 그리고 영원히 운동을 하고 있는 것"이며, "운동 중에 시작은 없는 것"이고, 원자와 "공허는 영원히 존재하는" 것이라고 주장한다. 이렇게 보면 에피쿠로스에게 각각의 원자는 변형할 수 없는 견고한 기체이며, 따라서 동일한 정도의 원자는 동일한 정도의 원자에 대해서 동일한 힘으로 상호작용하고 있어서 어떤 하나의 원자가 다른 하나의 원자를 복합한다고 하더라도 소멸할 수는 없다. 만약 하나의 원자가 동일한 정도의 다른 하나의 원자를 결합작용에서 변형하여 소멸시킨다면, 원자들 각각의 영원성의 원칙에 위배될 것이기 때문이다. 에피쿠로스는 「자연에 대해서」에서 "우주는 물체(아톰)와 공허로 이루어져" 있다고 말한다. 물체의 존재 가능성은 감각에 의해 증명될 것이지만, 공허는 감각에 의해 직접적으로 증명되는 것이 아니라, 감각을 근거로 한 추론에 의해 입증되어야 한다. 물체가 영원하고, 공허도 영원하다면, 물체와 공허로 이루어져 있는 우주도 영원하다고 간주하여야 한다. 그러니까 우주, 물체, 공허는 무한하다. 이렇게 보면 물체(아톰)는 유한한 감각의 우리가 생각할 수 없을 정도로 수많은 형태의 차이가 있을 수 있다. 물체가 그 자체로 무한이므로, 물체는 결코 유한한 우리의 사유에 의해 산출될 수 없다. 또한 원자는 끊임없이 영원히 운동한다. 각각의 상이한 원자들은 상호 충돌하는 것이 없는 한 공허 속에서 끝없이 운동하며, 같은 속도로 운동하여야 한다. 크기가 큰 원자는 빨리 운동하고, 크기가 작은 원자는 느리게 운동하는 것이 아니다. 아톰과 아톰의 충돌이 발생할 때 아톰은 위 혹은 아래, 오른쪽 혹은 왼쪽의 측면으로 운동하며, 이 운동이 어느 방향으로 어느 정도 거리를 운동하든 같은 속도로 운동한다. 이런 점에서 아톰의 편차운동은 에피쿠로스가 말하는 결정론에서의 우연의 근본요소이다. 즉, 세계는 가장 미세한 원자들로 구성되어 있으며, 원자들은 빈 공간을 낙하운동하며, 서로 부딪치기도 하고, 서로 결합하는 편차운동을 하지만, 원자는 이 결합, 충돌, 분열에서 소멸하지 않는다. 오히려 원자는 다른 원자와 동일한 거리에서 동일한 힘으로 나란히 존재한다. 디오게네스 라에르티오스, 『그리스철학자 열전』, 전양범 역(서울: 동서문화사, 2016), 657쪽 이하 참조; Klaus-Dieter Zacher, artl. Epikur, 앞의 책, S. 203-205.

각으로는 이런 불합리에도 불구하고 혹은 이런 불합리로 인해서 에피쿠로스 체계는 오늘날 스토아체계 이전에 각자 자유로운 그리고 자유를 사랑하는 정신으로부터의 자유의 피난처로 파악되고 추구되었다. 이처럼 우리가 경험론과 최상의 존재를 추구하는 합리주의의 모든 것을 억압하는 사유의 필연성 중에 하나를 선택해야 한다고 할 때, 그 어떤 자유로운 정신도 경험론을 결정하려는 태도를 취하지 않을 것이다.

따라서 경험론은 보다 상위의 관찰방식을 허용한다. 혹은 경험론은 전승된 혹은 적어도 칸트 이래로 익숙해진 개념이 자신을 파악하는 것보다는 상위의 입장으로 간주될 수 있으며 ─ 오성개념들의 피안에서만이 아니라, 오히려 근원적으로 그리고 모든 경험의 피안에서 모든 지적인 것을 증명하는 상위의 입장으로 파악될 수 있다. 따라서 일상적 설명에 따르면 경험론은 모든 초자연적인 것을 거부한다. 그러나 경험론은 그렇지가 않다. 경험론이 이렇기 때문에 필연적으로 경험론은 초자연적인 것을 거부하지 않으며, 또한 경험론은 종교의 내용과 같이 법적 법칙 그리고 윤리 법칙을 단순히 우연적인 어떤 것으로 가정하지 않는다. 다시 말해서 데이비드 흄이 우리가 사상에서의 원인과 결과를 결합하는 필연성과 관계해서 같은 주장을 펼쳤던 것처럼, 경험론은 교육과 관습의 산출물일 뿐인 단순한 감정으로 모든 것을 환원하지 않는다. 경험론의 상위 개념과 하위 개념이 있다. 왜냐하면 지금까지 각자 상이하게 사유한 사상가들 사이의 보편적 일치에 따라 철학이 도달할 수 있는 최상의 존재가 세계를 자유롭게 산출된 것 그리고 창조된 것이라고 파악하는 자라면, 철학은 철학이 달성할 수 있는 핵심과제와 관계할 것이며 혹은 철학은 자신의 최상의 목적을 달성할 것이기 때문에, 철학은 경험과학이 될 것이다. 나는 형식적 의미에서나, 또는 내용적 의미에서 철학의 최상 존재 자체는 그의 본성에 따라 경험에 적합한 것일 것이라고 말하고 싶지는 않다. — 따라서 지금까지 철학과 관련하여 앞서 민족 간의 대립이 실제로 존재한다면, 우선 이 분열은 단지 인류가 스스로 인정할 수 있는 그와 같은 철학, 참으로 보편적인 철학이 지금까지 실존하지 않았다는 것을 의미한다. 참으로 보편적인 철학은 개별 민족의 소유물일 수 없다. 그리고 그 어떤 하나의 철학이 개별 민족의 경계를 넘어서지 않는 한에서, 우리는 아마도 그 길을 가고 있는 것은 아니라고 하더라도 그 철학은 여전히 참된 철학이 아니라고 확증하여도 된다.

예를 들어 프랑스에서의 철학이 경험의 전체적으로 광범위한 왕국으로부터의 어떤 요구도 청원하지 않으면서도, 작은 영역, 심리학적이라 불리는 관찰과 분석의 좁은 영역만을 탐구한다면, 여기에는 물론 서글픈 소심함과 편협스러운 옹색함만이 있다. 프랑스의 토착 철학 혹은 그들이 새로이 부르고 있는 것처럼 이데올로기는 존중Achtung이라는 것을 찾아 볼 수 없음에도 불구하고 인정된 것 이상으로 매우 정중하게 받아들여지고 그리고 취급되었다.[159] 프랑스의 몇몇 젊은들이 철학에 대한 열

---

159 이 단어는 쿠쟁(Cousin)의 저술에 대한 서문이 나오기 몇 해 전에 쓰였다.
역주: 이 전집의 1813-1830년 저술들, 8권에 쿠쟁(Victor Cousin, 1792-1867)의 저술에 대한 서문이 수록되어 있다. 쿠쟁은 칸트철학과 야코비철학을 공부하고, 하이델베르크에서 헤겔을 그리고 뮌헨에서 셸링을 만났다. 셸링은 1834년 뮌헨에서 "쿠쟁씨의 철학저술에 관한 서문(Vorrede zu einer philosophischen Schrift des herren Victor Cousin)"을 썼는데, 이 글은 쿠쟁의 1833년 파리의 철학단편에 대한 일종의 비평이다. 셸링은 이 글의 번역이 어떻게 이루어졌는지에 대해 서술하고, 독일철학의 한계와 독일 이외 유럽철학의 관심과 상태에 대해 기술한다. 셸링에 따르면 "독일인들은 오랜 시간 자기만의 철학하기를 해왔으며, 독일인은 점차 사상과 말들에서 일반적인 이해와 멀어졌다." 또한 "독일인들이 칸트철학을 독일 외부에 확산시키려는 몇 번의 시도 끝에 실패한 이후에 다른 민족들에게 자신을 이해시키려는 시도를 독일인들은 포기한다." 쿠쟁의 철학은 독일철학과 프랑스철학

정에 가득 차 있었을 때, 그들 대부분은 칸트의 외적 도덕을 그들 민족의 경박한 행동에 대립시키는 정도였으며, 여기에서 그들 민족의 우선적인 도덕적 재생의 수단을 발견했다고 생각했다. 프랑스와 영국에서 철학의 참된 후원자는 위대한 자연 탐구자이다. 그리고 우리는 철학이 영국인들에게는 특히 거의 자연학을 의미한다는 사실에서 이것을 잘 알 수 있다. ― 자연과학적 측면의 선호 방식은 독일적 이념의 프랑스로의 전이에서도 발견되는 것 같다. 예를 들어 뇌 해부에 대한 프랑스인들의 많은 새로운 연구를 읽은 사람은 놀랍게도 새로운 언어, 즉 우리가 독일에서 불과 얼마 전에 시적이라고 조롱하며 비난한 새로운 종류의 표현을, 새로운 종류의 철저하게 독일적인 파악방식을 발견할 것이다. 쿠비에르Cuvier[160]조차도 원시시대 지질학과 자연사에 대한 그의 최신 저작에서 이런 현상들과 관련하여 지구의 자연사에 대한 독일의 이념들과 독일 표현이 그에게 많은 영향을 미쳤다고 시인한다. 그리고 몇 가지 점에서 추

사이에 서 있다는 점에서 독일과 프랑스 사이의 여전히 "해명되지 않은 것과 명료하지 않은 것"을 지니고 있다. 셸링은 쿠쟁은 경험론으로부터 "합리주의 철학, 보편적 원리 위에 근거지어진 철학으로"의 이행의 필연성을 인지하고 있다고 본다. 그러면서 셸링은 "18세기 철학이 형성한 경험론은 순수 감성론(Sensualismus)"이라고 한다. 그리고 셸링의 관점에서 쿠쟁은 경험론을 인간 본성에 대하여 관찰하는 "철학의 합당한 출발점"이라고 하며, 경험 심리학에 따라 감성이 최초 사태라고 이해한다. 쿠쟁은 "방법의 원리"에 따라 적용할 때, 단순한 감성 위에 구축되지 않은 "무당파적 관찰이 의식에서 현상"한다고 말한다. 그러므로 셸링의 평가에 따르면 쿠쟁은 "수용성(Receptivität)에서 자발성(Spontanneität)"으로의 이행을 이끈 프랑스 철학자이다. 이제 쿠쟁에 의해 감성이 아니라, 의지가 철학의 관심이 된다. 이런 관점에서 이제 피히테와 야코비철학이 비판적으로 분석된다. 이후로 셸링은 "I. 방법", "II. 방법의 적용", "III. 심리학으로부터 존재론으로의 이행", "IV. 철학사에 대한 일반적 관점들"로 쿠쟁의 철학을 다룬다. Fr. W. J. Schelling, *Vorrede zu einer philosophischen Schrift des herren Victor Cousin(1834)*, in: *Schelling Ausgewählte Werke*, Bd. 10, S. 483–506. 셸링의 후기 뮌헨과 베를린 강의는 쿠쟁만이 아니라 많은 철학자들에게 영향을 미쳤다. Wolfdietrich Schmied-Kowarzik, *Existenz denken*, S. 335 이하 참조.

160 역주: 쿠비에르(Baron de Cuvier, 1769-1832)는 프랑스 자연학자이자 고생물학 창시자이다.

론했을 때 독일 학문은 역사적인 것의 측면에서 그리고 고대에 대한 연구의 측면에서 탁월하게 프랑스와 영국으로 이전된다. 교환하고 있으며, 곧바로 교환할 것이다. 따라서 그 밖의 다른 곳에 장점이 있어 추구되는 경험론의 이론을 앞서 다른 민족들이 다시 소환하려 한다. 그들에게 이것은 사실은 소급운동이다. 이것은 그들에게서가 아니라, 바로 우리 독일인에게서 일어나야 한다. 이후 독일인들은 자연철학의 실존 이래로 사상누각의 형이상학, 즉 토대를 상실한 형이상학과 (그들은 이에 대해 정당하게 비웃는다) 불모의, 메마른 심리학 사이의 비극적 선택으로부터 벗어날 것이다. ― 말하자면 우리가 파악하고 도달하고자 희망하는 체계는 우리에게서는 앞서 긍정 체계이며, 그의 원리는 바로 이런 자신의 절대적 긍정성으로 인해 더 이상 선천적이 아니라, 오히려 후천적으로 인식될 수 있다. 긍정 체계의 원리는 ― 동일한 관계에서 확장되고 밝혀지는 ― 앞서 경험론과 통일되는 그 지점에 이르기까지 형성된다.[161]

---

161 2. Abth., Bd. III, S. 109 ff. 참조.
   역주: 여기서 셸링은 경험론을 순수 합리론과의 관계에서 고찰한다. 그에 따르면 경험론이 자연과학과 같이 순수 사실들만을 집적하는 학문이 아닌 한, 경험론은 "각 개별 현상과 모든 현상의 연관관계에서 이성을" 발견해야만 한다. 즉, "개별 현상 및 현상 전체에 전제되어 있는 이성을 꺼내고 그리고 명료하게 밝혀야"만 할 과제가 경험론에게 있다. 그러나 셸링의 진단으로 경험론은 이 과제를 제대로 수행하지 못하여 "자기 자신을 비이성"이라고 공포하고 있는 상태이다. 그 때문에 경험론은 "정당하게 이해된 합리론"이 되지 못하고 합리론과 수평적으로 나란히 머물고 있을 뿐이다. 다른 한편으로는 셸링은 독일을 제외하고 유럽 전체에 경험론이 확산되어 있음에도 불구하고, 독일철학은 한 번도 경험론을 정당하게 수용하거나 진지하게 논의한 적이 없다고 평가한다. 이렇게 볼 때 셸링은 "정당하게 이해된 합리론"이 경험론과의 합리론의 통일이라고 본다. Fr. W. J. Schelling, *Philosophie der Offenbarung I*, S. 109 이하 참조.